JN095886

# はじめての TOEIC® L&R テスト 全パート徹底攻略

スタディサプリENGLISH
TOEIC® L&R TEST 対策コース講師
関 正生
桑原雅弘 著

Daniel Warriner 問題作成



the japan times 出版

## はじめに

この本は**「TOEIC 対策を 1 冊で完結したい」**と思っている方に**“最新の傾向を踏まえたうえで TOEIC 定番問題を鋭く分析・明確に解説した” 総合対策本**です。特に以下のいずれかの思いを抱えている方に有効です。

- ☑「何から始めればいいか」がわからない、「苦手分野」もよくわからない
- ☑「よく出る・スコアに直結しやすい」ところを知りたい
- ☑ 形式的な説明だけでなく、「実際の様子・著者の本音」も教えてほしい
- ☑ よく聞く対策（写真を見て予想する、など）がうまくできない…

本書の著者 2 人は当然ながら TOEIC 指導のプロです。教材作成に携わり、映像授業や企業講演などで TOEIC の指導をしつつ、公開テストを実際に受けて問題を研究し、990 点満点を取り続けています。

それと同時に、TOEIC 以外の様々な英語（大学受験・一般語学書など）の指導・出版もしています。TOEIC 以外の英語教育事情を知っているからこそ敏感に感じ取れるのが、TOEIC 業界全体に蔓延する「敷居の高さ」と「無機質で冷たい感じ」です。

TOEIC 初心者に対して口調と態度は優しいものの、指導自体は「写真を見て、出てきそうな英語を予想しよう」「予想した英語を待ち伏せながら聞く」「文法問題では選択肢を先に見て問題のタイプを判断してから解く」「長文はスキャニングで必要なところだけを読む」… などなど、“ムチャぶり” が止まりません。学習者の立場だと「そういうものなのかなあ」と思ってしまうのも無理はありません。しかしそんなことをしなくてもハイスコアは出ると我々は断言します。990 点満点を取るにも必要ないのです。

さらには「写真に人がいない問題では、being が聞こえたらその選択肢は不正解」という指導も TOEIC 業界では定番となっていますが、「試験で being を聞き取ってそんな判断をする」よりも、「普通に聞いて解く」ほうが圧倒的にラクです。

そもそも being の聞き取りは非常に難しいのです。最後の g は聞こえないので、実際には「ビーィン」と聞こえて、それが been だと思ってしまうのです。そういった分析と、その being と been の聞き取りのコツを教えることこそが本当の対策・指導だと我々は考え、**この本に総合対策入門のすべてを詰め込みました。**

目標スコアを手にするその日まで、本書が頼りがいのあるパートナーになることを願っております。

※ been の聞き取りについては 25 ページで。

**関 正生　桑原 雅弘**

# ◎ 目次 Contents



## Listening

## Reading




カバー・本文デザイン ： 株式会社アンパサンド
組版 ： 株式会社創樹
写真提供 ： iStock (p. 41・43 Q3 と p. 45・47 Q7 除く)

ナレーション ： Neil DeMaere (加)、Emma Howard (英)、Jack Merluzzi (米)、Stuart O (豪)、Jennifer Okano (米)
音声収録・編集 ： ELEC 録音スタジオ

# ◉本書の構成と使い方

本書は TOEIC® L&R テストをはじめて受ける人や、一冊でスコアを効率よく上げたい人に必要な情報と解答力が得られる構成です。

## Step 1
### 問題形式と攻略法をチェック

まずはパート別に問題形式や解答プロセス、そのパートを攻略するためのポイントや重要語句を確認。解答には何が必要なのか？をしっかり押さえよう。

**解答プロセス**
どんな手順で解いていけばよいかがひと目でわかる。
解答時のテクニックも紹介

**攻略の Point**
演習前に各パートの特徴と攻略法を頻出語句や例文とともに掲載

**語彙対策も万全**
「Must!」には特に重要な表現を、「+α」にはそれ以外に覚えておきたい表現を厳選
※セットで覚えたほうがよいものはまとめて載せて重要語句を色文字にしています。

## Step 2

### 例題→実戦問題で攻略法を定着

最新の出題傾向に沿った例題で頻出パターンを押さえ、実戦問題できちんと理解できているかをチェック。「核心」「隠れポイント」とビジュアル解説で、解答のためにどこを聞けば・読めばいいかがひと目でわかる。
聞き取りにコツがいる部分は音声解説つき。

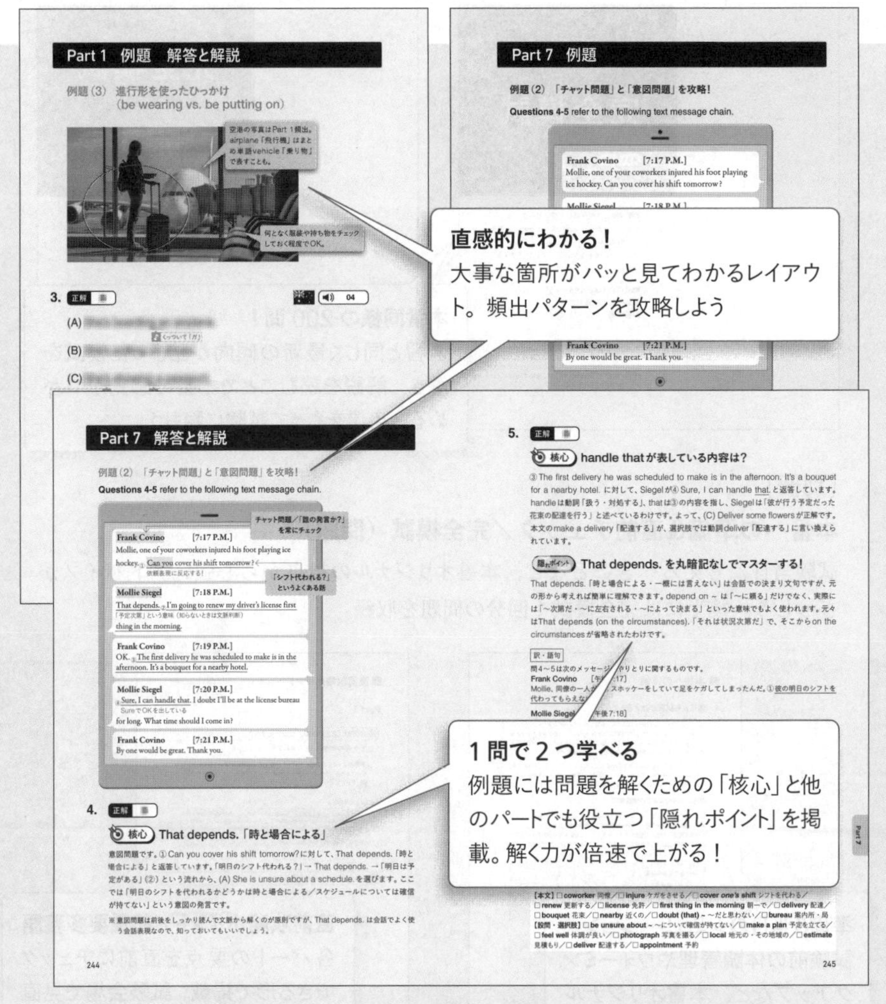

Part 1　例題　解答と解説
Part 7　例題
Part 7　解答と解説
直感的にわかる！
大事な箇所がパッと見てわかるレイアウト。頻出パターンを攻略しよう
1問で2つ学べる
例題には問題を解くための「核心」と他のパートでも役立つ「隠れポイント」を掲載。解く力が倍速で上がる！

## Step 3

### 完全模試１回分で本番の解答力をアップ

ここまでのStepで蓄えた力を本番で発揮するための重要な総仕上げ。
例題→実戦問題で身につけた知識が**実際の試験で役立つ**ことを確認しながら、
本番前に200問を体感しておこう！

はじめてのTOEIC® L&Rテスト
全パート徹底攻略 別冊
完全模試
83-163
本番同様に時間を計って解いてみましょう。リスニングセクションは音声を止めずに再生し（約46分）、終了したらリーディングセクションに進みます。リーディングは75分間です。
解答解説：本冊289ページ
正解一覧：本冊403ページ
解答用紙：本冊408ページ
完全模試
解答・解説
83-163
※リーディングの読み上げ音声については18ページをご覧ください。
本番同様の200問！
演習と同じく最新の傾向が詰まった模試を解き、解説を読むことで本番の感覚がつかめる。自信をもって試験に臨もう


［別冊］

### 本番への準備＆直前チェック／完全模試（問題）

試験当日に考えるべきことなど、**本書オリジナル**の視点から心強いアドバイスがぎっしり。後半には**完全模試１回分**の問題を収録。

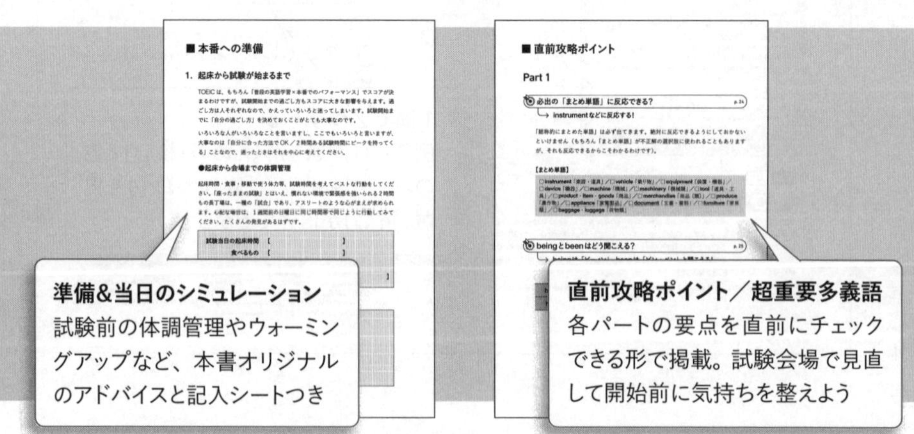

■本番への準備
1. 起床から試験が始まるまで
●起床から会場までの体調管理
■直前攻略ポイント
Part 1
必出の「まとめ単語」に反応できる?
instrumentなどに反応する!
beingとbeenはどう聞こえる?
準備＆当日のシミュレーション
試験前の体調管理やウォーミングアップなど、本書オリジナルのアドバイスと記入シートつき
直前攻略ポイント／超重要多義語
各パートの要点を直前にチェックできる形で掲載。試験会場で見直して開始前に気持ちを整えよう

# ◉本書の特長

## この1冊で「TOEICの経験値」を爆上げする

TOEICテスト満点を取得し続ける著者2人で徹底的に分析した**得点奪取のエッセンス**を詰め込みました。英語力の底上げはもちろん、「Actuallyや命令文の後ろに答えがきやすい」「"this＋名詞"はまとめの働き」など、本書独自の分析もたくさんあります。こういったことは大量の英語に触れて、たくさんの問題を解く過程で身につけるものですが、本書の解説で**「上級者の視点」**と**「TOEICの経験値」**を短時間で一気に身につけられます。

## 世間のよくある対策を見直す

TOEIC対策では「Part 1では写真を眺めて、風景・人物・人数に注目。人物が1人の場合だと○○を予想、複数の場合は…」という指導が一般的ですが、これはかなりムチャな要求です。本書では「もはや当たり前とされている対策」をそのまま伝えるようなことはせず、**「実際にできること・すべきこと」**を徹底精査したうえで解説していきます。TOEIC対策によくある形式的・無機質な説明を排除して、著者2人の**本音が見える血の通った対策本**にしました。

## 「音そのもの」まで解説

業界の慣例では「原稿執筆→音声収録」という流れですが、この本は「音声収録→それを聞いて原稿執筆」としました。それにより**「どう聞き取るのか？」「どう聞こえるのか？」**まで、しっかりと触れています。

## 丸暗記排除の解説と深い分析

「和訳で該当箇所を示すだけ・表現を羅列するだけ」ではなく、きちんと**「英語そのもの」を解説**して英語力を引き上げます。また、各例題には「核心」となる超重要ポイントに加え、「隠れポイント」まで掲載しました。**1問で2つの重要事項を学ぶ**ことで、学習密度が上がります。

# TOEIC® 基本情報

## TOEIC® L&R テストとは

TOEIC® L&R テストは、英語でのコミュニケーション能力を測る TOEIC® Program のテストの一つです。主に「日常生活」と「ビジネス」に必要な英語力を測定します。

## 問題形式

リスニング（100 問・約 46 分）、リーディング（100 問・75 分）の計 200 問が出題されます。テストは英文のみで構成されていて、マークシート方式で解答します。結果は 10 ～ 990 点（5 点刻み）のスコアで評価されます。

**〈リスニングセクション〉**

会話やナレーションを聞いて設問に解答します。発音はアメリカ、イギリス、カナダ、オーストラリアの 4 カ国のものです。

| Part | 問題形式 | 問題数 | 時間 |
|---|---|---|---|
| Part 1 | **写真描写問題**<br>写真を見ながら適切な英文を選ぶ（英文は書かれておらず、音声で流れる）<br>→攻略＋演習は 19 ページへ | 6 問 | 5 分弱 |
| Part 2 | **応答問題**<br>相手の発言に対する適切な英文を選ぶ（英文は書かれておらず、音声で流れる）<br>→攻略＋演習は 49 ページへ | 25 問 | 約 8 分 |
| Part 3 | **会話問題**<br>2 人（たまに 3 人）の会話を聞き、その内容に関する設問を解く（設問と選択肢は書かれている）<br>1 つの会話につき 3 問出題される<br>→攻略＋演習は 79 ページへ | 39 問<br>（3問×13セット） | 約 18 分 |
| Part 4 | **説明文問題**<br>1 人のトークを聞き、その内容に関する設問を解く（設問と選択肢は書かれている）<br>1 つのトークにつき 3 問出題される<br>→攻略＋演習は 121 ページへ | 30 問<br>（3問×10セット） | 約 15 分 |

**〈リーディングセクション〉**

印刷された問題を読んで設問に解答します。

| Part | 問題形式 | 問題数 | 時間 |
|---|---|---|---|
| Part 5 | **短文空所補充問題**<br>一文の空所に適切なものを4つの選択肢から選ぶ<br>→攻略＋演習は161ページへ | 30問 | 75分 |
| Part 6 | **長文空所補充問題**<br>文書内にある空所について適切な語句・文を4つの選択肢から選ぶ<br>1つの文書につき4問出題される<br>→攻略＋演習は199ページへ | 16問<br>(4問×4セット) | |
| Part 7 | **長文読解問題**<br>1つまたは複数の文書を読んで、設問に対して適切な答えを4つの選択肢から選ぶ<br>1つのセットにつき2～5問出題される<br>→攻略＋演習は231ページへ | 1つの文書<br>→29問<br>(10セット)<br>複数の文書<br>→25問(5セット) | |

## 形式ばらずに著者が本音で語ると…

学校や受験を通して英語を勉強してきた大半の人にとって、**日常で使う単語**（たとえばcurb「道路の縁石」）や、**ビジネスで使う単語**（たとえばlaunch「(事業を) 始める」）などがやっかいだと思います（ただ、「海外での生活・ビジネス」だけでなく、「旅行・出張」で必要な語彙を学ぶ良いチャンスになります）。

**高校英語の基礎＋TOEICの世界観（生活・ビジネス）**が加わったイメージです。言い換えると、英語の基本をベースに、受験英語では出てこないようなTOEICでの語彙とTOEIC定番の流れやパターンを押さえることで、「解ける」実感が持てる試験です。

とはいえ、あくまで「英語の試験」なので、**「英語力を上げること」**と**「試験の対策をすること」**が、**最善にして最短の対策**です。世間では「テクニックで解ける」と言われることもありますが、それは完全なデマです。Part 2で迷ったときに正解率の高い選択肢を選べるテクニックなら1つだけありますが（本書でも扱います）、それで数十点上がることなどありえませんし、そもそも「英文を聞き取る」ことが前提です。実際にTOEIC指導をする満点講師に「TOEICはテクニックで解ける」なんて言っている人はいないはずです。本書では**「TOEICの真の姿」**をしっかり解説していきます。

## 申込方法

TOEICの公式サイトでTOEIC Listening & Reading Testの「受験申込」ボタンをクリックして申し込みます。

受験日（毎月1～2回実施で、試験日の40日ほど前に申込は締め切られる）、時間（午前・午後のいずれかのみ受験可能）を確認後、会場となる都道府県を選びます（具体的な会場は受験票で示されます）。

▶ TOEIC公式サイト
https://www.toeic.or.jp

## 結果の確認

試験から約17日後にインターネットでスコアが確認できます。

スコア表示の2日後を目安に正答率などが掲載された「公式認定票」のデジタル版が発行され、PDFでダウンロードできます。

後日、紙の公式認定証が郵送されます（以前に一度「廃止とする」予定がありましたが変更されました。今後も変わるかもしれないので、詳細はTOEIC公式サイトを参照してください）。

## 申込・受験票到着・当日の持ち物

申込から当日までの流れを確認しておきましょう。

**申込** 試験1カ月半前

・支払い手続き完了で申込完了となる／受験料は 7,810 円（税込）

**受験票到着** 約10日前

・試験会場の場所・交通手段・所要時間を確認
※会場到着から座席に着くまで 20 分は余裕を持っておきましょう（理由は次のページ）

・受験票に証明写真を貼る（駅にある証明写真で撮影可／詳細は受験票参照）
※早めに写真を貼っておきましょう（当日に写真を撮って、会場で貼っている人もたくさんいますが、当日の負担はできるだけ減らすべきです）

**持ち物を確認** 前日まで

- □ **受験票（署名をして証明写真を貼る）**
- □ **写真付きの本人確認書類**
  ※運転免許証・学生証・パスポート・マイナンバーカードなど（詳しくは受験票参照）
- □ **筆記用具（鉛筆やシャープペンシル・消しゴム）**
  ※芯が太い鉛筆やシャーペンが便利（マークシートを塗るとき時短になる）
- □ **腕時計（試験中にスマートウォッチ等は使用不可）**
  ※時計がある会場はかなり珍しい／試験中に時刻のアナウンスはない
- □ **上着（任意）**
  ※会場が冷房で猛烈に寒いことがよくある

**試験当日**

もし受験票を忘れても…
→ 必ず会場まで向かい、係員に相談してみてください。

※当日の流れは次のページ

## 試験当日の流れ

この手の形式的なことはどの本でもネットでも説明されていますが、「会場に行けばすべてわかる／係員が優しいので聞けば何でも教えてくれる」ので心配は不要です。本書では形式的なことは簡略化して、その分、少しだけ著者の本音も入れました。

※「当日、会場に着くまでにやること」などは別冊でも触れています。

**受付**
［午前実施］9:25〜9:55
［午後実施］14:05〜14:35

・受付で「受験票・身分証明書」を提示する

・自分の座席を確認する（受験番号で指定されている）

※会場が「大学」の場合、キャンパスが広いので正門から教室まで 15 分かかることもありえます（1 つの会場内でも受験番号ごとに受付の場所が分かれている）。また、受付が混んでいることもあるので、余裕を持っておきましょう。

**試験の説明、音量の確認、問題用紙・解答用紙の配布**
［午前実施］9:55〜10:20
［午後実施］14:35〜15:00

・解答用紙やアンケートの記入

※自分の席に着き次第、机にある解答用紙に名前などを記入して OK です。もし受付時間ギリギリに教室に入った場合、トイレなどを優先させたほうがいいです（記入は後でもできます）。

・試験官による説明／リスニングの音声確認 → 問題・解答用紙の配布

※試験開始前にスピーカーの音声確認があります。聞き取りにくい場合は、ここで挙手します（なかなか勇気がいりますが、「もっと大きくしてもらえませんか」と申し出る人は少なくありませんし、きっと周りの人からは無言の感謝があると思います）。

※スマホの電源の切り方を事前に確認しておきましょう。電源の切り方がわからない・アラームを鳴らしてしまうことがないように。

## リスニングの試験開始　［午前実施］10:20　［午後実施］15:00

・試験スタート！

※しばしの沈黙の後、試験開始の合図があります。問題用紙についているシールをはがして問題用紙を開きます。「シールをはがすのが難しい」という都市伝説がありますが、問題冊子の中に指を入れて、シールを（はがすのではなく）破ってしまえば一瞬です。

・試験中の水分補給はOK

※試験教室内では「ガム・飴を含む食事は禁止」ですが、水分補給は試験中でもOKです（コロナ以前はダメだったので、喉がかわいて大変でした）。
また、試験前後にも問題配布・回収の時間で、トータル3時間弱の拘束なので、事前にトイレにも行っておきましょう（なぜかどの本でも一切書かないのですが、リーディングの試験中であれば、挙手してトイレに行くことはできます）。

・問題用紙には書き込みは禁止

※もし線を引いてしまった場合などは消しゴムで消しましょう。英文のポイントとなる単語などに印をつけたくなるようなときは、ペン先をそこに向けておくなど工夫するといいでしょう。

## リーディングの試験開始　［午前実施］11:06頃　［午後実施］15:46頃

・リスニング終了後、リーディングに進むよう指示がある

※リスニング時間中にリーディングの問題を見ることは禁止されています。

## 試験終了　［午前実施］12:21頃　［午後実施］17:01頃

・リスニング（45～47分）の時間に応じて1～2分終了時刻が変わる

※終了時刻は教室内で示されます。

## 解散　［午前実施］12:35頃　［午後実施］17:15頃

・試験終了後は解答用紙・問題用紙が回収される（両方に記名）

※これに意外と時間がかかるので、試験終了15分後くらいに教室を出ることになります（イライラして待っている人が多いです）。

## ◉本書のおすすめ学習法

本書はどこをどう読んでも理解できるように作られていますので、気になるところがあればそこから、特になければ最初から読んでください。よく「特定のPartが解きやすい（たとえばPart 2）」といったことが言われますが、TOEICという試験はどのPartであれ易しい問題から難しい問題までが含まれています。ですからどのPartであれ、この本で学んだこと（それに似たこと）はすべて解くという姿勢がベストです。

また、本書は決してみなさんを「テストする」ものではないので、解けなくても一切心配はいりません。「本番で解けるようにする」ことが本書の役割です。

参考までに、以下に本書の大きな流れと復習について示しておきます。

### 本書全体の流れと復習のタイミング

**①攻略法と重要点**

いきなり問題を解くのは非効率的です。まずは「**知る（各Partはどんな問題なのか／どんな力が必要なのか／どう解けばいいのか）**」ことが**大事**で、次に「**重要点のインプット**」をしてください。ここは「試験前日に要点集を覚えたように」じっくり取り組んでください。

**②例題**

はじめてのTOEIC形式の問題という方も多いでしょう。①のインプットをしっかりしておけば簡単に解けるものもありますし、頭でわかっていても実際に音声を聞けばパニックになることだってあるでしょう。正解率にこだわる必要は一切ないので、**解説をじっくり読んで「こう考えて、そう解けばいいのか」という思考の流れを追ってください。**

**③実戦問題**

例題からすぐに実戦問題に入ることはあまり勧めません。**インプットと例題の復習を何度かしてから、この実戦問題に入ったほうがいい**です。後は例題のときと同様に（正答率は気にせず）解説をじっくり読んでください。これをPart 7までこなしていきましょう。

**④別冊の模試**

すぐに模試に入るのではなく、**本編（①～③）の復習を優先**してください。それがしっかりできているほど、模試で楽しい思いができるはずです。模試は本番1週間前に解くくらいでいいので、それまでは本編をしつこく復習しておきましょう。

## Partごとの効果的な復習方法

### ① Part 1・2はディクテーション

精密に聞き取る必要があるPart 1とPart 2は「ディクテーション」をしてください。ディクテーションとは「聞こえた英文を書きとること」です。一度聞いただけでは書き切れないのが普通なので、何度聞いてもOKです。時間はかかりますが、効果は抜群です。Part 1とPart 2だけなら英文の量が少ないのでやり切ってほしいと思います。

### ② Part 3・4はシャドーイング

Part 3とPart 4は「シャドーイング」をしてください。シャドーイングとは「聞こえてくる英文を影（shadow）がついていくように口にすること」です。簡単そうに聞こえますが、英文すべてをしっかりシャドーイングできるようになるまでに、おそらく50回は聞き直しながらシャドーイングにトライすることになります。それが普通なので「このやり方でいいのかな？」とか「自分には向いてないかも」と思わず、ひたすら続けてください。こちらもとんでもなく効果を発揮しますので。

ちなみに、シャドーイングは、本来は声に出すものなのですが、我々は（声に出さない）「口パクシャドーイング」をお勧めしています。これでも十分に効果がありますし、口パクなら、電車やカフェでもできますよ。

### ③ Part 5・6・7は語句・文法の確認をしてから音読

リーディングでは、まずは「出てきた英文の語句や英文法の知識をじっくりと確認」してください。TOEICを勉強している人には「答え合わせをして、知らない単語をサラッと確認するだけ」で終わらせることが多いのですが、この方法では必ず伸び悩みます。まずは1文単位でしっかり英文の意味を確認してください。ちなみにTOEIC用の単語帳は、いったんは不要です。本書に出てきた語句をしっかり覚えることを最優先すれば十分です。

それを終えたら、英文をひたすら「音読」してください。1つの英文を20回（できれば30回）音読したいところです。1日に一気に20回も読む必要はありません（飽きてしまうので）。1セット4回で、5日に分けてやればいいでしょう。

英文を読みながら「意味・内容が浮かぶように」音読してください。これをこなしていくうちに「日本語を介さずに英文を理解できる」状態になっていきます。「英語を英語のまま理解できる（英文を読んだ瞬間に内容が浮かぶ・画像として浮かぶ）」ことがゴールです。

したがって、「大きい声」に意味はありません。「ボソボソ音読」で十分です。マスクをすればいろいろな場所でできるでしょう。

## ◉ 音声と特典について

①本編の演習音声（例題・実戦問題）、②模試のテスト音声、③リーディングセクションの演習と模試の問題・文書の読み上げ音声、④演習と模試の解答用紙PDF（マークシート）をご利用いただけます。

**〈スマートフォン〉※音声特典のみ**

1. ジャパンタイムズ出版の音声アプリ「OTO Navi」をインストール
2. OTO Naviで本書を検索
3. OTO Naviで音声をダウンロードし、再生
   ※3秒早送り・早戻し、繰り返し再生などの便利機能つき。

**〈パソコン〉**

1. ブラウザからジャパンタイムズ出版の「BOOK CLUB」にアクセス
   https://bookclub.japantimes.co.jp/book/b642149.html
2. 「問題音声ダウンロード」「特典ダウンロード」ボタンをクリック
   ※「問題音声」には上記①②が、「特典～」には③④が含まれています。
3. 音声をダウンロードし、iTunesなどに取り込んで再生
   ※音声はzipファイルを展開（解凍）してご利用ください。

## ◉ 本書で使用している記号

| | | | |
|---|---|---|---|
| 🇺🇸 | アメリカ発音 | 🇨🇦 | カナダ発音 |
| 🇬🇧 | イギリス発音 | 🇦🇺 | オーストラリア発音 |

| | | | | | |
|---|---|---|---|---|---|
| 動 | 動詞 | 副 | 副詞 | 接副 | 接続副詞 |
| 名 | 名詞 | 接 | 接続詞 | 疑 | 疑問詞 |
| 形 | 形容詞 | 前 | 前置詞 | | |

| | | | | | |
|---|---|---|---|---|---|
| S | 主語 | O | 目的語 | 〈 〉 | 名詞のカタマリ |
| V | 動詞 | C | 補語 | [ ] | 形容詞のカタマリ |
| s | 従属節の主語 | p.p. | 動詞の過去分詞形 | ( ) | 副詞のカタマリ |
| v | 従属節の動詞 | | | | |

1-1 「第1段落1文目」を表す（Part 7 実戦問題の解説）

# Part 1
# 攻略

## Part 1　基本情報

| | |
|---|---|
| 問題形式 | 写真を見て、正しく英語で説明している英文（音声のみ）を選ぶ問題です。 |
| 問題数 | 1問につき4つの英文が流れます。これが6セットだけで、すぐに終わります（4分30秒程度）。 |
| 出題内容 | 家・公園・街中・お店などの日常の風景や、オフィスなどの写真が出ます。 |
| 正解数の目安 | 600点目標 **4** ／ 6問　(67%)<br>800点目標 **5** ／ 6問　(83%) |

# Part 1 の概要と解答プロセス

## Part 1ってこんな問題

01

問題形式　問題冊子には「**写真のみ**」／4つの英文音声から写真の内容に合うものを1つ選びます。

流れる音声　No. 1 Look at the picture marked No. 1 in your test book.
(A) He's rolling up his sleeves.
(B) He's examining a cover.
(C) He's removing a backpack.
(D) He's purchasing a book.

解　説　「本の表紙をじっと見ている」様子を現在進行形で描写した(B)が正解です。examineは、Part 1では「よ～く見る」という感じでよく使われます。

訳
(A) 彼は腕まくりをしているところだ。
→現在進行形なのでアウト
**(B) 彼は本の表紙を見ているところだ。**
(C) 彼はリュックを降ろしているところだ。
→backpackは写真に写っているが、removeがアウト
(D) 彼は本を購入しているところだ。
→bookはたくさん写っているが、purchaseがアウト

□ **roll up** 巻き上げる／□ **sleeve** 袖／□ **purchase** 購入する

# Part 1 の核心

**Q. Part 1で求められる「リスニングの力」とは?**

**A. 「一語一語しっかりと聞き取る緻密な力」が求められます。**

Part 1は「ナレーション感」が強く、はっきり英文が読まれます。「全体の趣旨」だけでなく、**一語一語を正確に聞き取る**必要があるのです。

**Q. Part 1で求められる「単語の力」とは?**

**A. 特に「日常」で使われる単語が大切です。**

TOEICでは「ビジネス」と「日常」が舞台になりますが、特にPart 1では「日常」単語に注意が必要です。**Part 1でしか出ない日常単語もあり、しかもそれが解答のポイントになることが多いのです。**

例：roll up *one's* sleeves「袖をまくり上げる・腕まくりをする」、examine「よく見る」、remove「(身につけている物を) 外す・脱ぐ」、backpack「リュックサック」

**Q. Part 1で求められる「文法の力」とは?**

**A. 「現在進行形」や「現在完了形+受動態」がよく問われます。**

特に**「時制」を正確に理解する力**が求められます。左の問題では、(A) He's rolling up his sleeves. は**現在進行形**で**「今まさに腕まくりをしているところ」**を表します。写真は「袖をまくり上げている途中」ではなく、「すでに袖がまくり上げられている」ので不正解だと判断する必要があるわけです。

※現在進行形ではなく、たとえばHis sleeves are rolled up.「彼の袖はまくられている」なら正解になります。

**Q. Part 1で求められる「メンタル」と会場の雰囲気は?**

**A. 緊張感は強いが、焦らず、適度に肩の力を抜こう。**

最初の問題なので、受験者の緊張がかなり強く感じられます。周りの人がマークする音が聞こえてきたり、ページをめくる音がしたり、まるで「あれ、もしかして聞き取れないのは自分だけ？」といった気持ちになりますが、そんなに焦る必要はありません。**肩に力が入りすぎて後半はみんなバテてくるので、ここでは集中しながらも「適度に肩の力を抜く」ことが必要です。**

# Part 1 の解答プロセス

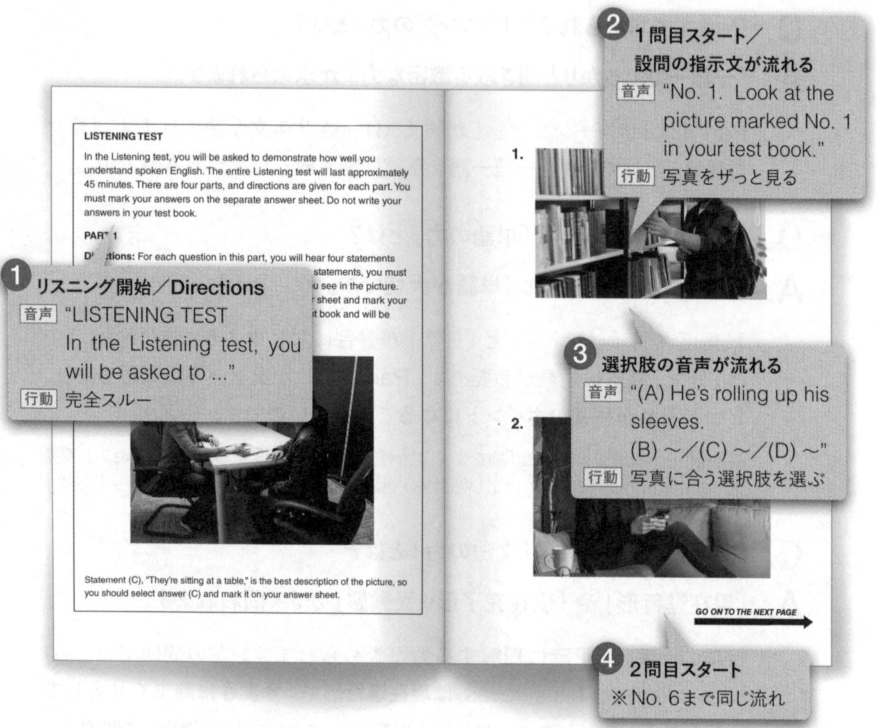


## ❶ Directions（指示文） ※90秒

印刷されている指示文がそのまま読まれるだけなので、**まったく聞く必要はありません**。初めて受けるときは、いきなり英語が流れてきて「もう問題が始まったの？」と焦るかもしれませんが、この部分は完全スルーでOKです。

△定番の対策　指示文が流れている間にPart 1の全写真とPart 3・4の図表問題をチェック

### 神速流 パラパラ眺めてもいいが、ボーッと休憩してもOK

試験は2時間の長丁場です。先のほうまでチェックしても忘れるのが普通ですから、この段階では**問題冊子をパラパラ何となく眺めるか、先に備えて休憩していてもいい**でしょう。

## ❷ 1問目スタート／設問の指示文が流れる ※5秒

△定番の対策 「写真を眺めて、風景・人物・人数に注目。人物が1人の場合だと○○を予想、複数の場合は……」と言われることが多い。

### 神速流 写真を見てムリに予想する必要はない！

基本的に写真を見て**ムリに予想する必要はありません**。そもそも写真を見ただけで狙われる箇所を予想するのは難しいですし、**受験者の予想から「ズラす」こともよくあるから**です。目立つものを予想させておいて、その予想とは異なる些細な箇所が正解になることがあるのです。

※1つだけ予想してほしいパターンがあり、p. 27で解説します。

## ❸ 選択肢の音声が流れる ※25秒（選択肢の音声）＋5秒（無音）

### 神速流 実は上級者でも迷う問題が出ることもあるので、「消去法」を活用する

Part 1は簡単と思われがちですが、実は満点を取る人でも4つの英文すべてを聞き取れるとは限りません。ですから、判断に迷った場合は「**消去法**」を存分に活用してください。明らかに違う選択肢を消していって、残った選択肢を選べばOKです。

**テクニック**

消去法を使うときに、最後まで聞いて「あれ、(A)だっけ、(B)だっけ？」となることが意外とよくあります。これを防止するため、**選択肢を1つ聞くごとに、問題用紙の上で消しゴムの位置を「時計回りに」変える**といいでしょう。たとえば、(A)が正解だと思えば「Aの位置（写真の上）」に消しゴムを置いたまま、もし(A)が違うと思えば、時計回りに移動して「Bの位置（写真の右）」に消しゴムを移動します。

※他の筆記用具を使う、鉛筆を持っていないほうの手を使うなど、自分がやりやすければ何でもOKです。問題用紙に書き込みができない点にだけ気をつけてください。

# Part 1の攻略

## ▶ Point 1

語彙

## Part 1超頻出の「まとめ単語」をマスターする!

Part 1の写真問題で、たとえばギターが写っていれば、流れる英文ではguitarという単語よりも、instrument「楽器」が使われます。スマホが写っていれば smartphoneより、device「機器」が使われます。

**【参考】具体的な単語**
smartphone「スマートフォン」/
tablet「タブレット端末」/
headphones「ヘッドフォン」など

↓

**【重要】まとめ単語**
device「機器」

**A woman is using an electronic device.**
女性が電子機器を使っている。 ※electronic device「電子機器」

このような「総称的にまとめた単語」がよく使われ、しかも正解になりやすいのです。Part 1で非常によく出ますので、まとめてチェックしておきましょう。

**【超重要なまとめ単語(1) 「街中/機械/商品」系】**

Must!

□**instrument**「楽器・道具」/□**vehicle**「乗り物」/□**equipment**「装置・機器」/□**device**「機器」/□**machine**「機械」/□**machinery**「機械類」/□**tool**「道具・工具」/□**product・item・goods**「商品」/□**merchandise**「商品(類)」

+α

□**artwork**「芸術品」/□**facility**「施設・設備」/□**safety gear**「安全装置・防具」/□**supplies**「備品」

**【超重要なまとめ単語(2) 「料理/文書/家具・衣服」系】**

Must!

□**produce**「農作物」※アクセントは「プロデュース」と前にくる/□**appliance**「家電製品」/□**document**「文書・資料」/□**furniture**「家具類」/□**baggage・luggage**「荷物類」

+α

□**utensil**「(特に台所の)用具」/□**silverware・cutlery**「(銀製)食器類」/□**beverage**「飲み物」/□**baked goods**「焼き菓子」/□**reading material**「読み物」/□**clothing**「衣料品」/□**garment**「衣服」/□**footwear**「履き物」

## ▶ Point 2 文法 音

# be being p.p. とhave been p.p. を区別する!

Part 1ではbe being p.p. とhave been p.p. の区別が超頻出です。

### (1) 文法の確認

| | 文法事項 | 意味 |
|---|---|---|
| **be being p.p.** | 進行形＋受動態 | ～されている（途中だ） |
| **have been p.p.** | 現在完了形＋受動態 | ～されてしまった |

be being p.p. はよく「～されている」とだけ訳されますが、「**～されている途中だ・今まさに～されているところだ**」と考えてください。
たとえば、以下の写真でhave been closedなら「閉められた・閉まっている（すでに閉める作業が完了している状態）」なのでOKですが、be being closedは「今まさに閉められている途中（まだ完全に閉まってはいない）」を表すためNGとなります。

**正解：**
**Some shutters have been closed.**
「いくつかのシャッターが閉まっている」
**不正解：**
**Some shutters are being closed.**
「いくつかのシャッターが閉められているところだ」

### (2) 音の確認

| | 一般的に信じられている発音 | 実際の発音 |
|---|---|---|
| **been** | ビーン | **ビン・ベン** |
| **being** | ビーイング | **ビーィン** |

beenは「ビーン」、beingは「ビーイング」と思いがちですが、実際は**beenは軽く「ビン・ベン」、beingは「ビーィン」**と聞こえるのが普通です。「一般的に信じられているbeenの音（ビーン）」と「実際のbeingの音（ビーィン）」がそっくりなので、being「ビーィン」が発音されているのに、多くの人は「beenだ」と勘違いしてしまうのです。

## ▶Point 3

語彙　文法

# 進行形を使ったひっかけ "be putting on" に注意!

Part 1ではwear「身につけている」とput on「身につける」の区別が超頻出です。両方とも「服を着る」に限らず、wear a hat「帽子をかぶっている」／wear glasses「メガネをかけている」／wear sandals「サンダルを履いている」などと幅広く使えます。

Part 1ではwearもput onも進行形 (be -ing) の形で出題されます。現在進行形は「**今まさに～している途中**」というイメージを持ってください。

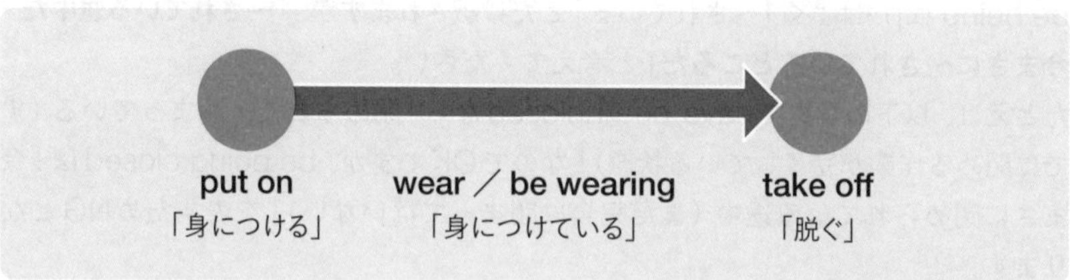


**進行形be wearing**は「身につけている」という**状態**を表します。文法書では「一時的状態を強調する」と書いてあったりしますが、普通に「身につけている」と考えてまったく問題ありません。

一方、**進行形be putting on**は「**身につける途中だ**」という**動作**を表します。言ってみれば「着替え中」に使われるわけです。ただし実際には「着替え中」の写真が出ることはほぼなく、**be putting onが使われた選択肢はかなりの確率でひっかけ (不正解)** になります。

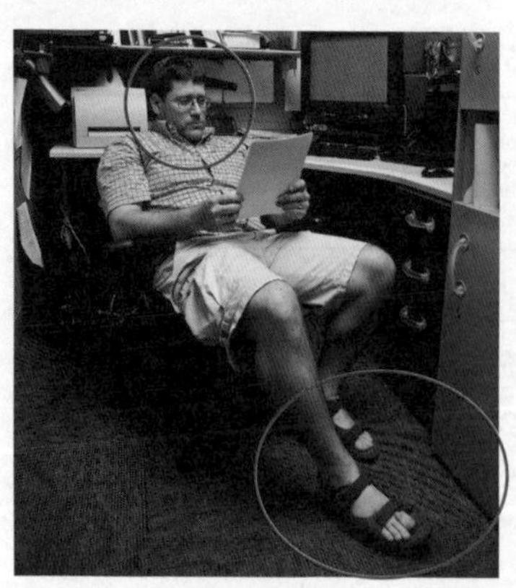

**正解：**

**A man is wearing sandals.**

「男性はサンダルを履いている」

※ be wearingで「サンダルを履いている状態」を表すのでOK

**不正解：**

**A man is putting on glasses.**

「男性はメガネをかけているところだ」

※ be putting onで「今まさにメガネをかけている途中」という動作を表すのでNG

## ▶ Point 4 語彙

## 「積み重ね」のパターンだけ反応する!

p. 23で説明したように、基本的に写真を見て事前に狙われる表現を予想する必要はありません。ただし、**「何かが積み重なっている」写真だけはstackやpileを予想してください。**出る確率がやたら高く、難しい単語なので心の準備をしておくと対応しやすくなるためです。特に受動態で、**be piled (up)・be stacked (up)「積み重ねられている」**とよく使われます。

be stacked「積み重ねられている」

**正解：**

**Dishes are stacked neatly on a counter.**

「カウンターの上には皿がきれいに積み重ねられている」

※ dish「皿」／neatly「きちんと・きれいに」

## ▶ Point 5 語彙

## Part 1 特有表現を攻略する!

Part 1は入試ではあまり出ない「日常単語」がよくポイントになります。たとえば、意外な頻出パターンとして「水辺」の写真はやたらと出るので、以下のような特有語句を押さえておく必要があるのです。

Must!

□ **water**「（川・湖・海などの）水のあるところ・水をやる」／□ **potted plant**「鉢植えの植物」／□ **dock**「埠頭・（船を埠頭などに）つける・（埠頭などに）つく」／□ **pier**「埠頭・桟橋」／□ **fountain**「噴水」／□ **reflect**「反射する・映す」／□ **overlook**「見渡す・見下ろす」

+α

□ **hose**「ホース」※発音は「ホウズ」／□ **spray**「（水などを）まく」／□ **watering can**「じょうろ」／□ **vessel**「船」／□ **quay**「埠頭・波止場」／□ **harbor**「港・湾」／□ **waterfall**「滝」

では、例題を使って実際の問題を見ていきましょう。

# Part 1　例題

## 例題（1）　Part 1 超頻出の「まとめ単語」

02

**1.**

［ヒント］

 「楽器」を表すまとめ単語は？

 in a row「列になって・並んで」

## 例題(2) have been p.p.とbe being p.p.の区別

Part 1

03

2.

[ヒント]

- beenは軽く「ビン・ベン」、beingは「ビーィン」
- be being p.p.は「〜されている途中」
- pastry「菓子・パイ」/serving tray「配膳用のお盆」/diner「食事客」

# Part 1　例題　解答と解説

## 例題（1） Part 1 超頻出の「まとめ単語」

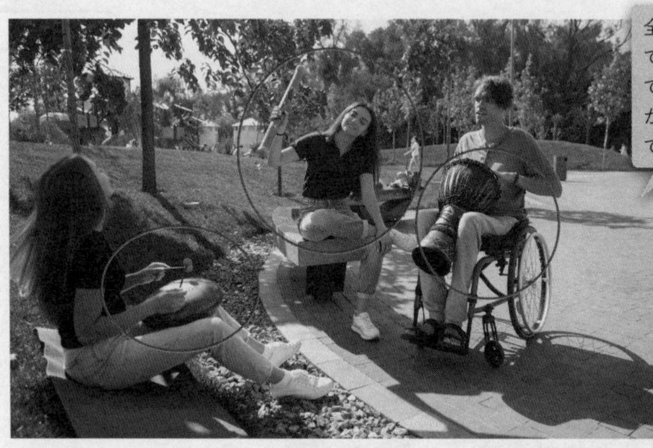

全員が「楽器」を演奏している。具体的な名前ではなく、「まとめ単語」がよく使われると意識しておく！

**1.** 正解 **B**

(A) They're performing on an outdoor stage.

♪ くっついて「オンナン」

**(B) They're playing musical instruments.**

♪ ほとんど聞こえない

(C) They're sitting in a row at a bus stop.

くっついて「インナ」♪　♪ くっついて「アダ」

(D) They're having some lunch in a park.

♪ くっついて「インナ」

(A) 彼らは野外ステージで演奏している。
→ an outdoor stage「野外ステージ」が×

(B) 彼らは楽器を演奏している。

(C) 彼らはバス停で並んで座っている。
→ in a row「並んで」もa bus stop「バス停」も×

(D) 彼らは公園で昼食をとっている。
→ lunch「ランチ」をとっているわけではないので×

## 核心 まとめ単語のinstrument「楽器」

まとめ単語がポイントです。「複数の人が楽器を演奏している」様子を描写した、(B) They're playing musical instruments. が正解です。**具体的な楽器の名前を言うのではなく、instrument「楽器」というまとめ単語を使って総称的に表しているわけです。**

**【参考】具体的な単語**
guitar「ギター」／
piano「ピアノ」／
violin「バイオリン」／
flute「フルート」など

→

**【重要】まとめ単語**
instrument「道具・楽器」

※instrumentには「道具・楽器」の2つの意味があり、「楽器」の意味だとハッキリ示したいときは今回のようにmusical instrumentとなることもよくあります。音楽の「インストゥルメンタル(instrumental)」は「楽器だけの曲」のことです。

## 隠れポイント in (a) line・in a row「並んで」

誤りの選択肢(C) They're sitting in a row at a bus stop. では、in a row「列になって・並んで」という表現が使われています。こういった「位置関係」を表す表現もPart 1ではとても大切です(p. 48)。

inには「形式」の意味があり、たとえばspeak in Englishは「英語という形式で話す」ということです。in a rowで、直訳「1列(a row)という形式で(in)」→「列になって・並んで」となるわけです。Part 1では「人・物が並んでいる」写真がよく出るだけに、**in (a) line・in a row「列になって・並んで」をセットで押さえておきましょう。**

**【「形式のin」を使った重要熟語】**

□**in a way**「ある意味では」
□**in this way[manner]**「この方法で・このように」
□**in short**「要するに」　※「短い形式で言うと」
□**in other words**「言い換えれば」
□**in person**「自分で」　※「"人"という形式で」
□**in turn**「交代で」　※「順番に交代という形式で」
□**in advance**「前もって」　※beforehand「前もって」もTOEIC頻出

□ **perform** 演奏する／□ **outdoor** 屋外の・野外の／□ **bus stop** バス停

## 例題 (2) have been p.p.とbe being p.p.の区別

ゴチャゴチャといろいろある写真は、あまり細かいところまで気にする必要はない!

「料理」関連の写真はよく出る。

**2.** 正解 **B**

(A) The pastries are inside white boxes.

♪「ボックスィス」って感じ

**(B) Serving trays have been filled with plates.**

♪ほとんど聞こえない

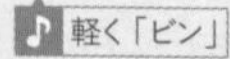


(C) A chef is reviewing items on a menu.

♪くっついて「オンナ」

(D) Dishes are being handed to diners.

♪「ビーィン」

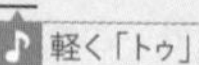


(A) 白い箱の中にお菓子が入っている。
→ white boxes「白い箱」が×

(B) 配膳用のお盆はお皿でいっぱいだ。

(C) シェフがメニューの項目を見ている。
→ menu「メニュー」はないので×

(D) 料理がお客さんに手渡されているところだ。
→ diner「食事客」はいないので×

## 核心 have been p.p.を聞き取る

「完了形＋受動態（have been p.p.）」の聞き取りと語彙がポイントです。「トレーが皿でいっぱい」と描写した、(B) Serving trays have been filled with plates. が正解です。本来はfill A with B「AをBでいっぱいにする」で、その受動態A is filled with B「AはBでいっぱいだ」の形でよく使われます。今回は完了形＋受動態で、**have been filled with ~「～でいっぱいだ」**となっています。

※beenは「ビーン」ではなく、軽く「ビン・ベン」と聞こえます。

**【完了形+受動態（have been p.p.）のイメージ】**

|  | have + p.p. |  |  | 完了形 |
|---|---|---|---|---|
| +) |  | be + p.p. | +) | 受動態 |
|  | have | been p.p. |  | 完了形+受動態 |

文頭のserving trayは「配膳用のお盆・トレー」です。serveは「(飲食物を) 出す」で、serving tray「飲食物を客に出すためのトレー」となります。

## 隠れポイント be being p.p. とhandの用法

(D) Dishes are being handed to diners. は「進行形＋受動態（be being p.p.）」です。**be being p.p.** は「～されている途中」を表し、今回は「料理が客に手渡されている」わけではないので不正解となります。

**【進行形+受動態（be being p.p.）のイメージ】**

|  | be + -ing |  |  | 進行形 |
|---|---|---|---|---|
| +) |  | be + p.p. | +) | 受動態 |
|  | be | being p.p. |  | 進行形+受動態 |

handは名詞「手」→ 動詞「手で渡す」が大切で、hand 人 物「人に物を手渡す」の形でよく使います（≒ hand 物 to 人）。今回はhand 物 to 人の受動態で、**物 is handed to 人「物が人に手渡しされる」**となっているわけです。

※be being p.p.で、物 is being handed to 人「物が人に手渡しされている途中だ」となります（物にdishes「皿・料理」、人にdiners「食事客」がきている）。

□ **pastry** 菓子・パイ／□ **plate** プレート・皿／□ **review** よく見る／□ **item** 品物・項目／□ **dish** 皿・料理／□ **diner** 食事客

# Part 1　例題

## 例題（3）　進行形を使ったひっかけ（be wearing vs. be putting on）

04

**3.**

［ヒント］

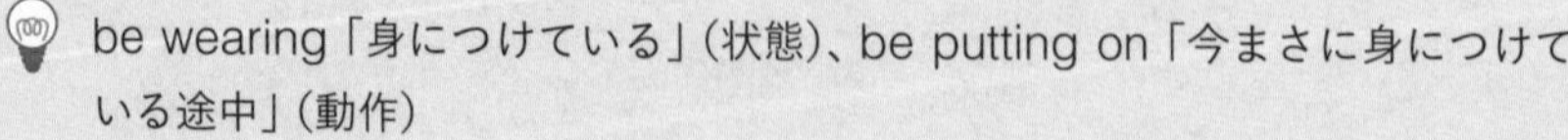

be wearing「身につけている」（状態）、be putting on「今まさに身につけている途中」（動作）

board「乗る」

## 例題(4)　唯一予想したい「積み重ね」のパターン



05

**4.**

[ヒント]

 写真の中に「積み重ね」があったらpileやstackを予想

loaded with ~「～を積んだ」／warehouse「倉庫」／merchandise「商品(類)」

# Part 1　例題　解答と解説

## 例題（3）　進行形を使ったひっかけ（be wearing vs. be putting on）

空港の写真はPart 1頻出。airplane「飛行機」はまとめ単語vehicle「乗り物」で表すことも。
何となく服装や持ち物をチェックしておく程度でOK。


**3.** 正解 **D**

(A) She's boarding an airplane.
♪ くっついて「ガ」

(B) She's putting on shoes.

(C) She's showing a passport.
ほとんど聞こえない ♪　♪ くっついて「ガ」

**(D) She's wearing a backpack.**
♪ くっついて「ガ」

(A) 彼女は飛行機に搭乗しているところだ。
　→「飛行機に乗り込んでいる途中」ではないため×

(B) 彼女は靴を履いているところだ。
　→ be putting onは「今まさに靴を履いている動作の途中」を表すので×

(C) 彼女はパスポートを見せている。
　→ passport「パスポート」は写真にはっきり写っておらず、何かを他の人に見せているわけでもないので×

(D) 彼女はリュックを背負っている。

## 核心 be putting onは「不正解」の可能性が高い！

be wearingとbe putting onの区別がポイントです。「女性がリュックを背負っている」様子を表した、(D) She's wearing a backpack. が正解です。be wearingは「身につけている」という状態を表し、**be wearing a backpack「リュックサックを身につけている・リュックを背負っている」**となります。

(B) She's putting on shoes. はbe putting onを使った、定番のひっかけです。この選択肢は**「今まさに靴を履いている動作の途中」**を表しますが、写真は「すでに靴を履いている状態」なので不正解となります。このようにbe putting onはひっかけの選択肢として非常によく使われるのです。

※be putting onを使った選択肢が正解になったことはこれまでに数回だけありますが、90%以上は不正解と考えてOKです。

**【wear vs. put on】**

| | 意味 | 進行形（TOEICで出る形） |
|---|---|---|
| wear | 「身につけている」※状態 | be wearing「身につけている」 |
| put on | 「身につける」※動作 | be putting on「身につけている途中だ」 |

## 隠れポイント 多義語boardを攻略する

(A)ではboard「乗る」が使われていました。今回は不正解になりましたが、boardはTOEICでの超重要多義語です。

**【重要多義語 board　核心：板（ボード）】**

①板・黒板　②役員・役員会　③乗る　④舞台・参加

「黒板」→「黒板がある部屋・会議室」→「会議室に集まる人たち・役員会」と考えてください。**the board of directors「取締役会」**は頻出です。
さらに「板の上に乗る」→「乗り物に乗る」、「板」→「舞台の上に乗る」→「参加」となりました。**on boardは「(乗り物に) 乗って・(仕事に) 参加して」**という重要熟語です。

□ **board** 乗る／□ **airplane** 飛行機／□ **backpack** リュックサック

## 例題 (4) 唯一予想したい「積み重ね」のパターン

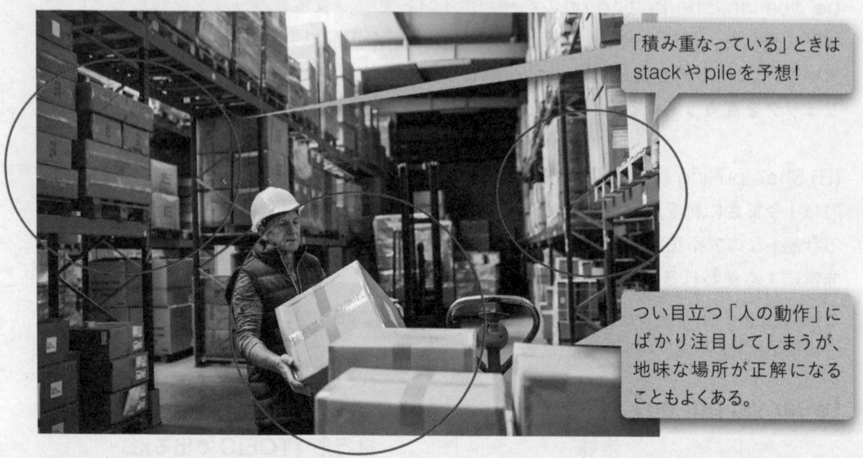

「積み重なっている」ときは
stackやpileを予想!
つい目立つ「人の動作」に
ばかり注目してしまうが、
地味な場所が正解になる
こともよくある。


**4.** 正解 **C**

(A) The man is pushing a cart loaded with crates.

♪ほとんど聞こえない

(B) The man is carrying boxes into a storeroom.

♪ほとんど聞こえない

**(C) Some packages are stacked in a warehouse.**

ほとんど聞こえない♪ ♪くっついて「インナ」

(D) Some merchandise is being lifted onto shelves.

♪ビーィン

(A) 男性が木箱を積んだ台車を押している。
→「台車を押している最中」ではないため×

(B) 男性が箱を倉庫の中に運び込んでいる。
→「倉庫の中に運び込んでいる」わけではないので×

(C) いくつかの荷物が倉庫に積み重ねられている。

(D) いくつかの商品が棚に乗せられているところだ。
→ merchandise「商品」がなく、「棚に乗せられている最中」でもないので×

## 核心 TOEICは「積み重ねる」のが大好き!

Part 1頻出の「積み重ね」のパターンです。この写真全体は「倉庫」の中だと考えられ、その倉庫内で「荷物が積み重なっている」様子を描写した、(C) Some packages are stacked in a warehouse. が正解です。

Part 1では、段ボール・椅子・書類・お皿など、何かが「積み重なっている」写真が非常によく出ます。普段は写真を見て予想する必要はありませんが、この場合だけは**be stacked (up)・be piled (up)「積み重ねられている」**を予想してください。以下で「積み重ねる」系の表現をまとめてマスターしておきましょう。

**【「積み重ねる」系の重要表現】**

□**pile・stack**「積み重ねる・積み上げる」
□**be piled (up)・be stacked (up)**「積み重ねられている」
□**be put into piles[stacks]**「積み重ねられる」
□**be arranged in piles[stacks]**「山積みになっている」
□**a pile of ~・piles of ~・a stack of ~・stacks of ~**「山積みの~」

※もちろん、これらが不正解の選択肢で使われる可能性もあります。

## 隠れポイント インパクトのあるものが正解とは限らない!

今回は「ズラし」のパターンでもあります。「ズラし」とは、**目立つものを予想させておいて、あまりにも些細なところが答えになるという、受験者の予想から「ズラす」問題**のことです。今回の写真では、どうしても写真中央の「男性が箱を持っている」箇所に意識がいきがちです。しかし、実際には写真の左右や後ろの「荷物が積み重なっている」という地味な部分が正解になりましたね。

男性が目立つがゆえにひっかかりやすいのですが、男性に関する(A)と(B)はどちらもダミーです。インパクトの強いところに目が行ってしまうと、どうしても予想した単語が出てきたら飛びついてしまうものです。こういう、目立つものから「ズラす」パターンもあることを知っておいてください。

※「積み重なった」とき以外は無理に「写真を見て予想する必要はない」と言うのは、今回のような「ズラし」のパターンもよくあるからなんです。

□ **cart** カート・台車/□ **loaded with ~** ~を積んだ/□ **crate** 木箱/□ **carry A into B** AをBの中に運び込む/□ **storeroom** 倉庫・物置/□ **package** 荷物・小包/□ **warehouse** 倉庫/□ **merchandise** 商品(類)/□ **lift A onto B** AをBに持ち上げる/□ **shelf** 棚

# Part 1　実戦問題 1

06-07

1.

2.

08-09

3.

4.

# Part 1　実戦問題1　解答と解説

## 1. 正解 A

(A) They're loading items into a vehicle.
(B) They're pushing some doors open.
(C) They're assembling some shelves.
(D) They're leaning over some boxes.

(A) 彼らは荷物を乗り物に積み込んでいる。
(B) 彼らはドアを押し開けようとしている。
(C) 彼らは棚を組み立てている。
(D) 彼らは箱の上に身を乗り出している。

### 核心　まとめ単語のitemとvehicle

2つの「まとめ単語」がポイントです。**load A into B**「**AをBに積み込む**」の形で、「2人の男性が荷物をトラックに積み込んでいる」様子を表した(A)が正解です。写真の「白い棚」を**item**「**物**」、「トラック」を**vehicle**「**乗り物**」と総称的に表しています。まとめ単語はPart 1で本当によくポイントになります。

□ **push ~ open** ～を押し開ける／□ **assemble** 組み立てる／□ **shelf** 棚／□ **lean over ~** ～に身を乗り出す

## 2. 正解 D

(A) The woman is planting some flowers.
(B) The walkway leads through a building.
(C) Passengers have gathered around ships.
(D) Some boats are docked along a pier.

(A) 女性は花を植えている。
(B) 歩道は建物の中を通っている。
(C) 乗客は船の周りに集まっている。
(D) いくつかのボートが埠頭(ふとう)に沿って停泊している。

### 核心　「水辺」の写真で大事なdockとpier

dock「埠頭（につける）」とpier「埠頭・桟橋」がポイントで、**be docked along a pier**「**（船が）埠頭に沿ってつけられる**」→「**ついている・停泊している**」です。dockは「船を埠頭にドッキング（docking）させる・くっつける」と覚えましょう。pierは「船が停泊できる水面に突き出した（水の上にある）細長い通り」です。

※ ちなみに、写真中央の「女性」が目立ちますが、両側の「ボート」に関する英文が正解となる「ズラし」のパターンです。

□ **plant** 植える／□ **walkway** 歩道・通路／□ **passenger** 乗客／□ **gather** 集まる

## 3. 正解 D

08

(A) Some bushes are being trimmed.
(B) A sign is being placed on the sidewalk.
(C) The sidewalk is being swept.
(D) The man is pushing a cart.

(A) いくつかの茂みが刈り取られているところだ。
(B) 看板が歩道に設置されているところだ。
(C) 歩道が掃除されているところだ。
(D) 男性がカートを押しているところだ。

### 核心 be being p.p.のひっかけ

(A)～(C)はすべて進行形＋受動態（**be being p.p.**）で、「～されている途中」を表します（beingは軽く「ビン・ベン」という発音）。たとえば(B)は、あくまで「今まさに看板が設置されている途中」を表すのでアウトです。今回はbe being p.p.の(A)～(C)に飛びつくことなく、(D)まで待てたかが勝負になりました。

□ **bush** 茂み／□ **trim** 刈る／□ **sign** 看板／□ **place** 置く・設置する／□ **sidewalk** 歩道／
□ **sweep** 掃く／□ **cart** カート・台車

## 4. 正解 C

09

(A) The woman is holding onto a railing.
(B) The woman is putting on a watch.
(C) The woman is leaning over a display.
(D) The woman is searching in a handbag.

(A) 女性が手すりにつかまっている。
(B) 女性が腕時計をつけているところだ。
(C) 女性が陳列品に身を乗り出している。
(D) 女性がハンドバッグの中を探している。

### 核心 be putting onを使ったひっかけ

(B)にひっかからないかがポイントです。**be putting on**は「**今まさに時計をつけている途中**」を表すため、写真の「すでに時計をつけている状態」とは合いません（The woman is wearing a watch. なら正解）。正解は(C)で、**lean over ~**は直訳「～を上から覆って（over）傾く・曲げる（lean）」→「**～に身を乗り出す**」です。

□ **hold onto ~** ～につかまる・～を握る／□ **railing** 手すり／□ **display** 陳列（品）・展示（品）／
□ **search** 探す／□ **handbag** ハンドバッグ・旅行かばん

# Part 1　実戦問題2

10-11

5.

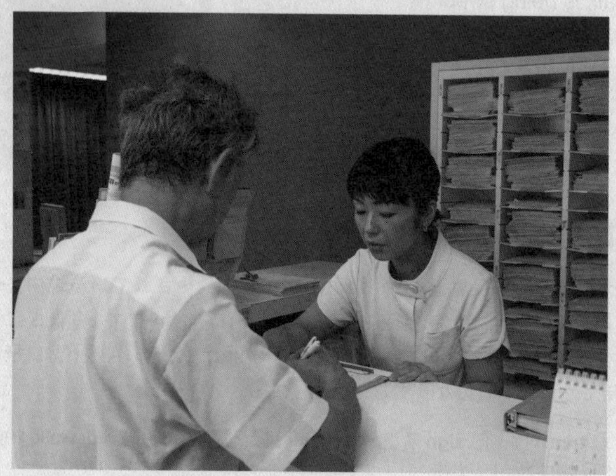

6.

12-13

7.

8.

# Part 1　実戦問題2　解答と解説

**5.** 正解 **B**

(A) They're waiting in line for assistance.
(B) They're facing each other at a counter.
(C) The woman is handing out papers to a class.
(D) The man is reaching for some folders on a shelf.

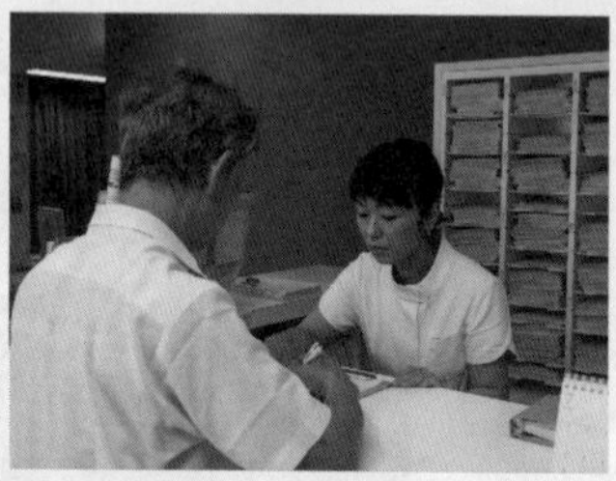

(A) 彼らは助けを求めて並んで待っている。
(B) 彼らはカウンターで向かい合っている。
(C) 女性がクラスの人々に書類を配っている。
(D) 男性が棚の書類ばさみに向かって手を伸ばしている。

## 核心 face each other「お互いに向き合う」

「位置関係」の表現がポイントです。「カウンターで向かい合っている」様子を描写した(B)が正解です。faceは名詞「顔」は有名ですが、「**顔を向ける**」→「**〜のほうを向く**」という動詞もあります。**face each other**で、直訳「お互い（each other）に顔を向ける（face）」→「**お互いに向き合う・向かい合う**」です。

□ **in line** 列になって・並んで／□ **assistance** 支援・援助／□ **hand out ~** 〜を配る／□ **reach for ~** 〜に向かって手を伸ばす／□ **folder** フォルダー・書類ばさみ／□ **shelf** 棚

**6.** 正解 **C**

(A) The man is loading packages onto a cart.
(B) The man is pushing a drawer closed.
(C) Buckets have been stacked on the floor.
(D) Tool boxes have been placed on a workbench.

(A) 男性が荷物を台車に積み込んでいる。
(B) 男性が引き出しを押して閉めている。
(C) バケツが床に積み上げられている。
(D) 作業台に道具箱が置かれている。

## 核心 「積み重ね」を見たらpileやstackを予想！

Part 1頻出の「積み重なっている」パターンです。**be stacked (up)「積み重なっている」**を使った(C)が正解です。ここでは**完了形＋受動態（have been p.p.）**で、「積み重なっている・積み上げられた」ことが完了した状態を表しています。

※中央で「男性がカートで箱を運んでいる」点が目立ちますが、今回は「バケツが積み上げられた」という地味な箇所が狙われた「ズラし」のパターンでもあります。

□ **load A onto B** AをBに積み込む／□ **cart** カート・台車／□ **push ~ closed** 〜を押して閉める／□ **drawer** 引き出し／□ **tool box** 道具箱／□ **place** 置く／□ **workbench** 作業台

## 7. 正解 C

(A) Customers are picking out pants.
(B) Jars are lining the aisles.
(C) Tables are shaded by a canopy.
(D) Shelves are assembled in a warehouse.

(A) お客さんがパンツを選んでいる。
(B) 瓶が通路に並んでいる。
(C) 机が天蓋で日陰になっている。
(D) 倉庫で棚が組み立てられている。

### 核心 意外に大事なbe shaded by ~とcanopy

Part 1頻出の「影」や「日よけ」を描写する英文です。shade「影（を作る）」は、メイクの「シェイディング（頬や鼻に影を作ってより立体的に見せること）」から連想することもできます。**be shaded by ~「～によって影を作られる（投げかけられる）」→「～で影になっている」**です。また、**canopy「天蓋・ひさし・日よけ」**は難単語ですがPart 1では重要で、**「4本の柱の上についた覆い」**を表します。

□ **customer** 客／□ **pick out** 選ぶ／□ **jar** 瓶／□ **line** 並ぶ／□ **aisle** 通路／□ **shelf** 棚／
□ **assemble** 組み立てる／□ **warehouse** 倉庫

## 8. 正解 D

13

(A) Items have been scattered across the floor.
(B) Kitchen staff are setting out cooking utensils.
(C) Baked goods are displayed along a wall.
(D) Pans are hanging above some counters.

(A) 床中に商品が散らばっている。
(B) 厨房スタッフが調理器具を並べている。
(C) 焼き菓子が壁沿いに陳列されている。
(D) フライパンがカウンターの上につり下げられている。

### 核心 「キッチン・料理」関連の表現もチェック

キッチンの写真もPart 1頻出で、**pan「フライパン・鍋」**や**hang「掛かる・つるされている」**がポイントです。Pans are hanging above ~「フライパンが～の上につるされている」となります。above ~「～の上に」も大事な位置表現です。

※ 誤りの選択肢で使われているまとめ単語（item／utensil／baked goods）もチェックを。

□ **item** 物・商品／□ **be scattered** 散らばっている／□ **set out** 並べる／□ **utensil** 器具・用品／
□ **baked goods** 焼き菓子／□ **display** 展示する

# Part 1 の重要表現をまとめてチェック!

実戦問題で問われた表現に関連し、Part 1で大事な表現をまとめておきます。
大学入試などでは見慣れない単語も多いと思いますが、Part 1ではどれも頻出です。
※赤字は特に重要なもの

**【街中や日常での動作】**

□**wheelbarrow**「手押し車」/□**cart**「カート・台車」/□**cargo**「積み荷・貨物」/□**crate**「(配送用の) 木箱」/□**lift**「持ち上げる」/□**ladder**「はしご」/□**stepladder**「脚立」/□**load A into[onto] B**「AをBに積み込む」/□**be loaded with ~**「~が積み込まれている・~でいっぱいだ」/□**unload**「(積み荷を) 降ろす」/□**be propped (up) against ~**「~に立てかけられている」/□**point at ~**「~を指さす」/□**reach**・**extend**「(手を) 伸ばす」/□**hold**・**grasp**「つかむ」/□**railing**・**handrail**「手すり」/□**lean against ~**「~に寄りかかる・もたれる・立てかけられる」/□**lean over ~**「~に身を乗り出す」

**【位置関係】**

**上下・左右関係:**□**above ~**「~の上に」/□**below ~**・**beneath ~**・**underneath ~**「~の下に」/□**beside ~**・**next to ~**「~の隣に」/□**near ~**・**by ~**・**close to ~**「~の近くに」/□**along ~**「~に沿って」/□**alongside ~**「~に沿って・並んで・~のそばに」/□**side by side**「(横に) 並んで」
**前後関係:**□**in front of ~**「~の前に」/□**behind ~**「~の後ろに」/□**opposite ~**・**across (from) ~**「~の向かいに」/□**each other**・**one another**「お互い」/□**across from each other**「向かい合わせに」/□**face each other**「お互いに向き合う」/□**face to face**「面と向かって」/□**face away from ~**「~と別のほうを向く」

**【影・中庭・芝生】**

□**shade**「日陰・影を作る」/□**be shaded**「陰になっている」/□**cast a shadow on ~**「~に影を落とす・影を投げかける」/□**patio**・**courtyard**「テラス・中庭」/□**grass**・**lawn**「芝生」/□**mow the lawn**「芝生を刈る」/□**lawn mower**「芝刈り機」/□**trim**「(材木などを削って) 形を整える」

**【キッチン・料理】**

□**sink**「シンク・(台所の) 流し」/□**faucet**「蛇口」/□**counter**・**countertop**「調理台・カウンター」/□**cookware**「調理器具」/□**pot**「鍋」/□**stove**「コンロ」/□**(frying) pan**「フライパン」/□**cutting board**「まな板」/□**microwave oven**「電子レンジ」/□**dish**「皿・料理」/□**tray**「トレー・(料理の) 皿」/□**plate**「皿」/□**dishwasher**「食洗器」/□**kitchen cabinet**・**cupboard**「食器棚」

# Part 2
# 攻略

## Part 2　基本情報

| | |
|---|---|
| 問題形式 | 問題用紙には写真も英文も印刷されていない、「純粋な」リスニング問題です。 |
| 問題数 | 「一問一答」のやりとりで、最初のセリフに対して適する返事を3つの選択肢から選びます。これが25セットです。 |
| 出題内容 | オフィスでの会話を中心に、レストランやホテルなどでの会話もあります。 |
| 正解数の目安 | 600点目標　**17** ／ 25問　(68%)<br>800点目標　**22** ／ 25問　(88%) |

# Part 2 の概要と解答プロセス

## Part 2 ってこんな問題

**問題形式** 問題冊子に書かれているのは「**設問の指示**」のみ／最初のセリフに対する適切な返答を3つの英文から選びます。

**7.** Mark your answer on your answer sheet.
**8.** Mark your answer on your answer sheet.
**9.** Mark your answer on your answer sheet.
…
**31.** Mark your answer on your answer sheet.

**流れる音声** No. 7 　問い　　🔊 14

Where did you park the van?
(A) Let's stop at a gas station first.
(B) A block from here. 　返答
(C) During my lunch break.

**解　説** 文頭のWhereという疑問詞を聞き取れるかがポイントです。Whereを使って「トラックはどこに停めたの？」と尋ねています（parkは「駐車する」という動詞が大切）。これに対して「ここから1ブロック先」と場所を答えた(B)が正解です。block「ブロック・区画（通りに囲まれた区域）」は道案内などでよく使われます。

**訳** トラックはどこに停めましたか？
(A) まずガソリンスタンドに寄りましょう。
　→「場所」には言及していますが、「どこに停めた?」に対して「○○に寄ろう」ではやりとりが成り立ちません。
(B) **ここから1ブロック先です。**
(C) お昼休みの間です。
　→ Whenとの混同を狙ったひっかけです。

□ **park** 駐車する／□ **van** バン・トラック／□ **gas station** ガソリンスタンド

# Part 2 の核心

## Q. Part 2で求められる「リスニングの力」とは?

## A. 特に「疑問詞」の聞き取りが求められます。

「文頭の疑問詞」を聞き取る問題がよく出ます。基本問題とされていますが、実は意外とミスが多く出るのです。本書ではその原因を分析した結果、「**そもそも音の認識が違う**」「**直後の動詞とくっつく**」「**文が長くて後ろに意識がいった結果、疑問詞を忘れてしまう**」とまとめ、その対策をしていきます。

※左ページの例：Whereは「ホエア」ではなく「ウェア」や「ウェ」くらいに聞こえます。また、Whereの後ろのdid youはくっついて「ディデュ」「ディジュ」となります。

## Q. Part 2で求められる「単語の力」とは?

## A. 「会話表現」がよくポイントになります。

単語そのものは難しくありませんが、Why don't you ~?「～しませんか?」などの**提案表現**、Can you ~?「～してくれない?」などの**依頼表現**などが問われます。

## Q. Part 2で求められる「文法の力」とは?

## A. 「否定疑問文・付加疑問文・間接疑問文」などがよく問われます。

Part 2では文法が正解のキーになることがよくあります。たとえば「フーズ」と聞こえた場合、Who's (= Who is/Who has) とWhoseの可能性があります。これは音から区別できないので、**「文法・語法」の視点から判断する必要がある**のです(p. 54)。
また、**否定疑問文・付加疑問文・間接疑問文**などは文法書では軽視されがちですが、実は日常会話では想像以上に頻繁に使われ、当然Part 2でもよく出ます。

## Q. Part 2で求められる「メンタル」と会場の雰囲気は?

## A. わからなかったり、迷っても、すぐに次の問題に集中しよう。

文が短いので簡単に思える反面、一瞬でも気を抜いたらアウトなので、実はかなり差がつきます。満点を取るような人でも「1問ミスしたのがPart 2だった」ということはよくあるのです。
迷った問題をいつまでも考えていると、そのままダーッと3問立て続けにパニックになったりすることもあります。**ミスを引きずることなく、瞬時に次の問題に意識を向ける**ようにしましょう。

# Part 2 の解答プロセス

**1 Part 2スタート／指示文が流れる**
音声 "PART 2 Directions: You will hear a question or statement ..."
行動 完全スルー

**2 問題がスタート／英文（問い）が流れる**
音声 "No. 7. Where did you park the van?"
行動 問題冊子に書かれている指示文は完全スルーして、英文に集中

**PART 2**

**Directions:** You will hear a question or statement ～

**7.** Mark your answer on your answer sheet.

**8.** Mark your answer on your answer sheet.

**9.** ～

**3 英文（返答）が流れる**
"(A) Let's stop at a gas station first.
(B) ～／(C) ～"
行動 問いの英文に対する適切な返答を選ぶ／消去法も活用する！

**4 2問目スタート**
※No. 31まで同じ流れ

## ❶ Directions（指示文） ※25～30秒

Part 1と同じく、印刷されている指示文がそのまま読まれるだけなので、まったく聞く必要はありません。ボーッと休憩してOKです。

## ❷ 問題がスタート／英文（問い）が流れる ※3～5秒

Part 1は "No.1. Look at the picture marked No.1 in your test book." と「前フリ」が長いので心の準備ができますが、Part 2は "No. 7" の直後からいきなり問題が始まります。**問題番号のアナウンスは「数字だけ」で、いきなり始まると意識していない**と、焦って一番大事な「出だし」を逃してしまいます。

△定番の対策 「出だし」（特に疑問詞）に注意

### 神速流 「疑問詞が後ろとくっつくパターン」などをしっかり対策する！

Part 2では「出だし」、**特に最初の疑問詞を聞き取ることが最重要**です。しかし、実際には**「疑問詞が後ろと組み合わさって聞きにくくなる」**こともよくあります。
たとえば、よく出る「WhenとWhereの区別」は簡単だと思われがちですが、When areは「ウェン・ア」→「ウェナ」、Where areは「ウェア・ア」→「ウェア」といった感じに聞こえます。疑問詞自体ではなく、**後ろの動詞とくっついた結果、whenとwhereを混同してしまうことがあるわけ**です。さらに、When・Whereの直後の動詞

がwillだったり、短縮されたりするとき、ナレーターによってはかなり聞き取りにくくなることがあります。

## ③ 英文（返答）が流れる ※6〜12秒（選択肢の音声）+5秒（無音）

△定番の対策　問いの英文に対する適切な返答を選ぶ

### 神速流 ひねった返答も多いので、「消去法」を使ってOK!

出だしが聞き取れても、「**応答でひねってくる**」ことがよくあります。たとえば、「どこで開催される？」に対して、「場所」を直接答えるのではなく、「**わからない**」**といった答え方がすごく多い**のです。さらに間接的でわかりにくい応答も多く、満点獲得者でもすべて自信を持って正解を選んでいるわけではありません。あくまで「**3つの選択肢の中でbetterなものを選ぶ**」姿勢で臨んでください。正解の選択肢に確信は持てないけど、「残りの2つは絶対におかしい」と考えて正解を選ぶことはよくあるのです。

テクニック

**「似た音」が聞こえたら不正解！**

**問いかけの英文で使われた単語と「似た音」が出てきたら、それはかなりの確率で間違いの選択肢**です。これは有名なテクニックで多くの本に書いてあるのですが、とても有効なので、本書でも強調しておきます。たとえば、600点を目指している人なら、これだけで5問くらい拾えるかもしれません。

問いの英文：What time do you start work?「仕事の開始時間は?」
不正解の英文：It's too far to walk.「歩いて行くには遠すぎます」

質問文のworkと音が似たwalkが誤りの選択肢として使われていますね。問題作成側は「似た音が聞こえたから」という理由で誤りの選択肢を選ばせようとしてくるので、それを逆手に取って「**似た音が聞こえたら不正解**」と考えればよいのです。もちろん100%ではありませんが（正解の返答に似た単語が使われることもあります）、もし解答に迷ったら、「似た音の選択肢はアウト」と考えてみてください。

# Part 2 の攻略

## ▶ Point 1

音　文法・語法

## 疑問詞の「正しい音」と「フーズ」の区別

### (1) 疑問詞の「正しい音」

Part 2では「出だしの疑問詞を聞き取る」問題が頻出ですが、大前提として疑問詞が聞き取れない原因の1つに「そもそも音の認識が違う」ことがあります。たとえば、**whyは「ホワイ」ではなく「ワイ」と発音されるほうが圧倒的に多いのです。**

| 疑問詞 | 多くの人が思っている発音 | 実際によくある発音 |
|---|---|---|
| when | ホエン | ウェン [wén] |
| where | ホエア | ウェア・ウェ [wéə(r)] |
| what | ホワット | ワッ(ト) [wʌ́t] |
| why | ホワイ | ワイ [wái] |

Whyは「返答」もポイントです。かつてのTOEIC対策では「Whyで聞かれたら、Becauseの選択肢は不正解（あまりにも単純すぎるためダミーとして使われる）」と説明されていましたが、今では普通に正解になります。むしろ、最近は「Whyで聞かれてBecause ~. が正解になるパターン」がとても増えています。このテクニックはもはや通用しないので、あくまで**文の意味を最優先**してください。

### (2)「フーズ」の区別

「フーズ」と発音された場合、**Who's（Who is[has]の短縮形）とWhose**を区別する必要があります。たとえば、Whoseだと思ったとしても、後ろにin charge of ~と続いた時点で、Who's（Who is）だと頭の中で変換する必要があります。

「フーズ」と聞こえた後にin charge of ~ → Who's (= Who is) と判断

**A: Who's in charge of sales?**　**B: Ms. Toth is.**
A: 営業担当は誰ですか？　B: Tothさんです。

**「フーズ」と聞こえた場合**

① Who's　※Who is[has]の短縮形／Who's in charge of ~?が頻出
② Whose　※「誰の～・誰のもの」という意味／後ろに「名詞か動詞」がくる

※Whoseの直後は「名詞か動詞」です。たとえば、Whose book is that? か、Whose is that book?になるはずです。whoseの後に前置詞inがくることはありません。

## ▶Point 2

パターン

# 「そらし」の返答に注意!

Part 2では、問いの英文に対して間接的に答えるパターンがよく出ます。
たとえば、Who ~? に対しては「人名」などを答えるのが基本ですが、実際には「まだ決まっていない・わからない」のように「答えをそらす」ことが非常に多いのです。

**A: Who's in charge of sales?**
**B: It hasn't been decided yet.**
A: 営業担当は誰ですか?
B: まだ決まっていません。

Who ~?に対して「決まっていない」というそらしの返答

「まだ決めてない・わからない」といったそらしの返答は頻出で、高い確率で正解になります。以下でよく使われる返答を確認しておきましょう。

**【「決めてない・わからない」の返答例】**

□**I haven't decided (yet).**「まだ決めていないんです」
□**It hasn't been decided (yet).**「まだ決まっていないんです」
□**We're still deciding.**「私たちはまだ決めている最中です」
□**I'm not sure.／I have no idea.／I don't know.**「わかりません」
□**I hadn't heard about that.**「それについて聞いていませんでした」

また、「AとBのどちらがいい?」に対して、AとBのどちらかを選ぶのではなく、「どっちでもいい」のように投げやりな返答をすることもよくあります。

**A: Would you prefer a window seat or an aisle seat?**
**B: Either is fine.**
A: 窓側の席と通路側の席、どちらがよろしいでしょうか?
B: どちらでも構いません。
※空港などでのやりとり／aisle「通路」(発音は「アイル」)

A or B?に対して「どっちでもいい」というそらしの返答

**【「どっちでもいい／何でもいい」の返答例】**

□**Either one is fine.／Either is fine (with me).／I have no preference.／It doesn't matter to me.／Either works for me.／I don't care.**
「どちらでも構いません」
□**Whichever you like.**「あなたの好きなほうで」
□**Whatever works for you.**「あなたに合うものなら何でも」

## ▶Point 3

パターン

## 「Yes・No飛ばし」の返答に注意！

Are ~?／Do ~?などの疑問文にはYes／Noで答えるのが基本ですが、TOEICや実際の会話では、**「いちいちYes・Noを使わずにメインの内容を伝える」**こともよくあります。このパターンを本書では「Yes・No飛ばし」と呼んでいきます。

### ☑ いきなり「状況・予定」を伝える

たとえば「仕事は終わった？」に対して、Yes・Noではなく**「ちょうどするところだった／これからするつもり」**と述べて、間接的にNo（まだ終わっていない）と伝えることがあります。

**A: You've updated your computer's security software, haven't you?**

**B: Actually, I was just about to do that.**

間接的にNo（まだ更新していないけど、ちょうどするところ）

A: パソコンのセキュリティソフトは更新しましたよね？

B: 実は、ちょうどそうするところでした。

※be about to ~「まさに～するところだ」／Actuallyは「あなたの予測に反して、実は…」を表し、Part 2の「～した?」→「(予想に反して) 実はまだ」といったやりとりで頻出

### ☑ いきなり「理由・言い訳」を伝える

たとえば「～に参加した？」に対して、**「時間がなかった／別の仕事で忙しかった」**などと理由を述べて、間接的にNo（参加していない）と伝えることがあります。

**A: Did you attend the webinar?**

**B: I've been busy with other work.**

間接的にNo（他の仕事が忙しくて参加できなかった）

A: ウェビナー（オンラインセミナー）に参加しましたか？

B: 他の仕事が忙しくて。　※webinar「ウェビナー・オンラインセミナー」

### ☑ いきなり「本題・詳細」を伝える

たとえば「部長を見た？」に対して、いきなり「デスクにいたよ」と詳細を述べ、間接的にYes（見た）と伝えることがあります。

**A: Have you seen the manager?**

**B: She's in her office.**

間接的にYes（部長をデスクで見た）

A: 部長を見た？

B: 自分のデスクにいますよ。

## ▶Point 4 文法

# 否定疑問文は「notを無視」して考える！

Don't you ~?のような「否定疑問文」の返答には注意が必要で、昔から「Yesを『いいえ』と訳し、Noは『はい』と訳す」と説明されますが、これではとっさに対応できませんね。そこで、否定疑問文は「**notを無視する**」ようにしてください。

実際のリスニング　Haven't we hired some new engineers?

↓ ※notを無視する

頭の中では…　Haven't we hired some new engineers?

返答

| 採用した場合 | 採用していない場合 |
|---|---|
| Yes, we have. | No, we haven't. |

日本語は相手に合わせて返答を変えますが、**英語は「事実」に合わせます**。相手の質問がHave ~? でもHaven't ~? でも、「採用した」という事実ならYes、「採用していない」という事実ならNoという返答は、どう聞かれても変わらないのです。

**A: Haven't we hired some new engineers?**
**B: No, we're still looking.**

Noは「採用していない」を表す

A: 私たちは新しいエンジニアを採用していませんよね？
B: はい、まだ探しているところです。

## ▶Point 5 文法

# 間接疑問文は「丁寧に聞く」働き

Do you know where the closest convenience store is?のように、**文の中に疑問文が埋め込まれた形を「間接疑問文」**といいます。

**A: Do you know where the closest convenience store is?**
**B: There's one right across the street.**

A: 一番近いコンビニがどこにあるか知っていますか？
B: 通りの真向かいにありますよ。

実は、間接疑問文は「**丁寧に聞く**」ためのものです。Do you know where ~?は、形式的にはYes・Noで答える疑問文ですが、実際にはWhere ~? を丁寧にしたものなので、**Yes・Noではなく「相手が知りたがっていること（場所）だけ答える」ことがよくある**のです。

## ▶Point 6

表現

### 「提案・申し出・依頼」の表現をマスターする!

Part 2では会話表現もよく出ます。リスニングといっても、「あらかじめ表現を知っているかどうか」がポイントになることも多いのです。

**【whyを使った提案表現】** ※すべて「なぜ〜しないの?」→「〜したら?」という発想

- □**Why don't you ~?**「〜したらどう?」
- □**Why don't we ~?**「〜しようよ」 ※we(自分たち)に対する提案
- □**Why not** 原形 **?**「〜したらどう?・〜しようよ」

**A: Why don't we brainstorm some new product ideas?**

**B: Sounds good.**

A: 新製品のアイディアを出し合いませんか?

B: いいですね。

※brainstorm「ブレインストーミングを行う・アイディアを出し合う」/(That) Sounds good.「それは良く聞こえる」→「いいですね」

**【申し出の表現】**

- □**Shall I ~?/Can I ~?**「〜しましょうか?」
- □**Shall we ~?**「(私たちみんなで)〜しましょうか?」= **Let's ~**
- □**Why don't I ~?**「〜しましょうか?」
- □**Do you want me to ~?/Would you like me to ~?**「〜しましょうか?」

**A: Do you want me to drive?** **B: I'd appreciate that.**

A: 運転しましょうか? B: そうしていただけるとありがたいです。

※Do you want me to ~?は、直訳「あなたは私に〜してほしいですか?」→「(してほしいなら)〜しましょうか?」という丁寧な申し出/appreciate「感謝する」

**【依頼表現】**

- □**Can you ~?/Will you ~?**「〜してくれる?」
- □**Could you ~?/Would you ~?**「〜してくれますか?」
- □**I was wondering if you could[would] ~.**「〜してくださいませんか?」
- □**I'd appreciate it if you could[would] ~./**
  **I would be grateful if you could[would] ~**
  「〜していただけるとありがたいのですが」

# Part 2　例題

🔊 15-19

1. Mark your answer on your answer sheet.
2. Mark your answer on your answer sheet.
3. Mark your answer on your answer sheet.
4. Mark your answer on your answer sheet.
5. Mark your answer on your answer sheet.

［ヒント］

1.「When vs. Where」がポイント／copy「（本・雑誌などの）冊・部」

2.「Who's vs. Whose」がポイント／in charge of ~「～を担当して」／accounting「経理」

3. electrician「電気技師」

4. How + 形容詞・副詞「どれくらい～」／a ~「～につき」

5.「そらし」の返答に注意／take minutes「議事録をとる」

# Part 2　例題　解答と解説

## 例題（1）　疑問詞の聞き取り（When vs. Where）

**1.** 正解 **B**　　15

Where are the employee handbooks?

♪「ウェアラァ」っ感じ

(A) During my lunch break.

※Whenとの混同を狙ったひっかけ

**(B) There's a copy on the shelf.**

(C) If you organize the cabinet.

※場所を表すcabinetを使ったひっかけ

従業員ハンドブックはどこにありますか？

(A) 昼休みに。

(B) 棚の上に1冊ありますよ。

(C) キャビネットを整理するならば。

### 核心　WhenとWhereの区別はよく狙われる！

疑問詞の聞き取りがポイントです。Where areは「ホエアー・アー」ではなく、「ウェア・ア」や、軽く「ウェア」、くっついて「ウェァラァ」くらいに聞こえることが多いです。「従業員ハンドブックはどこ？」に対して、「棚の上に1冊ある」と場所を答えた(B) There's a copy on the shelf. が正解です。There is ~「～がいる・ある」という表現で、会話では短縮形There's ~が頻繁に使われます。

### 隠れポイント　copyは「冊・部」の意味が大事

copyは本来「たくさん書き写す」で、「（コピー機の）複写」だけでなく、「印刷所でたくさん書き写したもの」→「（本・雑誌などの）冊・部」の意味が超重要です。今回のa copyも「従業員ハンドブック1冊」と考えればOKですね。

**The library has several copies of the book.**
図書館にはその本が数冊ある。　※copyを「コピー」と考えると不自然

□ **employee handbook** 従業員ハンドブック・就業規則集／□ **shelf** 棚／□ **organize** 整理する／□ **cabinet** 棚

## 例題（2）「フーズ」の聞き取り（Who's vs. Whose）

**2.** 正解 **A** 16

Who's in charge of approving the budget?

♪ くっついて「フーズィン」

**(A) Yolanda in accounting.**

♪ ほとんど聞こえない

(B) It's his charger.

※chargeと似た音のひっかけ

(C) That proved to be true.

♪ 語尾のtとedほとんど聞こえない　※approveと似た音のひっかけ

予算の承認を担当しているのは誰ですか？

(A) 経理のYolandaです。

(B) それは彼の充電器です。

(C) それは本当だと証明されました。

### 核心 Part 2超頻出のWho's in charge of ~?

「フーズ」の聞き取りがポイントです。「フーズ」と聞こえてWhoseだと思ったとしても、in charge of ~と続いているので**Who's (= Who is)** だと判断します。in charge of ~「~を担当して」という重要熟語で、**Who's in charge of ~?「~を担当しているのは誰？・~の担当者は？」**となります。

これに対して担当者を答えた、(A) Yolanda in accounting. が正解です。Yolanda in accounting (is in charge of ~).「経理のYolanda（が~を担当している）」のことです。

### 隠れポイント 重要多義語のchargeを攻略！

chargeは超重要な多義語で、Part 5~7の語彙問題でもよく狙われます。

**【多義語charge　核心：プレッシャーをかける】**

①請求する／料金　②非難（する）　③委ねる／責任　④充電（する）

「お金を払えとプレッシャーをかける」→「請求する」、「文句を言ってプレッシャーをかける」→「非難する」、「プレッシャーをかけて大事な仕事を任せる」→「委ねる」となりました。be in charge of ~ は「~を委ねられた中で」→「~の責任の中で」→「~を担当している」です。

□ **approve** 承認する／□ **budget** 予算／□ **accounting** 経理／□ **charger** 充電器／□ **prove to ~** ~だと証明される・~だとわかる

## 例題（3） Whyの聞き取りと返答

**3.** 正解 C

Why did you call the electrician?

♪「ワイ」／くっついて「ディデュ」

(A) Mr. Andrews will do it.

♪ 軽く「ウル」　※時制が合わないので×

(B) At around 8:30.

※Whenとの混同を狙ったひっかけ

**(C) Because the water heater is broken.**

あなたはどうして電気工事業者に電話したのですか？

(A) Andrewsさんがやります。

(B) 8時30分頃です。

(C) 給湯器が壊れているからです。

### 核心 Why ~? → Because ... というやりとり

Whyの聞き取りと返答がポイントです。**Why**は「ホワイ」ではなく「**ワイ**」と発音されることが圧倒的に多いです。そして、後ろの**did you**はくっついて「ディッド・ユー」→「**ディデュ／ディッジュー／ディジュ**」となります。

「なぜ電気工事業者に電話にしたの？」に対して、「給湯器が壊れているから」と理由を答えた(C) Because the water heater is broken. が正解です。昔は「Why ~? に対して Because ... で答える選択肢は不正解」と説明するTOEIC対策本が多かったのですが、現在では**Because ... の選択肢もよく正解になります**。

### 隠れポイント electricianを聞き取れなくても焦らない！

今回はelectrician「電気技師・電気工事業者」やwater heater「給湯器」がわからなくてパニックになったかもしれません。ただし、「なぜ○○に電話したの？」→「△△が壊れていたから」という流れが把握できれば、正解を選べます。実際に高得点を取っている人でも、一言一句すべて聞き取れているわけではありませんので、**聞き取れない語句があっても焦る必要はありません**。

※electricianは「電気（electricity）を扱う人」→「電気技師・電気工事業者」です。ちなみに、TOEICではtechnician「技術者」がよく出ます。

□**electrician** 電気技師・電気工事業者／□**water heater** 給湯器／□**broken** 壊れて

## 例題(4)　Howは「意味」がポイント

**4.** 正解 **A**　18

How often is the machinery inspected?
♪ ほとんど聞こえない

**(A) At least once a month.**
♪ くっついて「ワンスァ」

(B) Exactly what I expected.
♪ くっついて「ワタイ」　※inspectedと似た音のひっかけ

(C) Our factory in Nagoya.
※machineryからの連想を利用したひっかけ

機械の点検はどれくらいの頻度で行われますか？
(A) 少なくとも月に1度は行われます。
(B) まさに期待通りです。
(C) 名古屋にある当社の工場です。

### 核心　How＋形容詞・副詞「どれくらい～」

howは聞き取りは簡単ですが、「意味」がポイントになります。今回はHow＋形容詞・副詞「どれくらい～」の形で、**How often ~?「どれくらいよく～？／どれくらいの頻度で～？」**と頻度を尋ねています。
これに対して、「少なくとも1カ月に1回」と頻度を答えた(A) At least once a month.が正解です。このaは「～につき」という意味です。

### 隠れポイント　howの意味を整理する

howの使い方は2つに分かれ、「Howを単独で使った場合」と「Howの後にきた単語とセットになる場合」があります。

**(1) 単独のHow：How 動詞 主語?**

① **方法**（どのような方法で）：How can you go there? は「あなたはどのような方法でそこに行くことができますか？」→「どうやってそこに行けるの？」です。

② **状態**（どのような状態で）：状態のhowは、How are you?「あなたは現在、どのような状態ですか」→「調子はどう？」で使われています。

**(2) セットのHow：How 形容詞・副詞 ~?**

howがセットで使われると「程度（どのくらい）」の意味です。直後の形容詞・副詞とセットになって「どれくらい 形容詞・副詞 か？」を表します。

□**machinery** 機械類／□**inspect** 検査する・点検する／□**at least** 少なくとも／□**exactly** まさに・ちょうど／□**expect** 予想する・期待する

## 例題(5) 「そらし」の返答パターン

**5.** 正解 **B** 19

Who's responsible for taking minutes?

「フーズ」 軽く「フォ」 ほとんど聞こえない

(A) Jessica gave it to me.

「ゲイヴィッ」って感じ ※itが何を指しているか不明

**(B) It hasn't been decided yet.**

語尾のtほとんど聞こえない/beenは「ビン」って感じ

(C) In five minutes.

※同じ単語のひっかけ

議事録作成の担当は誰ですか?

(A) Jessicaからそれを渡されました。

(B) まだ決まっていません。

(C) 5分後です。

### 核心 「まだ決まっていない」という定番のそらし

「フーズ」と聞こえた後に、responsible for ~ と続いているので、**Who's** (= **Who is**) だと判断します。be responsible for ~「~の責任がある・~を担当している」で、**Who's responsible for ~?**「~の担当は誰?」という疑問文です。

※Who's responsible for ~? ≒ Who's in charge of ~? はPart 2超頻出です。

これに対して「まだ決まっていない」とそらして答える、(B) It hasn't been decided yet. が正解です。完了形+受動態 (have been p.p.) で、直訳は「それ (=議事録の担当者) はまだ決められていない」です。

### 隠れポイント TOEIC頻出のminutes「議事録」

be responsible for ~の後ろで、**take minuets**「議事録をとる」という表現が使われました。minuteの4つの意味を確認しておきましょう。

**【多義語minute 核心:小さい】**

① 分・ちょっとの間 ② (the minute ~ で) ~するとすぐに

③ (minutesで) 議事録 ④ 細かい・詳細な

本来は「小さい」(mini) です (hour「1時間」を小さい時間に分けるとminute「分」になる)。TOEICでは「議事録」の意味が重要です (必ず複数形minutesで使われます)。また、「小さい」→「細かい・詳細な」という形容詞もあります (発音は「マイニュート」)。

# Part 2　例題

20-24

6. Mark your answer on your answer sheet.
7. Mark your answer on your answer sheet.
8. Mark your answer on your answer sheet.
9. Mark your answer on your answer sheet.
10. Mark your answer on your answer sheet.

［ヒント］

6. 直接「Yes・No」を使わない返答に注意

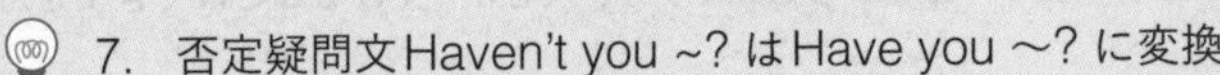

7. 否定疑問文Haven't you ~? はHave you ~? に変換

8. ~, is it?「～ですよね？」

9. Do you happen to know ~?「～を知っていたりしませんか？」

10. Why don't you ~?は「提案表現」／apply for ~「～に応募する」／pharmacy「薬局」

# Part 2　例題　解答と解説

## 例題（6）「Yes・No飛ばし」の返答パターン

**6.** 正解 C　　20

Have you seen Peter this morning, Nicole?
♪ほとんど聞こえない

(A) Peter is the general manager.
※同じ単語のひっかけ

(B) No, but I'm planning to see it soon.
♪くっついて「タイ」　♪軽く「ィ」　※itが何を指しているか不明

**(C) He was at the copy machine a few minutes ago.**
♪軽く「ァ」

Nicole、今朝Peterを見かけましたか？
(A) Peterはジェネラルマネージャーです。
(B) いいえ、でもすぐにそれを見る予定です。
(C) 彼は数分前にコピー機のところにいましたよ。

### 核心　いきなり「本題・詳細」を答えるパターン

現在完了形と「Yes・No飛ばし」の返答がポイントです。現在完了形を使った疑問文でHave you seen ~?「今朝～を見た？」と尋ねています。

※Have youはくっついて「ハヴュ」のように聞こえることもよくあります。

これに対してYes・Noではなく、「数分前にコピー機のところにいた」と述べる(C) He was at the copy machine a few minutes ago.が正解です。**Yes・Noを飛ばして、いきなり「本題・詳細」を述べて、間接的にYes（Peterをコピー機のところで見た）と伝えているわけです。**

### 隠れポイント　「代名詞」をしっかり把握する

(B)について、「今朝Peterを見た？」に対してNoは成り立ちますが、その後のbut I'm planning to see it soonではitが何を指しているか不明です。I'm planning to see him soon「すぐに彼（Peter）に会う予定」ならOKですが、人をitで受けることはできませんね。

「代名詞」は地味な単元だと思われがちですが、英語では超重要な働きをしますし、TOEICでもよくポイントになります。Part 5の文法問題で代名詞の格変化が問われたり（p. 176）、Part 6の文挿入問題で代名詞がヒントになったり（p. 204）、**TOEICにおいて代名詞に注目する姿勢はとても大切です。**

□**general manager** ジェネラルマネージャー・総支配人／□**copy machine** コピー機

## 例題(7)「否定疑問文」への返答

**7.** 正解 A　21

Haven't you received your security badge?
♪ くっついて「ハヴンチュ」 ♪ くっついて「デュ」
**(A) No, I'm still waiting.**
♪ ほとんど聞こえない
(B) These shelves are secure.
♪ ほとんど聞こえない　※securityと似た音のひっかけ
(C) All of us are certain.
♪ くっついて「オールヴァス」って感じ／tの飲み込み　※何を確信しているか(certain)不明

セキュリティバッジを受け取っていないのですか？
(A) はい、まだ待っているところです。
(B) これらの棚は頑丈です。
(C) 私たち全員が確信しています。

### 核心 否定疑問文は「notを無視」して考える!

否定疑問文への返答がポイントです。Haven't you ～?「～しなかったの？・～していないの？」という現在完了形の否定疑問文なので、「**notを無視**」して考えます。

notを無視　Haven~~'t~~ you received your security badge?

返答　受け取った場合　Yes, I have.　受け取らなかった場合　No, I haven't.

正解は(A) No, I'm still waiting. で、Noで「受け取っていない」と伝え、その後のI'm still waiting.「まだ待っています」とつながります。

### 隠れポイント youは「音の化学反応」を起こす

質問文のHaven't youは「ハヴンチュ」と聞こえることがよくあります。実は、**youは音が「くっついて変わる」ことがよくあるのです**。Nice to meet you. は「ナイス・ト・ミーチュー」になりますよね。

**【haven't youの音変化】**

(1)「ハヴント・ユー」→(2)「ハヴンテュー」　※Haven'tとyouがくっつく
→(3)「ハヴンチュ(ー)」　※「テュー」が変化して「チュー」「チュ」

※Haven'tの"t"が聞こえず「ハヴン・ユ(ー)」となることもあります。

□**shelf** 棚／□**secure** しっかりした・頑丈な／□**certain** 確かな・確信して

Part 2

## 例題(8) 「付加疑問文」をマスターする

**8.** 正解 A

22

This isn't the way to the main entrance, is it?

♪ほとんど聞こえない ♪くっついて「メインネ」/くっついて「ズィ」

**(A) Let's ask someone.**

(B) Both ways.

※同じ単語のひっかけ

(C) It's right here.

※the way to ~「~への道」からの連想を利用したひっかけ

これは正面玄関に行く道ではありませんよね?

(A) 誰かに聞いてみましょう。

(B) 両方の道です。

(C) それは、ちょうどここにあります。

### 核心 "~, is it?"は付加疑問

付加疑問文と「そらし」の返答がポイントです。This isn't the way to ~, is it?「これは~に行く道ではありませんよね?」という**付加疑問文**になっています。

※文末に疑問文がくっついた(付加された)ものを「付加疑問文」といいます。「疑問・確認・念押し」の役割がありますが、「~ですよね?」の「ね」に当たるものと考えればOKです。

これに対して、Yes・Noで答えるのではなく、「誰かに聞いてみよう」というそらした返答をする(A) Let's ask someone.が正解です。このように**「確認してみる・他の人に聞いてみる」といった返答は高い確率で正解になります。**

### 隠れポイント 付加疑問文の2つのポイント

付加疑問文は文法書ではマイナー扱いですが、実際の会話ではものすごくよく使われますし、Part 2でもよく狙われます。以下の2点がポイントです。

**A: You sent him the package, didn't you?** **B: Yes, I did that this morning.**

A:彼に荷物を送ったよね? B:うん、今朝送ったよ。

① 返答の仕方 :否定疑問文と同じ発想で、「送った」という事実ならYes、「送っていない」という事実ならNoとなります。付加疑問の部分があってもなくても、**返答は変わりません。**

② SVの時制 :もしYou sentを正確に聞き取れなかった(sendと混同した)としても、付加疑問のdidn't you?を聞けば、「あ、**didn'tだから過去形(sent)だ**」とわかります。**付加疑問文から、聞き逃したSVをリカバリーできるのです。**

□**main entrance** 正面玄関

## 例題(9)「間接疑問文」をマスターする

**9.** 正解 **A** 23

Do you happen to know where the monorail station is?
♪軽く「ウェァ」

**(A) There are two within walking distance.**
♪ほとんど聞こえない

(B) Everyone should hold onto the rail.
くっついて「ド」♪ ※monorailに含まれているrailを使ったひっかけ

(C) I believe it happened on Wednesday.
※同じ単語のひっかけ

モノレールの駅がどこにあるかを知っていたりしませんか？
(A) 徒歩圏内に2駅ありますよ。
(B) 全員手すりにつかまるべきです。
(C) それは水曜に起こったと思っています。

### 核心「間接疑問文」の本当の役割

間接疑問文への返答がポイントです。Do you happen to know ~?「~を知っていたりしませんか？」の後ろに、where the monorail station is「モノレールの駅がどこにあるか」がきた**間接疑問文**です。

「~がどこにあるか知っている？」に対して、Yes・Noではなく、「徒歩圏内に2駅ある」と駅の場所と数を答えた(A) There are two within walking distance. が正解です。間接疑問文Do you know where ~?は、実際にはWhere ~? を丁寧にしたものなので、**「相手が知りたい情報（場所）だけ答える」**ことがよくあるのでしたね (p. 57)。また、返答にある**within walking distance (of ~)**「(~から) 歩いていける範囲に・徒歩圏内に」はよく使う表現です。

### 隠れポイント 会話でよく使われるDo you happen to ~?

Do you happen to ~?は丁寧に尋ねる疑問文です。happen to ~ は「たまたま~する」という意味で、**Do you happen to know ~?**「~のことをたまたま知っていたりしませんか？」となります。Do you know ~?と直接的に聞くより、happen to ~ を使って遠回しに表現することで丁寧に響くわけです。

□**distance** 距離／□**hold onto ~** ~につかまる／□**rail** 手すり

## 例題（10）「提案表現」をマスターする

**10.** 正解 **C** 24

Why don't you apply for the pharmacy manager position?

♪ワイ・ドン・ユ　♪軽く「フォ」

(A) Exactly five of the managers.

tの飲み込み♪　♪軽く「ゥヴ」 ※同じ単語のひっかけ　♪軽く「フォ」

(B) All right — I'll leave them here for now.

軽く「アィゥ」♪ ※themが何を指しているか不明

**(C) I'm not qualified yet.**

♪ほとんど聞こえない

薬局長の仕事に応募したらどうですか？

(A) まさに店長のうちの5人です。

(B) そうですね。とりあえずここに置いておきます。

(C) 私はまだ適任ではありません。／私はまだその資格がありません。

### 核心　提案表現のWhy don't you ~?

提案表現・語彙・返答がポイントです。質問文は、**Why don't you ~?**「なぜあなたは～しないの？」→「～したらどう？」という提案表現です。発音は「ホワイ・ドント・ユー」ではなく、「ワイ・ドンチュ（ー）」「ワイ・ドン・ユ（ー）」と聞こえることが多いです。

「～の仕事に応募したらどう？」という提案に対して、「私はまだ適任ではない（ので応募しない）」と言って間接的に断る、(C) I'm not qualified yet. が正解です。

※apply for ~「～に応募する」／pharmacy「薬局」／position「職」／be qualified「資格がある・適任だ」など、TOEIC頻出語句が詰め込まれています。

### 隠れポイント　Why以外の「提案表現」をチェック！

Whyを使わない見落としがちな提案表現をチェックしておきましょう。

□ **Do you want to ~?／Would you like to ~?**「～しませんか？」
　※直訳「あなたは～したいですか？」

□ **What do you say to -ing?**「～するのはどうですか？」
　※直訳「～することに対して（to -ing）、あなたは何と言いますか？（What do you say）」

□ **How[What] about -ing?**「～するのはどうですか？」

□**exactly** ちょうど・まさに／□**for now** とりあえず・当面は

## Part 2 実戦問題

🔊 25-38

1. Mark your answer on your answer sheet.
2. Mark your answer on your answer sheet.
3. Mark your answer on your answer sheet.
4. Mark your answer on your answer sheet.
5. Mark your answer on your answer sheet.
6. Mark your answer on your answer sheet.
7. Mark your answer on your answer sheet.
8. Mark your answer on your answer sheet.
9. Mark your answer on your answer sheet.
10. Mark your answer on your answer sheet.
11. Mark your answer on your answer sheet.
12. Mark your answer on your answer sheet.
13. Mark your answer on your answer sheet.
14. Mark your answer on your answer sheet.

# Part 2 実戦問題　解答と解説

**1.** 正解 **A**

When will the factory be inspected again?
**(A) It's set for June.**
(B) In the next building.
(C) Yes, a while ago.

工場の再検査はいつ行われる予定ですか？
(A) 6月の予定です。
(B) 隣の建物内です。
　→ Whereとの混同を狙ったひっかけです。
(C) はい、少し前です。
　→ When ~?のような疑問詞を使った疑問文に対してYes・Noでは答えません。

## 核心 Part 2頻出のWhen vs. Where

疑問詞の聞き取りがポイントです。**When**は「ウェン」、**will**は軽く「ウィル／ウィウ／ウ」くらいに発音されることが多いです。「工場の再検査はいつの予定？」に対して、「6月」と時期を答えた(A)が正解です。It's set for June.「それ（＝工場の再検査）は6月に向けてセットされている」→「6月の予定」ということです。

□**inspect** 検査する／□**be set for ~** ～に予定されている／□**a while ago** 少し前に

**2.** 正解 **A**

26

Who has the key to the warehouse?
**(A) Check Michael's desk drawer.**
(B) I'm not sure where she lives.
(C) I'll put them away now.

倉庫の鍵は誰が持っていますか？
(A) Michaelさんの机の引き出しを見てみてください。
(B) 彼女がどこに住んでいるのかよくわかりません。
　→ 質問文のwarehouseにあるhouseからの連想を利用したひっかけです。
(C) 今からしまいます。
　→「誰が持っている？」に対して「今からしまう」は話がかみ合いません。

## 核心 「確認して」という定番のそらし

「そらし」の返答がポイントです。Who has ~?「誰が～を持っている？」という疑問文です（後ろのkey to ~「～の鍵」はよく使う表現で、前置詞toに注意）。これに対して「人名」ではなく、「引き出しを確認してみて」とそらした返答をする(A)が正解です。こういった「確認する」系の返答はよく正解になります。

□**warehouse** 倉庫／□**drawer** 引き出し／□**put away ~** ～を片付ける

**3.** 正解 **A**

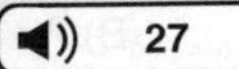

Where will the company picnic be held in June?
**(A) In the same spot as last year.**
(B) Everyone's invited.
(C) That's right — in June.

6月の会社の野外親睦会はどこで開催されますか？
(A) 昨年と同じ場所です。
(B) 全員招待されています。
→ 質問文のthe company picnicから連想するinviteを使ったひっかけです。
(C) その通り、6月です。
→ 質問文と同じ単語のJuneを使ったひっかけです。

## 核心 「ボカした返答」に慣れる

疑問詞の聞き取りと「ボカした返答」がポイントです。**Where will**は「ウェア・ウィ（ウ）」のように聞こえることが多いです。「どこで開催される？」に対して、「昨年と同じ場所」と答えた(A)が正解です（the same A as B「Bと同じA」）。「どこ？」に対して場所をズバリ答えるのではなく、「昨年と同じ」のように**ボカした返答をすることもよくあります。**

□**company picnic** 会社の野外親睦会　※「社員と家族のために、会社の外で開かれる親睦会」のこと（Part 7でも頻出）／□**hold** 開催する／□**spot** 場所／□**invite** 招待する

**4.** 正解 **B**

Whose lecture did you most enjoy?
(A) I believe it was in Berlin.
**(B) Dr. Harrison's.**
(C) Yes, very enjoyable.

誰の講義が一番楽しかったですか？
(A) ベルリンだったと思います。
→「場所」を答えているのでアウトです。
(B) Harrison博士の講義です。
(C) はい、とても楽しかったです。
→ 質問文にあるenjoyの派生語enjoyableを使ったひっかけです。

## 核心 「フーズ」の直後に名詞 → Whose

「フーズ」の区別（Who'sとWhose）がポイントです。**「フーズ」の直後に名詞lecture**がきているので、**所有格のWhose**だと判断します。Whose + 名詞 did you ~?「誰の名詞（ここでは講義）を～した？」に対して、「Harrison博士の講義」と答えた(B)が正解です。

□**lecture** 講義／□**enjoyable** 楽しい

## 5. 正解 C

Can you update the software tomorrow instead?
(A) Our schedule is up to date.
(B) I'm not sure when.
**(C) Well, I'll be out of the office all morning.**

代わりに明日、ソフトウェアの更新をしてもらえますか？
(A) 私たちのスケジュールは最新のものです。
→ 質問文のupdateと似た音のup to dateを使ったひっかけです。
(B) いつかはわかりません。
→ 質問文のtomorrowから連想するwhenを使ったひっかけです。
(C) うーん、明日の午前中はずっとオフィスにいないんです。

### 核心 依頼に対して「できない理由」を答えている

**Can you ~?**「あなたは～できる？」→「～してくれない？」という依頼表現がポイントです。「ソフトウェアの更新をしてくれない？」に対して、「明日の午前中は不在（だからできない）」と伝える(C)が正解です。Noとだけ答えるのは直接的すぎて失礼なので、今回のように「できない理由」を伝えて断ることがよくあります。

□**update** 更新する／□**up to date** 最新の

## 6. 正解 C

Would you like to eat out this evening or order in?
(A) We'd like to see the dessert menu.
(B) A reservation for five.
**(C) It doesn't matter to me.**

今晩は外食と出前のどちらがいいですか？
(A) デザートメニューを見たいです。
→ 質問文と同じ単語のlikeや連想する内容のdessert menuを使ったひっかけです。
(B) 5名の予約です。
→ 質問文から連想するreservationを使ったひっかけです。
(C) どちらでも構いません。

### 核心 「どっちでもOK」という定番のそらし

「そらし」の返答がポイントです。質問文は**Would you like to ~?**「～したいですか？」の形で、「外食（eat out）と出前（order in）のどっちがいい？」と聞いています。2択のどちらかを選ぶのではなく、「どっちでもいい」と答える(C)が正解です。この**matter**は動詞「重要だ」で、**It doesn't matter to me.**「それは私にとっては重要でない」→「どちらでも構いません・どちらでもOKです」となります。

□**would like to ~** ～したい／□**order in** 出前を頼む／□**reservation** 予約

**7.** 正解 C

She sent the specifications to Ms. Henley, didn't she?
(A) I'm certain she does.
(B) At which station?
**(C) Some of them.**

彼女はHenleyさんに仕様書を送ったのですよね？
(A) 彼女はそうするはずです。
→ 質問文は「過去形」ですが、選択肢は「現在形」で時制が合いません。
(B) どの駅でですか？
→ specificationと少し音が似ているstationを使ったひっかけです。
(C) いくつかは送りました。

## 核心 付加疑問文への返答

She sent ~, didn't she?「彼女は～を送ったのですよね？」という付加疑問文です。付加疑問文の返答は「普通の疑問文と同じ」と考えてOKで、ここでは「いくつか（は送った）」と答える(C)が正解です。ちなみに、sent（過去形）はsend（現在形）と音が似ていますが、**付加疑問の ~, didn't she?から「過去形」だとわかります**（もし現在形なら3人称単数のsも必要）。

□**specification**（通例複数形で）仕様書／□**certain** 確信して

**8.** 正解 A

Can I help you find something in your size?
**(A) I'm just looking, thank you.**
(B) No, I haven't.
(C) A large organization.

お客様のサイズに合うものをお探しいたしましょうか？
(A) 見ているだけです、ありがとうございます。
(B) いいえ、していません。
→ Can I ~?「～しましょうか？」に対して、No, I haven't.「いいえ、まだです」では会話がかみ合いません。
(C) 大きな組織です。
→ 質問文のsizeから連想するlargeを使ったひっかけです。

## 核心 「申し出」の表現

**Can I ~?**「私は～できますか？」→「**～しましょうか？**」という申し出を表しています。後ろはhelp 人 原形「人が～するのを手伝う」の形で、**Can I help you find ~?「～をお探しいたしましょうか？」**という、お店で店員が客に言うセリフです。店員の申し出に対して「ただ見ているだけ」と間接的に断る(A)が正解です（この言い方はよく使われます）。店員と客の典型的なやりとりです。

□**organization** 組織

**9.** 正解 **B**

33

Have you been using the company's video conferencing system?
(A) Conference room B.
**(B) Almost every day.**
(C) All right, check the instructions.

その会社のテレビ会議システムをお使いですか？
(A) 会議室Bです。
→ 質問文のconferencingと似た音のconferenceを使ったひっかけです。
(B) ほぼ毎日使っています。
(C) わかりました、取扱説明書を確認してください。
→ システムの使い方を尋ねる質問文への返答ならOKですが、今回は「そもそもシステムを使っている？」という疑問文です。

## 核心 いきなり「本題・詳細」を答える

**現在完了進行形（have been -ing）**の疑問文で、Have you been using ~?「あなたは～を使い続けていますか？」と尋ねています。これに対して、Yes・Noではなく、「ほぼ毎日（使っている）」と詳細を答える(B)が正解です。**いきなり「本題・詳細」を伝える「Yes・No飛ばし」**のパターンです。

※返答は(I have been using it) Almost every day. から、前半が省略された形です。

□**video conferencing system** テレビ会議システム／□**instruction**（通常複数形で）取扱説明書

**10.** 正解 **B**

Where's the city's tourism convention going to be held this year?
(A) Sometime in early October.
**(B) A decision hasn't been made yet.**
(C) In fact, it happens every year.

今年の市の観光集会はどこで開催される予定ですか？
(A) 10月初旬のどこかです。
→ Whenとの混同を狙ったひっかけです。
(B) まだ決定されていません。
(C) 実は、毎年行われています。
→ 質問文と同じ単語のyearを使ったひっかけです。

## 核心 「決めていない」という定番のそらし

Where's (= Where is) は**「ウェアズ」**と発音されます。Where's ~ going to be held this year?「今年～はどこで開催される予定？」です（be held「開催される」）。これに対して「まだ決まっていない」とそらして返答する(B)が正解です。make a decision「決定する」という熟語が**「完了形＋受動態（have been p.p.）」**で使われています。**「わからない・まだ決まっていない」系の定番の返答**ですね。

□**tourism** 観光（業）／□**convention** 集会・年次総会／□**sometime** いつか

## 11. 正解 A

35

How was the company picnic?
**(A) Weren't you there?**
(B) Much larger portions.
(C) Fine, thank you. And you?

会社の野外親睦会はどうでしたか？
(A) あなたも参加していたのではなかったんですか？
(B) かなり大盛りでした。
→ 質問文のpicnicから連想するportionsを使ったひっかけです。
(C) 元気です、ありがとうございます。あなたはいかがですか？
→ これはHow are you? に対する返答です。

### 核心 単独のHowで「感想」を尋ねている

Howを単独で使って、「会社の野外親睦会はどうだった？」と感想を尋ねています。これに対して「あなたも参加していたんじゃないの？」と聞き返す(A)が正解です。素直に感想を答えず、疑問文に対して疑問文で答えるそらしのパターンになります。

※Weren't you ~?はくっついて「ワンチュ（ー）」のように発音されることが多いです。

□**company picnic** 会社の野外親睦会　※p. 73／□**portion** 部分・分量・分け前

## 12. 正解 C

Why was the branch office's luncheon rescheduled for next Friday?
(A) Yes, because the room is bigger.
(B) I thought that was the Thursday special.
**(C) A few of us couldn't make it this week.**

支社の昼食会が来週の金曜日に変更になったのはどうしてですか？
(A) はい、部屋がより広いからです。
→ Whyに対してYes・Noでは答えません。
(B) それは木曜日の特別メニューだと思っていました。
→ 質問文のluncheonから連想するspecial、Fridayと関連のあるThursdayを使ったひっかけです。
(C) 何人か、今週だと都合がつかない人がいたんです。

### 核心 Whyに対して「普通の文」で答える

Whyの発音は「ワイ」で、Why was ~ rescheduled for next Friday?「～はなぜ日程が金曜日に変更になったの？」と尋ねています（reschedule A for B「Aの日程をBに変更する」の受動態）。これに対して「都合がつかない」と理由を答えた(C)が正解です。**Why ~?** に対して「普通の文」で答えることもよくあります。また、**make it**は「うまくいく」→「成功する・都合がつく・間に合う」という重要熟語です。

□**branch office** 支店・支社／□**luncheon** 昼食会・昼の会食／□**be rescheduled for ~** ～に予定が変更される／□**special**（レストランの）おすすめ料理

## 13. 正解 B

🔊 37

Hasn't anyone shown you how to use this software?
(A) No, I don't mind showing you.
**(B) Mary was just about to.**
(C) I last saw it someplace over there.

このソフトウェアの使い方を誰も教えてくれなかったのですか？
(A) はい、教えても構いませんよ。
→ これは「教える側の人」の発言なので立場が逆です。
(B) Maryがちょうど教えてくれようとしていました。
(C) 最後にそれを見たのは、向こうのどこかです。
→ 質問文にあるshownから連想するsawを使ったひっかけです。

### 核心 よくある「ちょうど今するところ」という返答

Hasn't anyone shown you ~? という**否定疑問文**なので「**notを無視**」して考えます。「使い方を教えてくれた？」に対して、Yes・Noではなく「Maryがちょうど教えてくれようとしていた」と答える(B)が正解です。be about to ~「今にも～するところだ」を使った「**Yes・No飛ばし**」の返答になります。

※ 質問文の後半部分はshow 人 物「人 に 物 を見せる・教える」の形で、物 にhow to use this software「このソフトウェアの使い方」がきています。

□**mind -ing** ～するのを嫌がる／□**someplace** どこかで

## 14. 正解 B

🔊 38

I don't see an invoice for the contractor anywhere.
(A) Over $1,200.
**(B) Maybe it slipped off my desk.**
(C) Yeah, near the worksite.

請負業者の請求書がどこにも見当たらないんです。
(A) 1,200ドル超です。
→ invoiceから連想する内容を使ったひっかけです。
(B) 私の机から滑り落ちたのかもしれません。
(C) ええ、作業現場の近くです。
→ contractorから連想する内容を使ったひっかけです。

### 核心 平叙文（普通の文）を使ったやりとり

I don't see ~ anywhere. は「私は～がどこにも見えない」→「～がどこにも見当たらない」です（not ~ anywhere「どこにも～ない」)。それに対して「机から滑り落ちたのかも」と答えた(B)が正解です。「請求書が見当たらない」と言って請求書を探している人に対して、可能性のある場所を伝えているわけです。

□**invoice** 請求書／□**contractor** 請負業者／□**slip off ~** ～から滑り落ちる／□**worksite** 作業現場・仕事場

# Part 3
# 攻略

## Part 3　基本情報

| | |
|---|---|
| 問題形式 | 2人、もしくは3人による会話を聞いて、3つの設問に答えます。 |
| 問題数 | 1つの会話につき3つの設問で、それが合計13セットあります（3つの設問×13セット＝合計39問） |
| 出題内容 | ビジネス上の会話や、お店・病院・駅での会話など、いろいろなシチュエーションがあります。 |
| 正解数の目安 | 600点目標　**25**／39問　（64%）<br>800点目標　**33**／39問　（85%） |

# Part 3 の概要と解答プロセス

## Part 3 って こんな問題

**問題形式** 問題冊子に書かれているのは「**設問・選択肢**」のみ／会話を聞いて、設問に対して適切なものを4つの選択肢から選びます。

**32.** What does the woman ask?
(A) If a picnic can take place
(B) If a report was acceptable
(C) If a storm caused damage
(D) If a staff member is free

設問／音声あり

選択肢／音声なし

**33.** What do the speakers decide to do?
(A) Wait until tomorrow
(B) Gather more opinions
(C) Leave a park grounds
(D) Postpone an event

**34.** What does the man say he will do next?
(A) Speak with a client
(B) Assemble a team
(C) Check a schedule
(D) Hold a meeting

**音　声** 39-40

**Questions 32 through 34** refer to the following conversation.

**Woman:** We've been having bad weather lately, haven't we, Chris? ①Do you think we'll be able to go ahead with the staff picnic on Friday?

**Man:** According to this morning's weather report, the weather will improve late Thursday. ②But after all the rain, the ground will still be wet on Friday. Let's do it another time.

**Woman:** ③OK. Actually, some staff were wondering if we could hold off until Friday of next week.

**Man:** That's not possible — a few of us will be meeting with a potential client. ④But let me take another look at the schedule now. Everyone might be able to get together a couple of weeks from Friday.

**解　答** 32. (A)　33. (D)　34. (C)　※解説は右ページ／和訳と語句はp. 88

# Part 3 の核心

**Q. Part 3で求められる「リスニングの力」とは?**

**A. ある程度の長さの会話から情報を聞き取る力が求められます。**

Part 2からの「会話実践モード」がより全開になります。

**Q. Part 3で求められる「単語の力」とは?**

**A. 会話での依頼表現や頻出テーマでの語彙が必要です。**

よく出るテーマ・流れはある程度限られるので、**「相手に頼みごとをするときの表現」などを事前にインプット**しておくことが効果的です。

**Q. Part 3で求められる「文法の力」とは?**

**A. 英文と設問を理解するためにオールラウンドな文法力が必要です。**

Part 3・4を苦手とする人は、実は「そもそも音声で流れる英文自体を読んでも理解できない」ことがよくあります。**読んで理解できないものを、聞いて理解することはできません**よね。また、Part 3・4で大事な「設問の先読み」(p. 84)にも文法の力が欠かせません。

**Q. Part 3で求められる「メンタル」と会場の雰囲気は?**

**A. 周りの緊張感が高まるが、まずは一息を。**

Part 3が始まると「いよいよここからが勝負」と言わんばかりに、会場の空気も少し変わりますが、まずはここまでの疲労回復をはかるべきです。Part 3だけでも13セットあるのですから、**ここからの長丁場で「集中する・途中で諦めない」**ことが大切になります。他の人が問題用紙をめくる音(やたらとペースが速い人が多い)・マークシートを塗る音に惑わされず、**自分のペースだけに集中**していきましょう。

**解　説**

32. ①でgo ahead with ~「~を進める・行う」を使って、「ピクニックが行えるかどうか」を尋ねています。take place「開催される・行う」を使って言い換えた(A)が正解です(If ~「~かどうか」)。
33. 男性の②「社員ピクニックを別の日にしよう」に対して、女性は③OK.と同意しています。本文のstaff picnicを総称的にeventと表した(D)が正解です。
34. 男性は④「スケジュールを確認してみる」と言っているので、(C)が正解です。「次の行動」が問われたときは、let me ~「~させて・~してみるよ」がよく解答のキーになります。また、本文のtake another look at ~「もう一度~を見る」が、選択肢ではcheckに言い換えられています。

# Part 3 の解答プロセス

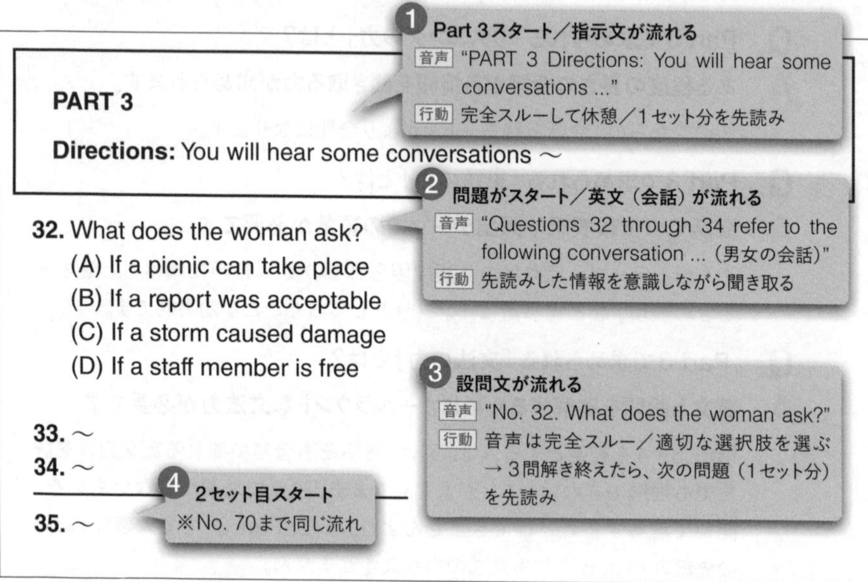

1 Part 3スタート／指示文が流れる
音声 "PART 3 Directions: You will hear some conversations ..."
行動 完全スルーして休憩／1セット分を先読み
PART 3
Directions: You will hear some conversations ～
2 問題がスタート／英文（会話）が流れる
音声 "Questions 32 through 34 refer to the following conversation ...（男女の会話）"
行動 先読みした情報を意識しながら聞き取る
32. What does the woman ask?
(A) If a picnic can take place
(B) If a report was acceptable
(C) If a storm caused damage
(D) If a staff member is free
3 設問文が流れる
音声 "No. 32. What does the woman ask?"
行動 音声は完全スルー／適切な選択肢を選ぶ → 3問解き終えたら、次の問題（1セット分）を先読み
33. ～
34. ～
4 2セット目スタート
※No. 70まで同じ流れ
35. ～


## 1 Directions（指示文） ※約30秒

Part 3の指示文はPart 1より短いです。ただ最初の3問を先読みするには十分な時間ですので、じっくり読んでおきましょう。

△定番の対策　できるだけたくさん先読みする／図表問題をチェックする

### 神速流　今から解く目の前にある1セット（3問）だけ先読みすれば十分

「先読み」とは、「本文が流れるよりも先に設問を読んでおくこと」です。先読みすることで「目的」「職業」「提案内容」など、「どこを聞けばいいのか？」に集中できます。逆に先読みをしないと、「聞き取れても解答の段階で忘れちゃう」ことがよくあるのです。

多くの対策本で「最初のうちにできるだけたくさん先読みしておく」とよく言われますが、たくさん読んだところで結局は忘れてしまうので、**「目の前の1セット（3問）」だけ先読みすれば十分**です。残った時間は目を閉じたり、軽く伸びをしたりして、疲労を回復したほうがいいでしょう。

## ② 問題がスタート／英文（会話）が流れる

※3秒（設問の指示文）＋約40秒（本文の音声）

△定番の対策　先読みで得た情報に基づいて「狙われる内容を待ち伏せ」する

**神速流　先読みで得た情報を意識しつつも、「全文をしっかり聞く」姿勢で！**

先読みした設問がWhat does the woman ask? の場合、「女性の発言に注意して聞く」とよくアドバイスされるのですが、実際に女性の発言だけを真剣に聞くなんて器用なことはなかなかできませんし、「相手（男性）の発言」がヒントになることも多いのです。そもそも、**全体を真剣に聞いておかないと「会話の流れ」を見失って、3問ともミスしてしまう可能性があります。**そのため、あくまで先読みで得た情報を意識しながらも、**「全文をきちんと聞く」姿勢**で臨んでください。

※さらに「先読みで得た情報に反応したときには手遅れ」というパターンもよく出題されます（p. 114、p. 124）。先読みで得た情報を「待ち伏せ」する姿勢では、このパターンに対応できないのです。

## ③ 設問文が流れる

※5秒（設問の音声）＋8秒（無音／図表問題の場合は12秒）

本文のリスニングが終わったら、すぐに設問にとりかかります。本文を聞きながら設問を解く人も多いのですが、**「聞くことに集中」→「聞き終わってから解く」**ほうがいいでしょう。解いている間に、次の問題の解答根拠や話の流れを見失ってしまうことがよくあるからです。

※もちろん絶対的なやり方はなく、最終的には自分の好みなので、練習しながら自分なりの方法を見つけていけばOKです。

設問の音声は、問題冊子に書いてあるので聞く必要はありません。一定間隔で流れるので「メトロノーム」的に（次の問題が始まるまでにどのくらいの時間が残っているのかの目安に）利用しましょう。**3問目のアナウンス直前までの「26秒（13秒×2）で3問すべて解答」**するのが目安です。そして3問目のアナウンスがあった時点で、**次の英文が始まるまで（13秒で）、設問3問を先読み**しましょう。

先読みの流れとパターンは次ページを参考にしてください。

**【先読みの流れと手順】**

**❶ 問題が流れる（40秒前後）** ※全文しっかり聞く！

**❷ 設問へ**

**32.** What does the woman ask?
(A) If a picnic can take place
(B) If a report was accep
(C) If a storm caused damage
(D) If a staff member is free

**13秒**（設問5秒＋インターバル8秒）

**33.** ～

**13秒**（設問5秒＋インターバル8秒）

この26秒で
3問すべて解答

**34.** ～

**13秒**（設問5秒＋インターバル8秒）

この13秒を使って、
次の設問（35～37）
を先読み

**35.** ～

この太い線がまぎらわしいが、次の問題は「下」に進む！

**❸ 次の問題へ**

※1セットを解き終わったら、焦って右にある問題を先読みしてしまうミスがよくあります。正しくは下に進むのですが、間に線が引いてあるので初めて受ける人は意外とミスしやすいのです。

**【先読みのパターン】**

「設問」（Whatなどで始まる質問）は必ず先読みするべきですが、「選択肢」まで先読みするかは個人の好みです。自分に合った方法を見つけてください。

**パターン❶　設問文のみ・選択肢は読まない**

選択肢まで読んでも忘れてしまいますし、選択肢4つのうち3つは「ウソ」ですから、特に初級者・中級者は余分な情報をムリして先に入れることもないでしょう。

**パターン❷　選択肢を1～2個だけ「目を通す」**

選択肢を「読む」というより「サッと目を通す」だけで、設問の意図がわかりやすくなったり、難問にも対処しやすくなったりする場合があります。

**パターン❸　選択肢を4つ全部読む** ※ 超上級者のみ

※ちなみに、本書の著者である関はパターン①、桑原はパターン②です。それでも満点は出せます。

**テクニック**

**固有名詞は「音リハ」しておこう！**

先読みのときは、頭の中で固有名詞を発音してみてください。リスニング中に固有名詞が突然出てくると一瞬パニックになってしまうことが頻繁にあります。先読み時に「音のリハーサル」をしておくことで、このパニックを防げるのです。

# Part 3 の攻略

## ▶ Point 1

語彙　パターン

## 「解答示唆表現」に反応する!

簡単だけど「重要」と示唆する語句があります。たとえば文頭にくるActuallyは「あなたの予測に反して、実は…」「予定とは違って、実際は…」といった意味で、**「何か大事なことを告白する」ことが非常に多いのです。リスニングでActuallyが出てきたら、そこで1問狙われると思ってください。**意味自体が簡単なだけに多くの人が流してしまうのですが、こういった表現にしっかり反応しましょう。

**【解答示唆表現（1）　重要情報】**

Must!

□**Actually**「実は・実際は」　□**As a matter of fact**「実は・実際は」
□**In fact**・**Indeed**「実際には・それどころか実際は」
□命令文（動詞の原形で始まる文／**Please[Just/Simply]**＋原形）

+α

□**to be honest**「正直に言うと」　□**especially**「特に」　□**in particular**「特に・とりわけ」
□**have to**・**must**「～しなければならない」　□**should**「～すべきだ」

**A: Do you mind if I use your charger to charge my phone?**

**B: Actually, it's broken.**

A: スマホの充電にあなたの充電器を使ってもいいですか?

B: 実は、壊れているんです。

※「(あなたの予測に反して) 実は壊れている」というニュアンス／Do you mind if ~? は、直訳「もし私が～したら、あなたは嫌ですか?」→「～してもいいですか?」と許可を求める表現

また、「感情」を表す表現の後ろも設問でよく狙われます。たとえば、**Ohは大事なことに気づいたときや、感情が揺れたときに使われ、後ろの内容が解答根拠になりやすいのです。**こういった「感情が揺れる」表現をチェックしておきましょう。

**【解答示唆表現（2）　感情】**

Must!

□**Oh**「あっ・おっと」　□**Surprisingly**「驚くべきことに」
□**Unfortunately**・**I'm afraid** ~「残念ながら・あいにく」

+α

□**To *one's* surprise**「(人が) 驚いたことに」
□**Unexpectedly**「思いがけなく・驚いたことに」
□**Fortunately**・**Luckily**「幸運なことに・うれしいことに」
□**I'm sorry, but** ~「申し訳ありませんが～」

## ▶ Point 2

語彙　パターン

### 「予定変更」の流れと語句をマスターする!

お店の予約・病院の予約・会議の予定・引っ越し日・公演時間など、とにかくいろんな予約やスケジュールが変更されます。**「変更前or変更後」**や**「変更理由」**がよく設問で狙われますが、こういった内容をきちんと聞き取るには、あらかじめ重要語句とパターンを押さえておくことが有効です。

**【「予約・予定・変更」系の重要語句】**

Must!

□ **appointment**「予約・(面会の)約束」／□ **book・reserve**「予約する」／□ **reschedule (for ~)**「(～に)予定を変更する」／□ **scheduling conflict**「予定の重複」／□ **(time) slot**「時間枠・空き」／□ **on short notice**「直前に・急な知らせで」／□ **at the last minute**「直前で・ぎりぎりになって」

+α

□ **make a reservation[booking]**「予約する」／□ **time frame**「時間枠・期間」／□ **fit[slot]** 人 **in** 日時「人(の予定)を日時に入れる」／□ **push A (back) to B**「AをBに動かす・後ろ倒しにする」

お店・ツアー・イベントなどの「予約」では、**売り手の制限**(例:予約でいっぱい)や**買い手の制限**(例:予算オーバー)があることが多いです。その結果、予約が変更され、その内容が設問でよく狙われるのです。

## ▶ Point 3

パターン

### 「意図問題」を攻略する!

「なぜ○○のようなことを言うのか?」という、発言の意図を問う設問が出ます。まず重要なのは「表現そのもの」の理解を問うわけではないということです。もちろんその表現を知っていれば有利ではありますが、仮に知らなくても**「話の流れ」**で解けることが多いのです。具体的なポイントは以下になります。

**(1) しっかり設問を先読みする**

意図問題は難しいと言われますが、**「先読みをすれば、今から流れる英文のスクリプトの一部を先に知ることができる」**というメリットがあります。英文を3回くらい読んで「この英語がこれから流れるぞ」としっかり意識しておきましょう。

※ 発言意図は発言者と状況によって変わるので、ここで選択肢を見てもあまりヒントになりません。選択肢より設問にある英文を何度も読むべきです。

### (2)「だから何?」と考える

意図問題では「**だから何?**」につながる選択肢がよく正解になります。たとえば、「すでに先約がある」というセリフが意図問題で問われたとき、「先約があるから何?」→「そのイベントには参加できない」のようにつながる選択肢が正解になりやすいわけです。「だから〜だよ/ってことはつまり〜」と考えてみてください。

### (3) 後ろもヒントになる

話の流れで解く必要があるので、該当の英文の「前」だけでなく「**後ろの内容がヒントになる**」こともよくあります。また、「今の話の流れでこれはおかしいでしょ」といったふうに、明らかに違う選択肢を消すことで正解が出ることも多々あり、消去法も活躍します。

## ▶Point 4

パターン

## 「図表問題」を攻略する!

**図表問題の先読みは「選択肢の情報以外」がポイントになる!**

図表問題は後半にあるので集中力が落ちてきますが、**必ず「設問・選択肢」と「図」を先読みしてください**。普段は「設問だけ」の先読みでもOKですが、図表問題ではザッとでいいので「選択肢」にも目を通すことが大切です。図表問題では、選択肢の内容にズバリ言及するのではなく、選択肢の内容に対応する情報が流れてくるのが基本です。つまり「**選択肢の情報以外のことがポイントになる**」わけです。

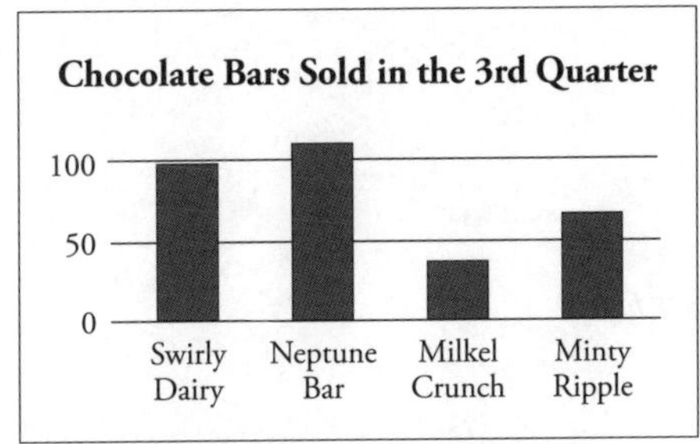


Look at the graphic. Which product does the woman want to focus on?

(A) Swirly Dairy
(B) Neptune Bar
(C) Milkel Crunch
(D) Minty Ripple

選択肢には「商品名」
→ リスニング本文では「売上の個数」が流れると予想!

たとえば、図表に「商品名」と「売上の個数」の2つの情報があるとします。選択肢には「商品名」が並んでいる場合、**選択肢にないほうの情報（売上の個数）がリスニング本文で流れると予想できるわけです。**

※図表問題では、図表に書かれているものをそのまま読むのではなく、「間接的に言及」したり、「図表に変更」が加えられたりすることも多いです。本書ではそのパターンを多めに採用して、図表問題の頻出パターンをしっかり対策していきます。

p. 80の和訳と語句

問32～34は次の会話に関するものです。

女性： 最近ずっと悪天候続きじゃない、Chris？ ①金曜日の社員ピクニック、開催できると思う？

男性： 今朝の天気予報によると、木曜日の遅めの時間には天気が回復するみたいだよ。②でも、雨がたくさん降った後だと、金曜日にはまだ地面が濡れているだろうね。また今度にしようか。

女性： ③了解。実は、来週の金曜日に延期できないかと考えていた社員もいたの。

男性： それは無理だなあ。見込み客との打ち合わせ予定が入っている社員が数名いるんだ。④でも、今からもう一度スケジュールを見てみるよ。2週間後の金曜日なら、みんな集まれるかもしれない。

32. 女性は何を質問していますか？
(A) ピクニックを行えるかどうか
(B) 報告書が納得のいくものだったかどうか
(C) 嵐による被害があったかどうか
(D) 社員の予定が空いているか

33. 話し手はどうすると決めていますか？
(A) 明日まで待つ
(B) もっと多くの意見を集める
(C) 公園の敷地を離れる
(D) イベントを延期する

34. 男性は次に何をするつもりだと言っていますか？
(A) 顧客と話す
(B) チームを編成する
(C) スケジュールを確認する
(D) 会議を開く

**【本文】**□**go ahead with ~** ～を進める・行う／□**improve** 良くなる・回復する／□**ground** 地面／□**wet** 濡れた／□**another time** 別の機会・また今度／□**wonder if ~** ～だろうかと思う・～かどうか疑問に思う／□**hold off** 遅らせる・延期する／□**potential client** 見込み客／□**take another look at ~** ～を見直す・～をもう一度見る／□**get together** 集まる／□**a couple of ~** 2、3の～
**【設問・選択肢】**□**take place** 行われる／□**acceptable** 受け入れられる・納得のいく／□**cause** 引き起こす／□**damage** 被害・損害／□**postpone** 延期する／□**assemble** 集める・組み立てる

## 例題（1）「解答示唆表現」に反応する！

41-42

1. What is the main topic of the conversation?
(A) Project deadlines
(B) Travel arrangements
(C) Office maintenance
(D) Work schedules

2. What does the woman ask the man to do?
(A) Look for an instruction booklet
(B) Contact a manufacturing plant
(C) Turn off a kitchen appliance
(D) Check if a device is running

3. Where will the man probably go next?
(A) To a closet
(B) To a store
(C) To a cafeteria
(D) To a lobby

# Part 3　例題　解答と解説

## 例題 (1)　「解答示唆表現」に反応する!

**Questions 1 through 3** refer to the following conversation. 🔊 41-42

**Man:** Ms. Stephens, since Krista is on vacation next week, would you like me to ①feed the fish in the lobby aquarium? I could also ②water the office plants if you'd like.

（♪くっついて「ウデュ」／申し出表現／申し出表現）

**Woman:** Thanks, Brian. Please water the plants, but ③since we installed an automatic fish feeder, we haven't had to feed them ourselves. ④Actually, could you see if that's still working? It runs on batteries, which may need to be changed.

（♪ほとんど聞こえない／命令文に反応する!／♪くっついて「ダン」／♪「アクシュリー」って感じ／Actuallyの後ろは狙われる!／♪くっついて「クジュ」／♪「スィーィフ」って感じ／♪ほとんど聞こえない／依頼表現（設問のask 人 to ~ に対応）／♪ほとんど聞こえない／ほとんど聞こえない♪）

**Man:** Sure, ⑤I'll start with the plants. ⑥Oh, do you happen to know where Krista keeps the watering can?

（Ohの後ろは重要情報!／♪軽く「ウェァ」／Where ~?を丁寧にした間接疑問文／♪「アィゥ」って感じ）

**Woman:** ⑦In the broom closet by the staff kitchen. Also, if you need fresh batteries, you'll find them there, too.

（♪ほとんど聞こえない／間接疑問文に対して「場所」だけ答える）

問1～3は次の会話に関するものです。

男性：Stephensさん、Kristaが来週お休みなので、①待合室の水槽の魚の餌やりは私がやりましょうか？　必要でしたら、②オフィスの植物への水やりもしますよ。

女性：ありがとう、Brian。植物への水やりはお願いしたいのだけど、③魚用の自動餌やり器を導入したから、自分たちで魚に餌をやる必要はなくなったの。④あ、そういえば、機械がまだ動いているか確認してもらえると助かるわ。電池式だから、交換が必要な場合があるの。

男性：わかりました、⑤植物からとりかかります。⑥ああ、Kristaがじょうろをどこに置いているかご存じだったりしますか？

女性：⑦スタッフ用給湯室のそばにある掃除用具入れの中よ。それから、新しい電池が必要な場合は、それもそこにあるわ。

【本文】□**Would you like me to ~?** ～しましょうか?／□**feed** 餌をやる／□**aquarium** 水槽／□**water** 水をやる／□**plant** 植物／□**install** 導入する・設置する／□**automatic** 自動の／□**feeder** 餌やり器／□**see if ~** ～かどうか確かめる／□**run on battery** 電池で動く・電池式である／□**Do you happen to ~?** ～していたりしませんか?／□**watering can** じょうろ／□**broom closet** 掃除用具入れ／□**fresh** 新しい・未使用の

【設問・選択肢】□ **deadline** 締切・期限／□ **arrangement** 手配・調整／□ **instruction booklet** 取扱説明書／□ **contact** 連絡する／□ **manufacturing plant** 製造工場／□ **turn off ~** ～の電源を切る／□ **appliance** 家電・電化製品／□ **device** 機器・装置／□ **cafeteria** 食堂

**ポイント**

オフィスでの同僚同士の会話です。内容自体は身近ですが、water「水をやる」やbroom「ほうき」といった日常単語、workやrunという重要多義語、Would you like me to ~?「～しましょうか？」やDo you happen to know ~?「～を知っていたりしませんか？」といった会話表現がポイントになります。さらに、**ActuallyやOhという解答示唆表現に反応する**練習としても最適な問題です。

**1.** 正解 C

会話の話題は？

What is the main topic of the conversation?
(A) Project deadlines
(B) Travel arrangements
**(C) Office maintenance**
(D) Work schedules

会話の主な話題は何ですか？
(A) プロジェクトの締切
(B) 旅行の手配
(C) オフィスの手入れ
(D) 仕事のスケジュール

## 核心 「漠然とした選択肢」のパターン

①feed the fish in the lobby aquariumや②water the office plantsから、「オフィスの魚の餌やり・植物への水やり」について話し合っているとわかります。これを「オフィスの手入れ」と表した(C)が正解です。**少し選択肢が漠然としているので、消去法で解いてもいいでしょう**（TOEICでよくあるパターン）。

**2.** 正解 D

女性 → 男性への依頼は？

What does the woman ask the man to do?
(A) Look for an instruction booklet
(B) Contact a manufacturing plant
(C) Turn off a kitchen appliance
**(D) Check if a device is running**

女性は男性に何をするよう求めていますか？
(A) 取扱説明書を探す
(B) 製造工場に連絡する
(C) キッチン家電の電源を切る
(D) 装置が動いているか確認する

## 核心 Actuallyの後ろは狙われる！

女性は③since we installed an automatic fish feeder, we haven't had to feed them ourselvesの後、④Actually, could you see if that's still working?と述べています。**Actuallyという解答示唆表現の後に**、Could you ~?「～してくれませんか？」という依頼表現が続いています。女性は男性に「それ（＝魚用の自動餌やり器）が動いているか確認してくれませんか？」と頼んでいるので、(D)が正解です。本文の「魚用の自動動餌やり器」という具体的なものを、選択肢では**device「機器・装置」で総称的に表しています**（p. 24）。

**3.** 正解 **A**

Where will the man probably go next?
**(A) To a closet**
(B) To a store
(C) To a cafeteria
(D) To a lobby

男性が行く場所は？

男性は次にどこへ行くと考えられますか？
(A) 収納部屋
(B) 店
(C) 食堂
(D) ロビー

## 核心 Ohに反応する！

男性は⑤I'll start with the plantsで「植物への水やりからとりかかる」と言っています。そして水やりに必要な「じょうろの場所」について、⑥Oh, do you happen to know where Krista keeps the watering can?と尋ねています。女性が⑦In the broom closet by the staff kitchen. と答えていることから、男性はこれから「じょうろを取りにclosetに行く」とわかります。

※Ohの後ろにも「重要情報」がきやすいのでしたね。また、⑥ではDo you happen to know where ~?という間接疑問文が使われています(p. 69)。

## 隠れポイント 重要多義語のwork・run

問2では本文と選択肢で、see if ~ → check if ~「～かどうか確認する」、work → run「機能する・作動する」と言い換えられました（本文の④直後でもrunが使われています）。workとrunはどちらも超重要な多義語です。

**【多義語work　核心：がんばる】**

① 仕事・勉強／仕事する・取り組む　② 作品　③ 機能する・作動する
④（計画・方法などが）うまくいく・都合がつく　⑤（薬が）効く

「人ががんばる」→「働く」は有名です。「がんばって作ったもの」→「作品」（可算名詞）、「機械ががんばる」→「機能する」、「計画ががんばる」→「うまくいく・都合がつく」、「薬ががんばる」→「（薬が）効く」となりました。

**【多義語run　核心：流れる／グルグルまわす・まわる】**

① 走る　② 作動する　③ 経営する
④ 出す・掲載する　⑤（映画などが）続演される・続く

「機械がグルグルまわる」→「作動する」、「お店をグルグルまわす」→「経営する・運営する」です（日本語でも「お店をまわす」と言いますね）。
応用として、run an ad「広告を流す」→「広告を出す」や、「（映画などが）流れる・続く」の意味もあります（同義語問題でrun ≒ be shownも出題済み）。

## 例題 (2) 頻出パターンの「スケジュール変更」を攻略!

43-44

**4.** What is the woman scheduled to do this morning?
(A) Submit a budget report
(B) Review an office floor plan
(C) Attend a training seminar
(D) Deliver a presentation

**5.** Why does the woman say she will be late?
(A) A station has not opened.
(B) A train is not in service.
(C) Her car broke down.
(D) She missed a bus.

**6.** What does the man say he will do?
(A) Rearrange a schedule
(B) Contact a coworker
(C) Postpone a deadline
(D) Revise a calculation

# Part 3　例題　解答と解説

## 例題 (2)　頻出パターンの「スケジュール変更」を攻略！

**Questions 4 through 6** refer to the following conversation.　43-44

軽く「トゥ」／軽く「ピ」　ほとんど聞こえない

**Woman:** Hi, Wayne. It's Erin. I know ①I'm supposed to be presenting our marketing

I'm supposed to ~, but ...「～の予定だったけど、…だ」はよくある流れ

ほとんど聞こえない

plan with you in this morning's meeting, but ②I don't think

先読みで得たthis morningにここで反応しても手遅れ…

I'll get to the office in time.

ほとんど聞こえない　くっついて「ドンチュ」

**Man:** Is everything all right? You come in by train, don't you?

ほとんど聞こえない

**Woman:** Yes — I take the Gray Line from Halsey Street, but ③the train isn't

ほとんど聞こえない　軽く「ビン」　くっついて「アンナワァ」　軽く「フォ」

running. ④I've been waiting for half an hour at the station for service

「遅れる理由」はよく狙われる!　軽く「ア」　service「(バスの) 運行」

to resume.

軽く「トゥ」　軽く「アィゥ」　スケジュール変更

**Man:** OK, well, ⑤I'll switch around the items on the meeting agenda so that our

switch around ~「～の順番を入れ替える」／item「項目」

talk comes last. That'll give you extra time to get here.

一気に発音される　一気に発音される

問4～6は次の会話に関するものです。

女性：　もしもし、Wayne。Erinよ。①今日の午前中の会議で、マーケティング企画についての発表をあなたと一緒にすることになっていたけど、②時間までに会社に着けそうにないの。

男性：　大丈夫？　電車通勤だよね？

女性：　ええ。Halsey通りからGrayラインに乗るんだけど、③電車が動いていないの。④運行が再開するのを駅で30分待っている状態よ。

男性：　了解、じゃあ、⑤僕たちの発表が最後にくるように、会議の議題の順番を入れ替えるよ。そうすれば、こちらに向かう時間の余裕ができるだろうから。

**【本文】** □**be supposed to ~** ～することになっている・～する予定だ／□**present** 発表する／□**in time** 間に合って／□**come in** 来る・現れる／□**wait for** 人 **to ~** 人が～するのを待つ ※ここでは人にserviceがきている／□**resume** 再開する／□**switch around ~** ～を入れ替える／□**agenda** アジェンダ・議題／□**so that ~** ～するために・～するように／□**extra** 余分な・追加の

**【設問・選択肢】** □**be scheduled to ~** ～する予定だ／□**submit** 提出する／□**budget** 予算／□**review** 見直す／□**floor plan** 間取り・見取り図／□**attend** 参加する／□**break down** 故障する／□**miss** 逃す／□**rearrange** 予定を組み直す・並び替える／□**contact** 連絡する／□**coworker** 同僚／□**postpone** 延期する／□**deadline** 締切・期限／□**revise** 修正する／□**calculation** 計算・見積もり

ポイント

現実社会でもよくあるように、TOEICでも「スケジュール変更」は頻繁に起こります。スケジュールの話題ですから、当然今回出てくるbe supposed to ~・be scheduled to ~「～する予定」やin time「間に合って」は超重要です。また、「場所・時間・講師・議題」などが変更され、「何がどう変更するか?」「なぜ変更するのか?」が設問でよく問われます。今回はそんな定番パターンです。

**4.** 正解 D

女性の今朝の予定は?

What is the woman scheduled to do this morning?
(A) Submit a budget report
(B) Review an office floor plan
(C) Attend a training seminar
**(D) Deliver a presentation**

女性は今朝何をすることになっていますか?
(A) 予算報告書を提出する
(B) オフィスの間取りを見直す
(C) 研修セミナーに参加する
(D) プレゼンテーションを行う

## 核心 be supposed to ~ ≒ be schedule to ~

①I'm supposed to be presenting our marketing plan with you in this morning's meetingとあります(be supposed to ~が設問のbe scheduled to ~に対応)。このpresentは動詞「発表する」で、「マーケティング企画について発表する」を言い換えた(D)が正解です。deliverは本来「届ける」で(名詞形delivery「配達」は「フードデリバリー」でおなじみ)、「言葉を届ける」→「伝える・演説をする」の意味も重要です。deliver a presentationは「プレゼン内容を相手に届ける」感覚です。

※ちなみに、先読みでthis morningだけに注目していると、「本文でthis morningが聞こえたときにはすでに解答根拠は流れた後で手遅れ」になってしまいます。こういった「手遅れパターン」がよく出るので、全文しっかり聞く姿勢が大事なのです。

**5.** 正解 B

女性が遅れる理由は?

Why does the woman say she will be late?
(A) A station has not opened.
**(B) A train is not in service.**
(C) Her car broke down.
(D) She missed a bus.

女性はどうして遅れそうだと言っていますか?
(A) 駅が開いていないから。
(B) 電車が運転休止中だから。
(C) 彼女の車が壊れたから。
(D) 彼女はバスに乗り遅れたから。

## 核心 よくある「遅れそう」というパターン

女性は②I don't think I'll get to the office in timeの後、その理由を③the train isn't runningや④I've been waiting for half an hour at the station for service to resume.と説明しています。普段は電車で通勤しているけど、「電車が止まって、運行が再開するのを待っている」わけです。正解は(B)で、**not in service**は「(交通機関などが)動いていない」を表す重要熟語です。

**6.** 正解 A

男性の次の行動は?

What does the man say he will do?
**(A) Rearrange a schedule**
(B) Contact a coworker
(C) Postpone a deadline
(D) Revise a calculation

男性は何をするつもりだと言っていますか?
(A) スケジュールを組み直す
(B) 同僚に連絡を取る
(C) 期限を延長する
(D) 計算結果を修正する

## 核心 定番の「スケジュール変更」

⑤I'll switch around the items on the meeting agenda so that our talk comes lastと言っています。「議題の順番を入れ替える」ことを、「スケジュールを変更する」と表した(A)が正解です。本文と選択肢で、**switch around ~**「~の周りでスイッチ(入れ替え)をする」→「~を入れ替える」が**rearrange**「予定を組み直す」に、**the items on the meeting agenda**「会議の議題の項目」が**schedule**「スケジュール」に言い換えられています。

※ rearrangeは「再び(re)取り決める」→「予定をあらためて取り決める・組み直す」です(多義語arrangeはp. 218)。また、日本語の「アイテム」は「便利な道具」のイメージが強いかもしれませんが、英語のitemは「物・商品・項目」という意味です。

## 隠れポイント serviceは「形のない商品」

問5では、本文のisn't running「運行していない」が、not in service「運行していない・動いていない」に言い換えられました。日本語で「サービス」と聞くと「無料・おまけ」と思いがちですが、その発想は完全に捨ててください。serviceの中心となるイメージは「形のない商品」です。

**【多義語service　核心:形のない商品】**

① 乗り物の便　② 公共事業　③ 勤務　④ 貢献・奉仕　⑤ 点検・整備(する)

上記5つの意味はすべて「形のない商品」ですね。たとえば、Is there any bus service here?は「ここにはバスが通っていますか?」という意味です。in serviceで「サービスを提供している状態で」→「(交通機関などが)運行中で・動いて・使用されて」となるわけです。

※ ちなみに、逆はout of service「サービスを提供している状態の外へ」→「運行していない・使用中止で・故障中で」です(≒ out of order／be not working「機能していない」)。

例題（3） 頻出パターンの「日常でのやりとり」と「意図問題」を攻略！

🔊 45-46

**7.** Where most likely are the speakers?
(A) At a hospital
(B) At a hotel
(C) At a café
(D) At a bookstore

**8.** Why does the man say, “I’m expecting a call soon”?
(A) To explain that he will be busy
(B) To express his excitement
(C) To indicate that he cannot wait
(D) To decline an invitation

**9.** What does the woman suggest?
(A) Ordering some take-out food
(B) Going to a service counter
(C) Using a public payphone
(D) Visiting a nearby library

# Part 3　例題　解答と解説

## 例題（3）　頻出パターンの「日常でのやりとり」と「意図問題」を攻略！

**Questions 7 through 9** refer to the following conversation.　45-46

**Man:** Excuse me. My phone's battery is dead. ①Is it possible to charge it at one of your tables here?

（ほとんど聞こえない／軽く「イ」／軽く「トゥ」／くっついて「ワンノヴ」）

**Woman:** Well, ②there are wall sockets along the counter at the back of the café, but as you can see, all the seats are taken. ③One should open up in fifteen minutes or so.

（軽く「オヴ」／なじみのないwall socketsに惑わされない！／くっついて「ナ」／「～するはず」を表すshould）

**Man:** ④Hmm... I'm expecting a call soon. ⑤Do you happen to know of any places nearby where I could charge it?

（軽く「トゥ」／軽く「ウェア」／「もうすぐ電話がかかってくる」→「だから待てない」という意図／軽く「オヴ」）

**Woman:** Let's see... ⑥Oh, you should try the public library. It's right next to us.

（Ohの後ろは重要情報！／ほとんど聞こえない／ほとんど聞こえない／「～したほうがいいよ」と提案を表す（設問のsuggestに対応））

問7～9は次の会話に関するものです。

男性：　すみません。携帯の充電が切れてしまいました。①こちらのテーブルで充電することは可能でしょうか？

女性：　ええと、②カフェ奥側のカウンターに沿ってコンセントがあるんですが、ご覧の通り、全席埋まっております。③15分ほどで1席空くはずですよ。

男性：　④うーん…もうすぐ電話がかかってくるはずなんです。⑤この近くで充電できる場所をどこかご存じないでしょうか？

女性：　そうですね…⑥ああ、公立図書館に行ってみるといいですよ。当店のすぐ隣です。

**【本文】** □**battery** 充電／□**dead**（充電が）切れて／□**possible** 可能な／□**charge** 充電する／□**wall socket** コンセント／□**as you can see** ご覧の通り・見てわかるように／□**all seats are taken** 全席埋まっている・空いていない ※直訳「すべての席がとられている」／□**open up** 空く／□**expect** 予期する・来るのを待つ／□**Do you happen to ~?** ～していたりしませんか？／□**know of ~** ～について知っている／□**nearby** 近くに・近くの／□**right next to ~** ～のすぐ隣に
**【設問・選択肢】** □**express** 示す・表明する／□**excitement** 興奮／□**indicate** 示唆する／□**decline** 断る／□**invitation** 招待／□**order** 注文する／□**public payphone** 公衆電話

ポイント

今回は「スマホの充電が切れたから充電したい」という日常生活での話です。単語自体は簡単ですが、**dead**「(充電が) 切れて」という意外な使い方や、**right next to us**「当店のすぐ隣」というrightの強調用法など、見落としがちな表現を確認しておきましょう。また、今回は「意図問題」の解法も扱っていきます。さらに、**解答示唆表現のOhに反応する練習**にもなりますよ。

**7.** 正解 C

話し手の場所は?

Where most likely are the speakers?
(A) At a hospital
(B) At a hotel
**(C) At a café**
(D) At a bookstore

話し手はどこにいると考えられますか?
(A) 病院
(B) ホテル
(C) カフェ
(D) 書店

## 核心 hereは意外とヒントになる

①Is it possible to charge it at one of your tables here?から、男性は「携帯を充電できるテーブルのある場所にいる」とわかります。そして②there are wall sockets along the counter at the back of the caféと言っているので(C)を選べば正解です。こういった問題は簡単だと思われがちですが、該当箇所が1つだけなので、意外と聞き逃す人もいるものです。あまり気にしすぎる必要はありません。

※一応、後ろのall the seats are taken「全席埋まっている」などもヒントになります。

**8.** 正解 C

意図問題／しっかり「音リハ」しておく

Why does the man say, "I'm expecting a call soon"?
(A) To explain that he will be busy
(B) To express his excitement
**(C) To indicate that he cannot wait**
(D) To decline an invitation

男性はどうして"I'm expecting a call soon"と言っているのですか?
(A) 忙しくなることを説明するため
(B) 興奮を表すため
(C) 待てないことを示唆するため
(D) 誘いを断るため

## 核心 「もうすぐ電話がかかってくるから、待てない」という意図

女性(カフェの店員)の③One should open up in fifteen minutes or so. (one = one seat) に対して、男性(客)が④Hmm... I'm expecting a call soon. と言っています。Hmm...は「どうすべきか考える」ときによく使う表現で、ここでは「15分ほどで1席空くはず」という発言を受け入れられず、どうしようか考えています。

その後で⑤Do you happen to know of any places nearby where I could charge it? と充電できる他の場所を聞いていることからも、**「もうすぐ電話がかかってくる。だから、15分は待てない(代わりに他の場所に行く)」という意図の発言**だと考えられます。よって(C)が正解です。

※意図問題は「だから何?」という発想が役立ちます(p. 87)。今回は「もうすぐ電話がかかってくる」→「だから席が空くのを15分待てない」と考えればOKですね。さらに「後ろの発言(⑤)がヒントになる」のもパターン通りです。

**9.** 正解 **D**

What does the woman suggest?
(A) Ordering some take-out food
(B) Going to a service counter
(C) Using a public payphone
**(D) Visiting a nearby library**

女性は何を提案していますか？
(A) テイクアウトの料理を注文すること
(B) サービスカウンターに行くこと
(C) 公衆電話を使うこと
(D) 近くの図書館に行くこと

## 核心 Ohに反応する！

男性の⑤Do you happen to know of any places nearby where I could charge it? に対して、女性は⑥Oh, you should try the public library. It's right next to us. と言っています。充電できる場所として「すぐ隣にある公立図書館に行くこと」を提案しているので、(D)が正解です。**Ohはよく解答のキーになり、その後ろが設問で狙われやすい**のでしたね。

## 隠れポイント shouldは「軽い提案」にもよく使う！

**should**は「～すべき」とだけ覚えている人も多いのですが、今回の⑥のように「～するといいよ」といった感じで軽く提案するときにもよく使われます。問9では、このshouldが設問のsuggest「提案する」に対応していたわけです。「提案内容」はよく問われるだけに、shouldが使われた英文もよく解答のキーになりますよ。

## 隠れポイント 「強調」を表す副詞right

⑥It's right next to us. では、「強調のright」が使われました。rightは名詞「右・権利」でおなじみですが、**副詞として「場所・時間を強調する」働き**があります。
有名な熟語right now「今すぐ」では、rightがnowを強調しているのです。また、right hereは場所の強調で「まさにここで」という意味になります（「ここの右」などと勘違いしないように注意）。今回は**right**が**next to ~**「～の隣に」を強調して、**right next to ~**「～のすぐ隣に・真隣に」となっているわけです（それが選択肢のnearbyに対応しています）。

ちなみに、**well**や**way**にも強調の働きがあります。**well in advance**「かなり早めに・十分前もって」や**way behind schedule**「予定よりかなり遅れて」はTOEIC頻出です。それぞれ、wellがin advance「前もって」を強調、wayがbehind schedule「予定より遅れて」を強調した形です。

### 例題（4） 頻出パターンの「ビジネスでのやりとり」と「図表問題」を攻略！

47-48

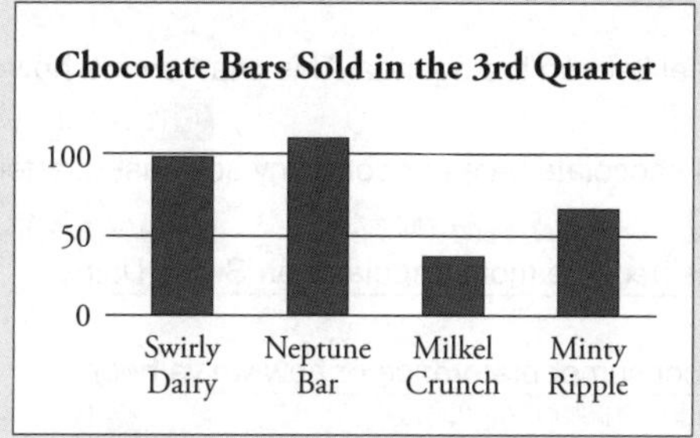


**10.** What does the man ask about?
(A) Which quarter had the highest sales
(B) Why a product has become popular
(C) When a marketing campaign started
(D) Who prefers a particular chocolate bar

**11.** Look at the graphic. Which product does the woman want to focus on?
(A) Swirly Dairy
(B) Neptune Bar
(C) Milkel Crunch
(D) Minty Ripple

**12.** What does the woman say she will ask for?
(A) Alternative dates
(B) Packaging ideas
(C) Inventory lists
(D) Survey results

# Part 3　例題　解答と解説

## 例題(4)　頻出パターンの「ビジネスでのやりとり」と「図表問題」を攻略!

47-48

**Questions 10 through 12** refer to the following conversation and chart.

**Woman:** OK, let's move on to the final item on the agenda. This chart shows how many tens of thousands of chocolate bars our company sold last quarter.

軽く「オヴ」　軽く「トゥ」　ほとんど聞こえない　軽く「オヴ」　ほとんど聞こえない　ほとんど聞こえない

**Man:** ①Wow, so Neptune Bar has become more popular than Swirly Dairy.
感情を表す表現に反応する!
Do you think that's due to consumer preference or how we've been marketing it?
"結果 is due to 原因" の関係を把握!(選択肢のWhyに対応)
軽く「ビン」

**Woman:** I'm not sure, but ②I'd like to focus on the second-lowest selling item.
「ショー」って感じ
図表で「売上個数が2番目に低い」商品名は?
Whereas sales of Milkel Crunch have never been high, we used to see double the sales of the other one.
軽く「ビン」

**Man:** Why don't we rebrand it to attract younger consumers? As we all know, ③its package looks rather outdated.
ワイ・ドン・ウィ　くっついて「ディッ」
提案・勧誘表現に反応する
問12で「女性」が問われているが、実は直前の「男性の発言」がポイント!

**Woman:** That's true. ④I'll ask the design team to come up with suggestions for an alternative.
依頼表現 (ask 人 to ~「人 に～するよう依頼する」)に反応!

問10～12は次の会話およびグラフに関するものです。

女性：はい、それでは最後の議題に移りましょう。このグラフは、当社が前四半期に何万個のチョコバーを売り上げたのかを示しています。

男性：①へえ、ということはSwirly DairyよりもNeptune Barのほうが人気だったんですね。消費者の好みとマーケティング方法のどちらによるものだと思いますか?

女性：それは定かでありませんが、②2番目に売上個数の少ない商品に注目したいと思います。Milkel Crunchの売上は今までずっと多くないですが、もう1つの商品は、かつて2倍の売上があがりました。

男性：より若い消費者を引き付けるために、その商品のリブランディングをしませんか?　私たち皆がわかっている通り、③パッケージがかなり時代遅れになっています。

女性：その通りですね。④デザインチームに、代替案を出してもらうよう依頼します。

グラフのタイトル：第3四半期に売れたチョコバーの個数

【本文】□chart 図・表・グラフ／□move on to ~ ～に移る／□item 項目／□agenda 議題／□quarter 四半期／□due to ~ ～が原因で／□consumer 消費者／□preference 好み／□market 売り込む／□focus on ~ ～に焦点を当てる・～に注目する／□whereas ～する一方／□rebrand リブランドする・イメージを変える／□attract 引き付ける・呼び込む／□package 包装・パッケージ／□rather かなり／□outdated 時代遅れの／□come up with ~ ～を考案する／□suggestion 提案／□alternative 代替案・選択肢・代わりの
【設問・選択肢】□prefer 好む／□particular 特定の／□inventory 在庫／□survey 調査

**ポイント**

Part 3ではビジネスでのやりとりも頻出で、今回は「**売上を伸ばすための会議**」というよく出るジャンルです。また、図表問題では「**選択肢にないほうの情報が間接的に流れる**」頻出パターンをしっかり対策していきます。今回出てきたchart「図表」／second-lowest「2番目に低い」／double ~「～の2倍」といった語句もとても大切ですよ。

**10.** 正解 **B**

男性が尋ねていることは？

What does the man ask about?
(A) Which quarter had the highest sales
**(B) Why a product has become popular**
(C) When a marketing campaign started
(D) Who prefers a particular chocolate bar

男性は何について尋ねていますか？
(A) 最も売上が高かった四半期
(B) 商品が人気になった理由
(C) マーケティングキャンペーンの開始時期
(D) 特定のチョコバーを好む人

### 核心 まとめ単語productと因果表現due to ~

①Wow, so Neptune Bar has become more popular than Swirly Dairy. Do you think that's due to consumer preference or how we've been marketing it?とあります。thatは前の内容を指し、男性は「Neptune Barが人気になった理由は、消費者の好みorマーケティング方法？」と尋ねているわけです。よって、選択肢の具体的な商品名を、まとめ単語product「商品」で表した(B)が正解です。

※due to ~「～が原因で・～のために」は因果関係を表す重要表現で、これを選択肢ではWhy ~ と表しています（重要な因果表現はp. 140とp. 237でまとめます）。

**11.** 正解 **D**

図表問題

Look at the graphic. Which product does the woman want to focus on?
(A) Swirly Dairy
(B) Neptune Bar
(C) Milkel Crunch
**(D) Minty Ripple**

選択肢に「商品名」
→ 英文では「売れた個数」が流れると予想

グラフを見てください。女性はどの商品に注目したいと思っていますか？
(A) Swirly Dairy
(B) Neptune Bar
(C) Milkel Crunch
(D) Minty Ripple

### 核心 選択肢にない情報に間接的に言及する

女性は②I'd like to focus on the second-lowest selling itemと言っています。**the second** 最上級「2番目に～」の形で「売上個数が2番目に低い商品に注目する」と言って

Part 3

いるので、これをグラフから探して(D)を選べばOKです。今回は選択肢に「商品名」が並んでいるので、その商品名をズバリ言うのではなく「売上の個数」がヒントになると予測できます。実際には「個数」ではなく「順位」でしたが、取り組み方・問題パターンは予想通りですね。

※ "second" と聞こえた瞬間に「上から2番目」にひっかかる人が多いので、ご注意を。

## 12. 正解 B

女性の依頼内容は?

What does the woman say she will ask for?
(A) Alternative dates
**(B) Packaging ideas**
(C) Inventory lists
(D) Survey results

女性は何を依頼するつもりだと言っていますか?
(A) 代替日程
(B) パッケージ案
(C) 在庫リスト
(D) 調査結果

### 核心 「相手の発言」が根拠になる

男性の③its package looks rather outdatedに同意して、女性は④I'll ask the design team to come up with suggestions for an alternative. と言っています。ask 人 to ~「人に~するよう依頼する」の形で、「時代遅れのパッケージについて、代替案を出してもらう」ように依頼すると述べているわけです。

今回は設問で「女性」について問われていましたが、実際には直前の「男性」の発言がポイントでした。こういった「相手の発言が根拠になる」パターンも頻出なだけに、「全文集中して聞く」姿勢で臨んでください。

### 隠れポイント the otherが表しているのは?

②直後のWhereas sales of Milkel Crunch have never been high, we used to see double the sales of the other one. では、the other oneがMinty Rippleを指し、これも図表問題のヒントになります。theは「共通認識できる(みんなで一斉に指をさせる)」場合に使います。今回はこの前にNeptune Bar・Swirly Dairy・Milkel Crunchが出ていて、**the other**で「共通認識・特定できる1つ」→「**4つのうち残り1つのMinty Ripple**」を指すわけです。

※ちなみに、「共通認識・特定できないもう1つ」は、theの代わりにa (an)を使ったanotherを使います。anotherは "an + other" ということなのです。

文全体は**Whereas sv, SV.**「**svする一方でSVだ**」の形で、主節は**used to 原形**「かつては~した・昔は~だった」と**double the 名詞**「**名詞の2倍**」がポイントです。we used to see double the sales of ~ で、直訳「私たちはかつて~の売上の2倍を見ていた」→「かつては2倍の売上があった」となります。doubleは名詞「2倍」や形容詞「2倍の」は簡単ですが、今回の用法にも慣れておきましょう。

# Part 3 実戦問題

## 実戦問題（1） 49-50

**1.** What has the man heard about Marcus?
(A) He opened a new branch.
(B) He asked to be transferred.
(C) He will redecorate his office.
(D) He has moved to Brisbane.

**2.** What does the woman ask for?
(A) An idea
(B) A favor
(C) A description
(D) An estimate

**3.** What does the man suggest doing?
(A) Playing a game
(B) Walking to work
(C) Visiting a store
(D) Finding a coworker

## 実戦問題（2） 51-52

**4.** What is the problem?
(A) A delivery will be late.
(B) An amount is incorrect.
(C) An item has been lost.
(D) A deadline was missed.

**5.** What does the woman encourage the man to do?
(A) Submit a job application form
(B) Complete some paperwork
(C) Sign the back of a credit card
(D) Update a bank book

**6.** What does the woman ask for?
(A) A location
(B) An address
(C) A number
(D) A business card

## Part 3　実戦問題

### 実戦問題 (3)　53-54

7. What event are the speakers planning?
   (A) A retirement party
   (B) An annual reunion
   (C) A grand opening
   (D) A business convention

8. What problem does the woman mention?
   (A) An employee cannot attend a meeting.
   (B) A budget will not cover some expenses.
   (C) A reservation could not be accepted.
   (D) A date on an invitation is incorrect.

9. What does the woman say she will do?
   (A) Review some plans
   (B) Place some orders
   (C) Secure a contract
   (D) Call a restaurant

### 実戦問題 (4)　55-56

10. What does the man say will happen next week?
    (A) A forum will be held.
    (B) A book will be released.
    (C) A form will be changed.
    (D) A speech will be prepared.

11. What does the woman mean when she says, "I have several meetings scheduled"?
    (A) She thinks more staff should be hired.
    (B) She needs to make more copies.
    (C) She wants the man to assist her.
    (D) She is unable to attend an event.

12. Why does the woman thank the man?
    (A) For explaining a procedure to her
    (B) For lending her a new book
    (C) For informing her about a Web site
    (D) For sending her some records

## 実戦問題 (5) 57-58

**13.** What does the man say he wants to do?
(A) Turn off a device feature
(B) Return a defective item
(C) Place an order for equipment
(D) Submit a complaint

**14.** Why is Patty asked to go to another section?
(A) To wait for a delivery
(B) To arrange camping goods
(C) To verify a price
(D) To get a product

**15.** What will probably happen next?
(A) A manufacturer will be contacted.
(B) Some products will be wrapped.
(C) The man will receive a refund.
(D) The man will review a product list.

## 実戦問題 (6) 59-60

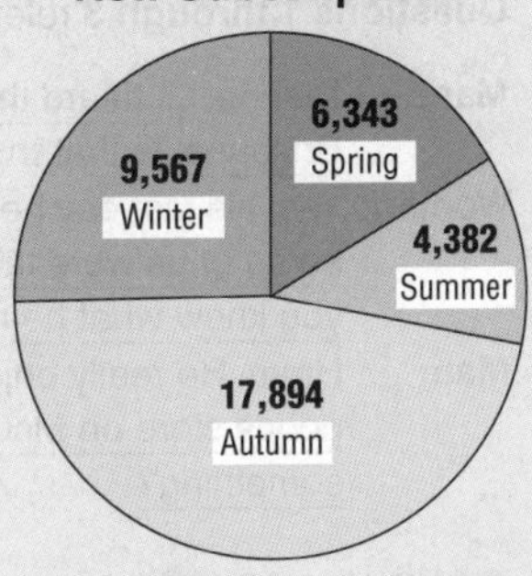


**16.** Why is the woman disappointed?
(A) A goal was not achieved.
(B) A service is no longer free.
(C) A document was misprinted.
(D) A news report is inaccurate.

**17.** Look at the graphic. Which season does the woman say she is concerned about?
(A) Spring
(B) Summer
(C) Autumn
(D) Winter

**18.** What does the man plan to do?
(A) Copy some handouts
(B) Organize a meeting
(C) Meet a consultant
(D) Publish some ideas

# Part 3 実戦問題 解答と解説

## 実戦問題 (1)
## 「解答示唆表現」に反応する！／頻出パターンの「人事異動」を攻略！

**Questions 1 through 3** refer to the following conversation. 49-50

**Man:** Dianne, ①I heard that Marcus requested a transfer to our branch office in Brisbane. Is that true?

**Woman:** Yes, his last day here will be the thirtieth of June. ②As a matter of fact, some of us were talking earlier about buying him a farewell present. Do you know what he might like?

**Man:** Hmm. He really enjoys golfing. ③Why don't we walk over to that sporting goods store on McCredie Street after work and see if we can find something?

問1～3は次の会話に関するものです。
男性： Dianne、①Marcusがブリスベン支社への異動を願い出たって聞いたよ。本当？
女性： ええ、ここでの最終出社日は6月13日になる予定よ。②実はさっき何人かで、彼にお別れのプレゼントを買おうという話をしていたの。彼が好きそうなものを知ってる？
男性： うーん。彼はゴルフが大好きだよ。③仕事の後、McCredie通りのスポーツ用品店まで行って、何かないか探してみるのはどう？

**【本文】**□**request** 頼む／□**transfer** 異動（させる）・転勤（させる）／□**branch office** 支社・支店／□**farewell** 別れ・送別／□**see if ~** ～かどうか確認する
**【設問・選択肢】**□**ask to ~** ～するよう頼む／□**redecorate** 改装する・模様替えをする／□**favor** 親切・世話／□**description** 説明・描写／□**estimate** 見積もり／□**coworker** 同僚

**ポイント**

内容自体は「**支社への異動**」というよくあるパターンです。また、**as a matter of fact**は直訳「事実（fact）の問題・こと（a matter）として（as）」→「**実は・実際は**」という解答示唆表現で（p. 85）、「**後ろに重要情報がくる**」ことが多いです。
他にも、**Why don't we ~?**「なぜ私たちは～しないの？」→「**～しようよ**」（p. 58）という提案表現が使われ、その内容が問われるなど、典型的な設問でしっかり正解できるようにしておく練習です。

**1.** 正解 **B**

What has the man heard about Marcus?
(A) He opened a new branch.
**(B) He asked to be transferred.**
(C) He will redecorate his office.
(D) He has moved to Brisbane.

男性はMarcusについて何を聞きましたか？
(A) 彼は新しい支店を開設した。
(B) 彼は異動を願い出た。
(C) 彼はオフィスを改装する予定だ。
(D) 彼はブリスベンに引っ越した。

## 核心 TOEIC頻出の「人事異動」

①I heard that Marcus requested a transfer to our branch office in Brisbaneとあります。request a transfer to ~「～への異動を願い出る」を、ask to be transferred「異動を願い出る」に言い換えた(B)が正解です。**be transferred**は、直訳「**異動させられる**」→「**異動になる・転勤になる**」です。

**2.** 正解 A

What does the woman ask for?
**(A) An idea**
(B) A favor
(C) A description
(D) An estimate

女性は何を求めていますか？
(A) 考え・提案
(B) 親切な行為
(C) 説明
(D) 見積もり

## 核心 As a matter of factは解答のキーになる!

②As a matter of fact, some of us were talking earlier about buying him a farewell present. Do you know what he might like? とあります。女性は「Marcusが好きなもの・プレゼントとして欲しそうなもの」を聞いているので、これを漠然とideaと表した(A)が正解です。ちなみにmightは助動詞の過去形ですが、実際に「過去」を表すことはまずありません。「(ひょっとすると) ～かもしれない」という意味で、**"might ≒ may"**と考えてOKです。

**3.** 正解 C

What does the man suggest doing?
(A) Playing a game
(B) Walking to work
**(C) Visiting a store**
(D) Finding a coworker

男性は何をすることを提案していますか？
(A) ゲームをすること
(B) 徒歩で通勤すること
(C) 店を訪れること
(D) 同僚を探すこと

## 核心 提案表現Why don't we ~?に反応する

男性は③Why don't we walk over to that sporting goods store on McCredie Street after work and ...?と提案しています(提案表現のWhy don't we ~? が、設問のsuggestに対応)。下線部を言い換えた(C)が正解で、walk over to ~「～まで歩いて行く」をvisit「訪れる」と総称的に表しています。

Part 3

実戦問題(2)
## 「解答示唆表現」に反応する!/頻出パターンの「紛失物」を攻略!

**Questions 4 through 6** refer to the following conversation. 51-52

**Man:** Excuse me, ①my debit card has gone missing. Can I get a new one today?

**Woman:** I'm sorry, but the soonest we can provide a new one is in three business days.

**Man:** OK, and can I pick it up here, or will it be delivered to me?

**Woman:** We'll send the card to your address. ②Just fill out these forms now, and you'll probably receive it by Thursday.

**Man:** And can you cancel the one I lost? I think it fell out of my pocket while I was hiking in the woods, but I'm not sure.

**Woman:** Sure, I'll cancel it right away. ③Please tell me your bank account number and show me a photo ID.

問4〜6は次の会話に関するものです。

男性: すみません、①デビットカードを紛失してしまったんです。本日、カードを再発行できますか?

女性: すみませんが、再発行は最短で3営業日後になります。

男性: わかりました。受け取りはこちらでできますか? それとも配送になりますか?

女性: カードはお客様のご住所にお送りいたします。②今こちらの用紙にご記入いただけば、おそらく木曜日までにはお受け取りいただけるかと思います。

男性: それと、紛失したカードの無効化をしていただけますか? 森でハイキングしている時にポケットから落ちてしまったんだと思いますが、定かではありません。

女性: 承知いたしました、すぐに無効化いたします。③銀行の口座番号をお知らせいただき、写真付き身分証明書のご提示をお願いいたします。

**【本文】**□**provide** 提供する/□**business day** 営業日/□**pick up ~** ~を受け取る ※間に代名詞が入ってpick it upとなっている/□**deliver** 配達する/□**fill out ~** ~に記入する/□**cancel** 解約する・無効化する/□**fall out of ~** ~から落ちる/□**right away** すぐに/□**bank account** 銀行口座/□**photo ID** 写真付き身分証明書

**【設問・選択肢】**□**amount** 金額・量/□**incorrect** 間違った/□**miss a deadline** 締切に間に合わない/□**encourage** 人 **to ~** 人に~するよう勧める/□**submit** 提出する/□**application** 応募・申込/□**complete** (すべて)記入する/□**sign** 署名する/□**update a bank book** 預金通帳の記帳をする

**ポイント**

「カードを紛失したので、再発行してほしい」というやりとりです。こういった「落とし物・紛失」に関する話では、**go missing**「なくなる」などが大切です。また、解答示唆表現の **"Just + 原形"** と **"Please + 原形"** という命令文が狙われました。さらにまとめ単語の **item**「物」や **paperwork**「書類」が使われるなど、TOEIC頻出事項が詰まった問題です。

## 4. 正解 C

What is the problem?
(A) A delivery will be late.
(B) An amount is incorrect.
**(C) An item has been lost.**
(D) A deadline was missed.

問題は何ですか？
(A) 配達が遅れそうである。
(B) 金額が間違っている。
(C) ある物を紛失した。
(D) 締切に遅れた。

### 核心 TOEICでよく出る「紛失物」のパターン

①my debit card has gone missingから、(C)を選びます。本文と選択肢で、**my debit card「私のデビットカード」→ item「物」、go missing「なくなる」→ be lost「なくなる」**と言い換えられています。itemは重要なまとめ単語ですね。

## 5. 正解 B

What does the woman encourage the man to do?
(A) Submit a job application form
**(B) Complete some paperwork**
(C) Sign the back of a credit card
(D) Update a bank book

女性は男性に、何をするよう勧めていますか？
(A) 仕事の応募書類を提出する
(B) 書類を記入する
(C) クレジットカードの裏面に署名する
(D) 預金通帳の記帳をする

### 核心 命令文（Just＋原形）に反応する！

②Just fill out these forms now, and you'll probably receive it by Thursday.で、女性は男性に「用紙に記入する」よう言っているので(B)が正解です。本文と選択肢で、**fill out「記入する」→ complete「(完全に) 記入する」、forms「用紙」→ paperwork「書類」**と言い換えられています。fill out ≒ completeの言い換えは超頻出ですし、paperworkも重要なまとめ単語です。

※「命令文」は相手に強く「重要情報」を伝えるので、当然その内容が設問でよく狙われます。命令文につくものとしてPleaseが有名ですが、JustやSimplyがつくこともよくあるのです。

## 6. 正解 C

What does the woman ask for?
(A) A location
(B) An address
**(C) A number**
(D) A business card

女性は何を要求していますか？
(A) 場所
(B) 住所
(C) 番号
(D) 名刺

### 核心 またまた「命令文」が解答のキーになる！

③Please tell me your bank account number and show me a photo ID.で「銀行の口座番号」と「写真付き身分証明書」を求めており、前者を表す(C)が正解です。このように**「本文では複数のものが挙げられ、その中の1つだけが正解になる」**ことはよくあります。ここでも命令文（Please＋原形）が狙われましたね。

実戦問題 (3)
## 頻出パターンの「予約」や「退職パーティー」を攻略！

**Questions 7 through 9** refer to the following conversation.　53-54

**Man:** ①Yvette, have you had a chance to reserve a space for Mr. Finch's dinner party? He's retiring on November 10, which is two weeks from today.

**Woman:** ②Well, I called that Sichuan restaurant he likes an hour ago. Their private dining rooms are already booked on that date, but they said we could do it on November 8.

**Man:** Hmm… I guess we'll have to go with the eighth then. I don't think he'll mind having it a couple of days earlier.

**Woman:** All right, ③I'll call the place again now and secure the date. And you can let the staff know about the change of plans.

問7～9は次の会話に関するものです。

男性：　①Yvette、Finchさんの夕食会のお店はもう予約してくれた？　11月10日に退職なさるから、あと2週間だよ。

女性：　②ええと、1時間前に、彼のお気に入りの四川料理店に電話したわ。個室は、その日はすでに予約で満席だったけど、11月8日なら空いているって言われたの。

男性：　うーん…それなら8日にするしかないかな。2～3日早くても気にしないだろう。

女性：　了解、③今からもう一度お店に電話して、その日の予約を確保しておくわ。それから、スタッフたちに、計画の変更について知らせてもらえる？

**【本文】**□**chance** 機会／□**reserve** 予約する／□**retire** 退職する・引退する／□**Sichuan** 四川／□**private dining room**（レストランなどの）個室／□**book** 予約する／□**go with ~** ～を選ぶ・～に決める／□**mind** 気にする・嫌がる／□**a couple of ~** 2、3の～／□**secure** 確保する／□**you can ~** ～してください・～してくれる？ ※直訳は「あなたは～できる」だが、依頼や指示を伝えるときにも使われる

**【設問・選択肢】**□**retirement party** 退職パーティー・送別会／□**annual** 年に1回の・毎年恒例の／□**reunion** 再会・同窓会／□**convention** 大会・年次総会／□**budget** 予算／□**cover** 賄う／□**expense** 費用・支出／□**reservation** 予約／□**accept** 認める／□**invitation** 招待（状）／□**incorrect** 間違っている／□**review** 見直す／□**place an order** 注文する／□**contract** 契約（書）

**ポイント**

Part 3でよく出る「予約」で、今回は「予約でいっぱい」と制限があるパターンです(p. 86)。それを受けて「日時を変更する」のも典型的な流れですね。さらに、今回は「退職パーティー」というもう1つの頻出ジャンルも組み合わさっています。TOEICでは退職する社員を祝うパーティーやその準備の様子が非常によく出るのです。retire「退職する」／retirement party「退職パーティー」／outgoing「退職する・外向的な」／farewell party「送別会」といった表現は欠かせません。

**7.** 正解 **A**

What event are the speakers planning?
**(A) A retirement party**
(B) An annual reunion
(C) A grand opening
(D) A business convention

話し手たちは何のイベントを計画していますか？
(A) 退職パーティー
(B) 毎年恒例の同窓会
(C) グランドオープン
(D) 商談会

## 核心 TOEIC頻出の「予約」×「退職パーティー」

①Yvette, have you had a chance to reserve a space for Mr. Finch's dinner party? He's retiring on November 10, ... で、「退職祝いのディナー」のお店を予約しています。**retirement party「退職パーティー」はTOEIC頻出です。**

※ちなみに、2文目は現在進行形で「予定」を表す用法です。「退職に向けていろいろな準備が進行中」→「退職する予定」という感覚から、進行形が使われます。

**8.** 正解 **C**

What problem does the woman mention?
(A) An employee cannot attend a meeting.
(B) A budget will not cover some expenses.
**(C) A reservation could not be accepted.**
(D) A date on an invitation is incorrect.

女性はどのような問題に言及していますか？
(A) 従業員が1名、会議に参加できない。
(B) 予算では賄い切れない支出がある。
(C) 予約ができなかった。
(D) 招待状の日付が間違っている。

## 核心 「予約がいっぱい」という頻出パターン

女性は②Well, I called that Sichuan restaurant he likes an hour ago. Their private dining rooms are already booked on that date, but ... と言っています。**bookは動詞「予約する」で、「個室はすでに予約されている・予約で満席」という意味なので、(C)が正解です。売り手側に制限がある典型的なパターンですね。**

**9.** 正解 **D**

What does the woman say she will do?
(A) Review some plans
(B) Place some orders
(C) Secure a contract
**(D) Call a restaurant**

女性は何をする予定だと言っていますか？
(A) 計画を見直す
(B) 注文をする
(C) 契約を獲得する
(D) レストランに電話する

## 核心 「今後の行動」はよく狙われる

11月10日は満席で予約できなかったため、8日に予約しようとしています。そして女性が③I'll call the place again now and secure the dateと言っています。the placeは「(四川料理の) レストラン」のことなので、(D)が正解です。

※secureは「安全な」→「(安全に) 固定する」、「(手元に) 固定する」→「確保する・得る」という動詞も重要です。③secure the dateは「その日の予約を確保する」ことを表します。

実戦問題(4)
# 頻出パターンの「予定の重複」と「意図問題」を攻略！

**Questions 10 through 12** refer to the following conversation. 55-56

**Man:** Hey, Patricia. Did you hear that ①Dr. Frank Pennington will be speaking at the Climate Change Forum in town next week?

**Woman:** Yes, and ②I'd love to hear him speak. I read his latest book, and it's very informative. ③Unfortunately, I have several meetings scheduled.

**Man:** ④Well, I also heard the talk will be video-recorded and made available online. You'll find it at www.ccforum.org.

**Woman:** Really? In that case, I'll watch it there. ⑤Thanks for letting me know.

問10～12は次の会話に関するものです。

男性： ねえ、Patricia。①Frank Pennington博士が来週この町で開催される気候変動フォーラムで講演をするって聞いた？

女性： ええ、②彼の講演をぜひ聞きたいわ。彼の最新の著書を読んだんだけど、とても勉強になるの。③残念ながら、いくつか会議の予定が入っているのだけど。

男性： ④えーっと、講演はビデオ録画されて、オンラインで公開される予定だとも聞いたよ。www.ccforum.orgで見られるはず。

女性： 本当？ それなら、そこで視聴するわ。⑤教えてくれてありがとう。

**【本文】**□**climate change** 気候変動／□**forum** フォーラム・公開討論／□**I'd love to ~** ぜひ～したい／□**hear OC** OがCするのを聞く／□**latest** 最新の／□**informative** 有益な／□**unfortunately** 残念ながら／□**schedule** 予定を入れる／□**video-record** ビデオに録画する・記録する／□**available** 利用可能な ※make OC「OをCにする」の受動態で、~ will be made available online「オンラインで利用可能な状態にされる」→「オンラインで公開される」／□**in that case** その場合／□**let OC** OがCするのを許可する
**【設問・選択肢】**□**release** 発売する／□**hire** 雇う／□**assist** 手伝う／□**be unable to ~** ～できない／□**attend** 参加する／□**explain** 説明する／□**procedure** 手順／□**lend** 人 物 人に物を貸す／□**inform** 知らせる

### ポイント

「○○に行く？」のようにイベントに誘う会話で、「予定があるから行けない／遅れそう」といった問題が発生するのがお決まりのパターンです（今回もパターン通りで、その部分が意図問題で問われています）。問題が発生するので、「後ろにマイナス情報がくる」目印になるUnfortunatelyもとても大切です（p. 85）。さらに問10は、設問先読みでnext weekだけに注目していると、その前に解答根拠が出てくるので聞き逃してしまう「手遅れパターン」でもあります。「頻出パターンと意図問題」「解答示唆表現のUnfortunately」「手遅れパターン」など、重要ポイントを一気に確認しましょう。

**10.** 正解 A

What does the man say will happen next week?
**(A) A forum will be held.**
(B) A book will be released.
(C) A form will be changed.
(D) A speech will be prepared.

男性は来週何が起こると言っていますか？
(A) フォーラムが開催される。
(B) 本が発売になる。
(C) 形式が変更になる。
(D) スピーチが用意される。

### 核心 next weekに反応しても手遅れ！

①Dr. Frank Pennington will be speaking at the Climate Change Forum in town next weekから、来週は「気候変動フォーラムが開催される」とわかります。正解は(A)で、be heldは「開催される」という超重要表現です。

**11.** 正解 D

What does the woman mean when she says, "I have several meetings scheduled"?
(A) She thinks more staff should be hired.
(B) She needs to make more copies.
(C) She wants the man to assist her.
**(D) She is unable to attend an event.**

"I have several meetings scheduled"という発言で、女性は何を意味していますか？
(A) 彼女はもっと多くのスタッフを雇うべきだと思っている。
(B) 彼女はもっとコピーをする必要がある。
(C) 彼女は男性に手伝ってほしいと思っている。
(D) 彼女はイベントに参加できない。

### 核心 Unfortunatelyから「マイナス内容」を予想

女性は②「講演を聞きたい」の後に、③Unfortunately, I have several meetings scheduled. と述べています。「残念ながら会議がある」→「だからフォーラムに参加して講演を聞くことができない」という意図だと考えて、(D)を選べばOKです。本文のthe Climate Change Forumを、選択肢ではan eventと表しています。

**12.** 正解 C

Why does the woman thank the man?
(A) For explaining a procedure to her
(B) For lending her a new book
**(C) For informing her about a Web site**
(D) For sending her some records

女性はどうして男性に感謝しているのですか？
(A) 手順を説明してくれたから
(B) 新刊の本を貸してくれたから
(C) ウェブサイトについて教えてくれたから
(D) 映像記録を送ってくれたから

### 核心 let 人 know「人 に知らせる」≒ inform

④で「講演が録画されてオンラインで公開される」と伝えてくれたことに対して、女性が⑤Thanks for letting me know. と感謝しています。let 人 know「人 が知ることを許可する」→「人 に知らせる」という表現で、これをinformに言い換えた(C)が正解です。また、本文のonlineがWeb siteにも言い換えられています。

## 実戦問題（5）
# 頻出パターンの「お店でのやりとり」と「3人の会話」を攻略！

57-58

**Questions 13 through 15** refer to the following conversation with three speakers.

**Man:** Excuse me. ①I'd like to exchange this flashlight for a new one. I bought it here last week.

**Woman 1:** Is there something wrong with it, sir?

**Man:** ②I can't get it to turn on. I think it's defective.

**Woman 1:** ③Patty, could you go to the camping goods section and get me one of these?

**Woman 2:** Um, that's the Spotscope 4. The manufacturer issued a recall for that product on Monday.

**Man:** In that case, do you have anything that's as lightweight and powerful?

**Woman 2:** I'm pretty sure we do. I can show you what we have in stock.

**Woman 1:** ④But first, I'll give you your money back for this.

**Man:** ⑤Great. Thanks.

問13～15は次の3人の話し手による会話に関するものです。

男性：　すみません。①この懐中電灯を新しいものと交換したいのですが。これは先週こちらで購入したものです。

女性1：お客様、こちらの商品に何か問題があったのでしょうか？

男性：　②電源が入らないんです。欠陥品だと思います。

女性1：③Patty、キャンプ用品売り場に行って、これと同じ商品を1つ持ってきてくれますか？

女性2：えーっと、Spotscope 4ですね。その商品は、月曜日にメーカーからリコールが出ていますよ。

男性：　それなら、同じくらい軽くて強く光るものはありますか？

女性2：もちろんございます。在庫があるものをお見せいたします。

女性1：④でもその前に、こちらの商品の分の返金をいたしますね。

男性：　⑤よかったです。ありがとうございます。

【本文】□**exchange A for B** AをBと交換する／□**flashlight** 懐中電灯／□**get** 人 **to ~** 人に～させる／□**turn on** 電源が入る・作動する／□**defective** 欠陥のある／□**goods** 商品／□**manufacturer** メーカー・製造業者／□**issue** 公表する・発令する／□**recall** 回収・リコール／□**product** 商品／□**in that case** その場合／□**lightweight** 軽量の／□**I'm pretty sure (that) sv** svと確信している／□**have ~ in stock** ～を在庫として持っている
【設問・選択肢】□**turn off** 電源を切る／□**device** 機器・装置／□**feature** 機能／□**item** 商品／□**place an order** 注文する／□**equipment** 設備・機器／□**complaint** 苦情・クレーム／□**arrange** 並べる／□**verify** 確認する／□**contact** 連絡する／□**wrap** 包む／□**refund** 返金／□**review** 確認する

**ポイント**

客と店員が商品について話す場面で、特に今回の「**商品の返品・交換**」はよく出ます。また、今回は苦手意識を持っている人が多い「**3人の会話**」ですが、**普通にきちんと聞けば恐れる必要はないと実感してほしい**と思います。さらに、問13ではdevice／item／equipment、問14ではgoods／productとまとめ単語がたくさん出てくるので、その復習としても最適です。

**13.** 正解 **B**

What does the man say he wants to do?
(A) Turn off a device feature
**(B) Return a defective item**
(C) Place an order for equipment
(D) Submit a complaint

男性は何をしたいと言っていますか？
(A) ある機器の機能をオフにする
(B) 欠陥品を返品する
(C) 備品を発注する
(D) 苦情を申し立てる

### 核心 よくある「不良品の交換」

男性は①I'd like to exchange this flashlight for a new one. や②I can't get it to turn on. I think it's defective. で、「欠陥品の懐中電灯を新品に交換したい」と言っています。flashlight「懐中電灯」を、まとめ単語のitem「商品・物」で表した(B)が正解です。defective item「欠陥品・不良品」の話題は頻出です。

**14.** 正解 **D**

Why is Patty asked to go to another section?
(A) To wait for a delivery
(B) To arrange camping goods
(C) To verify a price
**(D) To get a product**

Pattyはどうして別の売り場に行くよう依頼されているのですか？
(A) 配達を待つため
(B) キャンプ用品を並べるため
(C) 価格を確認するため
(D) 商品を持ってくるため

### 核心 依頼表現Could you ~? に反応する！

③Patty, could you go to the camping goods section and get me one of these? で「キャンプ用売り場に行って、懐中電灯を持ってきて」と頼んでいます（後半はget 人 物「人に物を持ってくる・与える」の形)。one of theseは「懐中電灯の1つ」を指し、これをまとめ単語のproduct「商品」で表した(D)が正解です。
※依頼表現のCould you ~? が、設問のbe asked to ~に対応しています。

**15.** 正解 **C**

What will probably happen next?
(A) A manufacturer will be contacted.
(B) Some products will be wrapped.
**(C) The man will receive a refund.**
(D) The man will review a product list.

おそらく次に何が起こりますか？
(A) メーカーに連絡する。
(B) いくつかの商品が梱包される。
(C) 男性が返金を受ける。
(D) 男性が商品リストを確認する。

### 核心 But, first ~「ですが、まずは～」に反応する！

女性1（店員）の④But first, I'll give you your money back for this. に対して、男性（客）が⑤Great. Thanks. と答えているので「(不良品の懐中電灯の分が) 返金される」とわかります。正解は(C)で、本文のgive you your money back for this「この商品の分を返金する」が、選択肢のreceive a refund「返金を受け取る」に対応しています。最後に「返金してもらう」のはよくある流れです。

## 実戦問題（6）
# 頻出パターンの「ビジネスでのやりとり」と「図表問題」を攻略！

**Questions 16 through 18** refer to the following conversation and chart. 59-60

**Woman:** Before we finish our meeting, I want to pass out a chart showing how many people subscribed to the online edition of our newspaper last year. ①Unfortunately, we didn't quite reach our target of 40,000 new subscribers.

**Man:** I'm surprised that most of them signed up in the autumn months. Is that usually when we see an increase?

**Woman:** Yes, but the number is much larger for last year. We suspect that's because our main rival stopped providing free content online and became a paid subscription service. ②What I'm concerned about, though, is the period with the second fewest new subscribers. In summer, it's always low, but we usually do much better in the months before that.

**Man:** I see. I'll tell you what — by mid-February, ③I'll set up a brainstorming session to generate ideas on how we can get that number higher.

問16～18は次の会話およびグラフに関するものです。

女性：　会議を終える前に、昨年の本紙オンライン版の購読者数を示すグラフを配りたいと思います。①残念ながら、目標にしていた新規購読者数40,000名にまでは届きませんでした。

男性：　多くの方が秋季に契約されたことに驚いています。いつもその時期に増えるのでしょうか？

女性：　ええ、でも昨年はそれよりもずっと多いです。一番の競合が無料コンテンツの配信をやめ、有料の定期購読サービスになったことが理由ではないかと思っています。②でも、私が気にしているのは、新規購読者数が2番目に少ない期間です。夏はいつも少ないのですが、その前の期間は通常もっといい業績を残しているんです。

男性：　なるほど。こうしてはどうでしょうか。2月中旬までに、③その数字を伸ばす方法についてのアイディアを生み出すためのブレインストーミングの場を設けます。

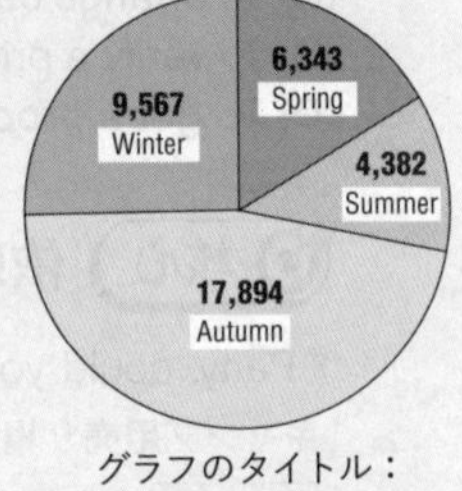


グラフのタイトル：新規購読者数

【本文】□**chart** 図表／□**pass out** 配る／□**subscribe to ~** ～を定期購読する／□**edition** 版／□**not quite ~** ～まではいかない／□**reach** 届く・達成する／□**target** 目標／□**subscriber** 購読者／□**sign up** 契約する・登録する／□**much**（比較級を強調して）はるかに／□**suspect** ～だろうと思う／□**rival** 競争相手／□**provide** 提供する／□**content** 内容・コンテンツ／□**paid** 有料の／□**subscription** 購読・定額制／□**be concerned about ~** ～を懸念している／□**period** 時期／□**I'll tell you what.** こうしてはどうでしょうか・提案があります／□**brainstorming session** ブレインストーミング会議・アイディアを出し合う会議／□**generate** 生み出す

【設問・選択肢】□**disappointed** がっかりして／□**achieve** 達成する／□**no longer ~** もはや～ない／**document** 文書／□**misprint** 誤植する／□**inaccurate** 不正確な／□**copy** コピーする／□**handout** 資料／□**organize** 企画する／□**publish** 発表する

**ポイント**

Part 3ではビジネスシーンも頻出で、今回は「売上」についてあれこれ話しています。解答示唆表現の**Unfortunately**の後ろが狙われるパターン、図表問題で「**間接的に2番目に少ないと示す**」パターンなど、これまで学んできたことを実際に使えるかの試金石となる問題です。

## 16. 正解 A

Why is the woman disappointed?
**(A) A goal was not achieved.**
(B) A service is no longer free.
(C) A document was misprinted.
(D) A news report is inaccurate.

女性はなぜがっかりしているのですか？
(A) 目標が達成されなかったから。
(B) サービスがもう無料ではないから。
(C) 文書に誤植があったから。
(D) 報道が不正確だったから。

### 核心 Unfortunatelyは解答のキーになる！

①Unfortunately, we didn't quite reach our target of 40,000 new subscribers. から、(A)を選びます。本文と選択肢で、didn't reach「届かなかった」→ was not achieved「達成されなかった」、target → goal「目標」と言い換えられています。**本文のUnfortunatelyが、設問のbe disappointedに対応**していますね。

## 17. 正解 A

Look at the graphic. Which season does the woman say she is concerned about?
**(A) Spring** (B) Summer
(C) Autumn (D) Winter

グラフを見てください。女性が懸念していると言っている季節はどれですか？
(A) 春 (B) 夏
(C) 秋 (D) 冬

### 核心 グラフから「2番目に少ない期間」を探す

女性は②What I'm concerned about, though, is the period with the second fewest new subscribers. と言っています（the second 最上級「2番目に～」の形）。グラフから2番目に少ない(A)を選べばOKです。その後で「夏よりも前の季節」と言っている点もヒントになります。図表問題では選択肢の表現を直接言うことはそれほどなく、今回のように「**間接的に示す**」ことが多いのです。ここでも "second" と聞いて「2番目に多い」と勘違いしないように注意しましょう。

## 18. 正解 B

What does the man plan to do?
(A) Copy some handouts
**(B) Organize a meeting**
(C) Meet a consultant
(D) Publish some ideas

男性は何をする予定ですか？
(A) 資料をコピーする
(B) ミーティングを企画する
(C) コンサルタントに会う
(D) アイディアを発表する

### 核心 brainstorming sessionとは？

③I'll set up a brainstorming session to generate ideas on ... から、(B)を選びます。本文と選択肢で、set up「設ける・計画する」→ organize「計画する・手配する」、brainstorming session「ブレスト会議・アイディアを出し合う会議」→ meeting「会議」と言い換えられています。

## Part 3での「典型的な設問文」

先読みで素早く設問文を理解するためには、あらかじめ「よく使われる設問」を押さえておくことが有効です。以下に代表的な設問の例を載せておきます。

**【「全体・目的／場所・働いている場所・職業」を問う設問】**

☐ **What is the main topic of the conversation?** 会話の主な話題は何ですか?
☐ **Where does the conversation take place?** 会話はどこで行われていますか?
☐ **Where does the man[woman] work?** 男性［女性］はどこで働いていますか?
☐ **What most likely is the man's job[occupation/profession]?**
男性の職業は何だと考えられますか?

**【「提案・申し出／要求・依頼」を問う設問】**

☐ **What does the man[woman] suggest[propose]?**
男性［女性］は何を提案していますか?
☐ **What does the man[woman] offer to do?**
男性［女性］は何をすることを申し出ていますか?
☐ **What does the man ask the woman to do?**
男性は女性に何をするよう求めていますか?
☐ **What does the man encourage the woman to do?**
男性は女性に何をするよう勧めていますか?

**【「問題点・懸念事項」を問う設問】**

☐ **What is the man's[woman's] problem?** 男性の［女性の］問題は何ですか?
☐ **What is the man[woman] concerned about?** 男性［女性］は何を心配していますか?

**【「次の行動・これからの行動」を問う設問】**

☐ **What will the man[woman] do next?** 男性［女性］は次に何をしますか?
☐ **What does the man say will happen next week?**
男性は来週何が起こると言っていますか?

**【発言の意図を問う設問】**

☐ **Why does the man say, "~"?** 男性はなぜ "～" と言っていますか?
☐ **What does the woman mean[imply] when she says, "~"?**
女性は "～" という発言で、何を意味［示唆］していますか?

**【図表問題の設問】**

☐ **Look at the graphic. Which product does the woman want to focus on?**
グラフを見てください。女性はどの商品に注目したいと思っていますか?

# Part 4
# 攻略

## Part 4　基本情報

| | |
|---|---|
| 問題形式 | 1人のネイティブスピーカーが話をします。それを聞いて3つの設問に答えていきます。 |
| 問題数 | 1つの英文につき3つの設問で、それが合計10セットあります（3つの設問×10セット＝合計30問）。 |
| 出題内容 | 広告・ラジオニュース・ツアーガイド・ワークショップ・留守電など、いろんなシチュエーションがあります。 |
| 正解数の目安 | 600点目標　**21**／30問　（70%）<br>800点目標　**25**／30問　（83%） |

# Part 4 の概要と解答プロセス

## Part 4 ってこんな問題

問題形式　問題冊子に書かれているのは「**設問・選択肢**」のみ／1人による話を聞いて、設問に対して適切なものを4つの選択肢から選びます。

**71.** Where is the announcement being made?　設問／音声あり

(A) At a construction site
(B) On a platform
(C) On a train　選択肢／音声なし
(D) In a store

**72.** What is mentioned about a part of the building?

(A) It can be entered by construction workers.
(B) It has become flooded with rainwater.
(C) It was reopened to the public recently.
(D) It is adjacent to a bus terminal.

**73.** According to the announcement, what should some listeners do?

(A) Check a map of the area
(B) Wait for some repairs
(C) Walk through a tunnel
(D) Follow some directions

音　声　　61-62

**Questions 71 through 73** refer to the following announcement.

May I have your attention? ①We will soon be arriving at Central Station. ②Please be aware that the south side of the terminal is currently closed due to construction of a new underground water system. ③Access to that area is permitted only to those working on the project. ④If you're getting off the train at the next stop, please proceed from the platform to the north exit. ⑤For those who wish to get to the other side of the building once outside, you should follow the orange arrow signs. We apologize for the inconvenience.

解　答　**71. (C)　72. (A)　73. (D)**　※解説は右ページ／和訳と語句はp. 128

# Part 4 の核心

**Q. Part 4で求められる「リスニングの力」とは?**

**A. 基本的にはPart 3と同じです。**

Part 4は「1人」が一気に話します。人によっては、コロコロ話し手が変わるPart 3より、Part 4のほうが聞きやすいという人も少なくないと思います。

**Q. Part 4で求められる「単語の力」とは?**

**A. あらかじめ頻出語句を押さえておくことが大切です。**

Part 3よりもPart 4のほうが「流れ」がパターン化されているので、よく出る語句を押さえておくことがより大切であり、効果的です。中には**inclement weather「悪天候」**のような難しい語句もありますが、超頻出なので必ず知っておく必要があります。

**Q. Part 4で求められる「文法の力」とは?**

**A. 正確な聞き取りに文法の力は欠かせない!**

これもPart 3と同じです。英文を理解するためには英文法の知識が必要なので、「聞き取れない」以前に、**「読めていないかもしれない」**ということを頭に入れておきましょう。

**Q. Part 4で求められる「メンタル」と会場の雰囲気は?**

**A. 集中力が切れてしまっても、取れる問題は確実に正解しよう!**

疲労がたまって集中力が切れる人が続出します。聞き取れない英文ばかりでも諦めずに、**聞き取れた箇所で解ける問題を確実に取っていきましょう**。600点が目標の人は、1セット3問中、毎回1問ミスしても大丈夫なので、「ミスはつきもの」くらいに考えてもいいかもしれません。

**解　説**

71. ①「駅に到着する」や④「次の駅で降りる人は〜」などから、(C)を選びます。

72. ②「ターミナルの南側は工事のため閉鎖中」、③「立ち入りは工事関係者（＝建設作業員）のみ許可」と言っているので(A)が正解です。**Please be aware that ~「〜にご留意ください」**の後ろには、重要情報がきて設問で問われることが多いです（p. 125）。

73. ⑤の「オレンジ色の矢印の印に従って進む」を言い換えた、(D)が正解です。**should**が使われた英文は設問でよく狙われます（p. 85）。

# Part 4 の解答プロセス

## 「手遅れパターン」に注意！

解答の流れや注意点はPart 3と同じです。Part 3の対策で「先読みで得た情報を待ち伏せする（そこをピンポイントで聞き取る）」のではなく、あくまで「全文をしっかり聞く」姿勢で臨むべきだと説明しました。その理由の大きな1つに、「**先読みで得た情報の直前に解答のキーがくることが多い**」という事実があるからです。

たとえば先読みで「ボタン1を押す理由が問われる」という情報を得たとしましょう。ここで多くの人がpress oneのような表現が出てきたらそこを聞き取ると思うのですが、実際には「press oneが出てきたときには必要な情報が流れた後」、なんてことがよくあるのです。このパターンを本書では「手遅れパターン」と呼びます。

本当に欲しい情報！　　ここで反応しても手遅れ…

**To make a reservation now, please press one.**

今ご予約するには、ボタン1を押してください。

ですから、「必要な情報だけを聞く」ような姿勢ではなく、「**全身全霊ですべての英文を集中して聞く**」という意識でリスニングに臨んでください。

※上の英文のように "To ~, 命令文" の形はよく使われ、手遅れパターンになることが多いです（前半のTo ~で「目的」が示され、そこが設問でよく狙われます）。

テクニック

### 記憶力を上げる「当事者意識」と「イメージング」

Part 3・4のリスニングは長い文が続くので「いかに設問を解くまでに内容を覚えていられるか？」が大事です。よく「短期記憶力を高めよう」と言われますが、もっと具体的な考え方を2つ紹介します。

**(1) 当事者意識を持つ**

「**会話のその場にいる**」「**自分が話しかけられている**」という意識を持ってみてください。たとえばツアーガイドの音声であれば、実際に自分がツアーに参加していると考えます。そして「観光名所を訪れる」と聞いたら「楽しみだなあ」、「撮影禁止」なら「残念…」など、少しでもツッコミを入れると記憶に残りやすくなるのです。

**(2) イメージング**

**会話の場面を「絵」にして浮かべる方法です**。たとえば、ツアーで訪れる場所やお土産店に寄る話を聞いたら、その様子を心の中でシャッターを切るような感じで、絵や映像として頭に浮かべてみてください。耳だけでなく目も使って覚えるわけです（Part 7で長文の内容を覚えておくのにも効果的です）。

# Part 4 の攻略

## ▶ Point 1

語彙　パターン

### 「注意喚起表現」に反応する!

p. 123で出てきたPlease be aware that ~は「注意して」と言っているわけですから、後ろには大事な情報がきて、設問でよく狙われます。こういった表現自体が答えになるわけではないのでスルーされてしまうのですが、こういった「注意喚起」をする表現は超重要です。

**【「注意喚起」表現 (1)　「注意して」系】**

□ **Please be aware that ~**「~をご承知おきください・~にご留意ください」
※直訳「~することを知っておいてください」
□ **Please be advised that ~**「~をご承知おきください」
※直訳「~することを忠告されて (知らされて) ください」
□ **Please note that ~／Please take note that ~**「~にご注意ください」
※note「注意する・注意」
□ **I must[have to] warn you that ~**「~にご注意ください」
※直訳「私はあなたに~することを警告しなければならない」
□ **You are kindly reminded that ~**「~をどうぞご承知おきください」
※直訳「恐れ入りますが (kindly) あなたは~することを知らされてください」

注意喚起表現 → 後ろに重要情報がくる!

**<u>Please be aware that</u> the south side of the terminal is currently closed due to construction of a new underground water system.**
現在ターミナルの南側は、新しい地下水道システムの工事のため閉鎖されていますので、ご留意ください。

**【「注意喚起」表現 (2)　「覚えて・必ず~して」系】**

□ **Please remember to ~**「~することを覚えておいてください」
□ **Don't forget to ~**「~することを忘れないでください」
□ **Keep in mind that ~**「~することを覚えておいてください・~することにご留意ください」
※直訳「~することを心の中にキープして」
□ **Make sure that sv**「確実にsvしてください・svを確認してください」
□ **Make[Be] sure to ~**「必ず~してください」

## ▶Point 2

語彙 パターン

## 広告・宣伝は「流れ」が決まっている!

Part 4では様々な広告が出ますが、お決まりの流れを知っておけば、店名・商品名・サービス名が連発されても、落ち着いて対処できます。

**【「広告」の典型パターン】**

(1) 疑問文　※「～を探してない?」といった出だし
(2) 自慢　※商品の良いところを言う
(3) 特典　※割引・おまけ・見積もり無料など
(4) 問い合わせ　※電話番号・ウェブサイト

広告の最初は「疑問文」で、「**～を探していませんか?/～に困ってませんか?(だったらウチの商品がオススメ)**」のように始まることが多いです。

「～を探してない?」→「ウチの会社で決まり」という流れ

**Looking for a caterer for your next corporate gathering? Look no further than Urban Gourmet Catering.**
次回の企業の集まりのためのケータリング業者をお探しですか? それなら、Urban Gourmetケータリングで決まりです。
※(Are you) Looking for ~? という疑問文/look no further than ~は、直訳「～よりさらには見ない」→「～以外は見なくてよい・～だけ見ればいい・～で決まり」

その後は**商品の自慢**がガンガン流れ、さらに「割引するよ・おまけつけるよ・見積もりは無料だよ」などと、購入してもらうための**特典**を述べることが多いです。特に「**割引**」に関する内容は設問でよく狙われます。

Must!

□**offer[give/make] a discount**「割引する」/□**give** 人 **a discount**「人に割引する」/□**receive[get] a discount**「割引してもらう」/□**be available at a discount**「割引価格で購入できる」

+α

□**discount item**「割引商品」/□**discount coupon**「割引クーポン」/□**discounted rate**「割引価格・割引率」/□**at a huge discount**「大幅値引きで」

最後に「～に電話して・ウェブサイトを見て」などと**問い合わせ先を伝える**のが定番です。この部分は「聞き手が次にする行動は何か?」という設問でよく問われます。

※電話番号の数字は絶対に問われませんので、番号を真剣に聞く必要はありません。番号を言っているときは、2秒の休憩だと思ってもいいでしょう(電話番号は必ず555で始まります)。

## ▶ Point 3

語彙　パターン

# 「ラジオニュース」の流れをマスターする!

ラジオニュースは「独特のリズム＆早口」「難しい語句が多用される」「典型的な流れを知らない」ことでかなり難しく感じられますが、典型パターンと頻出語句を押さえたうえで、問題を通してリズムや口調に慣れていけば必ずできるようになります。

**【「ラジオニュース」の典型パターン】**

| | |
|---|---|
| (1) 挨拶 | ※ラジオの番組名／「○○をお伝えします」など |
| (2) ニュース・問題点 | ※悪天候・停電・渋滞など |
| (3) 解決策 | ※「渋滞しているから迂回路を通って」など |
| (4) 締め・今後 | ※「次は歌です・CMです」「次の情報は1時間後に」など |

「悪天候」に関するニュースは頻出で、悪天候の結果「フライトの遅延」や「会議への遅刻」が頻繁に生じます。TOEICの世界では、晴れたり、豪雨になったりせわしくなく、使われる単語がコロコロ変わるため、天気表現はとても大切です。

Must!

**天気全般：** □**inclement weather**「悪天候」／□**weather conditions**「気象状況」
**天気予報：** □**weather forecast · weather report**「天気予報」／□**chance of rain**「降水確率」
**晴れ・曇り・雨・雪：** □**fine**「晴天の・天気がいい」／□**sunny**「晴れた」／□**clear**「快晴の・晴れる」／□**cloudy**「曇りの」／□**rainy**「雨降りの」／□**shower**「にわか雨」／□**get caught in a shower**「にわか雨にあう」／□**heavy rain**「豪雨」／□**snowy**「雪の降る」／□**freeze**「凍る」
**風・嵐・停電：** □**windy**「風の強い」／□**storm**「嵐」／□**stormy**「嵐のように荒れた」／□**typhoon**「台風」／□**power failure · power outage**「停電」／□**without power**「停電で」

+α

**天気予報：** □**partly cloudy[sunny]**「ところにより曇り［晴れ］」／□**cloudy with occasional rain**「曇り時々雨」
**雨：** □**let up**「(雨などが) やむ」
**風：** □**breezy**「風が強くて心地よい」

「交通情報・渋滞」のニュースも定番なので、「渋滞」関連の語句も重要です。

□**a traffic jam · traffic congestion**「交通渋滞」
□**get stuck in a traffic jam**「交通渋滞にはまる」
※stick「(棒で) 突き刺す」→「突き刺して動けなくする」／stick-stuck-stuckという変化
□**The road is congested.**「道路が渋滞している」
□**(The) Traffic is heavy[light].**「交通量が多い［少ない］」
□**The street is busy.**「通りに人や車が多い」
□**at a busy intersection**「交通量の多い交差点で」

Part 4

## ▶Point 4

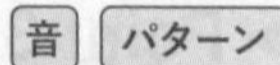


## 「ツアーガイド」の流れをマスターする!

Part 3・4・6・7でツアーの話題はよく出ます。tour「ツアー・(工場) 見学・案内」という意味自体は簡単なのですが、軽く「トゥァ」や「トー」と発音されると何のことかわからなくなるので、意識してチェックしておきましょう。
特にPart 4ではツアーでの「ガイドのセリフ」が頻出です。ツアー開始時に、ガイドがツアー内容や注意点を話す場面がよく出ます。

**【「ツアーガイド」の典型パターン】**

| | |
|---|---|
| ① 挨拶・自己紹介 | ※「名前は○○で、本日は…にご案内します」など |
| ② 目的・内容 | ※訪れる場所・見所・特徴など |
| ③ 付加情報・注意事項 | ※「お土産店に寄る」「美術館では撮影禁止」など |
| ④ ツアー開始 | ※「質問があればいつでもして」「さあ行きましょう」など |

p. 122の和訳と語句

問71〜73は次のアナウンスに関するものです。
皆様にお知らせいたします。①まもなくCentral駅に到着します。②現在ターミナルの南側は、新しい地下水道システムの工事のため閉鎖されていますので、ご留意ください。③そのエリアへの立ち入りは、工事関係者のみ許可されています。④次の駅でお降りの方は、ホームから北口へお進みください。⑤いったん外に出て反対側へ行きたい方は、オレンジ色の矢印の標識に従ってお進みください。ご不便をおかけして申し訳ございません。

71. アナウンスはどこで行われていますか?
(A) 建設現場/(B) (駅の) ホーム/(C) 電車の中/(D) 店内

72. 建物の一部について何が述べられていますか?
(A) 工事関係者が立ち入ることができる。/(B) 雨水で水浸しになっている。/
(C) 最近、一般公開が再開された。/(D) バスターミナルに隣接している。

73. アナウンスによると、一部の聞き手は何をすべきですか?
(A) 地域の地図を確認する/(B) 修理を待つ
(C) トンネルを歩く/(D) いくつかの道順に従う

**【本文】** □**attention** 注意/□**currently** 現在/□**due to ~** ~が原因で/□**construction** 建設/□**underground** 地下の/□**access to ~** ~への立ち入り/□**permit** 許可する/□**those -ing** ~する人々/□**work on ~** ~に取り組む/□**get off ~** ~から降りる/□**stop** 停車駅/□**proceed** 進む/□**platform** (駅の) ホーム/□**exit** 出口/□**those who ~** ~する人々/□**follow** 従う/□**arrow** 矢印/□**apologize** 謝る/□**inconvenience** 不便
**【設問・選択肢】** □**mention** 述べる/□**enter** 入る/□**be flooded with ~** ~で水浸しになる/□**the public** 一般の人々/□**be adjacent to ~** ~の隣に/□**repair** 修理

# Part 4 例題

## 例題（1） 頻出パターンの「広告・宣伝」を攻略！

63-64

**1.** What type of business is being advertised?
(A) A marketing company
(B) A translation agency
(C) A Web site design firm
(D) A language school

**2.** According to the speaker, what will happen in November?
(A) A press conference will take place overseas.
(B) An article will be posted on a Web site.
(C) New customers will receive a discount.
(D) Business hours will be changed.

**3.** What does the business provide for free?
(A) An installation
(B) An estimate
(C) A newsletter
(D) A sample

# Part 4　例題　解答と解説

## 例題（1）　頻出パターンの「広告・宣伝」を攻略！

**Questions 1 through 3** refer to the following radio advertisement.　63-64

ほとんど聞こえない　軽く「トゥ」

①Looking to go global? Rachis T&I can help. ②Whether you want to build a multi-
「～を考えている？」→「それならウチのサービスがオススメ」という典型パターン　ほとんど聞こえない
language Web site, publish a press release in a foreign language, or advertise in
ほとんど聞こえない　くっついて「インナ」　くっついて「チュア」
overseas markets, our highly qualified team is waiting to help you communicate your
自慢！　ほとんど聞こえない　軽く「ォ」
message. ③Comprising language specialists with experience in a broad range of
自慢！　くっついて「インナ」
fields, we're able to provide top quality service and speed. Also, ④for the whole
軽く「オヴ」　ほとんど聞こえない　ほとんど聞こえない　軽く「フォ」
month of November, we'll be giving all first-time customers ten percent off their
特典！（「初回のお客様には10%割引」）　ほとんど聞こえない　くっついて「ダ」
order. Open around the clock, ⑤we're always available to provide a quote. ⑥And we'll
軽く「ァ」　特典！（無料見積もり）　軽く「トゥ」　軽く「ウィゥ」
do that at no charge. So, call Rachis T&I today at 555-0199!
問い合わせ

問1～3は次のラジオ広告に関するものです。
①グローバル化をお考えですか？　でしたら、Rachis T&Iがお手伝いします。②多言語ウェブサイトの構築、外国語によるプレスリリースの発表、海外市場での宣伝などをお望みの場合、弊社の極めて優秀なチームがあなたのメッセージを伝えるお手伝いをします。③幅広い分野で経験を積んだ言語のスペシャリストたちによって構成されており、最高品質のサービスとスピードをご提供できます。また、④11月中は、初めてご注文されるお客様全員を対象に10%割引を実施いたします。24時間営業で、⑤いつでもお見積もりが可能です。⑥お見積もりは無料で行います。それでは、Rachis T&Iに555-0199まで本日お電話ください！

**【本文】**□**look to ~** ～することを目指す／□**go global** グローバル化する・世界的になる／□**whether ~ or** … ～でも…でも／□**multi-language** 複数言語の／□**publish** 発表する／□**press release** プレスリリース・報道発表／□**foreign** 外国語の／□**advertise** 宣伝する／□**overseas** 海外の／□**market** 市場／□**highly** 極めて・高度な／□**qualified** 適任の・資格のある／□**help** 人 原形　人が～するのを手伝う／□**communicate** 伝える／□**comprise** ～から構成される／□**specialist** 専門家／□**experience** 経験／□**field** 分野／□**whole** 全体の／□**first-time** 初回の／□**customer** 顧客／□**order** 注文／□**around the clock** 24時間体制で／□**be available to ~** ～できる準備がある／□**quote** 見積もり／□**charge** 料金
**【設問・選択肢】**□**translation** 翻訳／□**agency** 代理店／□**firm** 会社／□**take place** 行われる／□**article** 記事／□**post** 投稿する／□**discount** 割引／□**business hours** 営業時間／□**for free** 無料で／□**installation** 取付・設置／□**estimate** 見積もり／□**newsletter** 会報

ポイント

広告の典型パターンで、「**疑問文→自慢→特典→問い合わせ**」という流れ通りに進んでいきます。「いきなり出てくる疑問文」を聞いて、パニックにならずに、「**よくある広告のパターンだ**」と対応できることが重要です。また、設問でも「**特典（割引）**」や「**無料見積もり**」が**問われる**、というパターン通りです。広告の超定番問題として最適なので、何度も聞き込んで身体に染み込ませておきましょう。

**1.** 正解 B

宣伝されている業種は？

What type of business is being advertised?
(A) A marketing company
**(B) A translation agency**
(C) A Web site design firm
(D) A language school

宣伝されているのはどのような業種ですか？
(A) マーケティング会社
(B) 翻訳会社
(C) ウェブサイト制作会社
(D) 語学学校

## 核心 「多言語・外国語・海外市場」などがヒント

疑問文の①で宣伝が始まり、②Whether you want to build a multi-language Web site, publish a press release in a foreign language, or advertise in overseas markets, ... とあります。③Comprising language specialists with experience in ... からも、「外国語で海外に広めるサービス」だとわかります。

※ちなみに、①のgo globalとは「グローバル化する・企業を全世界に規模を大きくする」ことです（go + 形容詞「～になる」の形）。

**2.** 正解 C

11月に何が起こる？

According to the speaker, what will happen in November?
(A) A press conference will take place overseas.
(B) An article will be posted on a Web site.
**(C) New customers will receive a discount.**
(D) Business hours will be changed.

話し手によると、11月には何が起こりますか？
(A) 海外で記者会見が行われる。
(B) ウェブサイトに記事が掲載される。
(C) 新規の顧客は割引される。
(D) 営業時間が変更される。

## 核心 広告では「割引」がよく狙われる！

④for the whole month of November, we'll be giving all first-time customers ten percent off their orderとあるので、(C)が正解です。本文のfirst-time customers「初回の客」が、選択肢ではnew customers「新しい客」に言い換えられています。また、本文は「会社が客に割引を提供する」、選択肢は「客が割引を受け取る」と主語が入れ替わっています。**広告では「特典（特に割引）」を述べることが多く、その内容は設問で非常によく狙われます。**

**3.** **正解 B**

無料で提供するのは?

What does the business provide for free?
(A) An installation
**(B) An estimate**
(C) A newsletter
(D) A sample

その企業が無料で提供するのは何ですか？
(A) 設置
(B) 見積もり
(C) ニュースレター
(D) サンプル

## 核心 最後は「無料見積もり」という定番の流れ

⑤we're always available to provide a quoteと⑥And we'll do that at no charge.から、「無料で見積もりを提供する」とわかります（that = a quote）。正解は(B)で、**quote ≒ estimate「見積もり」はよく言い換えられます。今回のように、最後に「まずは無料見積もりを！」と伝えるのは広告の典型パターンです。**

## 隠れポイント 「無料」関連の重要表現

問3では、本文のat no chargeが、設問のfor freeに対応していました。こういった「手頃・無料」関連の表現もとても大切なので、以下にまとめておきます。

□**inexpensive**「安価な」／□**economical**「お得な・経済的な」／
□**affordable・reasonable**「手頃な」／□**be affordably[reasonably] priced**「手頃な値段で」※直訳「手頃に値段を付けられて」（priceは動詞「値段を付ける」）
□**(for) free・free of charge・at no cost[charge]・without charge**「無料で」／□**at half price・at a 50% discount**「半額で・50%引きで」／□**at no extra charge**「追加料金なしで」

## 隠れポイント 「様々な～」の重要表現

本文の③ではa broad range of ~「様々な～・幅広い」という表現が使われていました。Part 3・4・7で「幅広い品揃え」をアピールするときにもよく使われますし、Part 5の語彙問題でもよく問われるので、"a wide 名詞 of ~"という表現をまとめてチェックしておきましょう。

**【「多様な～・様々な～」を表す重要表現（a wide 名詞 of ~)】**

| | |
|---|---|
| □**a wide variety of ~** | □**a wide range of ~** |
| □**a wide selection of ~** | □**a wide array of ~** |
| □**a wide collection of ~** | □**a wide assortment of ~** |

※wideなしの形や、wideの代わりに他の単語（今回のbroadなど）も使われる

## 例題 (2) 頻出パターンの「ラジオニュース」を攻略!

65-66

4. What is the speaker reporting on?
   (A) Street light replacements
   (B) Traffic conditions
   (C) Bridge construction
   (D) Building repairs

5. What are drivers being advised to do?
   (A) Close their windows
   (B) Listen for updates
   (C) Use snow tires
   (D) Take an alternate route

6. What does the speaker say will happen at six o'clock?
   (A) A lane will reopen.
   (B) A business will close.
   (C) A pipe will be installed.
   (D) A report will be completed.

# Part 4　例題　解答と解説

## 例題 (2)　頻出パターンの「ラジオニュース」を攻略!

**Questions 4 through 6** refer to the following broadcast.　🔊 65-66

♪軽く「アン」　ほとんど聞こえない♪

①And now for your evening traffic report... ②One southbound lane of

ほとんど聞こえない♪　挨拶・概要（交通情報）　くっついて「ノヴ」♪　♪「ワィゥ」って感じ

Harrison Road just north of Auden Bridge will remain closed overnight while crews

固有名詞に惑わされない!　♪「ビーィン」て感じ　♪くっついて「カ」

repair a water service line. ③Drivers are being advised to take a different route, as

tの飲み込み♪　注意喚起表現のbe advised to ~に反応!／「迂回路を通って」という頻出パターン!

the road is currently down to one lane in that direction. Motorists driving

♪ほとんど聞こえない　ほとんど聞こえない♪　軽く「イ」♪　軽く「トゥ」♪

past the work zone are required to reduce their speed. ④The work is scheduled to

ほとんど聞こえない♪　♪軽く「トゥ」　「予定」を表す重要表現

be completed by 6:00 A.M., at which time the lane will reopen. In all other areas of

ほとんど聞こえない♪　「午前6時」のこと　軽く「オヴ」♪

the city, traffic is moving smoothly.

♪ほとんど聞こえない

問4～6は次の放送に関するものです。
①それでは夕方の交通情報です。②Auden橋のすぐ北側にあるHarrison通りの南行き車線は、作業員が配水管の修理をしている間、一晩中閉鎖される予定です。現在、同方向の道路は1車線しか通れないため、③ドライバーの皆さんは別のルートで移動することをお勧めします。作業区域を車で通過する方は、減速が必要です。④作業は午前6時までに完了し、その時点で車線が再び開放される見込みです。市内のその他の区域については、円滑な交通状況です。

**【本文】**□**traffic report** 交通情報／□**southbound** 南行きの／□**lane** 車線／□**remain** ～のままだ／□**overnight** 一晩中／□**while** ～する間／□**crew** 作業員／□**repair** 修理（する）／□**water service** 配水・給水／□**advise** 人 **to ~** 人に～するよう注意する・勧める／□**route** 経路・ルート／□**currently** 現在／□**be down to ~** ～まで減らされている／□**direction** 方角・向き／□**motorist** 車を運転する人／□**be required to ~** ～する必要がある／□**reduce** 下げる・減らす／□**be scheduled to ~** ～する予定だ／□**complete** 完了する／□**reopen** 再び開く／□**smoothly** スムーズに
**【設問・選択肢】**□**street light** 街灯／□**replacement** 交換・取り換え／□**condition** 状況／□**construction** 建設・工事／□**update** 最新情報／□**alternate** 代わりの／□**business** 企業・店／□**install** 取り付ける・設置する

**ポイント**

ラジオニュースで「交通情報」を伝えるパターンです。展開は「**挨拶・概要→問題点（車線**

が閉鎖）→解決策（迂回路・減速）」という典型的な流れで進んでいきます。交通情報では固有名詞（地名や道の名前など）がたくさん出てきますが、そういった情報に惑わされない練習としても良い問題です。

**4.** **正解 B**

報道内容は?

What is the speaker reporting on?
(A) Street light replacements
**(B) Traffic conditions**
(C) Bridge construction
(D) Building repairs

話し手は何について報道していますか？
(A) 街灯の交換
(B) 交通状況
(C) 橋の建設
(D) 建物の修理

## 核心 ラジオニュース定番の「交通情報」

設問は**report on ~**「～について報道する」の形で、"~" の部分がwhatになって文頭に出ています。onは「接触」→「意識の接触（～について）」の用法で、「何について報道している？」という意味です。

①And now for your evening traffic report... と始まり、②One southbound lane of Harrison Road just north of Auden Bridge will remain closed overnight while crews repair a water service line. で「車線が閉鎖される」と続いているので、(B)が正解です。その後の「迂回路を通って」「その他の区域は円滑な交通状況」などもヒントになります。

**5.** **正解 D**

運転手は何を勧められている?

What are drivers being advised to do?
(A) Close their windows
(B) Listen for updates
(C) Use snow tires
**(D) Take an alternate route**

運転手はどうするように勧められていますか？
(A) 窓を閉める
(B) 最新情報を聞く
(C) スノータイヤを使う
(D) 別ルートで移動する

## 核心 「迂回路を通って」という頻出パターン

設問は**advise 人 to ~**「人に～するよう勧める」の受動態です。本文でも同じ形で、③Drivers are being advised to take a different routeと言っています。differentをalternate「代わりの」で言い換えた、(D)が正解です。今回のように「**迂回路を通って**」と指示するのは定番の流れです。

**6.** **正解 A**

6時に何が起こる?

What does the speaker say will happen at six o'clock?
**(A) A lane will reopen.**
(B) A business will close.
(C) A pipe will be installed.
(D) A report will be completed.

話し手は、6時に何が起こるだろうと言っていますか？
(A) 車線が再び開かれる。
(B) 店が閉まる。
(C) 管が設置される。
(D) 報告が完了する。

## 核心 at which timeを理解する

④The work is scheduled to be completed by 6:00 A.M., at which time the lane will reopen.とあるので、(A)が正解です。元々はthe lane will open at 時間「時間に車線が再び開かれる」ですが、この時間の部分がwhich timeになって、at which timeが丸ごと先頭に出ています（念のため説明しておくと、whichは関係形容詞と呼ばれるものですが、用語より「その時刻に」という意味になることをチェックできれば十分です）。「作業は午前6時までに完了し、その時に（at which time）車線が再び開かれる」ということです。

※関係形容詞を使った表現として、~, by which time ...「～で、それまでに…」／~, during which ...「～で、その間に…」などもよく使われます。

## 隠れポイント 「迂回路」を表す3つの表現をチェック！

Part 3・4・6・7で「迂回路を通って」という流れは頻出なので、「迂回路」を表す**detour／alternative route／alternate route**をセットで押さえておきましょう。

□**detour** 名 迂回路
「離れて（de）動く（tour：ツアー）」→「迂回路」です。take a detourは「迂回路を（交通手段として）とる」→「迂回路を通る」となります。

□**alternative** 形 代わりの　名 代わりのもの［人］
辞書に「どちらか1つを選ぶべきの」と書かれることもありますが、「代わりの」と考えればOKです。an alternative route「代わりの道・代替経路・迂回路」とよく使われます。

□**alternate** 形 代わりの　動 交互に起こる・交代する
PCのAltキーはalternateのことです（押すたびにキーボードの機能が交互に変わります）。本来は「交互の・1つおきの」ですが、実際にはalternativeと同じように「代わりの」という意味でもよく使われます。問5の正解の選択肢は、**Take an alternate route**「代わりのルートを（交通手段として）とる」→「別ルートで移動する・迂回路を通る」ですね。

# Part 4　例題

## 例題（3）　頻出パターンの「ツアーガイド」を攻略！

67-68

7. Who most likely is the speaker?
   (A) A tour guide
   (B) A maintenance worker
   (C) A research assistant
   (D) A transportation engineer

8. What does the speaker warn the listeners about?
   (A) Hazardous chemicals
   (B) Low temperatures
   (C) Walking conditions
   (D) Outdated equipment

9. What are the listeners instructed to do?
   (A) Switch off their phones
   (B) Wear protective clothing
   (C) Remain on the same path
   (D) Hold on to a staircase railing

# Part 4 例題　解答と解説

## 例題（3）　頻出パターンの「ツアーガイド」を攻略！

**Questions 7 through 9** refer to the following broadcast.　67-68

①Welcome to the Darton Copper Mine. My name is Scott Mobley, and I'll be leading the tour. Before we go into the tunnels, ②I have to warn you that the lighting is dim and you'll need to duck in a few spots where the ceiling is low. ③That's why we've issued each of you a safety helmet with a light on top. ④Oh, and please don't go down any tunnels on your own. Make sure to stay behind me at all times. The mine hasn't been used for decades, and areas are dangerous since they haven't been maintained. OK, if everyone's ready, we'll go down this staircase and into the mine.

- 軽く「トゥ」（to the）
- 軽く「アィゥ」（I'll）
- ツアーガイドの挨拶・自己紹介！
- 軽く「トゥ」（to warn）
- 「注意喚起表現」に反応する！
- 「トゥァ」（tour）
- 「タノゥズ」って感じ（tunnels）
- 軽く「ウェァ」（where）
- ほとんど聞こえない（we've）
- "原因・根拠. That's why 結果・主張" という関係
- Ohや命令文（please + 原形）の後ろは重要情報！
- 軽く「トゥ」（to stay）
- Make sure to ～も大事な注意喚起表現！
- tほとんど聞こえない（haven't）
- 軽く「ビン」（been）
- 軽く「フォ」（for）
- 軽く「アン」（and）
- 軽く「ウィゥ」（we'll）
- 軽く「ビン」（been）
- 最後は「これからツアー開始」という定番の流れ

問7～9は次の放送に関するものです。
①Darton銅山へようこそ。私はScott Mobleyと言い、ツアーの案内をいたします。トンネル内に入る前に②皆さんに注意があり、照明は薄暗く、天井が低いところ数箇所では身をかがめないといけません。③そのため、上部にライトが付いた安全ヘルメットを一人ひとりに支給したのです。④ああ、それから、一人でトンネルを進んでいかないでください。必ず、常に私の後ろにいるようにお願いします。この採掘坑は何十年間も使われていませんから、整備されていなくて危険です。さあ、皆さんの準備ができたら、この階段を下りて採掘坑に入っていきます。

【本文】□**copper** 銅／□**mine** 鉱山・採掘坑／□**lead** 率いる／□**tunnel** トンネル／□**warn** 人 **that ~** 人に～と警告する／□**lighting** 照明／□**dim** 薄暗い／□**need to ~** ～する必要がある／□**duck** 身をかがめる／□**spot** 場所／□**ceiling** 天井／□**That's why ~** だから～／□**issue** 支給する・配る／□**on *one's* own** 自分自身で・1人で／□**make sure to ~** 必ず～する／□**at all times** 常に／□**decade** 10年／□**maintain** 維持する・整備する／□**ready** 準備ができて／□**staircase** 階段
【設問・選択肢】□**transportation** 輸送／□**engineer** 技術者／□**hazardous** 危険な／□**chemical**（複数形で）化学物質／□**temperature** 気温・温度／□**condition** 状態・状況／□**outdated** 古い／□**equipment** 機器・装置／□**instruct** 人 **to ~** 人に～するよう指示する／□**switch off** 電源を切る／□**wear** 身につけている／□**protective** 保護の／□**clothing** 衣類／□**remain** とどまる／□**hold on to ~** ～をつかむ／□**railing** 手すり

ポイント

「ツアーガイドのセリフ」の典型パターン通り、「**挨拶・自己紹介→目的・内容→付加情報・注意事項→ツアー開始**」と進んでいきます。特に「**注意事項**」が大事で、今回はまさにそこが設問で狙われています。さらに、解答示唆表現（p. 85）の**Oh**／**命令文**や注意喚起表現（p. 125）の**I have to warn you that ~**／**make sure to ~**が使われるなど、これまで習得してきた表現や発想の復習にもなります。

**7.** 正解 **A** 　話し手は誰？

Who most likely is the speaker?
**(A) A tour guide**
(B) A maintenance worker
(C) A research assistant
(D) A transportation engineer

話し手は誰である可能性が高いですか？
(A) ツアーガイド
(B) 保守管理者
(C) 研究助手
(D) 輸送技術者

## 核心 Part 4頻出の「ツアーガイド」

①Welcome to the Darton Copper Mine. My name is Scott Mobley, and I'll be leading the tour. で、「ツアーの案内をする」と自己紹介しています。**lead**は「**先頭に立っている**」イメージで、会社・セミナー・会議・ツアーなど様々なものについて「指揮する・進行する・主導する・率いる」といった感じで使えます。また、**tour**は「**トゥア**」や「**トー**」といった発音に慣れておきましょう。

**8.** 正解 **C** 　何を注意している？

What does the speaker warn the listeners about?
(A) Hazardous chemicals
(B) Low temperatures
**(C) Walking conditions**
(D) Outdated equipment

話し手は聞き手に対して何を注意していますか？
(A) 危険な化学物質
(B) 低温
(C) 歩行時の状況
(D) 古くなった機器

## 核心 I have to warn you that ~に反応！

②I have to warn you that the lighting is dim and you'll need to duck in a few spots where the ceiling is lowで「トンネル内の照明が薄暗い／天井が低いところでは身をかがめる必要がある」と注意事項を伝えています。そして③That's why we've issued each of you a safety helmet with a light on top. で「安全ヘルメットを支給した」と続けています。話し手（ツアーガイド）は「歩く場所が危険」と伝えているわけです。

※I must[have to] warn you that ~は、直訳「私はあなたに～することを警告しなければならない」→「～にご注意ください」です。注意喚起の表現で、後ろには重要情報がきて、設問でよく狙われるのでしたね（p. 125）。

**9.** 正解 **C**

何を指示されている?

What are the listeners instructed to do?
(A) Switch off their phones
(B) Wear protective clothing
**(C) Remain on the same path**
(D) Hold on to a staircase railing

聞き手は何をするように指示されていますか?
(A) 携帯電話の電源を切る
(B) 保護具を着用する
(C) 同じ道を歩き続ける
(D) 階段の手すりにつかまる

## 核心 Oh/命令文/Make sure to ~に反応する!

設問はinstruct 人 to ~「人に~するよう指示する」の受動態です。④Oh, and please don't go down any tunnels on your own. Make sure to stay behind me at all times. で、「1人で進んでいかないで/常に私の後ろにいて」と言っています。これを「同じ道にとどまる」と表した、(C)が正解です。

※Ohの後ろの内容は設問でよく狙われ、今回はさらにpleaseから始まる「命令文」が続いていました。それに加えて、Make sure to ~「必ず~するようにして」という表現も使って「指示内容」を伝えているわけです(これらが、設問のbe instructed to ~に対応しています)。

## 隠れポイント 前の文との「因果関係」を表す表現

問8でThat's why ~「だから~」という表現がポイントになりました。これは"原因・根拠. **That's why** 結果・主張"という関係を把握することが重要です。言ってみれば「右向きの矢印(→)」のイメージで考えれば、リスニングでも素早く意味が把握できます。こういった因果表現をチェックしておきましょう。

※その他の因果表現はp. 237でまとめます。

**【前の文との因果を表す重要表現】** ※ThisがThatになるなど多少の変化はある

□ 根拠. **This is why** 主張　「根拠だ。こういうわけで主張だ」
□ 主張. **It[This] is because** 根拠　「主張だ。これは根拠だからだ」
□ 原因. **The result is that** 結果　「原因だ。その結果は結果だ」
□ 主張. **The reason is that** 根拠　「主張だ。その理由は根拠だ」

# Part 4　例題

## 例題（4）　頻出パターンの「ワークショップ」と「図表問題」を攻略！

69-70

**Forklift Operator Course Manual**

**Table of Contents**



**10.** Why does the speaker thank the listeners?
(A) They finished some work ahead of schedule.
(B) They purchased safety gear at a shop.
(C) They made extra copies of a handbook.
(D) They wrote down some questions.

**11.** Look at the graphic. Which section will the speaker cover today?
(A) Different types of forklifts and how they work
(B) Operating the forklift in various environments
(C) Forklift safety and avoiding worksite hazards
(D) Picking up loads and transporting them stably

**12.** What does the speaker say will happen later?
(A) Uniforms and equipment will be distributed.
(B) An instructional video will be shown.
(C) The listeners will take a written test.
(D) The listeners will move to a different room.

# Part 4　例題　解答と解説

## 例題（4）　頻出パターンの「ワークショップ」と「図表問題」を攻略！

69-70

**Questions 10 through 12** refer to the following excerpt from a workshop and table of contents.

Hi, everyone. Welcome to day three of our forklift operator training course. Before we begin, ①I'd like to thank you for writing down your questions after yesterday's workshop, and I apologize for running out of time yesterday to answer them. I'll get to them in a moment. ②Now, if you look at your manual, we'll be going through the next section today, beginning on page 37. You'll also be getting some more hands-on practice. ③So, after we've read through this part of the manual in the meeting room, we'll be moving to the training warehouse. All right, let's get started.

（注記：training course ♪「チュレイニン」って感じ／「ワークショップ・研修講座」の挨拶／I'd like to thank you ♪くっついて「キュー」／「感情」に絡む内容はよく狙われる！／them ♪ほとんど聞こえない／in a ♪くっついて「インナ」／for ♪軽く「フォ」／running out of ♪一気に発音される／we'll ♪軽く「ウィ」／the ♪軽く「ゼン」／next ♪ほとんど聞こえない／at your ♪くっついて「アッチュア」／manual ♪「マニュウ」って感じ／the ♪ほとんど聞こえない／先読みで確認した「ページ数」に注目する！／be ♪ほとんど聞こえない／some ♪軽く「スム」って感じ／we'll ♪軽く「ウィ」／this ~ room ♪一気に発音される／最後に「次にやること」を説明する定番の流れ）

**Forklift Operator Course Manual**

**Table of Contents**

Different types of forklifts and how they work ........ p. 3

Operating the forklift in various environments ........ p. 21

④Forklift safety and avoiding worksite hazards ........ p. 37

Picking up loads and transporting them stably ........ p. 43

**フォークリフトオペレーター講座マニュアル**

**目次**

フォークリフトの様々な種類とその作動方法 ........ p. 3

様々な環境下でのフォークリフトの操作 ........ p. 21

④フォークリフトの安全性と作業現場での危険回避 ........ p. 37

荷物の持ち上げと安定した運搬 ........ p. 43

問10～12は以下のワークショップの抜粋と目次に関するものです。

こんにちは、皆さん。フォークリフトオペレーター研修講座の3日目へようこそお越しくださいました。始める前に、①昨日のワークショップの後、質問を書いてくださり、ありがとうございます。また、昨日は時間が足りず、お答えできなかったことをお詫び申し上げます。すぐにその質問にお答えします。②さて、マニュアルをご覧ください。本日は37ページから始まる次のセクションに進みます。また、より実践的な練習も行う予定です。③そのため、会議室でマニュアルのこの部分を読み終えたら、トレーニング倉庫に移動します。それでは、始めましょう。

【本文・図表】□**excerpt** 抜粋／□**workshop** ワークショップ・講習会／□**table of contents** 目次／□**training** 研修／□**write down** 書く／□**apologize for ~** ～で謝る／□**run out of ~**

～がなくなる／□ **in a moment** すぐに／□ **manual** マニュアル・取扱説明書／□ **go through ~** ～を扱う・終える／□ **section** セクション・部分／□ **beginning ~** ～から／□ **hands-on** 実践的な／□ **read through ~** ～を読み通す／□ **warehouse** 倉庫／□ **get started** 始める／□ **operate** 操作する／□ **various** 様々な／□ **environment** 環境／□ **avoid** 避ける／□ **worksite** 作業場／□ **hazard** 危険／□ **load** 積み荷／□ **stably** 安定して
**【設問・選択肢】** □ **ahead of schedule** 予定より早く／□ **purchase** 購入する／□ **safety gear** 安全装置／□ **extra** 余分な・追加の／□ **handbook** 手引書／□ **cover** 扱う／□ **equipment** 機器・装置／□ **distribute** 配布する／□ **instructional** 教育の

**ポイント**

ワークショップ・講習・研修は学ぶ内容が多岐にわたるので（今回はフォークリフト）、少しやっかいですが、「流れ」は決まっています。特によく出るのが「講師が全体の流れを確認する場面」で、**「挨拶・講師の自己紹介→概要・テーマ→詳細説明→次にやること」**というパターンです。ただ、今回はワークショップ3日目なので最初の自己紹介は省略されている、少し応用のパターンです。また、今回は図表問題の基本パターンを扱います。落ち着いてきちんと解けば、**図表問題も恐れる必要はないと実感してほしい**と思います。

**10.** 正解 D

感謝している理由は？

Why does the speaker thank the listeners?
(A) They finished some work ahead of schedule.
(B) They purchased safety gear at a shop.
(C) They made extra copies of a handbook.
**(D) They wrote down some questions.**

話し手はなぜ聞き手に感謝していますか？
(A) 予定より早く仕事を終えたから。
(B) 店で安全装置を購入したから。
(C) 手引書を余分にコピーしたから。
(D) いくつかの質問を書き留めたから。

## 核心 thank you for ~以下は「感謝の理由」

①I'd like to thank you for writing down your questions after yesterday's workshop で、「質問を書いてくれた」ことに感謝しています。write downは「下に書く」→「書き留める」というTOEIC頻出熟語です。

※thank you for ~で、forは「理由」を表しています。その直後でも「理由のfor」が使われて、apologize for ~「～を理由に謝る・～で謝る」が出てきます。

**11.** 正解 C

図表問題／選択肢には「内容」→「ページ数」が流れると予想！

Look at the graphic. Which section will the speaker cover today?
(A) Different types of forklifts and how they work
(B) Operating the forklift in various environments
**(C) Forklift safety and avoiding worksite hazards**
(D) Picking up loads and transporting them stably

図を見てください。今日、話し手が扱うのはどのセクションですか？
(A) フォークリフトの様々な種類とその作動方法
(B) 様々な環境下でのフォークリフトの操作
(C) フォークリフトの安全性と作業現場での危険回避
(D) 荷物の持ち上げと安定した運搬

## 核心 図表問題の基本

②Now, if you look at your manual, we'll be going through the next section today, beginning on page 37. と言っています。図表の右側を見ると、上から3つめに④p. 37が見つかります。これに対応する内容（左側の内容）を確認して、(C)を選べばOKです。今回は選択肢に「目次の内容」が並んでいるので、音声では「ページ数」が流れると予想できます。目次の内容は長くて先読みできなくても、本文のページ数をしっかり聞き取れれば正解できますね。

## 12. 正解 D

この後何が起こる?

What does the speaker say will happen later?
(A) Uniforms and equipment will be distributed.
(B) An instructional video will be shown.
(C) The listeners will take a written test.
**(D) The listeners will move to a different room.**

話し手はこの後何が起こると言っていますか？
(A) 制服や装置が配布される。
(B) 説明用のビデオが上映される。
(C) 聞き手は筆記試験を受ける。
(D) 聞き手は別の部屋に移動する。

## 核心 未来進行形で「予定」を表している

③So, after we've read through this part of the manual in the meeting room, we'll be moving to the training warehouse. と言っています。本文のtraining warehouse「トレーニング倉庫」を、漠然とdifferent room「別の部屋」と表した(D)が正解です。未来進行形（will be -ing）で「順調に予測できる未来（このままいけば～する流れになるはず）」を表しています（p. 218）。

## 隠れポイント 「主語」が欠けるパターンの設問文

リスニングの設問先読みでは「文法力」が欠かせません。問12の設問文はsay (that) sv「svだと言う」の形で、that節中の主語が疑問詞whatに代わり、先頭に出て疑問文になったイメージです。

The speaker says (that) ○○ will happen later.「話し手はこの後○○が起こると言っている」
※○○が疑問詞whatになり、文頭へ移動／疑問文になる
What does the speaker say will happen later?　※will happenの主語が欠けた形
「話し手はこの後何が起こると言っていますか？」

# Part 4　実戦問題

## 実戦問題（1）　71-72

1. What is being advertised?
   (A) Tableware
   (B) Watches
   (C) Business suits
   (D) Precious stones

2. What does the speaker say is unique about the business?
   (A) It gives members a special discount.
   (B) It offers several gift wrapping options.
   (C) Its products are manufactured locally.
   (D) Its service can be provided promptly.

3. What does the speaker encourage the listeners to do?
   (A) Call for directions
   (B) Ask for a catalog
   (C) Visit a location
   (D) Browse a Web site

## 実戦問題（2）　73-74

4. What is the main purpose of the message?
   (A) To decline an invitation
   (B) To promote a new book
   (C) To respond to an inquiry
   (D) To clarify an instruction

5. What does the speaker say about the book club?
   (A) It gathers every week.
   (B) It has new members.
   (C) It postponed a meeting.
   (D) It will meet at a library.

6. What does the speaker recommend the listener do?
   (A) Consider missing a meeting
   (B) Select a new discussion topic
   (C) Prepare questions for a group
   (D) Return a book to a library

### 実戦問題 (3) 75-76

7. What problem does the speaker mention?
   (A) A permit has not yet been issued.
   (B) Inclement weather has been predicted.
   (C) Some events might be canceled.
   (D) Streets will be closed for repairs.

8. What are the listeners being advised to do?
   (A) Buy their tickets at a venue
   (B) Check a Web site for updates
   (C) Refer to an updated schedule
   (D) Avoid driving on some roads

9. According to the speaker, what will begin later than planned?
   (A) A news report
   (B) A radio program
   (C) A music festival
   (D) A sporting event

### 実戦問題 (4) 77-78

10. Who most likely is the speaker?
   (A) A hotel receptionist
   (B) A real estate agent
   (C) A weather forecaster
   (D) A bus tour guide

11. What does the speaker instruct the listeners to do?
   (A) Speak loudly and clearly
   (B) Remain in a group
   (C) Use an alternate entrance
   (D) Consult with a director

12. According to the speaker, what will happen at three o'clock?
   (A) Some elevators will be shut down.
   (B) Some tickets will be made available.
   (C) The listeners will meet the speaker.
   (D) The speaker will make an announcement.

## 実戦問題 (5)　79-80

**13.** Where most likely do the listeners work?
(A) At an electronics store
(B) At a financial institution
(C) At a Web development firm
(D) At a customer service center

**14.** What does the speaker imply when he says, "I've never seen anything like that"?
(A) He does not have much technical expertise.
(B) He is unfamiliar with a new service.
(C) He was surprised by some figures.
(D) He is impressed with some work.

**15.** What will most likely happen next?
(A) Ms. Womack will introduce a design.
(B) Ms. Womack will accept an award.
(C) Ms. Womack will answer questions.
(D) Ms. Womack will start a demonstration.

## 実戦問題 (6)　81-82

| Time | Lecture | Speaker |
|---|---|---|
| 9:30 A.M. | Dietary Proteins | Vanessa Tirelli |
| 11:00 A.M. | Nutrition Labeling | Fatima Borah |
| 2:00 P.M. | Food Additives | Kaitlyn Comeau |
| 3:30 P.M. | Sugar Substitutes | Mingmei Chiang |

**16.** Look at the graphic. When will Suzanne Robins give a lecture today?
(A) At 9:30 A.M.
(B) At 11:00 A.M.
(C) At 2:00 P.M.
(D) At 3:30 P.M.

**17.** According to the speaker, what problem occurred yesterday?
(A) A speaker arrived at a venue late.
(B) A flight was delayed due to poor weather.
(C) A room did not have enough seats.
(D) A presentation had to be postponed.

**18.** What does the speaker say will happen in the morning?
(A) Some presentation materials will be uploaded.
(B) Some conference calls will be made.
(C) A welcome reception will be held.
(D) A schedule will be distributed.

# Part 4　実戦問題　解答と解説

## 実戦問題（1）
## 頻出パターンの「広告・宣伝」を攻略!

**Questions 1 through 3** refer to the following advertisement.　71-72

Looking for the perfect gift to celebrate a milestone occasion? ①Amiot & Baudin offers elegant watches for both women and men. With several dial and strap color combinations to choose from, you can pick out just the right gift to suit that someone special. ②Unlike our competitors, who sometimes take weeks to process an engraving order, we'll handle yours on the same day as your purchase! So, if you're in Toronto, ③stop by our outlet at 853 Bay Street to see for yourself the quality and craftsmanship of our products.

問1～問3は次の広告に関するものです。
重要な節目のお祝いに最適なギフトをお探しですか？ ①Amiot & Baudinは、女性用と男性用のエレガントな腕時計を提供しています。様々な文字盤とストラップの色の組み合わせから、特別な人にぴったりの贈り物を選ぶことができます。②刻印の注文を処理するのに数週間かかることもある競合他社とは異なり、当社は購入したその日に刻印を施します！ ですので、トロントにお越しの際は、③ぜひBay通り853番地の販売店にお立ち寄りいただき、ご自身で直接、当社の製品の品質と技巧をお確かめください。

**【本文】**□**celebrate** 祝う／□**milestone** 重要な節目の／□**occasion** 出来事・機会／□**elegant** 優雅な／□**both A and B** AとB両方／□**combination** 組み合わせ／□**pick out** 選ぶ／□**suit** 合う／□**someone special** 特別な人／□**unlike** ～とは違って／□**competitor** 競合企業／□**process** 処理する・対応する／□**engraving** 刻印／□**order** 注文／□**handle** 対応する／□**the same A as B** Bと同じA／□**purchase** 購入／□**stop by ~** ～に立ち寄る／□**outlet** 直販店／□**for *oneself*** 自分で／□**quality** 質／□**craftsmanship** 職人の技・技巧
**【設問・選択肢】**□**tableware** 食卓用食器類／□**precious stone** 宝石／□**unique** 独特な／□**discount** 割引／□**option** オプション・選択肢／□**manufacture** 製造する／□**locally** 地元で／□**promptly** 迅速に／□**encourage** 人 **to ~** 人に～するよう勧める／□**direction** 指示／□**location** 店舗／□**browse** 閲覧する

**ポイント**

広告の典型パターンで、「**疑問文→自慢→特典→問い合わせ**」という流れは同じです。今回の「自慢」では、unlike ~「～とは違って」を使って、「競合他社：数週間かかる⇔私たち：即日対応」と対比しています。**unlikeは重要な対比表現なので**、ぜひ反応できるようにしておきましょう（この「競合他社とは異なる」対比された内容が、問2のbe unique about ~「～について類のない・他にない」で問われています）。また、最後に「立ち寄って」はよくある流れで、その際に**stop by・drop by**「立ち寄る」という熟語がよく使われます。

**1.** 正解 B

What is being advertised?
(A) Tableware
**(B) Watches**
(C) Business suits
(D) Precious stones

何が宣伝されていますか？
(A) 食卓用食器類
(B) 腕時計
(C) ビジネススーツ
(D) 宝石

### 核心 疑問文から始まる広告の典型パターン

①Amiot & Baudin offers elegant watches for both women and men. と言っています。疑問文から始まる典型パターンで、**「最適なギフトをお探しですか？」→「それなら私たちの腕時計がいいよ」**と宣伝しているわけです。

**2.** 正解 D

What does the speaker say is unique about the business?
(A) It gives members a special discount.
(B) It offers several gift wrapping options.
(C) Its products are manufactured locally.
**(D) Its service can be provided promptly.**

話し手は、この会社の特徴は何だと言っていますか？
(A) 会員に特別割引を提供している。
(B) いくつかのギフト用の包装のオプションを提供している。
(C) 地元で製造されている。
(D) 迅速にサービスを提供できる。

### 核心 対比表現のunlikeに注目！

②Unlike our competitors, who sometimes take weeks to process an engraving order, we'll handle yours on the same day as your purchase! とあります（handleは動詞「対応する」、yoursは「あなた（お客様）が購入した腕時計」を指す）。**「他社は数週間かかるけど、私たちは購入日に対応する」＝「サービスが早い」**と考えて、(D)を選べばOKです。

**3.** 正解 C

What does the speaker encourage the listeners to do?
(A) Call for directions
(B) Ask for a catalog
**(C) Visit a location**
(D) Browse a Web site

話し手は聞き手に何をするよう勧めていますか？
(A) 電話で問い合わせをする
(B) カタログを請求する
(C) 店を訪ねる
(D) ウェブサイトを見る

### 核心 重要熟語のstop by「立ち寄る」

③stop by our outlet at 853 Bay Streetから、(C)を選びます。**stop by**は直訳「～の近くに（by）止まる（stop）」→**「～に立ち寄る」**という重要熟語で、これが選択肢でvisitに言い換えられています。また、**location**「場所・立地」という単語は、TOEICでは具体的に「店舗」そのものを表すことが非常に多いです（今回は本文のoutlet「販売店」を、選択肢でlocationと言い換えています）。

## 実戦問題(2)
# 頻出パターンの「電話メッセージ」を攻略!

**Questions 4 through 6** refer to the following telephone message. 73-74

Hello, Mr. Woods. ①This is Debra Conaway returning your call. I'm so happy to hear you're interested in joining ②our book club. ③In response to your question, of course you're welcome to take part in ④our next meet-up, which will be the day after tomorrow at the Fitzgibbon Library. ⑤However, I think you should consider coming next month instead if you haven't read *Sunset River*, the book we've selected for this month. That'll give you enough time to prepare for the discussion. If you have any more questions, please don't hesitate to call me back, and I look forward to meeting you.

問4〜6は次の電話メッセージに関するものです。
もしもし、Woodsさん。①こちらはDebra Conawayで、折り返し電話をしております。②私たちの読書会にご興味がおありとのことで、大変うれしく思います。③ご質問の件ですが、もちろん④次回の集まりにはぜひご参加ください。あさってFitzgibbon図書館で開催予定です。⑤ただし、今月の図書に選んだ『サンセットリバー』をまだお読みでない場合は、代わりに来月に来ることを検討したほうがよいかと思います。そうすれば、ディスカッションの準備をするのに十分な時間がとれるでしょう。何か他にご質問があれば、遠慮なく折り返しお電話ください。お会いできるのを楽しみにしています。

【本文】□**be happy to ~** ～してうれしい／□**be welcome to ~** 自由に～してよい／□**take part in ~** ～に参加する／□**meet-up** 集まり／□**consider -ing** ～することを検討する／□**instead** 代わりに／□**select** 選ぶ／□**prepare for ~** ～の準備をする／□**discussion** ディスカッション・議論／□**hesitate to ~** ～するのをためらう／□**look forward to -ing** ～するのを楽しみにする
【設問・選択肢】□**decline** 断る／□**invitation** 招待／□**promote** 販売促進する／□**respond to ~** ～に答える／□**inquiry** 問い合わせ／□**clarify** 明確にする／□**instruction** 指示／□**gather** 集まる／□**postpone** 延期する／□**miss** 欠席する／□**topic** 話題

**ポイント**

今回は電話メッセージ（留守電）なのですが、この音声の前に「Woodsさんが質問をして、それにDebra Conawayが返答している」場面です。こういった「いきなり返答」のパターンもぜひ知っておいてください。その際に**return *one's* call**「人に折り返し電話する」や、**in response to ~**「～に答えて」はよく使われます。
また、問6ではinstead「代わりに」を使って、「あさってではなく来月」と代案を示す点がポイントになりました。**instead**は「変更・代案」の合図になり、**instead**が使われた部分の内容は設問でよく狙われるのです。Part 3・6・7でも解答に絡むことが多いので、必ず反応できるようにしておきましょう。

## 4. 正解 C

What is the main purpose of the message?
(A) To decline an invitation
(B) To promote a new book
**(C) To respond to an inquiry**
(D) To clarify an instruction

メッセージの主な目的は何ですか？
(A) 招待を断るため
(B) 新しい本の宣伝のため
(C) 問い合わせに答えるため
(D) 指示を明確にするため

### 核心 よくある「質問への返答」

①This is Debra Conaway returning your call. と③In response to your questionから、「質問に答えるために折り返し電話している」とわかるので、(C)が正解です。本文のquestion「質問」が、選択肢の**inquiry**「問い合わせ」に言い換えられています。Part 4頻出の「いきなり返答」のパターンでした。

## 5. 正解 D

What does the speaker say about the book club?
(A) It gathers every week.
(B) It has new members.
(C) It postponed a meeting.
**(D) It will meet at a library.**

読書会について話し手は何と言っていますか？
(A) 毎週集まっている。
(B) 新しい会員がいる。
(C) 集まりを延期した。
(D) 図書館で開催される。

### 核心 "~, which ..." で補足説明

②our book clubについて、④our next meet-up, which will be the day after tomorrow at the Fitzgibbon Libraryと言っています。今回のように **"~, which ..."で補足説明**することはよくあります（Part 7でも頻出）。

## 6. 正解 A

What does the speaker recommend the listener do?
**(A) Consider missing a meeting**
(B) Select a new discussion topic
(C) Prepare questions for a group
(D) Return a book to a library

話し手は聞き手に何をするよう勧めていますか？
(A) 集まりを欠席することを検討する
(B) 新しいディスカッションの話題を選ぶ
(C) グループへの質問を用意する
(D) 図書館に本を返却する

### 核心 insteadは「変更・代案」の合図

「ぜひ次回参加して」の後に、⑤However, I think you should consider coming next month instead if ...と言っています。「代案」を示す**instead**を使って、「あさってに行われる次回の集まりではなく、来月から参加する」ことを提案しています。shouldも提案するときによく使われるのでしたね（p. 100／設問のrecommend「勧める」に対応）。

## 実戦問題(3)
# 頻出パターンの「ラジオニュース」を攻略!

**Questions 7 through 9** refer to the following broadcast. 🔊 75-76

Here's your PNC Radio weather update. ①The weather service is warning Winston County residents of severe storms tomorrow. If you live in that area, expect ②high winds and heavy rain, starting at around 5 A.M. and continuing until noon. ③Also, motorists are being advised to stay away from the Belware Brooks area, where flooded roadways are known to occur during heavy rainfall. In light of ④the weather warning, ⑤organizers of the outdoor music festival scheduled to take place tomorrow and Sunday in Hoyden Park have decided to start the festivities later than planned. Weather permitting, the fun will begin at one o'clock tomorrow afternoon. Please stay tuned for more news, including sports updates.

問7~9は次の放送に関するものです。
PNCラジオから最新の気象情報をお知らせします。①気象予報機関は、Winston郡にお住まいの皆様に、明日は激しい嵐に注意するよう呼びかけています。その地域にお住まいの場合は、午前5時頃からお昼頃まで、②強風と大雨を覚悟しておいてください。③また、Belware Brooks地区は大雨の際に道路が冠水することで有名なため、車を運転する方は近づかないようにお願いいたします。④この気象警報を考慮して、⑤明日と日曜日にHoyden公園で開催が予定されている屋外音楽フェスティバルの主催者は、イベントの開始時間を当初の予定よりも遅らせることにしました。天気が問題なければ、この楽しいイベントは明日の午後1時に始まる予定です。チャンネルはこのままで、引き続きスポーツの最新情報などのニュースをお楽しみください。

**【本文】** □**update** 最新情報/□**weather service** 気象予報機関・気象情報サービス/□**warn** 人 **of ~** 人に~を警告する/□**county** 郡/□**resident** 住民/□**severe** 激しい/□**storm** 嵐/□**expect** 予測する・見込む/□**high wind** 強風/□**heavy rain** 大雨/□**motorist** 自動車運転者/□**stay away from ~** ~に近づかない・~から離れておく/□**flooded** 冠水した/□**occur** 発生する/□**rainfall** 降雨/□**in light of ~** ~を考慮して/□**warning** 警告・警報/□**organizer** 主催者/□**scheduled to ~** ~する予定である/□**take place** 行われる/□**decide to ~** ~することに決める/□**festivity** 行事・にぎわい/□**weather permitting** 天気が良ければ/□**tune** (テレビのチャンネルやラジオの周波数を)合わせる/□**including** ~を含めて
**【設問・選択肢】** □**permit** 許可(証)/□**issue** 発行する/□**predict** 予測する/□**cancel** 中止する/□**repair** 修理/□**venue** 会場・開催地/□**avoid -ing** ~するのを避ける

**ポイント**

ラジオニュースで「悪天候×交通情報」という、頻出ジャンルが組み合わさったパターンです。流れは「挨拶・概要→問題点(悪天候)→解決策(近づかないように)→締め・今後(スポーツの最新情報など)」という典型的なもので、天気で重要なinclement weather「悪天候」などもチェックしておきましょう。また、比較級 than planned「予定より~だ」が使われて、「想定外・予定変更」を表す箇所も設問でよく狙われます。

## 7. 正解 B

What problem does the speaker mention?
(A) A permit has not yet been issued.
**(B) Inclement weather has been predicted.**
(C) Some events might be canceled.
(D) Streets will be closed for repairs.

話し手はどのような問題に言及していますか？
(A) 許可がまだおりていない。
(B) 悪天候が予測されている。
(C) いくつかのイベントが中止になるかもしれない。
(D) 道路が修理のために通行止めになる予定だ。

### 核心 ラジオニュース定番の「悪天候」

①The weather service is warning Winston County residents of severe storms tomorrow. とあります (warn 人 of ~「人に~を警告する」)。他にも②high winds and heavy rainや④the weather warningとあるので、これらを総称的に**inclement weather**「悪天候」と表した(B)が正解です。

## 8. 正解 D

What are the listeners being advised to do?
(A) Buy their tickets at a venue
(B) Check a Web site for updates
(C) Refer to an updated schedule
**(D) Avoid driving on some roads**

聞き手はどうするように推奨されていますか？
(A) 会場でチケットを買う
(B) ウェブサイトで最新情報をチェックする
(C) 最新のスケジュールを参照する
(D) 一部の道を運転しないようにする

### 核心 be advised to ~で「注意事項」を伝える

③Also, motorists are being advised to stay away from the Belware Brooks area, where ... とあります。be advised to ~「~するよう推奨される」という表現で、聞き手（＝車を運転する人）は「Belware Brooks地区には近づかないように」と言われているので(D)が正解です。

## 9. 正解 C

According to the speaker, what will begin later than planned?
(A) A news report
(B) A radio program
**(C) A music festival**
(D) A sporting event

話し手によると、何が予定よりも遅く始まりますか？
(A) 報道
(B) ラジオ番組
(C) 音楽フェスティバル
(D) スポーツイベント

### 核心 「予定変更」は狙われる！

⑤organizers of the outdoor music festival scheduled to take place tomorrow and Sunday in Hoyden Park have decided to start the festivities later than plannedとあります。organizers of the outdoor music festival scheduled to ~「~すると予定された野外音楽フェスティバルの主催者」が主語 (the outdoor music festivalをscheduled to ~が後ろから修飾)、have decided to start ~「~を始めることに決めた」が動詞です。

## 実戦問題(4)
# 頻出パターンの「ツアーガイド」を攻略!

**Questions 10 through 12** refer to the following talk.　77-78

①Attention, everyone! Our next stop is Sutton Tower. There's not a single cloud in the sky today, so the view from the top of the tower is sure to be very clear. ②When we enter the lobby, make sure to stick together because it will be crowded with other visitors. Once I get your tickets for you, we will be directed to an elevator by the tower staff. We'll be inside the building for one hour. ③Please come back down by three o'clock. And you will meet me right outside the lobby entrance at that time. ④Oh, and watch your step while getting off the bus.

問10～12は次の話に関するものです。

①皆さん、お聞きください！ 次の目的地はSuttonタワーです。今日は雲一つない快晴なので、タワー頂上からの眺めはとてもきれいに見えるでしょう。②ロビーに入ったら、他のお客様で混みあいますから、必ず1カ所に固まっていてください。私が皆さんの分のチケットを購入したら、タワー職員の誘導でエレベーターに向かいます。建物内には1時間の滞在予定です。③3時までには降りてきてくださいね。その時間に、ロビーの出入り口を出てすぐのところで合流しましょう。④ああ、バスから降りるときは足元にご注意ください。

**【本文】**□**attention** 注目／□**stop** 滞在場所／□**not a single ~** 少しの～もない／□**view** 眺め／□**enter** 入る／□**stick together** 一緒にいる／□**direct** 誘導する／□**outside** 外で
※right outside ~「～のすぐ外で」で、rightは「強調」の働き(p. 100)／□**entrance** 入り口・玄関／□**watch *one's* step** 足元に注意する／□**get off ~** ～から降りる
**【設問・選択肢】**□**receptionist** フロント係・受付係／□**real estate agent** 不動産業者／□**forecaster** 予想する人／□**instruct** 人 **to ~** ～するよう人に指示する／□**loudly** 大声で／□**alternate** 別の・代わりの／□**consult with ~** ～に相談する／□**director** 監督／□**shut down ~** ～の電源を切る／□**available** 購入できる

### ポイント

今回はツアー開始時ではなく「ツアーの途中」ですが、最初の自己紹介がないだけで、「**目的・内容→付加情報・注意事項**」といった流れは同じです。最初の問10の決定的な根拠が「最後」にあって少し難しいのですが、あらかじめPart 4で「ツアーガイド」がよく出ると知っていれば、ある程度は予想がついてしまいます。
また、注意喚起表現の**make sure to ~**や解答示唆表現の**命令文**も狙われています。本文でmake sure to ~「必ず～して」という表現で指示を伝えており、これが問11のinstruct 人 to ~「～するよう人に指示する」に対応しているわけです(ツアーガイドがあれこれ指示する場面で多用されますよ)。

## 10. 正解 D

Who most likely is the speaker?
(A) A hotel receptionist
(B) A real estate agent
(C) A weather forecaster
**(D) A bus tour guide**

話し手は誰だと考えられますか？
(A) ホテルのフロント係
(B) 不動産業者
(C) 天気予報士
(D) バスツアーのガイド

### 核心 最後の文に決定的なヒントがある

①Attention, everyone! Our next stop is Sutton Tower. から、話し手は「目的地に案内している人」だと考えられます。その後あれこれ指示を伝え、最後の④Oh, and watch your step while getting off the bus. から、「バスツアーのガイド」だとわかります。

## 11. 正解 B

What does the speaker instruct the listeners to do?
(A) Speak loudly and clearly
**(B) Remain in a group**
(C) Use an alternate entrance
(D) Consult with a director

話し手は聞き手に、どうするよう指示していますか？
(A) 大きな声ではっきり話す
(B) 集団のままでいる
(C) 別の入り口を使う
(D) 監督に相談する

### 核心 make sure to ~で「指示」を伝えている

②When we enter the lobby, make sure to stick together because it will be crowded with other visitors. とあります。stick together「一緒にいる」を言い換えた、(B)が正解です。inには「形式」の意味があり（p. 31）、remain in a groupは「集団という形式のままでいる」→「集団のままでいる」です。

※stick togetherがかなり難しいのですが、「他の客で混むから～して」という流れから、「はぐれないで・一緒にいて」といった意味を予想してもOKです。

## 12. 正解 C

According to the speaker, what will happen at three o'clock?
(A) Some elevators will be shut down.
(B) Some tickets will be made available.
**(C) The listeners will meet the speaker.**
(D) The speaker will make an announcement.

話し手によると、3時に何が起こりますか？
(A) エレベーターの電源が切れる。
(B) チケットが販売開始になる。
(C) 聞き手が話し手と合流する。
(D) 話し手がアナウンスを行う。

### 核心 命令文に反応する！

③Please come back down by three o'clock. And you will meet me right outside the lobby entrance at that time. とあります。「その時間（＝3時）にロビーの出入り口を出てすぐのところで聞き手と話し手が合流する」とわかるので、(C)が正解です。Pleaseから始まる「命令文」が解答根拠ですね。

## 実戦問題（5）
# 頻出パターンの「スピーチ」と「意図問題」を攻略！

**Questions 13 through 15** refer to the following talk. 🔊 79-80

Friends and colleagues, ①on behalf of Venezo Financial, I'm excited to announce that the plaque for outstanding manager this year goes to Brianna Womack. She has earned this recognition for her effective leadership in developing ②our newly launched digital banking service. Completing this project required not only considerable technical knowledge but also a great deal of time. ③Incredibly, though, she and her team were able to get the service up and running within three months. I've never seen anything like that. ④Congratulations on a job well done, Ms. Womack! ⑤We are a better bank because of your extraordinary efforts. ⑥Please come up on stage and accept this plaque as a token of appreciation for all your hard work.

問13～15は次の話に関するものです。

皆さん、①Venezo Financialを代表して、今年の優秀マネージャー賞の盾がBrianna Womackに贈られることを発表でき、うれしく思います。彼女は、②当社が新たに始めたデジタル銀行サービスの開発において素晴らしいリーダーシップを発揮したことで、この評価を受けました。このプロジェクトを完了させるためには、かなりの専門知識だけではなく、膨大な時間も要しました。③しかし、信じられないことに彼女たちのチームは、3カ月でサービスを軌道に乗せることができたのです。こんなことは初めてです。④Womackさん、良くやってくれましたね、本当におめでとうございます！ あなたの並々ならぬ努力のおかげで、⑤私たちはより良い銀行になりました。⑥ステージにお上がりいただき、あなたの尽力に対する感謝の印として、この盾をお受け取りください。

**【本文】**□**colleague** 同僚／□**on behalf of ~** ～を代表して／□**plaque** 盾／□**outstanding** 優れた／□**earn** 得る／□**recognition** 評価・表彰／□**effective** 印象的な／□**launch** 始める・売り出す／□**complete** 完了させる／□**considerable** かなりの／□**technical** 専門的な・技術の／□**a great deal of ~** かなりの～・膨大な～／□**incredibly** 信じられないことに・非常に／□**up and running** 稼働して・軌道に乗って／□**job well done** うまくいった仕事／□**extraordinary** 並外れた／□**as a token of ~** ～の印として／□**appreciation** 感謝
**【設問・選択肢】**□**electronics** 電子機器／□**institution** 機関／□**expertise** 専門知識・専門技術／□**unfamiliar** よく知らない・不慣れな／□**figure** 数字／□**be impressed with ~** ～に感銘を受ける／□**introduce** 紹介する・発表する／□**demonstration** 実演

**ポイント**

受賞式のスピーチで、「**挨拶・自己紹介→記念・受賞・感謝など→バトンタッチ**」と進む、よくある流れです。また、今回の英文には**on behalf of ~**「～を代表して」、**plaque**「盾」、**outstanding**「優れた」、**賞 go to ~**「賞が～に贈られる」、**recognition**「評価・表彰」、**as a token of appreciation for ~**「～に対する感謝の印として」など、受賞式で欠かせない重要表現が盛りだくさんです。さらに、「会社・業種・職業」が問われる設問では**we**や**our**がヒントになることもあり、そういった地味で見落としがちな単語に注目する練習もできる問題です。

**13.** 正解 **B**

Where most likely do the listeners work?
(A) At an electronics store
**(B) At a financial institution**
(C) At a Web development firm
(D) At a customer service center

聞き手はどこで働いていると考えられますか？
(A) 電器店
(B) 金融機関
(C) ウェブ開発会社
(D) 顧客サービスセンター

## 核心 ourやweはヒントになる！

①on behalf of Venezo Financial／②our newly launched digital banking service／⑤We are a better bankとあり、銀行の表彰式で聞き手は銀行員だとわかります。bank「銀行」を、financial institution「金融機関」と言い換えた(B)が正解です。**on behalf of ~**「～を代表して」や、代名詞の**our**・**we**がヒントになりました。

**14.** 正解 **D**

What does the speaker imply when he says, "I've never seen anything like that"?
(A) He does not have much technical expertise.
(B) He is unfamiliar with a new service.
(C) He was surprised by some figures.
**(D) He is impressed with some work.**

話し手は "I've never seen anything like that" という発言で何を示唆していますか？
(A) 彼には技術面の専門知識があまりない。
(B) 彼は新サービスのことをよく知らない。
(C) 彼はいくつかの数字に驚いた。
(D) 彼はある仕事に感銘を受けた。

## 核心 受賞者の「優れた点」を語る典型パターン

③の後半I've never seen anything like that.のthatは前の内容を指し、「それ（＝3カ月でサービスを軌道に乗せたこと）はこれまで見たことがない」という意味です。その後の④Congratulations on a job well done, Ms. Womack!からも、この仕事を高く評価しているとわかるので(D)が正解です。「これまで見たことがない。だから感銘を受けた」ということですね。

**15.** 正解 **B**

What will most likely happen next?
(A) Ms. Womack will introduce a design.
**(B) Ms. Womack will accept an award.**
(C) Ms. Womack will answer questions.
(D) Ms. Womack will start a demonstration.

次に何が起こると考えられますか？
(A) Womackさんがデザインを紹介する。
(B) Womackさんが賞を受け取る。
(C) Womackさんが質問に答える。
(D) Womackさんが実演を始める。

## 核心 最後は「バトンタッチ」で締めくくる

⑥Please come up on stage and accept this plaque as a token of appreciation for all your hard work.から、この後はWomackさんが「授賞式のステージに上がって盾を受け取る」とわかります。受賞式の最後に「別の人にバトンタッチする」のはお決まりの流れで、「次の行動」を問う設問でよく狙われます。

## 実戦問題（6）
# 頻出パターンの「予定変更」と「図表問題」を攻略！

81-82

**Questions 16 through 18** refer to the following announcement and agenda.

Good morning. I've just received news that the flight of one of today's speakers was canceled because of a storm. Unfortunately, she's not going to make it. ①That means the Nutrition Labeling lecture is now off. ②I've already spoken about this with Suzanne Robins, whose lecture yesterday drew so many people that there weren't enough seats in Hall D for everyone. ③She agreed to give the same talk today in the open time slot. The online agenda will therefore need to be updated. I'll leave that up to you, Marcus. ④Also, reception will pass out copies of the new schedule to attendees as they come into the conference center this morning. So, please make sure they get a couple of hundred of those. Thank you.

| Time | Lecture | Speaker |
|---|---|---|
| 9:30 A.M. | Dietary Proteins | Vanessa Tirelli |
| ⑤11:00 A.M. | Nutrition Labeling | Fatima Borah |
| 2:00 P.M. | Food Additives | Kaitlyn Comeau |
| 3:30 P.M. | Sugar Substitutes | Mingmei Chiang |

| 時間 | 講演 | 講演者 |
|---|---|---|
| 午前 9:30 | 食品タンパク | Vanessa Tirelli |
| ⑤午前 11:00 | 栄養表示 | Fatima Borah |
| 午後 2:00 | 食品添加物 | Kaitlyn Comeau |
| 午後 3:30 | 砂糖の代用品 | Mingmei Chiang |

問16～18は次のお知らせと予定表に関するものです。
おはようございます。ちょうど先ほど、講演者の一人が乗る予定だったフライトが嵐のために欠航になったという知らせが入りました。残念ながら、彼女は間に合いそうにありません。①つまり、栄養表示の講演は中止になりました。②昨日の講演で、ホールDでは全員分の席が足りないほど多くの方々が集まったSuzanne Robinsには、すでにこのことを話してあります。③彼女は今日、空いてしまった時間枠で同じ講演をすることに同意してくれました。そのため、オンラインの予定表を更新する必要があります。それはMarcus、あなたにお任せします。④また受付では、参加者が今朝カンファレンスセンターに入ってきたら、新しいスケジュールを印刷したものを配ります。そのため、200～300部が受付の手元にあるようにしておいてください。よろしくお願いいたします。

**【本文・図表】**□**agenda** 議題・予定表／□**because of ~** ～が原因で／□**make it** 間に合う・参加する／□**nutrition labeling** 栄養表示／□**lecture** 講演／□**draw** 魅了する・引き付ける／□**agree to ~** ～することに同意する／□**time slot** 時間帯・時間枠／□**therefore** それゆえ／□**update** 更新する／□**leave A up to B** AをBに任せる／□**reception** 受付・フロント・歓迎会／□**attendee** 出席者・参加者／□**dietary** 食事による・食品の／□**protein** タンパク質／□**additive** 添加物／□**substitute** 代用品
**【設問・選択肢】**□**venue** 会場／□**be delayed** 遅れる／□**due to ~** ～が原因で／□**postpone** 延期する／□**material** 材料／□**conference call** 電話会議／□**distribute** 配布する

### ポイント

今回は「**当初の予定：午前11時にFatima Borahが講演**」→「**フライト欠航のため講演中止**」→「**代わりに午前11時にSuzanne Robinsが講演**」と予定が変更され、その部分が図表問題で狙われました（「悪天候によるフライト欠航」も「予定変更」もTOEIC頻出）。また、最後に「資料を配る」ときに使われるpass out「外に（out）パスする（pass）」→「配る」も大事で、**pass out ≒ distribute ≒ hand out**「配る」は頻繁に言い換えられます。

## 16. 正解 B

Look at the graphic. When will Suzanne Robins give a lecture today?
(A) At 9:30 A.M. **(B) At 11:00 A.M.**
(C) At 2:00 P.M. (D) At 3:30 P.M.

表を見てください。本日Suzanne Robinsが講演をするのはいつですか？
(A) 午前9:30 (B) 午前11:00
(C) 午後2:00 (D) 午後3:30

### 核心 よくある「予定変更」のパターン

①That means the Nutrition Labeling lecture is now off. の後に、②I've already spoken about this with Suzanne Robinsや③She agreed to give the same talk today in the open time slot. と言っています。「空いた時間枠（＝**Nutrition Labelingの講演が予定されていた時間枠**）に**Suzanne Robinsが講演をする**」とわかるので、図表から⑤Nutrition Labelingの時間帯を選べばOKです。
※Suzanne Robinsの前にすでに該当箇所が出てきている「手遅れパターン」でもあります。

## 17. 正解 C

According to the speaker, what problem occurred yesterday?
(A) A speaker arrived at a venue late.
(B) A flight was delayed due to poor weather.
**(C) A room did not have enough seats.**
(D) A presentation had to be postponed.

話し手によると、昨日どのような問題が起こりましたか？
(A) 講演者が遅れて会場に到着した。
(B) 悪天候によりフライトが遅延した。
(C) 部屋に十分な席がなかった。
(D) プレゼンテーションを延期にせざるを得なかった。

### 核心 so ~ that ...「とても～なので…だ／…なほど～だ」

②..., whose lecture yesterday drew so many people that there weren't enough seats in Hall D for everyone. から、(C)を選びます。(B)にひっかかるかもしれませんが、「遅延」ではなく「欠航」ですし、問われている「昨日」の問題でもないためアウトです。

## 18. 正解 D

What does the speaker say will happen in the morning?
(A) Some presentation materials will be uploaded.
(B) Some conference calls will be made.
(C) A welcome reception will be held.
**(D) A schedule will be distributed.**

話し手は午前中に何が起こると言っていますか？
(A) 一部のプレゼンテーション資料がアップロードされる。
(B) 電話会議が行われる。
(C) 歓迎レセプションが開催される。
(D) スケジュールが配布される。

### 核心 pass out ≒ distribute「配る」

④Also, reception will pass out copies of the new schedule to attendees as they come into the conference center this morning. とあります。これを受動態で表した(D)が正解で、**pass out ≒ distribute**「配る」は定番の言い換えです。

## Part 4での「典型的な設問文」

**【「全体・目的」を問う設問】**

□ **What are the speakers (mainly) discussing?**
話し手たちは（主に）何について話し合っていますか？

□ **What is the announcement mainly about?** お知らせは主に何についてですか？

□ **What is the purpose of the talk?** 話の目的は何ですか？

**【「場所・働いている場所・職業」を問う設問】**

□ **Where does the talk most likely take place?**
この話はどこで行われていると考えられますか？

□ **Where does the speaker most likely work?**
話し手はどこで働いていると考えられますか？

□ **Who most likely is the speaker?** 話し手は誰だと考えられますか？

**【「提案・申し出／要求・依頼」を問う設問】**

□ **What does the speaker suggest the listeners do?**
話し手は聞き手に何をすることを提案していますか？

□ **What does the speaker offer to do?** 話し手は何をすることを申し出ていますか？

□ **What does the speaker ask the listener to do?**
話し手は聞き手に何をするよう求めていますか？

**【「問題点・懸念事項」を問う設問】**

□ **What problem does the speaker mention?**
話し手はどんな問題について述べていますか？

□ **What does the speaker say he[she] is concerned about?**
話し手は何について懸念していると言っていますか？

**【「次の行動・これからの行動」を問う設問】**

□ **What will the speakers probably[most likely] do next?**
話し手たちはおそらく次に何をしますか？

□ **What does the speaker say will happen later?**
話し手はこの後何が起こると言っていますか？

**【発言の意図を問う設問】**

□ **What does the speaker mean[imply] when he[she] says, "~"?**
話し手は"～"という発言で、何を意味［示唆］していますか？

**【図表問題の設問】**

□ **Look at the graphic. Which section will the speaker cover today?**
図を見てください。今日、話し手が扱うのはどのセクションですか？

# Part 5
# 攻略

## Part 5　基本情報

| | |
|---|---|
| 問題形式 | 入試問題でおなじみの「空所補充4択問題」です。 |
| 問題数 | 全部で30問あります。1問あたり15秒を目安に7分30秒で解き終わるのが理想です。 |
| 出題内容 | 「品詞」「文法」「語彙」から、それぞれ3分の1ずつ（10問ずつ）出るイメージです。 |
| 正解数の目安 | 600点目標　**18**／30問　（60%）<br>800点目標　**25**／30問　（83%） |

# Part 5 の概要と解答プロセス

## Part 5 ってこんな問題

**問題形式** 空所に入る適切な選択肢を(A)〜(D)から選びます。「品詞・文法・語彙」がポイントです。

問題の英文

A landscape architect in San Francisco ------- by the city to design plans for a new park on Kirkwick Avenue.

(A) hires
(B) was hiring
(C) will hire
(D) was hired

空所に入る選択肢

**解　説** 動詞の形が問われています。A landscape architect in San Francisco「サンフランシスコの景観設計士」がSで、空所にはVが入ると考えます。「景観設計士が雇われる」という受動関係が適切で、かつ空所直後にby ～「～によって」があるので、受動態（be p.p.）の(D) was hiredが正解です。

※「受動態の後ろに名詞はこない」という原則（p. 167）からも、受動態を選べます（後ろのby ～ は「副詞のカタマリ」です）。逆に他動詞hireで能動態を選ぶと、直後に名詞（目的語）が必要です。

**【構文解析】**

受動態（be p.p.）

**A landscape architect [in San Francisco]** (S) **was hired** (V) **(by the city) (to design plans [for ~]).**

**訳** サンフランシスコの景観設計士が、Kirkwick大通りの新しい公園の計画を設計するために市によって雇われました。

(A) 3人称単数現在形　(B) 過去進行形
(C) will + 原形　**(D) 受動態の過去形**

□**landscape** 景観／□**architect** 建築家・設計士／□**hire** 雇う／□**design** 設計する／□**avenue** 大通り

# Part 5の核心

**Q. Part 5で求められる「文法の力」とは?**

**A. 「普通の高校生」レベルの文法力が求められます。**

文法の知識としては、中学レベル（3単現のs・現在完了形・受動態・関係代名詞など）から高校レベル（過去完了形・複合関係詞など）が必要です。（高校生の問題集とは違って）TOEICの問題では**「英文が長い」「ビジネス関係の単語・日常単語・長い固有名詞（会社名など）が入る」**ことで難しく見えますが、問われる知識は普通の高校生が学んでいる範囲です。

※左ページでは、landscape「景観」やarchitect「建築家」といった普段あまりなじみがない（でもTOEICではよく出る）単語、San FranciscoやKirkwick Avenueといった固有名詞が散りばめられて難しく感じますが、実際は中学レベルの「受動態」がポイントですね。

**Q. Part 5で求められる「単語の力」とは?**

**A. 「普通の高校生」レベル+ビジネス単語が必要だが、Part 5に特化する必要はない。**

高校生レベルの基本単語・熟語を土台にして、ビジネスでよく使われる単語・熟語なども求められます。単語の力はリスニングでもPart 7でも必要ですから、特にPart 5のために必要な単語があるというよりは、TOEIC全体の対策として単語を増やしていけばOKです。

**Q. Part 5で求められる「メンタル」とは?**

**A. 1問15秒程度でスピーディーに次の問題へ進んでいくことが大切です。**

Part 7の長文にできるだけ時間を割きたいので、このPart 5の問題は**1問15秒**を目安に解いていくのが理想です。もちろん1問解くごとに時間をチェックするのは効率が悪いので、10問で150秒=2分半といった感じで解く練習をしておきましょう。わからない問題はサッと切り捨てて「時間を稼ぐ」意識も大切です。ちなみに、まずは意味よりも**「形」から考える**ことで、速く確実に解けるようになります（詳しくは問題を通して解説していきます）。

# Part 5 の解答プロセス

**READING TEST**
In the Reading test, you will read ～

**PART 5**
**Directions:** A word or phrase is missing in ～

**❶ リスニング終了**
行動 リスニングが終わったら、すぐにPart 5に入ってOK／指示文（Directions）は完全スルー

**101.** A landscape architect in San Francisco ------- by the city to design plans for a new park on Kirkwick Avenue.
(A) hires
(B) was hiring
(C) will hire
(D) was hired

**❷ Part 5空所補充問題**
行動 英文の空所に入る最も適切な選択肢を(A)～(D)から選ぶ

**❸ 同じ形式の問題が130まで続く**
※1問15秒を目安に解く

**102.** ～

## ❶ Directions（指示文）

リスニングが終わったら、一息ついてPart 5に移りましょう。Part 5の指示文も形式的な説明なので、読む必要はありません。

## ❷ 空所に入る適切な選択肢を選ぶ

△**定番の対策**　先に選択肢を見て問題のタイプを判断する／場合により、空所の前後だけで解く

### 神速流 問題文の先頭から英文を普通に読んで解く！

多くの対策本では、「①まず選択肢に目を通す→②どのタイプの問題かを分ける→③タイプによって、『空所の前後だけを見る』or『全部を見る』を判断する」のように説明されます。確かに空所の前後だけ見れば解ける問題もありますが、それは一部の問題にしか通用しません。また、**選択肢だけ見ると、かえって勘違いをしてミスすることもあります。**たとえば、p. 162の問題は選択肢に「現在形・過去形・will＋原形」があるので一見「時制」の問題に思えますが、実際には「能動 vs. 受動」がポイントでしたね。

さらに、「最初に選択肢をチェックして、空所の前後を見て、それで解けなければまた先頭に戻って…」と移動するのはストレスですし、そもそも「空所の前後」とはどこからなのかを判断するのに時間と集中力を浪費します。どうせ全文を読むことになることも多いのであれば、**普通に前から読んだほうがラクで確実**です。

**(1) 頭から英文の構造を意識して読む**
※主語と動詞を中心に、接続詞・関係詞などもチェック

**(2) 空所にきたら…**
初級者：空所を見た時点で選択肢を見る
中～上級者：空所のワンフレーズ後ろを見てから選択肢を見る

A landscape architect in San Francisco ------- by the city to design plans for a new park on Kirkwick Avenue.
(A) hires
(B) was hiring
(C) will hire
(D) was hired

**(3) 選択肢では正解を「探す」**
※ポイントをつかめば、正解の選択肢が目に飛び込んでくる／1つずつ選択肢を検討する時間がカットできる

(補足) 最後まで英文を読む
※超上級者向け／最後まで確認することで、ひっかけ問題に対処できる

普通に読むことで、「最初に選択肢をチェックする時間／英文を途中から読むストレス／選択肢で迷う時間」がなくなるので、結果的に時間短縮につながります。

## ❸ 「1問15秒」を目安にどんどん次の問題へ

△定番の対策　「1問20～30秒」を目安に解く

### 神速流 「1問15秒」が理想のスピード!

ズバリ**1問15秒、合計7分30秒**で解くのが目標です。大変だと思うかもしれませんが、「長文を速く読む」より、「文法問題を速く解く」ほうがラクですよ。

**一般的な時間配分 vs. 理想の時間配分**　※見直しの時間は含んでいません

| | 一般的な時間配分 | 理想の時間配分 |
|---|---|---|
| Part 5／Part 6 | 10～15分／8分 | 7分30秒／7分30秒 |
| Part 7 | 52分 | 60分 |
| リーディング合計 | 75分 | 75分 |

# Part 5 の攻略

## ▶ Point 1

品詞

## 「品詞問題」の出題パターンを攻略！

Part 5では全体の約3分の1が「品詞問題」です。まず、以下で「4大品詞（名詞・形容詞・副詞・動詞）」の働きをザッと確認しておきましょう。具体的な出題パターンは問題を通してマスターしていきます。

**【「名詞」の働き】**

(1) S（主語）になる　例：The child thinks that ~
(2) 他動詞のO（目的語）になる　例：He likes the child.
(3) 前置詞のOになる　例：for beauty
(4) C（補語）になる　例：become the president of ~

**【「形容詞」の働き】**

(1) 名詞を修飾　例：the new building
(2) 補語になる　例：The building is new.

**【「副詞」の働き】** ※「（文法上）なくてもOKな品詞」とも考えられる

「名詞以外（動詞・形容詞・他の副詞・文全体など）」を修飾

**【「動詞」の働き】**

文の述語（～する・～である）になる　例：He showed me the picture.
※「動詞の原形」が答えになる頻出パターン：□ 助動詞＋(副詞)＋原形（例：will (usually) show ~）／□ to＋原形（例：in order to show ~）／□ Please＋原形（例：Please show ~）

注意　**「動名詞」の働き**

動名詞は「**動詞が名詞になったもの**」で、名詞の働き（S・O・Cになる）と同じです。ただし、動名詞は動詞の性質も含んでいるので、「目的語をとれる」という性質があります。この点がポイントになる「**前置詞＋動名詞＋名詞**」が超頻出です。

例：**success in negotiating a new contract**「新しい契約交渉の成功」
※（×）success in negotiation a new contract（名詞negotiationは目的語をとれない）

前置詞inの後ろに「動名詞」（negotiating）がきています。そして、その動名詞の目的語としてa new contractという名詞のカタマリがきているわけです。

## ▶Point 2

品詞 文法

## 「文法問題」の出題パターンを攻略！（前置詞 vs. 接続詞）

前置詞の後ろには「名詞」、接続詞の後ろには「文（sv）」がきます。たとえば、duringとwhileの「意味」は同じですが、「形」は決定的に異なります。

**I got a call during the meeting.** ※duringの後ろは名詞
≒ **I got a call while I was in the meeting.** ※whileの後ろは文(sv)
会議中に電話がかかってきた。

**【前置詞 vs. 接続詞】**

| 意味＼品詞 | 前置詞 | 接続詞 |
|---|---|---|
| 「～の間」 | during | while |
| 「～までには」 | by | by the time |
| 「～なので」 | because of | because |
| 「～しなければ」 | without | unless |
| 「～だけれども・～にもかかわらず」 | in spite of／despite／notwithstanding | though／although／even though |
| 「～にかかわらず・～であろうとなかろうと」 | regardless of／irrespective of | whether |

## ▶Point 3

文法

## 「文法問題」の出題パターンを攻略！（受動態）

受動態の基本形は**S is p.p. (by ~)**「**(～によって) Sは…される**」で、原則「**後ろに名詞はこない**」点が大事です。受動態ではSVOのOを文頭に出してSにするので、be p.p.の後ろにOのような「名詞」は残らないのです。

能動態（第3文型）：**He wrote the book.** 「彼はその本を書いた」

受動態：**The book was written by him.** ※by ~は副詞句
「その本は彼によって書かれた／その本を書いたのは彼だ」

Part 5

地味に思えますが、この知識はPart 5・6で大活躍します。「空所の後ろに名詞がない」→「受動態」(他動詞の能動態は入らない)と予想できるからです。
逆に、------- the bookの形になっていたら、受動態be writtenという選択肢は即アウトと判断できます。能動態(writeなど)が入るわけです(例外はp. 182)。

## ▶ Point 4 語彙 語法

## 「語彙問題」の出題パターンを攻略!(tell型)

たとえば、remindはremind 人 of ~/remind 人 that ~/remind 人 to ~の3つの形が大事ですが、こういった語法を1つずつ丸暗記するのはあまりに大変ですね。本書ではこれを「tell型」の語法として整理していきます。
tell型には**tell 人 of 物/tell 人 that sv/tell 人 to 原形**という3つの型があり、このtellの部分に**tell/remind/convince/persuade/warn/notify/inform/assure**の8つの動詞が入ります。以下の表の「赤字部分だけ」を覚えれば、「基本形3つ×tell型8つ」で、たくさんの語法を一気にマスターできるのです。

**【tell型の動詞　基本形:tell 人 of ~/tell 人 that ~/tell 人 to ~】**

| 動詞 \ 型 | V 人 of ~ | V 人 that ~ | V 人 to ~ |
|---|---|---|---|
| tell「伝える」 | tell 人 of ~ | tell 人 that ~ | tell 人 to ~ |
| remind「思い出させる」 | remind 人 of ~ | remind 人 that ~ | remind 人 to ~ |
| convince「納得・確信させる」 | convince 人 of ~ | convince 人 that ~ | convince 人 to ~ |
| persuade「説得する」 | persuade 人 of ~ | persuade 人 that ~ | persuade 人 to ~ |
| warn「警告する」 | warn 人 of ~ | warn 人 that ~ | warn 人 to ~ |
| notify「知らせる」 | notify 人 of ~ | notify 人 that ~ | notify 人 to ~ |
| inform「知らせる」 | inform 人 of ~ | inform 人 that ~ | ~~inform 人 to ~~~ |
| assure「保証する」 | assure 人 of ~ | assure 人 that ~ | ~~assure 人 to ~~~ |

※(×) inform[assure] 人 to ~だけは存在しないのですが、そこまで問われることはないので、3×8のつもりで覚えてもTOEICのスコアには支障ありません。

# Part 5　例題

## 例題（1）「品詞問題」を攻略！

**1.** In a speech to Intreg Records employees, the CEO emphasized the ------- of bringing new music to the marketplace.
(A) important
(B) most important
(C) importantly
(D) importance

**2.** Tony Gresham believes that there is an ------- need to replace the building's water heater.
(A) immediately
(B) immediate
(C) immediacy
(D) immediateness

**3.** Budget airlines in Europe have been struggling to remain ------- over the past year.
(A) profitable
(B) profited
(C) profiting
(D) profits

**4.** The Wexler Hotel is ------- located in Atlanta's central business district.
(A) convenience
(B) convenient
(C) conveniences
(D) conveniently

**5.** The engineers at Harbow Aviation are working on ------- a lightweight jet engine.
(A) develop
(B) development
(C) developing
(D) developed

［ヒント］

 1. 目的語になる品詞は？

 2. 名詞を修飾する品詞は？

 3. remainの後ろにくる（補語になる）品詞は？

 4. be located「位置している」の間に入る品詞は？

 5. work on ~ の目的語になり、かつ後ろに名詞がくる品詞は？

# Part 5　例題　解答と解説

## 例題（1）「品詞問題」を攻略！

**1.** 正解 **D**

In a speech to Intreg Records employees, the CEO emphasized the ------- of bringing new music to the marketplace.

(A) important
(B) most important
(C) importantly
**(D) importance**

Intreg Recordsの従業員へのスピーチの中で、CEOは新しい音楽を市場に売り出すことの重要性を強調しました。

(A) 形「重要な」
(B) 形 の最上級
(C) 副「重要なことに」
(D) 名「重要性」

### 核心「冠詞＋名詞＋前置詞」のパターン

In ~, は副詞のカタマリで、文の要素にはなりません。the CEOがS、emphasizedがVで、the ------- of ~ がOです。**「冠詞 ------- 前置詞」の形から空所には「名詞」が入る**と考え、(D) importance「重要性」を選びます（"-ce" は名詞の特徴的な語尾）。他動詞emphasized「強調した」のOとして、the importance of ~「～の重要性」という名詞のカタマリがくるわけです。

**【構文解析】**

「冠詞＋名詞＋前置詞」のパターン

**(In a speech to ~), the CEO emphasized the importance [of ~].**
S　V　O

※ of以下はbring A to B「AをBに持っていく」の形で、bringing new music to the marketplace「新しい音楽を市場に持っていく（売り出す）こと」です。

### 隠れポイント　語彙問題でも頻出の「強調する」を表す単語

**emphasize the importance of ~**「～の重要性を強調する」は非常によく使われるフレーズで、語彙問題でimportanceだけでなくemphasizeが空所で問われることもあります。特に「強調する」を表す単語はPart 5の語彙問題、さらにPart 7でも言い換えが狙われますので、セットで押さえておきましょう。

**【「強調する」を表す重要単語】**

□ **emphasize**／□ **stress**／□ **highlight**／□ **underline**／□ **underscore**

□ **employee** 従業員／□ **CEO** 最高経営責任者（chief executive officerの略）／
□ **marketplace** 市場

## 2. 正解 B

Tony Gresham believes that there is an ------- need to replace the building's water heater.

(A) immediately
**(B) immediate**
(C) immediacy
(D) immediateness

Tony Greshamは、建物の給湯器を今すぐ取り換える必要があると考えています。

(A) 副「すぐに」
(B) 形「差し迫った・緊急の」
(C) 名「即時性」
(D) 名「即時性」

### 核心 「冠詞+形容詞+名詞」のパターン

Tony GreshamがS、believesがVで、believe that ~「~と考えている」の形です。that節中はThere is構文で、there is an ------- need to ~ となっています。「冠詞 ------- 名詞」の形から、空所には直後の名詞(need)を修飾する「形容詞」が入ると考えて、(B) immediate「緊急の」を選べばOKです。

**【構文解析】**

「冠詞+形容詞+名詞」のパターン

Tony Gresham believes 〈that there is <an immediate need [to ~]>〉.
S　V　O　v　s

※ an immediate need「緊急の必要性」を、to 以下が修飾しています。このtoは「(不定詞の形容詞的用法の)同格」と呼ばれる用法です。まず漠然とneed「必要性」と言ってから、to以下で「どんな必要性か?」を具体的に説明する感覚です。

### 隠れポイント 品詞問題のパターンを整理

an immediate needは「冠詞+形容詞+名詞」の形です。冠詞は原則「名詞」につけるものなので、「冠詞+名詞」の形がよく使われますが(例:the boy)、冠詞の後に「形容詞+名詞」が続くことも多いです(例:the nice boy)。今回は冠詞anの後に「形容詞+名詞(immediate need)」のカタマリがきていますね。

**【名詞が入るTOEIC頻出パターン】**

(1) 冠詞+------- ※空所に入るのは名詞

※「冠詞+名詞+前置詞」のパターンがPart 5頻出/左ページのパターン

(2) 冠詞+形容詞+------- ※空所に入るのは名詞

逆パターン 冠詞+-------+名詞

※空所に入るのは形容詞/今回のパターン

□ **replace** 取り換える/□ **water heater** 給湯器

## 3. 正解 A

Budget airlines in Europe have been struggling to remain ------- over the past year.

**(A) profitable**
(B) profited
(C) profiting
(D) profits

欧州の格安航空会社は、この1年間収益性を維持するのに苦労し続けています。

(A) 形「利益になる」
(B) 動「利益を得る」の過去形・過去分詞形
(C) 動 の -ing形
(D) 名「利益」の複数形／動 の3人称単数現在形

### 核心 remain 形容詞「～のままだ」

Budget airlines in EuropeがS、have been struggling to remainがVです。struggle to ~「～するのに苦労する」の後ろに、remain -------が続いています。**remain 形容詞「～のままだ」**という形が重要で、形容詞の(A) profitable「利益になる」を選びます（"-able"は形容詞の特徴的な語尾）。

**【構文解析】**

remain 形容詞「～のままだ」

**Budget airlines [in Europe] have been struggling to remain profitable (over ~).**

S: Budget airlines [in Europe] / V: have been struggling to remain / C: profitable

※ 全体は現在完了進行形（have been -ing）で「過去から今まで～し続けている」という現在までの継続を表しています。overは本来「覆う」イメージで、「ある期間を覆って」→「～にわたって・～の間」を表すので、現在完了形と相性の良い前置詞です。

### 隠れポイント 「seem型の動詞」をまとめてチェック！

第2文型（SVC）をとる動詞をまとめて「seem型の動詞」として確認しておきましょう。まずは直後に「形容詞」がくると考えてください。

**【seem型の動詞（第2文型でよく使われる動詞）】**

① 状態・継続：**be**「～になる・～である」／**keep**・**remain**・**stay**・hold・lie「～のままでいる」

② 変化：**become**・**get**・**turn**・grow・come・go・fall「～になる」／prove・turn out「～だとわかる」

③ 感覚：**seem**・**appear**「～のようだ」／**look**「～に見える」／**feel**「～のように感じる」／sound「～に聞こえる」／taste「～の味がする」／smell「～のにおいがする」

□**budget** 格安の／□**airline** 航空会社

## 4. 正解 D

The Wexler Hotel is ------- located in Atlanta's central business district.

(A) convenience
(B) convenient
(C) conveniences
**(D) conveniently**

Wexlerホテルは立地が良く、アトランタのビジネス街の中心に位置している。

(A) 名「便利さ」
(B) 形「便利な」
(C) 名「便利な物」の複数形
(D) 副「便利に」

### 核心 よく出る"be+副詞+p.p."のパターン

The Wexler HotelがSで、is ------- locatedがVになると考えます。locateは本来「(建物を)置く」で、be located「(建物が)置かれている」→「位置する・ある」の形でよく使われます。

今回はこの形ですでに文構造が完成しているので、空所には「**(文構造上)なくてもOK**な要素」=「副詞」が入ると考えて、副詞の(D) conveniently「便利に」を選びます。be locatedという受動態の間に副詞convenientlyが入って、**be conveniently located「便利に位置している」**→「立地が良い」となるわけです。

**【構文解析】**

"be+副詞+p.p."のパターン

**The Wexler Hotel is (conveniently) located (in Atlanta's ~).**
S V

※今回のように受動態(be p.p.)の間に副詞が入った"be+副詞+p.p."のパターンを苦手にしている人が多いので、しっかりチェックしておきましょう。

### 隠れポイント 「立地表現」を対策!

be conveniently located「立地が良い」のような「立地」を表す表現は品詞問題や語彙問題でよく問われますし、Part 3・4・7での「物件」に関する話でもよくポイントになります。その他の「立地表現」も確認しておきましょう。

□**be centrally located**「中心に位置している」
□**be remotely located**「遠くに位置している」
□**be in a good location**「立地が良い」
□**be located within walking distance of ~**「~から徒歩圏内に位置している」
□**be located in an easily accessible location**「アクセスが良い場所にある」

□**central** 中心の/□**district** 地区

## 5. 正解 C

The engineers at Harbow Aviation are working on ------- a lightweight jet engine.

(A) develop
(B) development
**(C) developing**
(D) developed

Harbow航空の技術者は、軽量のジェットエンジンの開発に取り組んでいるところです。

(A) 動「開発する」の原形
(B) 名「開発」
(C) 動の-ing形
(D) 動の過去形・過去分詞形

### 核心 Part 5超頻出の「前置詞+動名詞+名詞」

The engineers at ~ がS、are working onがVです。前置詞onの直後なので、空所には「名詞・動名詞」が入ると予想します。

空所直後には「名詞のカタマリ」が続いているので、後ろにOをとれる動名詞の(C) developingが正解です。**動名詞はあくまで「名詞」扱いですが、動詞の性質も残しており、直後に名詞がきてOKです。「前置詞+動名詞+名詞」**のパターンになります(動名詞developingの目的語がa lightweight jet engine)。

**【構文解析】**

「前置詞+動名詞+名詞」のパターン

**The engineers [at ~]** (S) **are working on** (V) **developing a lightweight jet engine.** (O)

「前置詞の後だから名詞が入る」と思って、名詞の(B) developmentに飛びつかないように注意しましょう。複合名詞(名詞+名詞の形をとる特殊な表現)を除いて、原則的に「名詞が続くのはNG」です。

(○) developing a lightweight jet engine
「軽量のジェットエンジンを開発すること」 ※動名詞+名詞
(×) development a lightweight jet engine ※名詞要素が2つ続くのはNG

### 隠れポイント 重要熟語のwork on ~ をマスターする

work on ~「~に取り組む」はTOEICで超重要な熟語です。

まず、workは本来「がんばる」という意味でした(p. 92)。そしてonは「接触」→「意識の接触(~について)」を表します。**work on ~で、直訳「~について(on)がんばる(work)」→「~に取り組む」**となるわけです。

□**engineer** 技術者・エンジニア/□**aviation** 航空/□**lightweight** 軽量の・軽い/
□**jet engine** ジェットエンジン

# Part 5　例題

## 例題 (2)　「文法問題」を攻略!

**6.** Ms. Hardy submitted a stack of receipts with ------- expense report.
(A) she
(B) her
(C) hers
(D) herself

**7.** Financial management seminars ------- at the Petersburg Community Center for three days beginning on April 18.
(A) holding
(B) held
(C) will hold
(D) will be held

**8.** ------- the rising cost of accommodation on Penolo, the number of visitors to the island has been growing.
(A) Despite
(B) While
(C) Even if
(D) Although

**9.** A message on the login page informed Mr. McKenzie that ------- his password or username was incorrect.
(A) either
(B) each
(C) as
(D) both

**10.** ------- you have been issued a boarding pass, please proceed to the boarding gate.
(A) Upon
(B) Next
(C) Once
(D) Then

［ヒント］

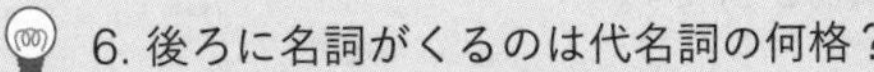
6. 後ろに名詞がくるのは代名詞の何格？

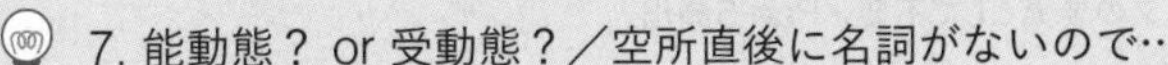
7. 能動態？ or 受動態？／空所直後に名詞がないので…

8. 前置詞？ or 接続詞？／空所直後は名詞のカタマリなので…

9. or と相性が良いのは？／inform 人 that ~「人に～と知らせる」

10. "------- sv, 命令文" で空所に入る品詞は？

# Part 5　例題　解答と解説

## 例題（2）「文法問題」を攻略！

**6.** 正解 **B**

Ms. Hardy submitted a stack of receipts with ------- expense report.

(A) she
**(B) her**
(C) hers
(D) herself

Hardyさんは、自分の経費報告書とともに大量の領収書を提出しました。

(A) 主格「彼女が」
(B) 所有格「彼女の」／目的格「彼女を・彼女に」
(C) 所有代名詞「彼女のもの」
(D) 再帰代名詞「彼女自身が（を・に）」

### 核心　「代名詞」の基本問題

「代名詞の判別」がポイントです。Ms. HardyがS、submittedがV、a stack of receiptsがOです。with ------- expense reportの形から、空所には直後のexpense report（名詞のカタマリ）を修飾する語が入ると考えます。**名詞を修飾できるのは「所有格」なので、(B) herが正解です。**代名詞の格変化は超基礎レベルですが、TOEICではよく出題されます（特に所有格が頻出）。

**【構文解析】**

所有格herがexpense reportを修飾

**Ms. Hardy** (S) **submitted** (V) **a stack of receipts** (O) **(with her expense report).**

### 隠れポイント　「再帰代名詞」の2用法

(D) herselfは「再帰代名詞」と呼ばれるものです。文法書では軽視されがちですが、Part 5でよく問われるので、働きをきちんと確認しておきましょう。

**（1）動詞・前置詞の目的語になる**　※文の要素として必要

例：Cindy asked herself a question.　シンディは自問自答した。

※「主語と目的語が同じ」ときは必ず再帰代名詞を使います。例文のCindyとherselfは同一人物で、直訳は「シンディは自分自身に質問した」です。

**（2）強調する**　※文の要素として不要／Part 5頻出

例：Ellen filled out the survey herself.　Ellen自身がアンケートに記入した。

※SVO (Ellen filled out the survey) で文として完結します。herselfは「なくてもOK」ですが、あえて入れることで「他の人ではなく自分自身で」と強調しているわけです。

□**submit** 提出する／□**a stack of ~** 大量の・山積みの～／□**receipt** レシート・領収書／□**expense** 経費

**7.** 正解 **D**

Financial management seminars ------- at the Petersburg Community Center for three days beginning on April 18.

(A) holding
(B) held
(C) will hold
**(D) will be held**

財務管理セミナーは、4月18日から3日間にわたってPetersburgコミュニティセンターで開催される予定です。

(A) 動 hold「開催する」の-ing形
(B) 過去形・過去分詞形
(C) will + 原形
(D) will + 受動態

## 核心 Part 5で「受動態」は超頻出！

「能動 vs. 受動」がポイントです。Financial management seminarsがS、空所にはVが入ると考えます。**「セミナーは開催される」という受動関係が適切**なので、受動態の(D) will be heldが正解です。受動態（be p.p.）にwillが加わった形（will be p.p.）です。

**【構文解析】**

助動詞＋受動態（will be p.p.）

**Financial management seminars will be held (at ~) (beginning ~).**
S　V

※空所の後ろに「名詞がない」点も受動態を選ぶヒントになります（at ~は「副詞のカタマリ」）。もし能動態を選ぶと、直後に名詞（目的語）が必要ですね。先に選択肢を見ると「時制」の問題だと思えますが、実際には「時制に見えて、態動 vs. 受動がポイント」という頻出パターンでした。

## 隠れポイント holdは「抱きかかえる」イメージ

holdという単語自体は簡単ですが、いろいろな意味を持つ大事な多義語です。

**【多義語hold　核心：抱きかかえる】**

①（手・腕で）持つ　② 保有する　③ 開催する　④ ～のままでいる

「抱きかかえる」→「保有する」、「会議やイベントを抱きかかえる」→「開催する・行う」となりました。**hold a meeting「会議を行う」、hold an event「イベントを行う」、hold a reception「歓迎会を行う」**などと使います。
さらに、「抱きかかえたまま保持する」→「～のままでいる・そのまま待つ」となりました。hold true for ~「～に対して真実のままである」→「～に当てはまる・有効だ」や、Hold on a second.「（電話で）少々お待ちください」が頻出です。

□**financial** 財務の／□**management** 管理／□**beginning ~** ～から・～に始まって

## 8. 正解 A

------- the rising cost of accommodation on Penolo, the number of visitors to the island has been growing.

**(A) Despite**
(B) While
(C) Even if
(D) Although

Penoloでの宿泊費は高くなりつつあるにもかかわらず、その島を訪れる人の数は増え続けています。

(A) 前「～にもかかわらず」
(B) 接「～する間・～する一方で」
(C) 接「たとえ～としても」
(D) 接「～だけれども」

### 核心 後ろに「名詞のカタマリ」→「前置詞」

「前置詞 vs. 接続詞」がポイントです。**空所直後は「名詞のカタマリ」(the rising cost of ~)が続いているので、空所には「前置詞」が入ると考えます。選択肢の中で前置詞は、(A) Despite「～にもかかわらず」だけです。**

他の選択肢はすべて「接続詞」なので、後ろにはsvがきます。「意味」を考えるまでもなく、「形」に注目すれば一瞬で正解を選べる問題でした。

**【構文解析】**

前置詞despiteの後ろは名詞のカタマリ

**(Despite the rising cost of ~), the number [of ~] has been growing.**
S V

※ Despite the rising cost of accommodation on Penoloは、直訳「Penoloでの上昇している宿泊費にもかかわらず」→「Penoloでの宿泊費は高くなりつつあるにもかかわらず」です。

### 隠れポイント the number of ~ は「単数扱い」

英文全体はDespite ~, SV.の形で、the number of ~ がS、has been growingがVです。**the number of ~では、~の部分に複数形の名詞がきても動詞が単数扱いになる点に注意が必要です**(今回はhaveではなくhasが使われています)。

**【a number of ~ とthe number of ~】**

① a number of ~「たくさんの～・いくつかの～」
※メインの主語は"~"の部分(複数名詞)/動詞も複数扱い(areなど)

② the number of ~「～の数」
※メインの主語はnumber/動詞は単数扱い(isなど)

□**rise** 上昇する/□**accommodation** 宿泊施設/□**island** 島

## 9. 正解 A

A message on the login page informed Mr. McKenzie that ------- his password or username was incorrect.

**(A) either**
(B) each
(C) as
(D) both

ログインページ上のメッセージは、McKenzieさんに、彼の入力したパスワードまたはユーザー名が間違っている旨を通知しました。

(A) (either A or Bで) AかBどちらか
(B) 形 それぞれの／副 代 それぞれ
(C) 前「～として」／接「～なので」など
(D) (both A and Bで) AとB両方

### 核心 either A or B「AかBどちらか」

等位接続詞のペア表現がポイントです。A message on the login pageがS、informedがVで、**inform 人 that ~「人に～を知らせる」**の形になっています。

that節中では、------- his password or usernameがs、wasがv、incorrectがcです。空所後のorに注目して、**either A or B「AかBどちらか」**とすればOKです。either his password or username「パスワードかユーザー名のどちらか」というthat節中のsになります。

**【構文解析】**

either A or B「AかBどちらか」

**A message [on ~] informed Mr. McKenzie < that either his password or username was incorrect>.**
(A message [on ~] = S, informed = V, Mr. McKenzie = O, <that … > = O; his password or username = s, was = v, incorrect = c)

※informはtell型の動詞で、inform 人 of ~／inform 人 that ~の形をとります(p. 168)。ちなみに、either A or Bでは、動詞はBに合わせます(動詞に「近いほう」を合わせるという発想)。今回は"B"のusernameに合わせて、動詞はwasになっています。

### 隠れポイント 等位接続詞を使ったペア表現を整理

either A or Bのようなペアになる表現を確認しておきましょう。簡単ですが、Part 5ではよく狙われます。

□**both A and B**「AとB両方」／□**either A or B**「AかBどちらか」／
□**neither A nor B**「AもBもどちらも～ない」／□**not A but B**「AでなくB」／
□**not only A but also B**「AだけでなくBも」

※応用：A and B alike「AもBも同様に・AとB両方」(≒ both A and B)

□**username** ユーザー名／□**incorrect** 間違っている

## 10. 正解 C

------- you have been issued a boarding pass, please proceed to the boarding gate.

(A) Upon
(B) Next
**(C) Once**
(D) Then

搭乗券が発行されたら、搭乗ゲートにお進みください。

(A) 前「～の上に・～するとすぐに」
(B) 形「次の」／副「次に」
(C) 接「いったん～すると・～するとすぐに」
(D) 副「その時・それから・それなら」

### 核心 onceは「接続詞」が超重要！

従属接続詞がポイントです。英文全体は "------- sv, 命令文." の形で、空所には「従属接続詞」が入ると考えます。選択肢の中で従属接続詞として使えるのは、(C) Once「いったん～すると」だけです。onceは副詞「一度・かつて」が有名ですが、**「いったん～すると」という従属接続詞の用法が非常に重要なのです。**

※先に選択肢を見ると「意味」がポイントだと思ってしまいますが、「形（品詞）」が決め手ですね。

【構文解析】
"Once sv, 命令文." の形
Once you have been issued a boarding pass, please proceed to ~
s v o V
issue 人 物の受動態


### 隠れポイント 「受動態のバリエーション」と「多義語issue」

Onceの後では、issue 人 物「人に物を発行する」の受動態で、人 is issued 物「人は物を発行される」となっています（第4文型の受動態／p. 182）。さらに今回は完了形＋受動態（have been p.p.）で、you have been issued 物「あなたは物が発行された」となっているわけです。issueはTOEICで超重要な多義語です。

**【多義語issue　核心：ポンッと出てくる】**

① 問題　② (雑誌の) ～号　③ 発行する・出す

「ポンッと出てくる」→「(突然現れた) 問題・論争」、「発売日に店頭にポンッと出てくる」→「(雑誌の) 号」と考えればOKです。さらに「ポンッと出す」イメージで、「発行する・出す」という動詞としてもよく使います（今回の英文ではこの意味）。

□**boarding pass** 搭乗券／□**proceed to ~** ～に進む／□**boarding gate** 搭乗ゲート

## 例題 (3) 「語彙・語法問題」を攻略!

**11.** Each *Gourmet Newsletter* subscriber ------- a renewal notification before their subscription ends.
(A) to send
(B) be sent
(C) send
(D) is sent

**12.** Passengers are allowed ------- one carry-on item onto the plane at no extra charge.
(A) taking
(B) took
(C) takes
(D) to take

**13.** The store clerk ------- Ms. Patel that exposing the furniture to direct sunlight could damage the material.
(A) mentioned
(B) apologized
(C) said
(D) warned

**14.** Awesome Tykes, Inc. has a range of baby products that ------- the needs of busy parents.
(A) address
(B) cope
(C) account
(D) enter



[ヒント]

 11. sendの基本形：send 人 物「人に物を送る」

 12. allowの基本形：allow 人 to ~「人が~するのを許可する」

 13. "V 人 that ~" の形をとる動詞は？

 14. thatは主格の関係代名詞／the needs of ~「~のニーズ・必要性」

## 例題（3）「語彙・語法問題」を攻略！

**11.** 正解 **D**

Each *Gourmet Newsletter* subscriber ------- a renewal notification before their subscription ends.

(A) to send
(B) be sent
(C) send
**(D) is sent**

Gourmetニュースレターの購読者全員に、購読期限が切れる前に更新のお知らせをお送りしています。

(A) to＋原形
(B) be＋p.p.
(C) 原形
(D) 受動態

### 核心　send 人 物「人に物を送る」の受動態

動詞の形を問う問題です。Each *Gourmet Newsletter* subscriberがS、空所にはVが入ると考えます。「購読者は更新通知が送られる」という受動関係が適切なので、受動態の(D) is sentが正解です。**send 人 物「人に物を送る」**の受動態で、**人 is sent 物「人は物を送られる」**となります。

**【構文解析】**

人 is sent 物「人は物を送られる」

**Each *Gourmet Newsletter* subscriber** (S) **is sent** (V) **a renewal notification** (O) **(before ~).**

(A) to sendと(B) be sentは文のVにはなれません。また、能動態の(C) sendは、Sが単数形なので3単現のsが必要です。このように「SVの一致」もよくポイントになります。

### 隠れポイント　第4文型（SVOO）の受動態

p. 167で原則「受動態の後ろに名詞はこない」と説明しましたが、第4文型（SVOO）・第5文型（SVOC）の場合は、be p.p.の後ろに名詞がくることもあります。**動詞の後ろに「名詞が2つ」あると、1つを先頭に出しても、もう1つの名詞が残る**ので、その結果be p.p.の後ろに名詞がくるわけです。たとえば、今回は元々sendの後ろに人・物と2つの名詞があるので、人を前に出しても、受動態の後ろに物（名詞）が残ります。

**能動態：** They send each *Gourmet Newsletter* subscriber a renewal notification ~
※send 人 物 → 人 is sent 物

**受動態：** Each *Gourmet Newsletter* subscriber is sent a renewal notification ~

□**subscriber** 定期購読者／□**renewal** 更新／□**notification** 通知・お知らせ／□**subscription** 定期購読

## 12. 正解 D

Passengers are allowed ------- one carry-on item onto the plane at no extra charge.

(A) taking
(B) took
(C) takes
**(D) to take**

乗客は、機内持ち込み手荷物を1つ追加料金なしで飛行機に持ち込むことができます。

(A) -ing形
(B) 過去形
(C) 3人称単数現在形
(D) to＋原形

### 核心 第5文型の語法

allowの語法がポイントです。空所直前のare allowedに注目して、**allow 人 to ~**「人が~するのを許可する」の受動態 "**人 is allowed to ~**" とします。Passengers are allowed to take one carry-on item onto ~で、直訳「乗客は、1つの機内持ち込み手荷物を~に持ち込むことを許可されている」です。

人 is allowed to ~「人は~することを許可されている」

**【構文解析】**

**Passengers** (S) **are allowed to take** (V) **one carry-on item** (O) **(onto the plane) (at no extra charge).**

### 隠れポイント SV 人 to ~をとる動詞

SV 人 to ~の形をとる動詞はPart 5頻出です。to不定詞は未来志向なので、どの動詞も「これから~することをVする」という意味を含むと意識してください。allow 人 to ~ は「人がこれから~することを許可する」ということですね。

□**allow**・**permit**「許可する」／□**want**「望む」／□**ask**「頼む」／□**advise**「勧める・忠告する」／□**expect**「期待する」／□**urge**「説得する・強く迫る」／□**enable**「可能にする」／□**cause**「引き起こす」／□**encourage**「勇気づける」／□**determine**「決心させる」／□**incline**「する気にさせる」／□**force**・**oblige**・**compel**「強制する」／□**order**「命令する」／□**require**・**request**「要求する」／□**instruct**「指示する」／□**drive**「推し進める・駆り立てる」

※determineやinclineなどはほとんど受動態でしか使われませんが、元の形を知っておくことは有益です。

□**passenger** 乗客／□**carry-on item** 機内持ち込み手荷物／□**plane** 飛行機／□**extra** 追加の・余分の／□**charge** 料金 ※at no extra charge「追加料金なしで」

## 13. 正解 D

The store clerk ------- Ms. Patel that exposing the furniture to direct sunlight could damage the material.

(A) mentioned
(B) apologized
(C) said
**(D) warned**

店員はPatelさんに、家具が直射日光にさらされると素材が傷む可能性があると忠告しました。

(A) mention「言及する・述べる」
(B) apologize「謝る」
(C) say「言う」
(D) warn「注意する・警告する」

### 核心 tell型の動詞

動詞の語法がポイントです。The store clerkがS、空所にVが入ります。後ろの "人 (Ms. Patel) that ~" の形に注目して、**warn 人 that ~**「人に~と警告する」の形にします。warnはtell型の動詞で (p. 168)、**tellと同様にwarn 人 of ~/warn 人 that ~/warn 人 to ~**の3つの形をとります。

**【構文解析】**

warn 人 that「人に~と警告する」

**The store clerk warned Ms. Patel <that exposing the furniture to direct sunlight could damage the material>.**

(The store clerk = S, warned = V, Ms. Patel = O, that節 = O; exposing the furniture to direct sunlight = s, could damage = v, the material = o)

### 隠れポイント say型の語法

(A)はmention that ~「~と述べる」の形ならOKです。また、(B)はapologize to 人 for ~、(C)はsay to 人 that ~の形のように、後ろに **"to 人"** がくる点が重要です。say型の動詞として、まとめて対策しておきましょう。

※say型は必ずしもthatを取るとは限らず、疑問詞節だったり、名詞だったりするので、そこはあまり気にしなくて大丈夫です。"to 人" の部分を意識してください。

**【say型の動詞 基本形:say to 人 that ~「人に~だと言う」】**

(1) **say to 人 that** ~「人に~と言う」
(2) **suggest to 人 that** ~「人に~と伝える」
(3) **explain to 人 that** ~「人に~と説明する」
(4) **apologize to 人 for** ~「人に~のことで謝る」

□**store clerk** 店員/□**expose A to B** AをBにさらす/□**furniture** 家具類/□**direct** 直接の/□**sunlight** 日光/□**material** 素材

## 14. 正解 A

Awesome Tykes, Inc. has a range of baby products that ------- the needs of busy parents.

**(A) address**
(B) cope
(C) account
(D) enter

Awesome Tykes株式会社は、忙しい親のニーズに対応したベビー用品を幅広く取り揃えています。

(A) 取り組む・対応する
(B) (cope with ~で) ~に対処する
(C) 名 請求書・口座・アカウント／動 (account for ~で) ~を説明する・占める
(D) 入る・入力する・参加する

### 核心 「取り組む」という意味のaddress

語彙問題です。Awesome Tykes, Inc. がS、hasがVで、a range of baby productsがOです。そしてthatは主格の関係代名詞で、that ------- the needs of busy parentsがbaby productsを後ろから修飾していると考えます。

空所直後のthe needs of ~ と相性の良い動詞は、(A) address「取り組む・対処する」です。**address the needs of ~**「~のニーズに取り組む・対応する」はよく使われるフレーズなので、このまま押さえておくといいでしょう。

**【構文解析】**

address the needs of ~「~のニーズに取り組む・対応する」

**Awesome Tykes, Inc. has a range of baby products (that address the needs [of busy parents]).**

S　V　O　※主格の関係代名詞that

### 隠れポイント addressは「ぽ~んと向ける」イメージ

addressは語彙問題やPart 7の同義語問題で非常によく狙われます。5つの意味が重要ですが、すべて「ぽ~んと向ける」イメージから攻略できます。

**【重要多義語address　核心：ぽ~んと向ける】**

① 向ける　② 話しかける／演説
③ 取り組む・対処する　④ 住所／宛先を書く　⑤ メールアドレス

「話の内容を聴衆にぽ~んと向ける」→「話しかける／演説」(Part 1でよく使われます)、「課題に自分の意識をぽ~んと向ける」→「取り組む・対処する」が特に大事です。また、おなじみの「住所」は「手紙をぽ~んと向ける宛先」ということです。

□**a range of ~** 幅広い~・多様な~／□**product** 商品／□**need** 必要性・ニーズ

# Part 5 実戦問題

1. The ------- of a new CEO of Enbrell Pharmaceuticals was announced on January 17.
(A) appointment
(B) appointed
(C) appoint
(D) appoints

2. Rather than asking a maintenance worker to repair the fan, Mr. Cohen fixed it -------.
(A) he
(B) him
(C) his
(D) himself

3. Internet-based training has proven ------- especially for organizations that operate across multiple locations.
(A) more effectively
(B) effectively
(C) effective
(D) effected

4. Renowned singer Byron Diaz and other celebrities joined the fundraiser to help ------- money.
(A) raise
(B) raising
(C) have raised
(D) to have raised

5. An Affinity Air spokesperson announced that the flight was delayed ------- a technical problem.
(A) because
(B) even though
(C) because of
(D) once

6. Allston Corp. distributes a wide range of building materials to ------- 400 construction companies.
(A) approximates
(B) approximation
(C) approximately
(D) approximate

7. Mr. Saunders has been tasked with ------- inventory levels at Reasnor Footwear's warehouse.
(A) monitoring
(B) being monitored
(C) to monitor
(D) monitors

8. Carla Buckner recently led a very ------- workshop on how to grow and care for berry plants.
(A) information
(B) informative
(C) informer
(D) informally

9. Mr. Bergman has ------- his staff that the new accounting software will be easy to use.
(A) assured
(B) provided
(C) ensured
(D) prohibited

10. The tourist center is ------- located and only a five-minute walk away from the Southampton Train Station.
(A) centrally
(B) central
(C) center
(D) centered

11. Shareholders of Kramat Industries want the company to make improvements in ------- efficiency and cost-effectiveness.
(A) both
(B) for
(C) as
(D) yet

12. Make sure to use an oven mitt or cloth when ------- hot items from the oven.
(A) will have removed
(B) remove
(C) is removing
(D) removing

13. Once he has seen both locations, Mr. Donahue ------- which one to sign a rental agreement for.
(A) to choose
(B) choosing
(C) will choose
(D) chose

14. Ms. Harris has been on quite ------- business trips to Asia since she joined the international sales department.
(A) many
(B) a number
(C) a lot
(D) a few

15. Over the past decade, Evercore Shipping ------- its business in Halifax Port.
(A) will be increasing
(B) is increasing
(C) increasing
(D) has been increasing

16. Members of the Wittington Club are expected to behave in a ------- manner at all times.
(A) timely
(B) precise
(C) respectable
(D) commercial

# Part 5 実戦問題　解答と解説

**1.** 正解 A

The ------- of a new CEO of Enbrell Pharmaceuticals was announced on January 17.

**(A) appointment**
(B) appointed
(C) appoint
(D) appoints

Enbrell製薬の新CEOが任命されたことが、1月17日に発表されました。

(A) 名「任命」
(B) 動「任命する」の過去形・過去分詞形
(C) 動 の原形
(D) 動 の3人称単数現在形

## 核心 「冠詞＋名詞＋前置詞」のパターン

品詞問題です。The ------- of a new CEO of ~がS、was announcedがVです。「冠詞 ------- 前置詞」の形から、空所には主語になる「名詞」が入ると考えて、(A) appointment「任命」を選びます（"-ment" は名詞の特徴的な語尾）。

□**pharmaceuticals** 製薬会社／□**CEO** 最高経営責任者／□**announce** 発表する・告知する

**2.** 正解 D

Rather than asking a maintenance worker to repair the fan, Mr. Cohen fixed it -------.

(A) he
(B) him
(C) his
**(D) himself**

Cohenさんは、送風機の修理を整備業者に頼むのではなく、自分で直しました。

(A) 主格「彼が」
(B) 目的格「彼を・彼に」
(C) 所有格「彼の」／所有代名詞「彼のもの」
(D) 再帰代名詞「彼自身が（を・に）」

## 核心 再帰代名詞の「強調」用法

英文全体はRather than ~, SV.「～ではなくSVする」の形で、Mr. Cohen fixed itの時点ですでにSVOという文が完成しています。よって、空所には「**（文法上）なくてもOKな要素**」が入ると考え、**再帰代名詞**の(D) himselfを選べばOKです。再帰代名詞の「強調用法」で(p. 176)、「Cohenさん自身が直した」と強調しています。

□**ask** 人 **to ~** 人に～するよう頼む／□**maintenance** 整備／□**repair** 修理する／□**fan** 扇風機・送風機

## 3. 正解 C

Internet-based training has proven ------- especially for organizations that operate across multiple locations.

(A) more effectively
(B) effectively
**(C) effective**
(D) effected

インターネットを使った研修は、複数の場所で活動している組織にとっては特に効果的であることがわかっています。

(A) 副「効果的に」の比較級
(B) 副「効果的に」
(C) 形「効果的な」
(D) 動「もたらす」の過去形・過去分詞形

### 核心 prove 形容詞「形容詞 とわかる」

空所直前のhas provenに注目します。proveはseem型の動詞 (p. 172) なので、直後には形容詞がくると考えて(C) effective「効果的な」を選べばOKです(“-ive” は形容詞の特徴的な語尾)。prove 形容詞「形容詞 とわかる」の形です。

□**Internet-based** インターネットを使った／□**training** 研修・訓練／□**especially** 特に／□**organization** 組織／□**operate** 営業する／□**multiple** 複数の／□**location** 場所

## 4. 正解 A

Renowned singer Byron Diaz and other celebrities joined the fundraiser to help ------- money.

**(A) raise**
(B) raising
(C) have raised
(D) to have raised

著名な歌手であるByron Diazや他の有名人は、募金活動に参加して募金を呼びかけました。

(A) 動「集める」の原形
(B) -ing形
(C) 現在完了形
(D) 完了不定詞

### 核心 helpはtoを省略できる超特殊な動詞！

helpの語法がポイントです。文はSVOで、to help ~は不定詞の副詞的用法です。空所直前のhelpに注目して、**help 原形「～するのを手伝う」**の形にします。helpはhelp 人 (to) 原形「人が～するのを手伝う」や、help (to) 原形「～するのを手伝う・～するのに役立つ」のように、toが省略できる超特殊な動詞です。

※ 問題英文to ~ は目的「募金を呼びかけるために」でも、結果「～して、募金を呼びかけた」でも解釈できます。

□**renowned** 有名な／□**celebrity** 有名人／□**fundraiser** 資金集めのイベント

**5.** 正解 C

An Affinity Air spokesperson announced that the flight was delayed ------- a technical problem.

(A) because
(B) even though
**(C) because of**
(D) once

Affinity Airの広報担当者は、技術上の問題によってフライトが遅延していることを発表しました。

(A) 接「〜なので」
(B) 接「〜だけれども」
(C) 前「〜が原因で」
(D) 副「一度・かつて」／接「いったん〜すると・〜するとすぐに」

## 核心 because vs. because of ~

「前置詞 vs. 接続詞」がポイントです。announce that ~「〜と発表する」のthat節中では、the flightがs、was delayedがvです。**空所直後に「名詞のカタマリ」があるので、空所には「前置詞」が入る**と考えます。選択肢の中で前置詞扱いなのは、(C) because ofだけです。接続詞の(A) becauseと区別してください。

□**spokesperson** 広報担当者／□**be delayed** 遅れている／□**technical** 技術上の

**6.** 正解 C

Allston Corp. distributes a wide range of building materials to ------- 400 construction companies.

(A) approximates
(B) approximation
**(C) approximately**
(D) approximate

Allston株式会社は約400の建設会社に様々な建築材料を卸しています。

(A) 動 approximate「〜の近似値を求める」の3人称単数現在形
(B) 名「概算」
(C) 副「約・およそ」
(D) 動 の原形

## 核心 数字を修飾できるapproximately

語彙・品詞問題です。全体はdistribute A to B「AをBに分配する」の形で、to以下に------- 400 construction companiesがきています。空所直後の数字を修飾できる(C) approximatelyが正解です。approach「近づく」と語源が関連しており、「近づいていく」→「約・およそ」となりました。**about／around／approximately／roughly**「約」をセットでチェックしておきましょう。

□**a wide range of ~** 様々な〜・広範囲の〜／□**material** 材料／□**construction** 建設

**7.** 正解 A

Mr. Saunders has been tasked with ------- inventory levels at Reasnor Footwear's warehouse.

**(A) monitoring**
(B) being monitored
(C) to monitor
(D) monitors

Saundersさんは Reasnor Footwear'sの倉庫で在庫状況をチェックする仕事を課されています。

(A) 動「監視する・チェックする」の-ing形
(B) 受動態の-ing形
(C) to＋原形
(D) 3人称単数現在形

## 核心 「前置詞＋動名詞＋名詞」のパターン

動詞の形が問われています。Mr. SaundersがS、has been tasked with ~「~の仕事が課されている」がVです。前置詞withの後ろで、直後には「名詞のカタマリ」(inventory levels)があるので、動名詞の(A) monitoringが正解です。**「前置詞＋動名詞＋名詞」**のパターンになります。**monitor**は名詞「モニター・画面」だけでなく、動詞「モニターで監視する」→**「監視する・チェックする」**も大切です。

□**task** 人 **with** 物 人に物を課す／□**inventory** 在庫／□**warehouse** 倉庫

**8.** 正解 B

Carla Buckner recently led a very ------- workshop on how to grow and care for berry plants.

(A) information
**(B) informative**
(C) informer
(D) informally

Carla Bucknerは最近、ベリー類の植物を育てて世話をする方法についてのとても有益なワークショップを主催しました。

(A) 名「情報」
(B) 形「有益な」
(C) 名「情報提供者」
(D) 副「非公式に・形式ばらずに」

## 核心 「冠詞＋(副詞)＋形容詞＋名詞」のパターン

品詞問題です。Carla BucknerがS、ledがVで、a very ------- workshop on ~がOになります。空所には直後の名詞workshopを修飾する「形容詞」が入ると考えて、(B) informative「有益な」を選べばOKです。**「冠詞＋形容詞＋名詞」**のパターンになります(今回は冠詞と形容詞の間に副詞veryが入っている)。

□**lead** 開催する・主催する／□**workshop** ワークショップ・講習会／□**care for ~** ~の世話をする／□**plant** 植物

Part 5

## 9. 正解 A

Mr. Bergman has ------- his staff that the new accounting software will be easy to use.

**(A) assured**
(B) provided
(C) ensured
(D) prohibited

Bergmanさんは従業員に、新しい会計ソフトは使いやすいと保証しています。

(A) assure「保証する」
(B) provide「提供する」
(C) ensure「保証する・確実にする」
(D) prohibit「禁止する」

### 核心 assure 人 that ~「人に～を保証する」

動詞の語法がポイントです。後ろの "人 (his staff) that ~" に注目して、この形をとれる(A) assuredを選びます。assureはtell型の動詞で (p. 168)、**assure 人 of ~／assure 人 that ~「人に～を保証する」**の形で使います。

※(B)はprovide 人 with 物「人に物を提供する」、(C)はensure that ~「～することを確実にする」、(D)はprohibit 人 from -ing「人が～するのを禁止する」の形が重要です。

□**accounting** 会計・経理

## 10. 正解 A

The tourist center is ------- located and only a five-minute walk away from the Southampton Train Station.

**(A) centrally**
(B) central
(C) center
(D) centered

観光案内所は市の中心部にあり、サウサンプトン駅から歩いてたった5分です。

(A) 副「中心部に」
(B) 形「中心の」
(C) 名「中心」
(D) 動 center「集中させる」の過去形・過去分詞形

### 核心 "be＋副詞＋p.p." のパターン

品詞問題です。The tourist centerがS、is ------- locatedがVです (be located「位置している・ある」)。文構造は完成しているので、空所には「**(文法上) なくてもOKな品詞**」＝「**副詞**」が入ると考えて、(A) centrally「中心に」を選びます。受動態 (be + p.p.) の間に副詞が入った **"be＋副詞＋p.p."** のパターンです。

□**tourist center** 観光案内所／□○○**-minute walk away from ~** ～から○○分歩いたところに

## 11. 正解 A

Shareholders of Kramat Industries want the company to make improvements in ------- efficiency and cost-effectiveness.

**(A) both**
(B) for
(C) as
(D) yet

Kramat産業の株主は、会社に効率と費用対効果の両方を改善してほしいと望んでいます。

(A) (both A and Bで) AとB両方
(B) ～のために
(C) ～として
(D) けれども

### 核心 both A and B「AとB両方」

全体はwant 人 to ~「人に～してほしい」の形で、want the company to make improvements in ~「会社に～を改善してほしい」です（人にthe companyがきている)。空所後のandに注目して、**both A and B「AとB両方」**の形にすればOKです。

□**shareholder** 株主／□**make improvements in ~** ～を改善する／□**efficiency** 効率／□**cost-effectiveness** 費用対効果・コストパフォーマンス

## 12. 正解 D

Make sure to use an oven mitt or cloth when ------- hot items from the oven.

(A) will have removed
(B) remove
(C) is removing
**(D) removing**

熱いものをオーブンから取り出す時は、必ずオーブンミトンかオーブンクロスを使うようにしてください。

(A) 動 remove「取り出す」の未来完了形
(B) 現在形
(C) 現在進行形
(D) -ing形

### 核心 従属接続詞内での “s + be” の省略

全体はMake sure to ~「必ず～するようにして」という命令文です。空所直前のwhenは接続詞なので後ろにSVが続くのが原則ですが、今回は選択肢にSVがありません。よって**「(従属接続詞がつくる) 副詞節内での “s + be” の省略」**を考え、(D) removingを選べばOKです。元々はwhen (you are) removing ~ですが、**①副詞節内のs = 主節のS、②副詞節中の動詞がbe動詞、という2つの条件が成り立つ場合は、従属接続詞内での “s + be” は省略できる**のです。今回は命令文なので主語はYouで、when (you are) removing ~の主語と一致していますね。

□**oven mitt** オーブンミトン（オーブン用の手袋・鍋つかみ）／□**oven cloth** オーブンクロス（オーブン用の耐熱布）／□**item** もの

Part 5

## 13. 正解 C

Once he has seen both locations, Mr. Donahue ------- which one to sign a rental agreement for.

(A) to choose
(B) choosing
**(C) will choose**
(D) chose

Donahueさんはいったん両方の場所を見て、どちらの賃貸契約を結ぶか選ぶ予定です。

(A) to + 原形
(B) -ing形
(C) will + 原形
(D) 過去形

### 核心 主節では「未来のことは未来を表す形」

SVの把握と時制がポイントです。全体はOnce sv, SV.「いったんsvするとSVだ」の形です。主節はMr. DonahueがS、空所にVが入り、which ~がOになると考えます。従属節では現在完了形（has seen）ですが、これは「時・条件を表す副詞節の中では未来のことでも現在形（または現在完了形）を使う」というルール（p. 196）によるもので、文自体は「未来」の内容だと考えられます。主節（＝副詞節の外）は普通に「未来のことは未来を表す形」を使えばOKなので、(C) will chooseが正解です。

□**once** いったん～すると・～するとすぐに／□**sign** 署名する／□**rental** 賃貸／□**agreement** 契約

## 14. 正解 D

Ms. Harris has been on quite ------- business trips to Asia since she joined the international sales department.

(A) many
(B) a number
(C) a lot
**(D) a few**

Harrisさんは海外営業部に配属されて以来、何度も出張でアジアに行っています。

(A) 多くの
(B) (a number ofで) 多くの
(C) (a lot ofで) 多くの
(D) (quite a fewで) 多くの

### 核心 quite a few ~「たくさんの～」を理解する！

数量形容詞（数の大小を表す形容詞）がポイントです。空所直前のquiteに注目して、quite a few ~「たくさんの～」とします。a fewは本来「(少し) ある」で、quite a fewは「すごくある」→「たくさんの」となります。

□**business trip** 出張／□**sales department** 販売部・営業部

## 15. 正解 D

Over the past decade, Evercore Shipping ------- its business in Halifax Port.

(A) will be increasing
(B) is increasing
(C) increasing
**(D) has been increasing**

Evercore Shippingは、ここ10年にわたってHalifax港での事業を拡大し続けています。

(A) 動 increase「増やす・拡大する」の未来進行形
(B) 現在進行形
(C) -ing形
(D) 現在完了進行形

### 核心 現在完了形は「過去～現在までの矢印」のイメージ!

時制がポイントです。文頭のOver the past decade「ここ10年間で」に注目して、空所には「過去～現在まで」を表す現在完了進行形の(D) has been increasingを選びます。現在完了形 (have p.p.) でも継続を表せますが、**現在完了進行形 (have been -ing) を使うことで「継続」の意味だとハッキリ伝えられます。**

※over「ある期間を覆って」→「～にわたって・～の間」は完了形と相性が良い前置詞です。

□**decade** 10年／□**business** 事業

## 16. 正解 C

Members of the Wittington Club are expected to behave in a ------- manner at all times.

(A) timely
(B) precise
**(C) respectable**
(D) commercial

Wittingtonクラブのメンバーは、いつでも礼儀正しく振る舞うことを求められています。

(A) タイミングの良い
(B) 正確な
(C) 礼儀正しい
(D) 商業的な

### 核心 "-able・-ible"は「受動・可能」から考える!

語彙問題です。be expected to ~「～することが求められる」の後ろに、behave in a ------- mannerと続いています。(C)を選んで、**in a respectable manner「礼儀正しい方法で」**→「礼儀正しく」とすれば文意が通ります。動詞につく"-able・-ible"は「受動・可能」の意味を持つので、**respectable**は「**respect**されることができるような」→「尊敬すべき・立派な・きちんとした」と考えればOKです。

※in a timely manner「タイミング良く・早急に」もよく使われる表現ですが、今回は文意に合いません。

□**behave** 振る舞う／□**manner** 方法／□**at all times** いつも

Part 5

問13～16で出てきたポイントをここでまとめておきます。

**整　理**　**時・条件を表す副詞節での「現在形の特別用法」**

問13で出てきた重要ルールについて、3つのポイントに分けて理解しましょう。

**「時・条件を表す副詞節の中では未来のことでも現在形を使う」**
**①　②　③**

① 時・条件を表す副詞節をつくるのは、when（時）・if（条件）などの「従属接続詞」です(p. 230)。(If sv), SV. の形で、(　　)の部分が副詞節になります。
② 副詞節の「中だけ」が現在形です。副詞節の外（主節）は関係ありません。
③ 未来のことなのでwillなどを使うべきなのですが、「現在形」で代用するということです（現在形に限らず「現在完了形」で代用することもあります）。以下の主節ではwillが使われていますが、onceがつくる副詞節の中では現在完了形（has seen）になっていることを確認してください。

**(Once he has seen both locations), Mr. Donahue will choose ~**
**s　v（現在完了形）　S　V（未来）**

**整　理**　**「数量形容詞」をマスターする**

数量表現の多くは可算名詞・不可算名詞ごとに使い分ける必要があります。

| | **数（可算名詞）に使う形容詞** | **量（不可算名詞）に使う形容詞** |
|---|---|---|
| **「たくさんの」** | many／a large number of ~ | much／a great deal of ~／a large amount[quantity] of ~ |
| **「少しある」（肯定的）** | a few | a little |
| **「ほとんどない」（否定的）** | few | little |
| **「たくさんの」（few / little を使用）** | quite a few／a good few | quite a little ※あまり使われない／quite a bit of ~ |

※a lot of ~ やlots of ~「たくさんの～」は数・量どちらにも使える

**整理** **現在完了形は「過去〜現在への矢印」のイメージ**

完了形は「継続／完了・結果／経験」の３用法を教わりますが、日本語訳ではなく「イメージ」を優先させてください。現在完了形は「過去〜現在をつないだ"線的"な時制」で、過去から現在への矢印のイメージです。

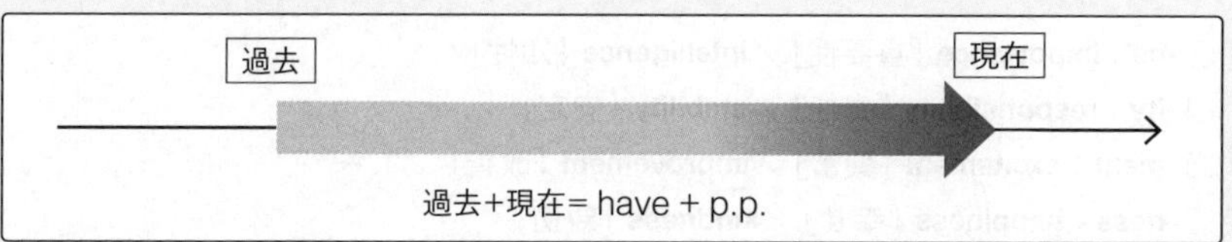


現在完了形のhave + p.p. は「過去に完了したこと（p.p.）を、現在所有している（have）」→「過去＋現在」を表します。問15の現在完了進行形も「矢印」のイメージは同じで、「10年前から現在まで事業を拡大し続けてきた」ということです。

**整理** **まぎらわしい形容詞は"-able・-ible"で判別可能！**

respectfulとrespectableなどを丸暗記するのは大変ですが、語尾に注目すれば簡単です。**respectable**は"-able"で終わるので「受動」で、「respectされることができるような」→「尊敬すべき・立派な・きちんとした」と考えればOKでしたね（p. 195）。一方、**respectful**は"-able・-ible"以外なので「能動」で、「respectしている」→「敬意を示す」と考えればよいわけです。

**【まぎらわしい形容詞】**

| | 能動「〜している」 | 受動「〜されている」 |
|---|---|---|
| **forget**<br>**「忘れる」** | forgetful<br>「忘れっぽい」 | forgettable<br>「印象に残らない」 |
| **respect**<br>**「尊敬する」** | respectful<br>「敬意を示す」 | respectable<br>「立派な・まともな」 |
| **envy**<br>**「嫉妬する」** | envious<br>「嫉妬している」 | enviable<br>「嫉妬されるぐらい良い」 |
| **regret**<br>**「後悔する」** | regretful<br>「残念に思っている」 | regrettable<br>「残念な・悲しむべき」 |

## 語尾による品詞判別の一例

日本語でも「美しさ」など「○○さ」といえば名詞だとわかります。英語でも、このように「語尾」で品詞がわかる場合がたくさんあるのです。

### (1) 名詞

☐ **-ce**：**importance**「重要性」／**intelligence**「知性」
☐ **-ity**：**responsibility**「責任」／**stability**「安定」
☐ **-ment**：**excitement**「興奮」／**improvement**「改善」
☐ **-ness**：**happiness**「幸せ」／**kindness**「親切」
☐ **-ship**：**leadership**「リーダーシップ」／**relationship**「関係」
☐ **-sion**：**decision**「決定」／**division**「部門」
☐ **-tion**：**relation**「関係」／**translation**「翻訳」

### (2) 人を示す名詞

☐ **-er**：**employer**「雇用者」／**interviewer**「インタビュアー・面接官」
☐ **-ee**：**employee**「従業員」／**interviewee**「インタビューされる人・面接を受ける人」
☐ **-or**：**actor**「俳優」／**counselor**「カウンセラー・相談役」
☐ **-ist**：**artist**「芸術家」／**scientist**「科学者」
☐ **-ant**：**accountant**「会計士」／**assistant**「助手」
☐ **-ian**：**historian**「歴史家」／**librarian**「司書」
☐ **-ent**：**student**「学生」／**recipient**「受取人」

### (3) 形容詞

☐ **-able・-ible**：**believable**「信じられる」／**edible**「食べられる」
☐ **-ful**：**beautiful**「美しい」／**harmful**「有害な」
☐ **-ic**：**economic**「経済の」／**romantic**「ロマンチックな」
☐ **-ish**：**childish**「子供っぽい」／**foolish**「愚かな」
☐ **-ive**：**active**「活動的な」／**creative**「創造的な」
☐ **-ous**：**dangerous**「危険な」／**famous**「有名な」
☐ **-y**：**rainy**「雨の」／**stormy**「嵐の」

### (4) 副詞

☐ **-ly**：**carefully**「注意深く」／**fluently**「流暢に」

### (5) 動詞

☐ **-en・en-**：**sharpen**「鋭くする」／**enable**「可能にする」
☐ **-ize**：**economize**「節約する」／**realize**「理解する・実現する」
☐ **-ify**：**classify**「分類する」／**simplify**「単純にする・簡素化する」

# Part 6 攻略

## Part 6　基本情報

| | |
|---|---|
| 問題形式 | 長文の中で4箇所が空所になっています。空所に入る適切な選択肢を4つの中から選びます。 |
| 問題数 | 全部で16問（4問×4つの長文）です。1問30秒弱（16問を7分30秒）で解きます。 |
| 出題内容 | Part 5（文法問題）とPart 7（長文問題）の間に位置しますが、実際にはPart 5と同じ単なる文法問題が多いです。その中に数問、「文脈を考慮する問題」と「文を挿入する問題」が入っています。 |
| 正解数の目安 | 600点目標　**9** ／ 16問　(56%)<br>800点目標　**13** ／ 16問　(81%) |

# Part 6 の概要と解答プロセス

## Part 6 ってこんな問題

**問題形式** 文書を読んで、各空所に入る適切な選択肢を４つの中から選びます。

**Questions 131-134 refer** to the following e-mail.

To: Robert Osborne
From: Angela Stone
Subject: Orientation
Date: March 2

Hi Robert,

長文の中で４箇所が空所になっている

I hope you find this week's orientation informative as you start your new job at Starcell Electronics. -------(131.) I do not lead the sessions, I occasionally pop into the training room to see how the trainees are doing. -------(132.). You can do so by e-mail or in person.
Furthermore, I am going to give you an orientation checklist at the end of the week. Once completed, please -------(133.) it to me or either of your trainers. We will use it to make sure you have received all the information required to perform your job -------(134.). Finally, welcome to Starcell Electronics!

Best regards,

Angela Stone
Human Resource Director
Starcell Electronics

空所に入る適切な選択肢を４つの中から選ぶ

**131.** (A) Although
(B) Despite
(C) Until
(D) Yet

１問は語句ではなく、文脈に合う「文」を選ぶ問題

**132.** (A) This will make it much easier for me as I lead them.
(B) You are also always welcome to stop by my office.
(C) Together, we started the company eight years ago.
(D) Feel free to ask me questions at any time you wish.

**133.** (A) remind
(B) submit
(C) schedule
(D) inform

**134.** (A) satisfies
(B) satisfying
(C) satisfaction
(D) satisfactorily

※解説・和訳・語句・解答は p. 201～202

# Part 6 の核心

**Q.** **Part 6で求められる「文法の力」と「読解の力」とは?**

**A.** **文法はPart 5、読解はPart 7対策の力で対応できます。**

メインとなる文法問題は**Part 5と同じ(品詞・文法・語彙)**です。また、読解力に関しては、Part 7で求められる力で完全に対応できます。

**Q.** **Part 6で求められる「このPart特有の力」とは?**

**A.** **1文を読むだけでは解けない問題があります。**

「1文だけでは解けない問題」が1セット4問の中に2問程度含まれます。「文脈を考える問題(前後、時にはだいぶ離れた箇所を参照して解く)」と「文挿入問題(英文の流れに合う文を選ぶ)」が出題されます。**「Part 5以上、Part 7未満」**というイメージなのがPart 6なのです。

**Q.** **Part 6で求められる「メンタル」とは?**

**A.** **自分に合った最適な力の入れ具合で取り組もう!**

Part 6でよくある失敗は**「ラクしようとする(空所を含む文だけを見て、必要があればその前後をチラッと見る程度)」**ことでミス・混乱する、あるいは逆に**「気負いすぎる(慎重に解こうと時間をかけすぎる)」**ことがあります。「どれくらいの深さ・スピードで解くのがベストなのか?」を普段の練習から意識して、それを本番で再現する必要があります。

解 説

**131. まずは「形」から考える!**

「前置詞 vs. 接続詞」がポイントです。全体は"------- sv, SV."の形なので、空所には「従属接続詞」が入ると考えて(A)と(C)に絞ります。意味は「セッションを仕切ってはいないけれども、様子を確認する」が適切なので、(A) Although「～だけれども」が正解です。

**132. 後ろのdo so「そうする」とつながるのは?**

文挿入問題です。空所後のYou can do so by ~に注目して、空所にはdo so「そうする」が表す内容が入ると考えます。(D)を選べば、**「いつでも気軽に質問して」→「メールでも直接でもそうして(質問して)」**とつながります。

**133. 空所直後のitは「チェックリスト」のこと**

語彙問題です。文頭のOnceは従属接続詞で、Once ~, please ...「いったん～したら、…して」の形です(今回は従属接続詞内の"s + be"が省略)。(B) submit「提出する」を選んで、Once (it (=orientation checklist) is) completed, please submit it ...「記入し終えたら、それを提出して」とすれば文意が通ります。ちなみに、(A) remindと(D) informは「tell型」の動詞なので、直後に「人」がきますね(p. 168)。

**134. きっちり「構文」を把握する**

品詞問題です。make sure (that) sv「svを確認する」の部分は、youがs、have receivedがv、all the information required to perform your job ------- (134.) がoです（all the informationをrequired to ~が後ろから修飾)。すでに文構造は完成しているので、空所には「(文法上) なくてもOKな要素」＝「副詞」が入ると考え、(D) satisfactorilyを選べばOKです（"-ly" は副詞の特徴的な語尾)。

**訳・語句**

問131～134は次のEメールに関するものです。

宛先：Robert Osborne／送信者：Angela Stone
件名：オリエンテーション／日付：3月2日

こんにちは、Robert

Starcellエレクトロニクスでの新しい仕事を始めるにあたり、今週のオリエンテーションが有益なものであることを願っています。私はセッションを仕切るわけではありませんが、たまにトレーニングルームに顔を出して、研修生の様子を確認します。[132] いつでも気軽に私に質問してください。Eメールでも直接でも構いません。

さらに、今週末にオリエンテーションのチェックリストをお渡しするつもりです。記入し終えたら、私かトレーナーのどちらかに提出してください。私たちはそれを使って、あなたが仕事を満足のいくように遂行するために必要なすべての情報を受け取ったことを確認いたします。

最後に、Starcellエレクトロニクスへようこそ！

よろしくお願いします。

Angela Stone／取締役人事部長／Starcellエレクトロニクス

131. (A) 接「～だけれども」／(B) 前「～にもかかわらず」／(C) 前 接「～までずっと」／(D) 副「まだ」
132. (A) これなら、私が彼らを指導するとき、ずっと楽になるでしょう。
(B) いつでも自由に私のオフィスにもお立ち寄りください。
(C) 私たちは8年前に一緒に会社を立ち上げました。
**(D) いつでも気軽に私に質問してください。**
133. (A) 思い出させる／**(B) 提出する**／(C) 予定を入れる／(D) 知らせる
134. (A) 動 satisfy「満足させる」の3人称単数現在形／(B) 動 の-ing形／ (C) 名「満足」／**(D)** 副「満足のいくように・申し分なく」

**【本文】**□**orientation** オリエンテーション・説明会／□**informative** 有益な／□**lead** 進行する・進める／□**session** セッション・集まり／□**occasionally** 時々／□**pop into ~** ～にふらりと入る・立ち寄る／□**trainee** 研修生／□**in person** 直接・対面で／□**furthermore** 加えて／□**once** いったん～すると／□**complete**（すべて）記入する／□**trainer** 研修する人／□**perform** 行う・遂行する

**【設問・選択肢】**□**be welcome to ~** 自由に～する／□**stop by ~** ～に立ち寄る／□**feel free to ~** 自由に～する

**解答** **131. (A) 132. (D) 133. (B) 134. (D)**

# Part 6 の解答プロセス

**PART 6** ❶ 指示文（Directions）は完全スルー

**Directions:** Read the texts that follow. ～

❷ 文書の種類を一瞬でチェック

**Questions 131-134** refer to the following e-mail.

I hope you find this week's orientation informative as you start your new job at Starcell Electronics. -------- I do not lead the sessions, I occasionally pop into the training room to see how the trainees are doing. --------. You can do so by e-mail or in person. ～
**131.**

❸ 本文を前から読んでいく
※空所を含む文はPart 5と同じ正確さできっちり読む
※文脈問題や文挿入問題の場合は、前後を念入りに読む

**131.** (A) Although
(B) Despite
(C) Until
(D) Yet

❹ 空所を含む文がきたら、選択肢を検討する

**132.** (A) This will make it much easier for me as I lead them.
(B) You are also always welcome to stop by my office.
(C) Together, we started the company eight years ago.
(D) Feel free to ask me questions at any time you wish.

**133.** ～ **134.** ～

4問1セットで、それが4セット（合計16問）

**❶ これまで同様、指示文（Directions）は完全に無視してOK**

**❷ 文書の種類（e-mail「Eメール」／press release「プレスリリース・報道発表」／information「情報」／invitation「招待状」／article「記事」／memo「社内連絡」など）をチェック**

**❸ Part 5同様、本文を普通に前から読む**

理想は全文をPart 5の文法問題を解くのと同じ正確さで読むことですが、実際にはそこまでは時間をかけられないでしょう。そこで、**空所がある箇所を文法問題と同じ正確さできっちり読み、他は少しだけ軽く読むのが現実的です。ただし、文脈問題や文挿入問題の場合は、空所を含む英文の「前後の文」もしっかり読んでください。**

**❹ 空所にきたら、Part 5と同じ要領で選択肢を検討**

Part 6に入ると急に長文モードになって焦ってしまう受験者も多いのですが、Part 5同様、まずは**「形から攻める」**という方針で多くの問題は解けます。

文脈問題や文挿入問題では、空所の時点で問題が解けない場合、**いったん保留にして、全体の内容をつかんでから解く**のもアリです。最終的には個人のレベル・好み・時間次第ですから、問題を解きながら自分なりのスタイルを見つけておきましょう。

# Part 6の攻略

## ▶Point 1 パターン

### Part 6の全体像をつかむ!

**Part 6で出題される問題の全体像**
**(1) Part 5と同じ問題**
①品詞 ②文法 ③単語（熟語・多義語・語法なども）
**(2) Part 6特有問題** ※「時制／代名詞／接続副詞」に注意
①文脈問題 ※文脈に合う表現や時制などを選ぶ問題
②文挿入問題 ※文脈に合う「文」を選ぶ問題

Part 6特有問題では「**時制**」「**代名詞**」「**接続副詞**」がよくポイントになります。**Part 5よりちょっとだけ視野を広げて、「いつのことか？」を考えたり、「代名詞が何を指しているか？」に注目したりするだけです。**知識そのものはPart 5対策で十分ですが、だいぶ離れたところにヒントがあったりするので、そのパターンは例題で確認していきます。
また、「文挿入問題」は「英文をしっかり読ませる」「拾い読みを防止する」意図があるのだと思います。Part 7で読解の練習をしっかりとしていれば、前後の文脈から「自然なものはこれしかないでしょ！」というように、あっさり解けることがほとんどです。さらに、Point 2・3で本書独自の考え方も紹介していきます。

## ▶Point 2 読解

### "this + 名詞" は「まとめ」の働き!

英語の書き手は、ちょっとした「まとめ」をしたいときは、**"this + 名詞" **の形を使います。何かしら説明をして、そこまでの内容をいったん整理するときにこの形を使うのです。

"this + 名詞" でまとめ

**The chemical reaction involved hazardous substances and required careful handling. This experiment provided important data we needed.**
化学反応には危険物質が含まれており、慎重な取り扱いが必要だった。この実験は、我々が必要としていた重要なデータを提供した。
※involve「含む」／hazardous「危険な」／substance「物質」／handling「扱い」

仮に1文目の内容が難しくても、**this experiment**に注目すれば「実験」の話をしていたとわかりますね。

**“this +名詞” を見たら…** ※these +名詞も同じ発想（such +名詞も似た発想）

**原則：直前の内容の「まとめ」と考える！** ※いったんまとめて、次の展開へ

処理①：名詞を知っている →「前の内容をまとめたのがその名詞」と判断

※たとえば難しい内容が続いていても、this experiment「この実験」があれば、その長々とした内容はexperiment「実験」のことだとわかる。

処理②：名詞を知らない →「今言ったこのこと」と判断して読み進める

※どうせ「まとめ」なので、後ろに難しい単語がきても「(まとめると) 今言ったこのこと」と考えれば、文意をつかむことができる。

## ▶ Point 3

読解

## 「消えるbut」を見抜く！

not A but B「AではなくBだ」という形があるのですが、実際にはnot Aで文が切られ、**not A. (~~But~~) B.** となることも多いです（文が切れたら直後にある接続詞butは不要）。not（否定文）の後は肯定文が続いて、そこが主張になりやすいわけです。butが消えるだけでなく、他の語句に置き換わることもよくあります。

**【not A but Bのバリエーション】**

□not A. **Instead** B「Aではない。(Aではない) その代わりにBだ」
□not A. **Indeed** B「Aではない。(Aではなくて) 実際はBだ」
□not A. **In fact** B「Aではない。(Aではなくて) 実際はBだ」
□not A. **Rather** B「Aではない。(Aではなくて) むしろBだ」

つまり「**否定文の後に出てきたInstead／Indeed／In fact／Ratherは主張の目印になる**」ということです。主張の内容は当然設問でよく狙われますし、Part 6の文脈問題でInsteadなどが空所で問われることもありますよ。

**Members of the marketing department decided not to meet in person tomorrow. Instead, they are going to meet online.**

マーケティング部のメンバーは、明日は直接（対面で）会わないことにした。その代わり、オンラインでミーティングをする予定だ。

“not A. Instead B” の流れ

Part 6

## ▶Point 4

語彙 読解

# 「接続副詞」をマスターする!

Part 6では「接続副詞」を選ぶ問題が数問出ます。「接続副詞」とは、「接続詞のような意味を持つ副詞」のことです。まずは「形」(接続詞との違い)をしっかりチェックしたうえで、重要な接続副詞を一気にマスターしましょう。

### (1) 接続詞と副詞の「形」

① 従属接続詞　※直後にSV、副詞節をつくる
(接続詞 sv), SV.／SV (接続詞 sv).

② 副詞　※「なくてもOK」なもの
(副詞) SV.／S (副詞) V.／SV (副詞).

### (2) 重要な接続副詞の「意味」

※「接続副詞」と同じ働きの「副詞句(2語以上で1つの意味をつくるカタマリ)」も含む。

**【反論する】** □**however**「しかしながら」／□**still** · **all the same** · **nevertheless** · **nonetheless**「それにもかかわらず」／□**on the other hand** · **by contrast** · **in contrast**「その一方で・対照的に」／□**on the contrary**「しかしながら・それどころか」／□**even so**「たとえそうでも」／□**instead** · **alternatively**「その代わりに」／□**indeed** · **in fact** · **rather** · **as a matter of fact**「それどころか実際は」

**【並べる】** □**also** · **besides** · **moreover** · **furthermore** · **what is more** · **in addition** · **additionally**「加えて」／□**similarly** · **in the same way**「同様に」／□**firstly** · **secondly** · **finally**「最初に・2番目に・最後に」／□**first of all** · **to begin with** · **to start with**「まず・最初に」／□**for one thing**「1つには」※「理由」などを述べるときに使う／□**then**「それから」／□**in the meantime**「その間に」／□**meanwhile**「その間に・一方で」

**【具体例を出す】** □**for example** · **for instance**「たとえば」／□**specifically**「具体的に言えば」／□**by way of illustration**「実例として」

**【言い換える】** □**in other words** · **that is (to say)** · **namely**「言い換えると・つまり」／□**to put it differently**「言い換えると・つまり」※putは「言葉を置く」→「述べる」という意味

**【原因・結果を述べる】** □**thus** · **hence** · **therefore**「だから」／□**consequently** · **in conclusion** · **as a result**「その結果」／□**that is why**「そういうわけで」／□**in short** · **in brief** · **in a word** · **to sum up**「要するに」／□**accordingly**「それに応じて・従って」

# Part 6 例題

## 例題（1） “this＋名詞”という必殺技を使いこなす！

**Questions 1-4** refer to the following press release.

> Darwin (24 November) – The Pivotto Institute, which conducts environmental research with a focus on tropical ecosystems, -------- (1.) a grant from the Department of Industry Innovation and Science. The grant will provide a total of $750,000 over a period of five years. These funds will be used to assess environmental impacts occurring primarily in the Suranda Rainforest. -------- (2.).
> Additionally, the grant will pay for new equipment, -------- (3.) devices for identifying contaminants in water and for determining air quality. After it acquires these measuring -------- (4.), the institute plans to use the remaining funds to upgrade its research station.

**1.** (A) receiving
(B) to receive
(C) has received
(D) had received

**2.** (A) Implementing these measures will therefore take a few days.
(B) It is even expected that some will use other research methods.
(C) However, the organization plans to study other areas as well.
(D) Mainly they will be spent on new equipment used in this field.

**3.** (A) such as
(B) so that
(C) which
(D) while

**4.** (A) results
(B) standards
(C) procedures
(D) instruments

# Part 6　例題　解答と解説

## 例題 (1)　"this + 名詞 "という必殺技を使いこなす!

**Questions 1-4** refer to the following press release.

Darwin (24 November) – The Pivotto Institute, which conducts environmental
長いS（関係詞が修飾）→ 空所はVになる!
research with a focus on tropical ecosystems, -------- a grant from the
1.
Department of Industry Innovation and Science. The grant will provide a total of $750,000 over a period of five years. These funds will be used to
"these + 名詞 " で前の内容をまとめている!
assess environmental impacts occurring primarily in the Suranda Rainforest.
助成金の使い道を説明
--------.
2.

Additionally, the grant will pay for new equipment, -------- devices for
3.
助成金の使い道を追加
identifying contaminants in water and for determining air quality. After it
後ろに「具体例」!
acquires these measuring --------, the institute plans to use the remaining
4.
"these + 名詞 " で前の内容をまとめている!
funds to upgrade its research station.

**1.** 正解 C

| | |
|---|---|
| (A) receiving | (A) 動 receive「受け取る」の -ing形 |
| (B) to receive | (B) to + 原形 |
| **(C) has received** | (C) 現在完了形 |
| (D) had received | (D) 過去完了形 |

### 核心 「構文」をきっちり把握する!

動詞の形が問われています。**The Pivotto Institute, which ~, がSで**（関係詞の非制限用法がThe Pivotto Instituteの補足説明をしている）、**空所にVが入り、a grantがOになる**と考えます。選択肢の中でVになるのは、(C) has received（現在完了形）か(D) had received（過去完了形）です。前後の時制から、現在完了形の(C)を選べばOKです。**現在完了形は「現在の一点までの矢印」**(p. 197)、**過去完了形は「過去の一点までの矢印」**のイメージです。過去完了形はある過去の一点があり、それよりもさらに過去を指すため今回は不適切です。

**2.** 正解 **C**

(A) Implementing these measures will therefore take a few days.
(B) It is even expected that some will use other research methods.
**(C) However, the organization plans to study other areas as well.**
(D) Mainly they will be spent on new equipment used in this field.

(A) そのため、こういった対策を実施するには数日かかるでしょう。
(B) 他の研究方法を使う人が出てくることさえも予想されます。
(C) ただし、その団体は他の地域でも研究を行う予定です。
(D) それらは主に、この分野で使用される新しい機器に費やされる予定です。

### 核心 「助成金の使い道」を追加する流れ

文挿入問題です。空所直前では「助成金は主にSuranda熱帯雨林での環境への影響を評価するために使われる」と、助成金の使い道を説明しています。これにつながるのは、同じく「助成金の使い道」を説明した(C)です。**「主にSuranda熱帯雨林」→「ただし他の地域も」で、~ as well「～も」を使って助成金の使い道を追加する**自然な流れになります。また、空所直後でも「さらに新しい機器の購入にも使われる」と、使い道の説明を続けています。

**【誤りの選択肢】**

(A) these measures「こういった対策」に該当する内容が前にありませんし、therefore「それゆえ」も文脈に合いません。**"these + 名詞" も "this + 名詞" と同じく「前の内容をまとめる働き」**です。

(B) 急に「研究方法」の話が出てくるのは不自然です。

(D) 直前の文にprimarily「主に」とあり、その後にmainly「主に」と続くのは不自然です。また、new equipmentがこの時点で出てくるのも変です（空所後でAdditionallyを使って「new equipmentにも使われる」と追加する流れです）。

**3.** 正解 **A**

**(A) such as**
(B) so that
(C) which
(D) while

(A) ～などの・～といった
(B) (so that s 助動詞 vで) ～するために
(C) どちらの
(D) ～する間・～する一方

### 核心 such asは「具体例」の目印!

空所後はdevices for ~（名詞のカタマリ）が続いているので、空所には**「前置詞」扱いの表現**が入ると考えます。空所後には「水中の汚染物質を特定するための装置・大気の質を測定するための装置」と、空所直前のnew equipmentの具体例がきています。よって、**具体例の合図になる(A) such as**が正解です。

※(B) はso that s 助動詞 v「～するために」の形でよく使います。(C) whichは疑問詞でも関係代名詞でも、後ろに名詞のカタマリだけでは成り立ちませんし、(D) whileは接続詞なので後ろにsvがきます。Part 6でも「形」が大きなヒントになることは変わりません。

## 4. 正解 D

(A) results
(B) standards
(C) procedures
**(D) instruments**

(A) result「結果」
(B) standard「基準・標準」
(C) procedure「手順」
(D) instrument「道具・機器」

### 核心 "these＋名詞"に注目！

Part 6特有の文脈を考慮する語彙問題です。直前にある「新しい機器（水中の汚染物質を特定するための装置・大気の質を測定するための装置）」をthese measuring ---4.--- でまとめていると考え、(D) instrumentsを選びます。**"these＋名詞"**の形を使って、直前の内容を**these measuring instruments**「こういった測定器」とまとめているわけです。
※instrumentは重要なまとめ単語でしたね（p. 24）。ちなみに、今回の英文には他に、まとめ単語のequipmentやdeviceも出てきます。

### 隠れポイント 意外な「具体例」を示す表現に反応する！

A such as Bは「BのようなA」と訳されますが、実際には「**such asの後ろに具体例がくる**」という発想で、「A、たとえばBだ」と考えるのもアリです。これにより、「具体例の発見が容易になる」「英文を前から処理できる（返り読みしなくなる）」メリットがあります。

**【「具体例」を表す重要表現】**

□**A such as B**「BのようなA／A、たとえばB」
□**A like B**「BのようなA／A、たとえばB」
□**A including B**「Bを含めたA／A、たとえばB」

訳・語句

問1～4は次のプレスリリースに関するものです。
Darwin（11月24日）一熱帯生態系を中心とした環境研究を行うPivotto研究所は、産業革新科学省から助成金を受けました。この助成金は、5年間にわたって総額75万ドルを提供します。この資金は、主にSuranda熱帯雨林で発生する環境への影響を評価するために使用されます。[2] ただし、同団体は他の地域でも研究を行う予定です。
さらにその助成金は、水中の汚染物質を特定するための装置や、大気の質を測定するための装置など、新しい機器の購入にも充てられます。こういった測定器を購入した後、同研究所は残りの資金を使って研究所をより良くする予定です。

**【本文】**□**press release** プレスリリース・報道発表／□**institute** 研究所／□**conduct** 行う／□**environmental** 環境の／□**with a focus on ~** ～に焦点を置いて／□**tropical** 熱帯の／□**ecosystem** 生態系／□**grant** 助成金／□**a total of ~** 合計～／□**period** 期間／□**fund** 資金／□**assess** 評価する／□**impact** 影響／□**occur** 発生する／□**primarily** 主に／□**rainforest** 熱帯雨林／□**additionally** 加えて／□**equipment** 装置類・機器類／□**device** 機器／□**identify** 特定する／□**contaminant**（通例複数形で）汚染物質／□**determine** 測定する／□**quality** 質／□**acquire** 獲得する／□**measuring** 計測用の／□**remaining** 残りの／□**upgrade** 改良する・性能を高める／□**research station** 研究所
**【選択肢】**□**implement** 実行する／□**measure** 対策／□**therefore** それゆえ／□**expect** 予想する／□**method** 手法／□**organization** 組織／□**mainly** 主に／□**spend** お金 **on ~** ～にお金を使う／□**field** 分野

## 例題（2） Part 6特有の「接続副詞」を選ぶ問題を攻略！

**Questions 5-8** refer to the following information.

Your Deltron 35-K is capable of printing, scanning, and faxing and can be connected wirelessly to a shared computer network. --**5.**--, it is an essential tool for efficiently running a business. To --**6.**-- the printer performing at its best, remember these three important tips. First, if paper gets stuck in the device, never pull it out forcefully, as it will tear. --**7.**--. Second, avoid refill toners. While these may be less expensive, they are prone to leaking ink inside the printer and on your printouts. Third, make sure --**8.**-- the printer's software when prompted. This will maintain optimal performance and also protect against security threats.

**5.** (A) On the other hand
(B) In contrast
(C) Therefore
(D) Even so

**6.** (A) access
(B) keep
(C) verify
(D) run

**7.** (A) Instead, carefully use both hands to remove it very slowly.
(B) Then turn on the power-saver function when the printer is not in use.
(C) You are now ready to move on to the following step.
(D) If this occurs, wipe them with a dry cloth or absorbent sponge.

**8.** (A) updates
(B) updating
(C) to update
(D) to have updated

# Part 6　例題　解答と解説

## 例題 (2)　Part 6特有の「接続副詞」を選ぶ問題を攻略！

**Questions 5-8** refer to the following information.

Your Deltron 35-K is capable of printing, scanning, and faxing and can be
「様々なことが可能」→「だから重要なツール」という流れを予想
connected wirelessly to a shared computer network. --5.--, it is an essential
「重要な」という重要単語！
tool for efficiently running a business. To --6.-- the printer performing at its
SVOCの形を予想
best, remember these three important tips. First, if paper gets stuck in the
※ここでの "these + 名詞" は例外的に「この後述べる内容」を指す
device, never pull it out forcefully, as it will tear. --7.--. Second, avoid refill
「無理に引っ張らないで」→「代わりに〜して」という流れを予想！
toners. While these may be less expensive, they are prone to leaking ink inside the printer and on your printouts. Third, make sure --8.-- the printer's
make sure to 原形／make sure (that) sv の形を予想
software when prompted. This will maintain optimal performance and also protect against security threats.

**5.** 正解 C

(A) On the other hand　(B) In contrast　(A) その一方で　(B) その一方で・対照的に
**(C) Therefore**　(D) Even so　(C) それゆえ・だから　(D) たとえそうでも

### 核心　「理由・根拠」→「結果・主張」の流れ

接続副詞を選ぶ問題です。直前の文では「プリント・スキャン・ファックスが可能／共有のコンピューターネットワークにワイヤレス接続できる」と、Deltron 35-Kの優れた点を説明しています。空所後の「それは重要なツールだ」につながるのは、(C) Thereforeです。「理由・根拠：様々なことが可能」→「結果・主張：重要なツールだ」という流れになります。

**6.** 正解 B

(A) access　**(B) keep**　(A) アクセスする　(B) 維持する
(C) verify　(D) run　(C) 認証する　(D) 実行する

### 核心 「形」から考える!

適切な動詞が問われています。空所後にthe printerとperforming at its bestという2つの要素があるので、SVOCを考えます。(B) keepを選んで、**keep OC「OをCのままにする」**の形にすればOKです。今回はOに-ing形がきて、keep the printer performing at its best「プリンターを、最高の状態で機能させたままにする」→「プリンターの性能を最大限に発揮させ続ける」となります(at *one's* best「最高の状態で」)。Part 6でも、このようにまずは「形」から考えるのが鉄則です。

**7.** 正解 A

| | |
|---|---|
| **(A) Instead, carefully use both hands to remove it very slowly.** | (A) その代わりに、慎重に両手を使ってとてもゆっくり取り除いてください。 |
| (B) Then turn on the power-saver function when the printer is not in use. | (B) 次に、プリンターを使用しないときは、パワーセーバー機能をオンにしてください。 |
| (C) You are now ready to move on to the following step. | (C) これで次のステップに進む準備ができました。 |
| (D) If this occurs, wipe them with a dry cloth or absorbent sponge. | (D) これが生じた場合、乾いた布や吸水性のあるスポンジで拭いてください。 |

### 核心 "not A. Instead B"という超重要パターン

文挿入問題です。直前の文ではnever ~ で「紙が詰まった場合は無理に引っ張らないで」と指示を伝えています。(A)を選んで、「無理に引っ張らないで、その代わりに~して」という流れにすればOKです。**not A. Instead B「Aではない。(Aではない) その代わりにBだ」**のパターンだと気づければ、瞬時に正解が選べるのです(今回はnotの代わりにnever)。

**【誤りの選択肢】**

(B) Thenがうまくつながりませんし、この後にSecondが出てくるのも不自然です。

(C)「紙を無理に引っ張らないで」→「これで準備ができた」というつながりは不自然です。

(D) themが何を指しているか不明です(この前に「複数形」の該当する語句は特に見当たりません)。文挿入問題では**「代名詞」**もよくポイントになります。

**8.** 正解 C

| | |
|---|---|
| (A) updates | (A) update「更新する」の3人称単数現在形 |
| (B) updating | (B) -ing形 |
| **(C) to update** | (C) to + 原形 |
| (D) to have updated | (D) 完了不定詞 |

### 核心 make sure to 原形「確実に~する」

動詞の形が問われてます。空所直前のmake sureに注目して、make sure to 原形/make sure (that) svの形を考えます。今回は選択肢にsvがないので、(C) to updateを選べばOKです。**make sure to 原形「確実に~する」**の形です(p. 125)。

## 隠れポイント essentialは「重要」と考える！

問5の直後で使われたessentialは「本質的な」と覚えている人が多いのですが、まず「重要な」と考えてください。長文で「重要だ」という言葉を使っていれば、当然そこは大事な内容で、設問でもよく狙われます。他にもcrucialは「決定的な」、vitalは「致命的な」、significantは「意義深い」といった訳語を最初に挙げる単語帳が多いのですが、どれも「重要な」という意味を意識することが大切なのです。

※ 実際に多くの英英辞典では、最初に "important" を使って説明します。

**【「重要な」という意味の形容詞】** ※カッコ内はよく最初にある訳語

**crucial**（決定的な）／**essential**（本質的な）／**significant**（意義深い）／**principal**（主要な）／**fundamental**（根本的な）／**indispensable**（不可欠の）／**integral**（不可欠の）／**critical**（批判的な・決定的な）／**vital**（生命の・必須な）／**key**（鍵となる）／**grave**（深刻な・重大な）／**primary**（最初の・首位の）／**leading**（一流の）／**foremost**（最初の）／**priceless**（とても貴重な）／**invaluable**（とても貴重な）／**pivotal**（中心の）／**decisive**（決定的な）／**instrumental**（役立つ）

**【「重要だ」という意味の動詞】**

□**matter**：名「もの・こと」 動「重要だ」 ※核心「中身が詰まった」
□**count**：動「数える・重要だ」 ※核心「数に入れる」

訳・語句

問5～8は次の情報に関するものです。

Deltron 35-Kは、プリント、スキャン、ファックスが可能で、共有のコンピューターネットワークにワイヤレス接続できます。そのため、効率的に事業を運営するために欠かせない極めて重要なツールです。プリンターの性能を最大限に発揮させ続けるために、次の3つの重要なポイントを覚えておいてください。まず、紙が詰まってしまった場合、無理に引っ張ると破れてしまうので、それは必ず避けてください。[7] その代わりに、慎重に両手を使ってとてもゆっくりと取り除いてください。2つめに、詰め替えトナーを避けてください。より安価かもしれませんが、プリンター内部や印刷物でインク漏れが起きやすいためです。3つめに、指示が表示されたときは、必ずプリンターのソフトウェアを更新するようにしてください。これによって、最適なパフォーマンスが維持され、セキュリティの脅威からも保護されます。

**【本文】**□**be capable of -ing** ～することができる／□**be connected to ~** ～に接続される／□**wirelessly** ワイヤレスで・無線で／□**shared** 共有された／□**efficiently** 効率的に／□**run a business** ビジネスを行う・事業を運営する／□**perform** 機能する・作動する／□**at *one's* best** 最高の状態で／□**tip** コツ・ポイント／□**get stuck in ~** ～に詰まる／□**device** 機器・装置／□**pull out** 引き抜く・取り出す／□**forcefully** 力強く・力ずくで／□**tear** 破れる／□**refill** 詰め替え品／□**expensive** 高価な／□**be prone to ~** ～しがちだ／□**leaking** 漏らす／□**printout** 印刷物・出力したもの／□**prompt**（メッセージが）指示を出す／□**maintain** 維持する／□**optimal** 最適な／□**performance** 性能／□**protect against ~** ～から保護する／□**security** 安全／□**threat** 脅威

**【選択肢】**□**remove** 取り除く／□**turn on ~** ～の電源を入れる／□**power-saver** 節電の・電力節約の／□**function** 機能／□**in use** 使用されて／□**be ready to ~** ～する準備ができて／□**move on to ~** ～に進む／□**occur** 起こる／□**wipe** 拭く／□**absorbent** 吸収性の

## 例題(3) Part 6特有の「注意が必要な時制問題」を攻略!

**Questions 9-12** refer to the following invitation.

September 19

Dear David Boucher,

The Curiosity Shop -------- (9.) an antiques valuation day on Saturday, October 12. We invite you to visit our store on that day with any old treasures or collectables you would like our experts to assess. They can appraise everything -------- (10.) jewelry, ceramics, and glass to furniture and works of art. If you are unable to make it to our valuation day, you are welcome to book an appointment with us for an appraisal. -------- (11.). So that we can provide the right specialist at the time most suitable for our visit, we recommend contacting us at least one week in advance of your desired reservation date and time.

As for our valuation day, no reservation is -------- (12.). Just stop by at any time between 10:00 A.M. and 8:00 P.M., and we will be happy to take a look at your items.

We hope to see you at our event.

Best regards,

Lindsay McGowan
Store Manager
The Curiosity Shop

**9.** (A) has held
(B) will be holding
(C) to be held
(D) has been held

**10.** (A) to
(B) inside
(C) from
(D) for

**11.** (A) Home visits can also be arranged for large collections.
(B) He is a certified professional who will provide an accurate estimate.
(C) The fashion at the time was necklaces with colorful beads.
(D) However, images are particularly helpful if you can include them.

**12.** (A) necessarily
(B) necessary
(C) necessity
(D) necessitating

# Part 6　例題　解答と解説

## 例題（3）　Part 6特有の「注意が必要な時制問題」を攻略！

**Questions 9-12** refer to the following invitation.

ザッとチェック

September 19

Part 6ではこういった箇所が解答根拠になることも！

Dear David Boucher,

The Curiosity Shop --------- an antiques valuation day on Saturday, October 12. We invite you to visit our store on that day with any old treasures or collectables you would like our experts to assess. They can appraise everything ------- jewelry, ceramics, and glass to furniture and works of art. If you are unable to make it to our valuation day, you are welcome to book an appointment with us for an appraisal. -------. So that we can provide the right specialist at the time most suitable for our visit, we recommend contacting us at least one week in advance of your desired reservation date and time. As for our valuation day, no reservation is -------. Just stop by at any time between 10:00 A.M. and 8:00 P.M., and we will be happy to take a look at your items.

9.　イベントは「これから開催」だとわかる！

10.　everythingの後に、from A to Bで具体的な範囲を表すパターン！

イベントに参加できない人に「代わりのサービス・選択肢」を提供する流れ

11.

be動詞の後ろは「形容詞」を予想！

12.　“Just＋原形”の命令文

We hope to see you at our event.

Best regards,

Lindsay McGowan
Store Manager
The Curiosity Shop

## 9. 正解 B

(A) has held　　(A) 現在完了形
**(B) will be holding**　　(B) 未来進行形
(C) to be held　　(C) to＋受動態
(D) has been held　　(D) 現在完了形＋受動態

### 核心 意外なところにヒントがある!

「能動 vs. 受動」と「時制」がポイントです。The Curiosity ShopがS、空所にVが入り、an antiques valuation dayがOになります。「店が開催する」という能動関係が自然、かつ空所直後にO（名詞）がきているので、空所には「**能動態**」が入ると考えて(A)か(B)に絞ります。そして一番上にSeptember 19、空所を含む文の文末にOctober 12とあり、**9月19日に「これから10月12日に開催する」と招待状を書いているわけ**なので、未来進行形（will be -ing）の(B)が正解です。Part 6特有の「**離れたところに時制のヒントがある**」問題でした。

## 10. 正解 C

(A) to　　(A)「方向・到達」を表す前置詞
(B) inside　　(B) ～の内側に
**(C) from**　　(C)「出発点」を表す前置詞
(D) for　　(D)「方向性」を表す前置詞

### 核心 from A to B「AからBまで」

空所後のtoに注目して、**from A to B「AからBまで」**とします（今回はAに3つ、Bに2つの名詞がきています）。fromは「出発点」、toは「方向・到達」を表すので、相性が良くセットでよく使われます。ちなみに空所直前にeverythingがありますが、**everything「すべて」と言っておいて、その後でfrom A to Bでその範囲を具体的に示すのはよくある流れ**です。

## 11. 正解 A

**(A) Home visits can also be arranged for large collections.**　　(A) また、大きなコレクションの場合は、訪問査定を手配することも可能です。
(B) He is a certified professional who will provide an accurate estimate.　　(B) 彼は正確な見積もりを出してくれる公認のプロです。
(C) The fashion at the time was necklaces with colorful beads.　　(C) その時の流行はカラフルなビーズを使ったネックレスでした。
(D) However, images are particularly helpful if you can include them.　　(D) しかし、それらを含められると画像は特に役立ちます。

### 核心 alsoで「追加」する流れ

文挿入問題です。直前に「都合がつかない場合、査定の予約も承っています」とあります。alsoを使った(A)を選んで、「大きなコレクションの場合、訪問査定の手配も可能」とサービス・選択肢を追加する流れにすればOKです。**also**は地味な単語なので軽く流しがちで

Part 6

すが、「追加」を表すと意識することで、長文がより深く理解でき、文挿入問題が解きやすくなることもよくあります。

※直後の「最適なタイミングで適切な専門家を案内する」という内容にもうまくつながります。

【誤りの選択肢】

(B) Heが誰を指しているか不明です。文挿入問題では「代名詞」が重要ですね。

(C) いきなりThe fashionがくるのも不自然ですし、「その時」がいつを指すのかも不明です。

(D) 直前の文とHowever「しかし」がうまくつながりません。

## 12. 正解 B

(A) necessarily
**(B) necessary**
(C) necessity
(D) necessitating

(A) 副「必ず」
(B) 形「必要な」
(C) 名「必要性」
(D) 動 necessitate「必要とする」の-ing形

### 核心 be動詞の後は「形容詞」を考える!

品詞問題です。no reservationがS、isがVで、空所には**be動詞のCになる「形容詞」**が入ると考えます。正解は形容詞の(B) necessaryです。一応、be動詞の後に「名詞」がくる可能性もありますが、(C) necessityを選ぶと「予約がないこと」=「必要性」となるためアウトです。また、(D) necessitatingは形としてはbe動詞の後に置けますが、「予約がないことが必要とする」となり意味不明です。

### 隠れポイント 未来進行形の意図

問9では未来進行形(will be -ing)が正解になりました。基本用法は「(未来の一時点で)～している(途中)だろう」ですが、実際には**「このままいけば～する流れになるはず」**という意味でよく使われます。**「順調に予測できる未来」**を表すときに多用されるのです。問9のwill be holding ~ も「このままいけば(トラブルなどが起きない限り)～を開催する流れになるはず」ということです。

文法書ではあまり重視されませんが、「ツアーガイド」のセリフや「機内アナウンス」で頻繁に使われるなど、リスニングも含めてTOEICでは超頻出事項です。

### 隠れポイント arrangeを本来の意味から押さえる!

問11の挿入する英文(A)でarrangeが使われました。「アレンジ(変化)を加える」という印象が強いですが、そのイメージは捨ててください。本来は「きちんと並べる」です。

**【多義語arrange　核心：きちんと並べる】**

①きちんと並べる・整える　②取り決める・手配する

本来の「きちんと並べる・整える」の意味は、Part 1で非常によく出ます。また、ビジネス上でいろいろな事柄を「きちんと並べる・整える」→「取り決める・手配する」もPart 3・7で重要です。今回はこちらの意味で、Home visits can also be arranged ~「訪問査定を手配することも可能」となっていますね。

訳・語句

問9～12は次の招待状に関するものです。
9月19日

David Boucherさんへ

Curiosityショップでは、10月12日（土）に骨董品査定デーを開催いたします。当日は、弊社の専門家に査定してもらいたい古い宝物や収集品を持ってご来店ください。宝石、陶器、ガラスから家具、美術品に至るまで、あらゆるものを鑑定することができます。査定デーにご都合がつかない場合は、査定のご予約を承っております。[11] また、大きなコレクションの場合は、訪問査定を手配することも可能です。最適なタイミングで適切な専門家をご案内するため、少なくともご希望日時の1週間前までにご連絡をお願いいたします。

査定デーにつきましては、ご予約は不要です。午前10時から午後8時までの間にお立ち寄りいただければ、お品物を拝見いたします。

皆様のご来場をお待ちしております。

よろしくお願いします。

Lindsay McGowan
店長
Curiosityショップ

【本文】□**antique** アンティーク・骨董品／□**valuation** 評価・査定／□**collectable**（複数形で）収集品／□**would like 人 to ~** 人に～してほしい／□**expert** 専門家／□**assess** 評価する・査定する／□**appraise** 評価する・査定する／□**ceramics** 陶磁器・陶芸品／□**furniture** 家具類／□**work of art** 芸術作品／□**be unable to ~** ～できない／□**make it to ~** ～に参加する・都合がつく／□**be welcome to ~** ～してよい／□**book** 予約する／□**appointment** 予約／□**appraisal** 評価・査定／□**so that s can v** sVできるように／□**specialist** 専門家／□**suitable for ~** ～に適した／□**recommend -ing** ～することを勧める／□**contact** 連絡する／□**at least** 少なくとも／□**in advance of ~** ～より前に／□**desired** 希望の／□**reservation** 予約／□**as for ~** ～に関して／□**stop by** 立ち寄る／□**be happy to ~** 喜んで～する／□**take a look at ~** ～を見る／□**item** 物
【選択肢】□**certified** 認定された・公認の／□**professional** プロ／□**accurate** 正確な／□**estimate** 見積もり／□**bead** ビーズ／□**image** 画像／□**particularly** 特に／□**helpful** 役立つ／□**include** 含める

# Part 6 実戦問題

## 実戦問題（1）

**Questions 1-4** refer to the following article.

**Blueberry Business Anticipates Record Season**

Devinar Foods, the nation's largest exporter of blueberries, expects its shipments to increase by more than 30 percent this year. -------- (1.). First and foremost, demand for blueberries has grown significantly as consumers become more and more -------- (2.) of the fruit's health benefits. Second, blueberry production has expanded across the Pacific Northwest region. And third, -------- (3.) weather conditions this growing season are boosting crop yields. According to Devinar spokesperson Mark Sadoski, "-------- (4.) the greater competition we're facing from blueberry-producing countries such as Chile and Peru, we've managed to maintain a leading position in this segment. We're going to have a great year."

**1.** (A) Its president believes this for two reasons.
(B) This forecast is based on a number of factors.
(C) Nevertheless, the company should still do well.
(D) Blueberries are rich in nutrients such as iron.

**2.** (A) serious
(B) current
(C) aware
(D) alert

**3.** (A) favor
(B) favoring
(C) favorable
(D) favorably

**4.** (A) Despite
(B) Unless
(C) Just as
(D) However

## 実戦問題 (2)

**Questions 5-8** refer to the following memo.

To: All Department Directors
From: Aditya Patel
Subject: Performance Reviews
Date: February 16

This is a reminder about the annual performance reviews. --------. (5.) These discussions should last about an hour. Start with a friendly greeting and let them know the topics you plan to --------. (6.) Then go over the areas in which they excel as well as where they could improve. These points -------- (7.) on the employee evaluation form, which you are going to complete online and print out in the days preceding the appraisal meetings.

The meetings are scheduled to take place between March 2 and 12. --------, (8.) staff on leave during that period will receive their evaluation upon their return to work.

If you have any questions, let me know.

Aditya Patel, CEO
Cormaxo Plastics

**5.** (A) Surprisingly, the audience did not enjoy the performance.
(B) As you know, the staff member has achieved notable results.
(C) We plan to increase the number of staff in all departments.
(D) As usual, you will meet with each employee you supervise.

**6.** (A) carry
(B) expose
(C) cover
(D) appeal

**7.** (A) will have been written
(B) have been written
(C) were written
(D) written

**8.** (A) For example
(B) However
(C) Similarly
(D) If so

# Part 6 実戦問題

## 実戦問題 (3)

**Questions 9-12** refer to the following invitation.

Dear Mr. Andrew Gervais:

The Shermer Art Gallery cordially invites you to attend our -------(9.) Winter Art Reception, during which pottery and sculptures will be on display to awe and inspire. The event will take place in our main exhibition hall on Saturday, November 30 from 11:00 A.M. to 4:00 P.M. -------(10.). In doing so, we are giving our special patrons the opportunity to see the exhibition before it opens to the general public.

As is our yearly tradition, we will be offering hot chocolate in the lobby throughout the reception. There is no need to confirm your attendance in advance, -------(11.) do you have to show up at any particular time. However, please remember to bring your membership card with you, as it -------(12.) as your ticket.

We hope to see you at our reception.

Becky Steger
Shermer Art Gallery

**9.** (A) first
(B) daily
(C) annual
(D) closing

**10.** (A) Saturday evening showings attract larger crowds.
(B) We are holding this exclusively for gallery members.
(C) Make sure to arrive before the match gets underway.
(D) Those who wish to reserve a ticket should call us soon.

**11.** (A) as
(B) so
(C) but
(D) nor

**12.** (A) was serving
(B) is served
(C) will serve
(D) to serve

NO TEST MATERIAL ON THIS PAGE

# Part 6　実戦問題　解答と解説

## 実戦問題（1）

**1.** 正解 **B**

> Devinar Foods, the nation's largest exporter of blueberries, expects its shipments to increase by more than 30 percent this year. --------. (1.)

(A) Its president believes this for two reasons.
**(B) This forecast is based on a number of factors.**
(C) Nevertheless, the company should still do well.
(D) Blueberries are rich in nutrients such as iron.

(A) 同社の社長は2つの理由からそう考えている。
(B) この予測はいくつかの要因に基づいている。
(C) それにもかかわらず、同社はうまくいくはずだ。
(D) ブルーベリーには鉄分などの栄養素が豊富に含まれている。

### 核心　"this＋[名詞]" に注目！

文挿入問題です。直前の文ではexpect [人] to ~「[人]が~することを見込む・予測する」の形で、「今年の出荷量の予測」を述べています（ここでは[人]にits shipmentsがきている）。これを **"this＋[名詞]"** の形で **This forecast「この予測」** とまとめた(B)が正解です。a number of factors「いくつかの要因・多くの要素」について、これ以降で説明していく流れです。直後のFirst and foremostで「1つめの要因」、4文目のSecondで「2つめの要因」、5文目のAnd thirdで「3つめの要因」が説明されています。3つの理由を述べているため、(A)はtwo reasonsがアウトです。

※ 間違っても「this＋[名詞]があるから正解」ということではなく、this＋[名詞]があれば「まとめ」になっているか確認する、つまり解答を選ぶ際の大きな指標になることを意識してください。

**2.** 正解 **C**

> First and foremost, demand for blueberries has grown significantly as consumers become more and more -------- (2.) of the fruit's health benefits.

(A) serious　(B) current
**(C) aware**　(D) alert

(A) 深刻な　(B) 現在の
(C) 気づいて　(D) 警戒して

### 核心　be aware of ~「～に気づいている」

語法がポイントです。全体はSV as sv.「svするにつれてSVする」の形で、as節中ではconsumersがs、becomeがv、more and more -------- (2.) of ~がCになると考えます。空所直後のofに注目して、**be aware of ~「～に気づいている」** という熟語にすればOKです。become more and more aware of ~「ますます～に気づくようになる」という文意も通ります。

## 3. 正解 C

And third, -------(3.) weather conditions this growing season are boosting crop yields.

(A) favor (B) favoring (A) 名「好意」／動「賛成する」 (B) 動 の-ing形
**(C) favorable** (D) favorably (C) 形「好意的な・良い」 (D) 副「好意的に」

### 核心 TOEIC頻出のfavorable weather conditions

品詞問題です。空所直後のweather conditions「天候」という名詞のカタマリを修飾する語が入ると考え、形容詞の(C) favorableを選びます("-able" は形容詞の特徴的な語尾)。「好意 (favor) を持たれることが可能な (able)」→「好意的な・良い」で、**favorable weather conditions**「良い天候・好天」は頻出表現です。

## 4. 正解 A

-------(4.) the greater competition we're facing from blueberry-producing countries such as Chile and Peru, we've managed to maintain a leading position in this segment.

**(A) Despite** (B) Unless (A) 前「〜にもかかわらず」 (B) 接「〜しない限り」
(C) Just as (D) However (C) 接「ちょうど〜するように」 (D) 接副「しかしながら」

### 核心 とにかく「形」から考える!

「前置詞 vs. 接続詞」がポイントです。空所直後にはthe greater competition (which/that) we're facing from ~「私たちが直面している〜とのより激化している競争」という長い名詞のカタマリがきているので、「**前置詞**」の(A) Despiteが正解です。

訳・語句

問1〜4は次の記事に関するものです。

**ブルーベリー事業は記録的なシーズンを予測**

同国最大のブルーベリー輸出業者であるDevinar Foodsは、今年の出荷量が30%以上増加すると見込んでいる。[1] この予測はいくつかの要因に基づいている。まず第一に、消費者がブルーベリーの健康上の利点をますます認識するようになるにつれて、ブルーベリーに対する需要が大幅に伸びてきた。第二に、ブルーベリーの生産が太平洋北西部一帯で拡大した。そして第三に、今年の栽培シーズンの好天によって作物の収穫量が増加している。Devinarの広報担当者Mark Sadoskiによれば、「チリやペルーといったブルーベリー生産国との競争の激化に直面しているにもかかわらず、私たちは何とかこの分野でトップの地位を維持しています。今年は素晴らしい年になるでしょう」とのことだ。

**【本文】**□**anticipate** 予想する／□**exporter** 輸出業者／□**shipment** 出荷・発送／□**first and foremost** まず第一に／□**demand** 需要／□**significantly** 大幅に／□**consumer** 消費者／□**benefit** 利点・効果／□**production** 生産／□**expand** 拡大する／□**region** 地域／□**boost** 増やす／□**crop** 作物／□**yield** 収穫量／□**spokesperson** 広報担当者／□**competition** 競争／□**face** 直面する／□**manage to ~** 何とか〜する／□**maintain** 維持する／□**leading** トップの・有数の／□**segment** 分野
**【選択肢】**□**forecast** 予測／□**be based on ~** 〜に基づいている／□**nevertheless** それにもかかわらず／□**be rich in ~** 〜が豊富だ／□**nutrient** 栄養

Part 6

**5.** 正解 D

This is a reminder about the annual performance reviews. -------. These discussions should last about an hour.
5.

(A) Surprisingly, the audience did not enjoy the performance.
(B) As you know, the staff member has achieved notable results.
(C) We plan to increase the number of staff in all departments.
**(D) As usual, you will meet with each employee you supervise.**

(A) 驚くべきことに、聴衆はその公演を楽しんでいませんでした。
(B) ご存じの通り、その従業員は素晴らしい成果を成し遂げました。
(C) 私たちは全部署の従業員数を増やす予定です。
(D) 例年通り、自身の監督下にある各従業員との面談を行っていただきます。

## 核心 直後の "these + 名詞" がヒント!

文挿入問題です。空所直後のThese discussions「こういった話し合い」に注目します。"these + 名詞" は前の内容をまとめる働きがあるので、空所には「話し合う」といった内容が入ると考えて(D)を選べばOKです。「監督下にある各従業員と面談を行う」という内容を、these discussionsでまとめる流れになります。

※ちなみに空所直前のperformance reviewは「人事考課・業績評価」で、選択肢(A)のperformance「公演」とは意味がまったく異なります(同じ単語を使ったひっかけ)。

**6.** 正解 C

Start with a friendly greeting and let them know the topics you plan to -------.
6.

(A) carry (B) expose
**(C) cover** (D) appeal

(A) 運ぶ (B) さらす
(C) 扱う (D) 訴える・懇願する

## 核心 coverは「カバーする」から考える

語彙問題です。命令文で… and let them know the topics (which/that) you plan to -------.(6.)「あなたが-------(6.)する予定の話題を伝えて」という構造です。正解は(C)で、**cover a topic**「話題を扱う・取り上げる」はよく使われるフレーズです。日本語でも「話題をカバーする」のように言いますね。

**7.** 正解 A

Then go over the areas in which ... These points ------- on the employee evaluation form, which you are going to complete online and print out in the days preceding the appraisal meetings.
7.

**(A) will have been written** (B) have been written
(C) were written (D) written

(A) 受動態の未来完了形
(B) 受動態の現在完了形
(C) 受動態の過去形 (D) 過去分詞形

## 核心 be going toから時制を判断する

「形」と「時制」がポイントです。These pointsがS、空所がVなので、Vになる(A)・(B)・(C)に絞って時制を考えます。空所後の..., which you are going to complete online and ...から「未来」のことだと考えて(A)を選べばOKです。

※メール全体を通して「これから行う人事考課」について指示している点もヒントになります。メールの上にあるDate: February 16と第2段落1文目The meetings are scheduled to take place between March 2 and 12. から、人事考課は「これから」だとわかりますね。

**8.** 正解 B

> The meetings are scheduled to take place between March 2 and 12. -------, staff on leave during that period will receive their evaluation upon their return to work.
> 8.

(A) For example (B) **However**
(C) Similarly (D) If so

(A) たとえば (B) しかしながら
(C) 同様に (D) もしそうなら

## 核心 空所前後の関係は?

接続副詞を選ぶ問題です。「評価会議は3月2～12日に実施予定」→（ただし・しかし）→「その期間に休暇を取っている従業員には、仕事に復帰次第評価を伝える」という流れが自然なので、(B)が正解です。

訳・語句

問5～8は次の社内連絡に関するものです。

宛先：全部署の部長／差出人：Aditya Patel／件名：人事考課について／日付：2月16日

年次人事考課についてのお知らせです。[5] 例年通り、自身の監督下にある各従業員との面談を行っていただきます。この面談は約1時間かけて行ってください。まず親しみを込めた挨拶から始めて、取り上げる予定の話題を伝えてください。それから、その人の優れている部分と伸びしろのある部分について取り上げます。それらの要点は、従業員評価フォームに書いていただきます。従業員評価フォームはオンラインで記入し、評価会議に先立って印刷しておいてください。

評価会議は、3月2～12日の間に実施予定です。ただし、その期間に休暇を取っている従業員には、仕事に復帰したらすぐに評価を伝えます。

何か不明な点があれば、私までご連絡ください。

CEO Aditya Patel／Cormaxo Plastics

【本文】□**department** 部署／□**director** 部長／□**reminder** 思い出させるもの／□**annual** 毎年の／□**performance review** 人事考課・業績評価／□**last** 続く／□**friendly** フレンドリーな／□**greeting** 挨拶／□**topic** 話題／□**excel** 優れている／□**improve** 向上させる／□**evaluation** 評価／□**complete**（すべて）入力する・埋める／□**preceding** ～に先立って／□**appraisal** 評価／□**be scheduled to ~** ～する予定だ／□**on leave** 休暇中の／□**period** 時期／□**upon** 名詞 ～するとすぐに

【選択肢】□**surprisingly** 驚くべきことに／□**audience** 聴衆／□**as you know** ご存じの通り／□**achieve** 達成する／□**notable** 注目すべき・素晴らしい／□**result** 結果／□**as usual** いつも通り／□**supervise** 監督する

Part 6

**9.** 正解 C

> The Shermer Art Gallery cordially invites you to attend our -------- (9.) Winter Art Reception, during which pottery and sculptures will be on display ...

(A) first　(B) daily
**(C) annual**　(D) closing

(A) 最初の　(B) 毎日の
(C) 毎年の　(D) 終わりの・締めくくりの

### 核心 離れたところにヒントがある!

語彙問題です。空所には直後のWinter Art Receptionを修飾する語が入りますが、この文だけでは判断できません（選択肢はすべて形容詞として使える）。そこで視野を広げると、第2段落1文目にAs is our yearly traditionでyearly「毎年の」があるので、(C) annualを選べばOKです。難しい「かなり離れたところがヒントになる」Part 6特有の語彙問題ですが、実は**annualもyearlyもTOEICで超重要な単語**なのです (p. 236)。

**10.** 正解 B

> The event will take place in our main exhibition hall on Saturday, November 30 from 11:00 A.M. to 4:00 P.M. -------- (10.). In doing so, we are giving our special patrons the opportunity to see the exhibition before it opens to the general public.

(A) Saturday evening showings attract larger crowds.
**(B) We are holding this exclusively for gallery members.**
(C) Make sure to arrive before the match gets underway.
(D) Those who wish to reserve a ticket should call us soon.

(A) 土曜日の夕方の上映はより多くの観客を集めます。
(B) ギャラリー会員限定で開催予定です。
(C) 試合が始まる前に到着するようにしてください。
(D) チケットをご希望の方は、お早めにお電話ください。

### 核心 In doing soにつながるのは?

文挿入問題です。空所後の**In doing so, ~**「そうすることで～」に注目します。(B)を選んで、「会員限定で開催」→「そうすることで一般公開前に特別な常連客に機会を提供」という流れにすればOKです。(B)にあるthisは前の「イベント」を指すことも確認できます。ちなみに、exclusivelyはよく「排他的に・もっぱら」と訳されますが、**exclusively ≒ only**と考えると**exclusively for ~**「～のためだけに・～限定で」もスッキリ理解できます。

**11.** 正解 D

> There is no need to confirm your attendance in advance, -------- (11.) do you have to show up at any particular time.

(A) as　(B) so　(C) but　**(D) nor**

## 核心 否定文, nor VS.「～しないし、…しない」

文法問題です。空所前はThere is no need to ~「～する必要はない」という否定的な内容がきて、空所直後ではdo you have to show upという「倒置」が起きています（疑問文の語順）。(D)を選び、~（否定文）, nor VS.「～しないし、…しない」の形にすればOKです。

## 12. 正解 C

> However, please remember to bring your membership card with you, as it ------- 12. as your ticket.

| | | | |
|---|---|---|---|
| (A) was serving | (B) is served | (A) 過去進行形 | (B) 受動態 |
| **(C) will serve** | (D) to serve | (C) will + 原形 | (D) to + 原形 |

## 核心 招待しているイベントはいつのこと？

全体はpleaseから始まる命令文で、コンマ以降のasは「接続詞」だと考えます（itがs、空所にvが入る）。この文書では「これから行われるイベントに招待している」ため、未来を表す(C)が正解です。Part 6特有の「**全体」から時制を判断する**問題でした。いろんなところでwillや予定を表す現在進行形が使われていますね。

※serve as ~「～として機能する・～としての役割を果たす」という表現で、it will serve as your ticket「それ（＝あなたの会員証）がチケットとしての役割を果たす」となります。

訳・語句

質問9～12は次の招待状に関するものです。

Andrew Gervais様

Shermerアート・ギャラリーは、お客様に毎年恒例のWinter Art Receptionにご参加いただきたく、謹んでご招待いたします。期間中は、驚きと感動をもたらす陶器や彫刻が展示されます。このイベントは11月30日（土）午前11時から午後4時まで、当ギャラリーのメイン展示ホールで開催されます。[10] ギャラリー会員限定で開催予定です。そうすることで、一般公開前に、特別な常連客の皆様に展覧会をご覧いただく機会を提供いたします。

毎年恒例で、レセプション中はロビーにてココアをご用意しております。事前に出欠を確認する必要はありませんし、特定の時間にお越しいただく必要もありません。ただし、会員証がチケットとなりますので、忘れずにご持参ください。

レセプションでお会いできることを楽しみにしております。

Becky Steger／Shermerアート・ギャラリー

【本文】□**cordially** 心から／□**reception** 歓迎会・宴会／□**pottery** 陶器／□**sculpture** 彫刻／□**on display** 展示されて／□**awe** 畏敬の念を起こさせる／□**inspire** 感激させる／□**exhibition** 展示／□**patron** ひいき客・顧客／□**opportunity** 機会／□**the general public** 一般大衆／□**yearly** 毎年の／□**tradition** 慣習／□**confirm** 確認する／□**attendance** 出席／□**in advance** 事前に／□**show up** 現れる／□**particular** 特定の／□**membership card** 会員証
【選択肢】□**attract** 引き付ける／□**make sure to ~** 必ず～する／□**get underway** 始まる／□**those who ~** ～する人々／□**wish to ~** ～したい／□**reserve** 予約する

## 超重要な従属接続詞を一気にチェック！

従属接続詞（when・ifなど）は“（接続詞 sv), SV.”／“SV（接続詞 sv）.”の形をとることが大前提です。この形を押さえたうえで、それぞれの従属接続詞の意味をチェックしておきましょう。Part 5・6で非常によく問われますし、Part 7で長文を正確に読むためにも超重要です。

**【「時」を表す従属接続詞】**

□**when**「～するとき」／□**while**「～する間」／□**before**「～する前に」／□**after**「～する後に」／□**till・until**「～までずっと」／□**since**「～から今まで」／□**as soon as**「～するとすぐに」／□**by the time**「～するまでには」／□**every time・each time・any time**「～するときはいつでも」／□**the moment・the minute・the instant**「～するとすぐに」／□**the first time**「初めて～するとき」／□**(the) last time**「この前～したとき」／□**(the) next time**「次に～するとき」

**【「条件」を表す従属接続詞】**

□**if**「もし～なら」／□**unless**「～しない限り」／□**once**「いったん～すれば・～するとすぐに」／□**in case**「もしも～の場合には・～するといけないから」／□**as long as・so long as**「～する限りは」／□**as far as・so far as**「～する範囲内では」／□**in the event that ~**「万一～する場合」※in the event of 名詞「名詞の場合」／□**suppose・supposing・provided・providing**「もし～なら」／□**assuming**「～と仮定すれば」／□**granting・granted**「仮に～としても」／□**given (the fact)**「～を考慮すると・～を仮定すると」／□**on (the) condition**「～という条件で」

※unlessを使った表現として、unless otherwise stated[noted/specified]「別の方法で指摘される場合を除いて」→「特別な指摘がない限り・特に断りがなければ」もTOEICで重要です。

**【「対比」や「逆接・譲歩」を表す従属接続詞】**

□**while・whereas**「～する一方で」／□**though・although**「～だけれども」／□**even though**「（実際そうであるが）たとえ～でも」※thoughを強調／□**even if**「（実際はわからないが）たとえ～でも」※ifを強調／□**whether**「～してもしなくても」

**【「理由」を表す従属接続詞】**

□**because・since・as**「～だから」／□**in that**「～だから・～という点において」／□**now that**「今やもう～だから」

# Part 7
# 攻略

## Part 7　基本情報

| | |
|---|---|
| 問題形式 | 長文を読んで、設問に答えていきます。 |
| 問題数 | 長文の数は15セット、設問は合計54問です。<br>※シングルパッセージ（1つの長文）が10セット・設問29問、マルチプルパッセージ（同時に複数の長文）が5セット・設問25問です。 |
| 出題内容 | 記事・ビジネスメール・告知・アンケート・オンラインチャットなど、様々な文書が出ます。 |
| 正解数の目安 | 600点目標　**32**／54問　(59%)<br>800点目標　**42**／54問　(78%) |

# Part 7 の概要と解答プロセス

## Part 7ってこんな問題

**問題形式** 文書を読んで、各設問に対して適切な選択肢を4つの中から選びます。

**Questions 147-148** refer to the following notice.

本文

Special Night

Hosted by Penny Runge and Alex Seiden

We want to thank you for being a member of Freya Salon & Spa! You are invited for appetizers and beverages in our garden courtyard on Saturday, June 8, which we will start serving at 4:00 P.M. There is no need to let us know you are coming—just show up with your membership card. We hope to see you here!

Note: For those of you planning to use our salon or spa on that day, please be aware that we will be wrapping up earlier than usual. Final appointments will be at 3:00 P.M.

設問

**147.** What is the purpose of the notice?
(A) To advertise a special deal
(B) To promote an exclusive event
(C) To introduce a new facility
(D) To encourage membership renewal

**148.** What is indicated in the notice?
(A) Gardening tips will be offered.
(B) Invitations will be sent by mail.
(C) Members should send an e-mail.
(D) Services will end early on June 8.

選択肢

**訳**

問147～148は次のお知らせに関するものです。

**特別な夜 Penny Runge と Alex Seiden 主催**

Freya Salon & Spaのメンバーでいてくださることに感謝いたします！ 6月8日（土）午後4時より、中庭での前菜とお飲み物のおもてなしに、お客様をご招待いたします。ご来場のご連絡は不要です。会員証をお持ちいただくだけで結構です。お会いできることを楽しみにしています！

注：当日、サロンやスパをご利用予定の方は、通常より早めに終了させていただきますのでご了承ください。最終受付は午後3時となります。

147. お知らせの目的は何ですか？
(A) 特別サービスを宣伝するため
(B) 限定イベントを宣伝するため
(C) 新しい施設を紹介するため
(D) 会員の更新を促すため

148. このお知らせには何が書かれていますか？
(A) ガーデニングのコツが提供される。
(B) 招待状は郵送される。
(C) 会員はメールを送るべきだ。
(D) 6月8日にサービスが早く終わる。

**【本文】**□**host** 主催する／□**appetizer** 前菜・アピタイザー／□**beverage** 飲み物／□**courtyard** 中庭／□**serve**（飲食物を）提供する／□**show up** 来る／□**Please be aware that ~** ～をご承知おきください／□**wrap up** 終える
**【設問・選択肢】**□**deal** お買い得品・サービス／□**exclusive** 限定の・専用の／□**facility** 施設・設備／□**encourage** 促す／□**renewal** 更新／□**tip** コツ

## Part 7 の核心

**Q. Part 7で求められる「読む力」とは？**

**A. 1文1文を正確に読む力が求められます。**

とかくTOEICでは「素早く情報を見つけ出す」ことが強調されがちですが、まずは1文1文を正確に読めるようになることが重要です。「ゆっくり読んでも理解できない」英文を、「速く読める」わけがありませんよね。「木を見て森を見ず」という言葉はカッコいいのですが、**「木を見て木を見る」力をつけるのが最優先**です。

**Q. Part 7で求められる「解く力」とは？**

**A. きちんと読めれば解けるものの、「含み表現」などが大活躍します。**

「いかに正確に読めたか？」が問われるので、解く際に特別なことは不要なのですが、実際には英文の情報量に圧倒され、正確に読むことも情報を整理しながら読むことも難しい場合が多々あります。そこで本書では「含み表現」(p. 236)など、大活躍する解法スキルを紹介していきます。

**Q. Part 7で求められる「メンタル」と会場の雰囲気は？**

**A. 周りの人に惑われず、最後まで確実に解ける問題を解くことが大切です。**

よほどの上級者（850点以上など）以外はすべての問題を解き切ることはできません。変に焦っていい加減に解く問題を増やすのではなく、**確実に解ける問題をとっていく姿勢が大事**です。

また、かなり疲れてきて集中力も途切れます。**普段から「疲れても英文を読み続ける」習慣をつけておく**ことで英語の体力が養われ、スコアに大きく影響します。

解　説

**147. 全体を読み取る**

1・2文目から、**「会員限定イベントに招待している」**とわかるので、(B)を選びます。

**148. Noteは必ずチェックする！**

一番下のNoteの内容から(D)が正解です（本文2文目のJune 8から、on that dayは6月8日だとわかります）。今回のように**Note「注」やアスタリスク(*)がある箇所は、かなりの確率で設問で狙われます**。また、Please be aware that ~の後ろも重要情報がきますね(p. 125)。

解　答　**147. (B) 148. (D)**

# Part 7 の解答プロセス

❶ 指示文（Directions）は完全スルー

**PART 7**

**Directions:** In this part you will read 〜

❷ 文書の種類を一瞬でチェック

**Questions 147-148** refer to the following notice.

Special Night

Hosted by Penny Runge and Alex Seiden

❹ 本文を読む

We want to thank you for being a member of Freya Salon & Spa! You are invited for appetizers and beverages in our garden courtyard on Saturday, June 8, which we will start serving at 4:00 P.M. There is no need to let us know you are coming—just show up with your membership card. We hope to see you here!

Note: For those of you planning to use our salon or spa on that day, please be aware that we will be wrapping up earlier than usual. Final appointments will be at 3:00 P.M.

**147.** What is the purpose of the notice?
(A) To advertise a special deal
(B) To promote an exclusive event
(C) To introduce a new facility
(D) To encourage membership renewal

❸ 設問の先読み（問148も）
※選択肢は読まないでOK

**148.** What is indicated in the notice?
〜

❺ 設問を解いていく
（基本は本文の順番通り）
→設問を1つ解くごとに、
次の設問をチェック

## ❶ これまで同様、指示文（Directions）は完全に無視してOK

## ❷ 文書の種類をチェック

noticeは「お知らせ」という意味です。難しめのものとして、memo・memorandum「社内連絡」／billing statement「請求書」／excerpt「引用・抜粋」などをチェックしておきましょう。

## ❸ 設問を「2つめ」まで先読みする！／ただし「選択肢」は読まない

本文の前に「設問」を先に読みます。1つめの設問は「英文全体の意図」を問うものが多く、本文を少しだけ読んで解けるものではありません。そこで、2つめの設問まで目を通して、その該当箇所が出てくるまで一気に本文を読みましょう。

「設問」は最初に読みますが、**「選択肢」を読む必要はありません**。4つのうち3つはウソの可能性もありますから、最初に選択肢まで読むと混乱してしまいます。

※ただし、「NOT問題（本文の内容と合致しない選択肢を選ぶ問題）」に限っては、選択肢まで先に読むのもアリです。4つの選択肢のうち、3つが本文に書かれている内容だからです。

## ④ 本文は「全文をきっちり読む」のが原則！

△定番の対策　問われる内容を「スキャン」するように探して読む

### 神速流　きちんと最初から英文を読む！

TOEIC対策では「スキャニング（スキャンするように必要な情報を拾い読みする方法）」が大切とよく言われますが、本書では**「英文は最初からすべて読む」**ことをお勧めします。英文を飛ばし読みしたり、また途中から読んだりすると、読み方が浅くなり、結局内容が頭に入ってきません。ある程度強弱をつけて読めるようになるのが理想ですが、あくまで「全文きっちり読む」姿勢を前提に取り組んでいきましょう。

**【「速読」より「速解く」(そくと)!】**

大半のTOEIC受験者は「全文読む時間はない…」と思うでしょうが、**全文きちんと読んで本文を理解したほうが、結果的に、選択肢を速く確実に選べます。**時間がかかる大きな原因の1つは、本文の読みが浅いことなのです。飛ばし読みした結果、選択肢が絞り切れず迷ったり、該当箇所を探しに本文に戻ったり… と繰り返してしまうわけです。「速読」よりも、**本文を深く理解して「速解く」(そくと)**と意識してみてください。速解くためには「本文の狙われそうな箇所に反応する」ことも有効なので、本書独自の「含み表現」なども解説していきます。

## ⑤ 1つ設問を解くごとに、次の設問をチェック！

本文を読んで該当箇所が出てきたら、設問を解きます。そして設問を1つ解くごとに、次の設問をチェックしましょう。時間は1問1分が目安です。54問なので54分は必要ですが、これで解き切れるのは上級者だけなので、実際には58〜60分はかけたいところです。

# Part 7の攻略

## ▶ Point 1

語彙　読解　パターン

## 「含み表現」を習得する!

Part 7では「変更」などを示唆する、言ってみれば**「含みを持った表現」**がよく出てきます。そして含み表現が使われた部分は高い確率で問われます。
たとえば、**weather permitting「天気が良ければ」**を使って「天気が良ければイベントは開催」とあれば、**「天気が悪くて開催されない」**可能性も示唆されますね。そのため、「イベントは中止になる可能性がある」といった選択肢が正解になるのです。

### ①「変更」をにおわす含み表現

Must!

□**weather permitting**「天気が良ければ」／□**usually・normally**「普段は」／□**generally**「一般的には」／□**typically**「典型的には・一般的には」／□**temporarily**「一時的に」／□**tentatively**「仮に」／□**tentative**「仮の・暫定的な」

+α

□**if it rains・in case of rain**「雨の場合は」／□**if more than ten people sign up for it**「もし10人より多くの人が登録すれば」／□**provisional・interim**「仮の・暫定的な」

### ②「過去・現在・未来の繰り返し」をにおわす含み表現

Must!

□**annual**「毎年恒例の・年に1度の」／□**annually**「毎年・年に1度」／□**yearly**「毎年（の）・年に1度（の）」　※「去年、今年、来年も行う」ことを暗示

+α

□**again**「再び」／□**as in previous years**「以前と同じように」／□**as always・as usual**「いつものように」／□**regularly**「定期的に」

### ③ 時の対比：「今は違う」ことをにおわす含み表現

Must!

□**before・previously・formerly**「以前は」／□**in the past**「昔は」／□**traditionally・conventionally**「昔から・従来は」／□**at first**「初めは」／□**initially**「当初は」／□**originally**「元々は・最初は」

+α

□**in former times**「以前は」／□**once**「かつては」／□**back then**「当時は」／□**at that time**「その当時は」／□**It has been said that ~**「～と言われてきた」

### ④ 時の対比：「過去とは違う・今後は変わるかも」をにおわす含み表現

Must!

□**now**「今は」／□**today**「今日(こんにち)は」／□**these days・nowadays**「最近は」　※「昔と違って今は・最近は」というニュアンス／□**currently**「現在は」　※「あくまで今現在では」というニュアンス／□**no longer ~**「もはや～ない」／□**new**「新しい」　※「今までとは違う」と強調

## ▶Point 2

語彙 読解

## 「因果表現」を習得する!

多くの人がcauseは「引き起こす」という日本語訳だけを覚えています。しかしこれは、"原因 cause 結果"(右向きの矢印"→"のイメージ)と考えたほうが、一瞬で意味をつかむことができます。

**(1) 原因 V 結果 の形 「原因 によって 結果 になる」(→)**

| | |
|---|---|
| 原因 cause 結果 | 原因 bring about 結果 |
| 原因 lead (up) to 結果 | 原因 contribute to 結果 |
| 原因 **give rise to** 結果 | 原因 result in 結果 |
| 原因 **is responsible for** 結果 | 原因 **trigger** 結果 |

**(2) 結果 V 原因 の形 「結果 は 原因 によるものだ」(←)**

| | |
|---|---|
| 結果 result from 原因 | 結果 come from 原因 |
| 結果 **arise from** 原因 | 結果 **derive[stem] from** 原因 |
| 結果 **is attributable to** 原因 | ※attributable = attributed |

**(3) V 結果 to 原因 の形 「結果 を 原因 によるものだと考える」**

| | |
|---|---|
| **owe** 結果 **to** 原因 | **attribute** 結果 **to** 原因 |

**(4) 前置詞で因果を表すもの 「～が原因で」**

| | | |
|---|---|---|
| because of 原因 | due to 原因 | owing to 原因 |
| on account of 原因 | **through** 原因 | as a result of 原因 |
| **what with A and B**「AやらBやらで」 | | **thanks to ~**「～のおかげで」 |

## ▶Point 3

パターン

## クロス問題では「名前・時間・場所・数字」に注目!

マルチプルパッセージ(複数の文書が出る問題)は、原則シングルパッセージと同じ読み方・解き方でOKです。唯一の違いは「クロス問題(解答根拠が2つの文書にまたがる問題)」で、このクロス問題では「**名前・時間(日付・曜日)・場所・数字**」がよく狙われます。たとえば、1つめの英文で「10月1～14日に申し込むと10%割引」、2つめの英文で「10月10日に申し込んだ」と書かれてあるとします。この2つを参照すると「10%割引を受けた」とわかり、これが正解になるわけです。

## ▶ Point 4

パターン

### マルチプルパッセージは「タイムラグ」に注意！

普通は1つめと2つめの英文は、「人材募集のお知らせ」→「応募のメール」のような流れになると予想します。ただし、TOEICにはその間に「**タイムラグ**」があるパターンがよく出題されます。

1つめの英文：人材募集 → 2つめの英文：会社からの内定メール
※「応募のメール」がカットされている！

1つめの英文が「募集のお知らせ」で、その後に「応募した」という内容はカットされ、2つめの英文でいきなり「内定メール」が始まったりするわけです。

## ▶ Point 5

パターン

### 特徴的な設問をチェック

☑ **NOT問題：本文の内容と合致しない選択肢を選ぶ問題**

解くときは、「本文の内容と合致する選択肢」を消去していって、残った選択肢を選ぶのが基本／もし「本文と矛盾する選択肢」があれば、すぐにそれを選んでOK。

☑ **意図問題：英文の「意図」を問う問題**

問われる表現そのものを知らなくても、まずは文法に忠実に考えてみる／英文の流れを考える（前後をしっかり読む）ことが大切。

☑ **文挿入問題：英文中に4つの空所があり、その中の適切な場所に文を入れる問題**

スキャニング防止の問題と考えられるため、前後をしっかり読むことが一番の対策／Part 6と同じく、「接続副詞」(p. 206) や「代名詞」がヒントになることも。

☑ **同義語問題：本文中の単語の意味と近い単語を選ぶ問題**

多義語がよく問われるので、文脈に合った意味を考える必要がある。

すべて実際の問題を通して具体的な解き方も確認していきますので、心配しすぎる必要はありません。

# Part 7　例題

## 例題（1）「含み表現」に反応する！

**Questions 1-3** refer to the following press release.

**16th Annual Charity Golf Tournament**

Heston Mineral Ltd. is excited to announce that its annual golf tournament raised over $50,000 for charity this year thanks to the generous support of those who participated.

The sold-out event, held at the Carvalho Country Club in Fairfax, Virginia on May 23, gave participants the opportunity to demonstrate their golf skills on a beautiful 18-hole course. All proceeds from the tournament will help Elmhurst Hospital purchase needed equipment.

Among the event's highlights was the opening speech by Keith Edwards, President & CEO of Heston Mineral. He spoke about the founding of the company and some of the ways it has served the community in the fifty-five years since its establishment.

A big congratulations goes out to the tournament winner, Alan Weir, and the company extends its sincere appreciation to everyone who joined us for a lovely day.

**1.** What is implied about the tournament?
(A) It will take place next year.
(B) It was held in Elmhurst.
(C) It was won by Keith Edwards.
(D) It had a record attendance.

**2.** What will Heston Mineral do with the money it raised?
(A) Pay for equipment maintenance
(B) Donate it to a medical facility
(C) Fund a scholarship program
(D) Invest in product development

**3.** What is NOT mentioned about the golf tournament?
(A) The date on which it was held
(B) The type of golf course used
(C) The speech that opened the event
(D) The prize given to the winner

# Part 7　解答と解説

## 例題（1）「含み表現」に反応する！

**Questions 1-3** refer to the following press release.

①**16th Annual Charity Golf Tournament**

annualは重要な含み表現！

Heston Mineral Ltd. is excited to announce that ②its annual golf tournament raised over $50,000 for charity this year thanks to the generous support of those who participated.

すでに終わったイベントについての文書

固有名詞は軽くチェックしておく程度でOK

The sold-out event, held at the Carvalho Country Club in Fairfax, Virginia ③on May 23, gave participants the opportunity to demonstrate their golf skills on ④a beautiful 18-hole course. ⑤All proceeds from the tournament will help Elmhurst Hospital purchase needed equipment.

「お金の使い道」はしっかりチェック！

⑥Among the event's highlights was the opening speech by Keith

Among ~ is ...「～の中の１つに…がある」という倒置！

Edwards, President & CEO of Heston Mineral. He spoke about the founding of the company and some of the ways it has served the community in the fifty-five years since its establishment.

⑦A big congratulations goes out to the tournament winner, Alan Weir, and the company extends its sincere appreciation to everyone who joined us for a lovely day.

**最後は「感謝」で締めくくる**

※もし「文書の目的」を問う設問が出たら、To express appreciation to participants「参加者に感謝を伝えるため」などが正解

**1.** 正解 **A**

### 核心「含み表現」のannualに注目！

①16th Annual Charity Golf Tournamentと②its annual golf tournamentで、含み表現のannual「毎年の」があります。「**毎年恒例**」→「**来年も行われる**」と考えられるので、(A) It will take place next year. が正解です。

## 2. 正解 B

### 核心 まとめ単語のfacility「施設」

⑤All proceeds from the tournament will help Elmhurst Hospital purchase needed equipment. とあります。主語はAll proceeds「すべての収益」、動詞はhelp 人 原形「人が～するのに役立つ」の形で、「すべての収益はElmhurst病院が必要な設備を購入するために役立つ」という意味です。正解は (B) Donate it to a medical facilityで、本文のElmhurst Hospitalを**medical facility「医療施設」と総称的に表しています。**facility（ついでにequipmentも）は重要なまとめ単語でしたね (p. 24)。

## 3. 正解 D

### 核心 NOT問題は「消去法」が原則

NOT問題なので、本文の内容と合致する選択肢を消去していきます。
(A) ③on May 23と「日付」が書かれています。
(B) ④a beautiful 18-hole courseで「コースの種類」が書かれています。
(C) ⑥Among the event's highlights was the opening speech by Keith Edwards, ... で「開会のスピーチ」に言及しています。
以上より、残った(D)が正解です。⑦A big congratulations goes out to the tournament winner, Alan Weirで「優勝者の名前」はありますが、「優勝者に贈られた賞品」はどこにも書かれていません。

### 隠れポイント 多義語raiseを核心から攻略する！

本文の②直後や問2で、raiseが「（お金を）集める」の意味で使われました。

**【多義語raise　核心：上げる】**

①上げる　②育てる　③（金を）集める　④取り上げる・提起する

本来は「上げる」で（raise *one's* hand「手を上げる」が有名）、「**親が子供の年齢を上げる**」→「育てる」、「**集めたお金を積み上げる**」→「**（お金を）集める**」となりました。さらに「話題・議題に挙げる」→「取り上げる・提起する」の意味もあります。

### 隠れポイント よく使われる倒置 "Among ~ is ..."

⑥は**Among ~ is ...**「～の中の1つに…がある」という形です。まず、**be among ~**は「たくさんあるものの間にある」→「**～の1つ**」という意味です（≒ be one of ~）。そしてamongは前置詞なので、普通はAmong ~ SVの語順を予想しますが、今回は**倒置が起きてAmong ~ VSという語順になっています。**

元々の語順：The opening speech by ~ was among the event's highlights.

今回の語順：Among the event's highlights was the opening speech by ~.

元の語順：「～による開会スピーチがイベントのハイライトの１つだった」
今回の語順：「イベントのハイライトの１つに、～による開会スピーチがあった」

be動詞の左右が入れ替わるイメージです。語順を入れ替えることで、後ろにくる「開会スピーチ」が強調される自然な流れになるのです。

訳・語句

問１～３は次のプレスリリースに関するものです。
**①毎年恒例　第16回チャリティ・ゴルフ・トーナメント**
Heston Mineral社は、②毎年恒例のゴルフ・トーナメントが、参加者の惜しみない支援のおかげで、今年は5万ドル以上のチャリティ資金が集まったことを発表できてうれしく思います。
この完売したイベントは、③5月23日、バージニア州FairfaxのCarvalhoカントリークラブで開催され、参加者は④美しい18ホールのコースでゴルフの腕を披露しました。⑤トーナメントによる収益はすべて、Elmhurst病院が必要な設備を購入するために役立てられます。
⑥イベントのハイライトには、Heston Mineral社のKeith Edwards社長兼CEOによる開会スピーチがありました。彼は同社の創業と、創業以来55年にわたり地域社会に貢献してきた経緯について話しました。
⑦トーナメント優勝者のAlan Weir氏には心からお祝いを申し上げるとともに、当社はすてきな一日をご一緒させていただいた皆様に心より感謝申し上げます。

1. この大会について何が示唆されていますか？
(A) 来年開催される。
(B) Elmhurstで開催された。
(C) Keith Edwardsが優勝した。
(D) 過去最高の参加者数を記録した。

2. Heston Mineralは集めたお金で何をしますか？
(A) 設備のメンテナンス費用に充てる
(B) 医療施設に寄付する
(C) 奨学金プログラムに資金を提供する
(D) 製品開発に投資する

3. ゴルフトーナメントについて述べられていないことは何ですか？
(A) 開催された日付
(B) 使用されたゴルフコースの種類
(C) 開会のスピーチ
(D) 優勝者に贈られた賞品

**【本文】**□**press release** プレスリリース・報道発表／□**charity** 慈善活動／□**thanks to ~** ～のおかげで／□**generous** 寛大な／□**those who ~** ～する人々／□**participate** 参加する／□**sold-out** 売り切れの・完売の／□**hold** 開催する／□**participant** 参加者／□**opportunity** 機会／□**demonstrate** 示す／□**proceeds**（複数形で）収益／□**purchase** 購入する／□**equipment** 装置・設備／□**highlight** 見所・ハイライト／□**opening speech** 開会スピーチ／□**founding** 設立・創立／□**serve** 尽くす・役に立つ／□**community** 地域社会／□**establishment** 設立・創立／□**congratulation** 祝い／□**go out to ~** ～へ向かう／□**extend**（気持ちを）示す・伝える／□**sincere** 心からの／□**appreciation** 感謝／□**lovely** すてきな
**【設問・選択肢】**□**imply** 示唆する／□**take place** 開催される／□**win** 勝つ（win-won-won）／□**record** 記録的な・過去最高の／□**attendance** 出席（者数）／□**pay for ~** ～の料金を支払う／□**maintenance** 維持／□**donate** 寄付する／□**facility** 施設／□**fund** 資金を提供する／□**scholarship** 奨学金／□**invest in ~** ～に投資する／□**development** 開発／□**prize** 賞

### 例題 (2)　「チャット問題」と「意図問題」を攻略！

**Questions 4-5** refer to the following text message chain.

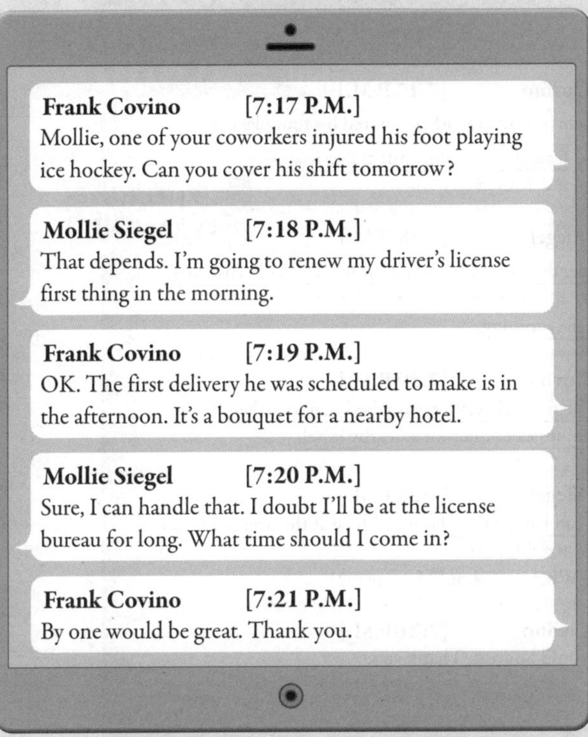

**Frank Covino** [7:17 P.M.]
Mollie, one of your coworkers injured his foot playing ice hockey. Can you cover his shift tomorrow?

**Mollie Siegel** [7:18 P.M.]
That depends. I'm going to renew my driver's license first thing in the morning.

**Frank Covino** [7:19 P.M.]
OK. The first delivery he was scheduled to make is in the afternoon. It's a bouquet for a nearby hotel.

**Mollie Siegel** [7:20 P.M.]
Sure, I can handle that. I doubt I'll be at the license bureau for long. What time should I come in?

**Frank Covino** [7:21 P.M.]
By one would be great. Thank you.

**4.** At 7:18 P.M., what does Ms. Siegel mean when she writes, "That depends"?
(A) She is unsure about a schedule.
(B) She made plans with a coworker.
(C) She had a problem with her car.
(D) She has not been feeling well.

**5.** What does Ms. Siegel agree to do?
(A) Photograph a local hotel
(B) Provide a free estimate
(C) Deliver some flowers
(D) Cancel an appointment

# Part 7　解答と解説

## 例題 (2)　「チャット問題」と「意図問題」を攻略！

**Questions 4-5** refer to the following text message chain.

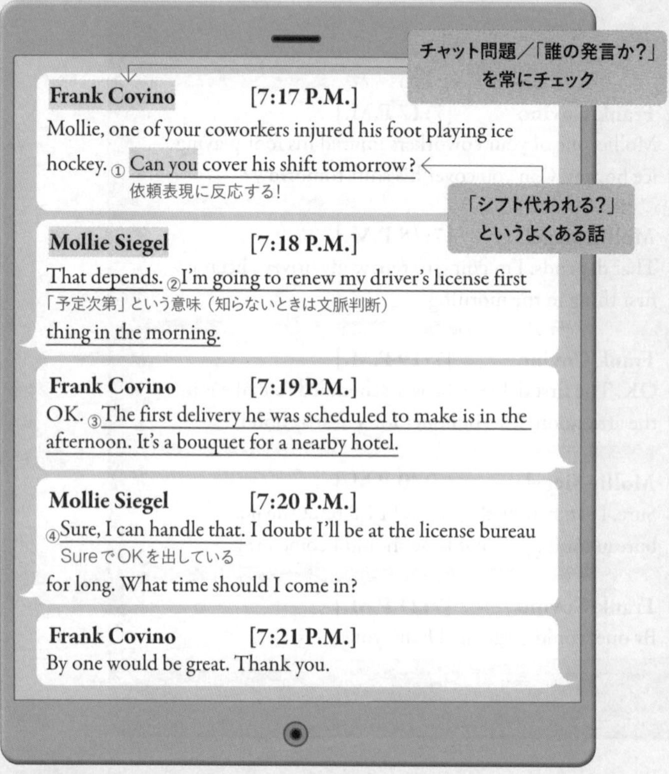

チャット問題／「誰の発言か？」を常にチェック
Frank Covino [7:17 P.M.]
Mollie, one of your coworkers injured his foot playing ice hockey. ① Can you cover his shift tomorrow?
依頼表現に反応する！
「シフト代われる？」というよくある話
Mollie Siegel [7:18 P.M.]
That depends. ② I'm going to renew my driver's license first thing in the morning.
「予定次第」という意味（知らないときは文脈判断）
Frank Covino [7:19 P.M.]
OK. ③ The first delivery he was scheduled to make is in the afternoon. It's a bouquet for a nearby hotel.
Mollie Siegel [7:20 P.M.]
④ Sure, I can handle that. I doubt I'll be at the license bureau for long. What time should I come in?
SureでOKを出している
Frank Covino [7:21 P.M.]
By one would be great. Thank you.

**4.** 正解 **A**

### 核心　That depends.「時と場合による」

意図問題です。①Can you cover his shift tomorrow? に対して、**That depends.**「時と場合による」と返答しています。「明日のシフト代われる？」→ That depends. →「明日は予定がある」(②) という流れから、(A) She is unsure about a schedule. を選びます。ここでは「明日のシフトを代われるかどうかは時と場合による／スケジュールについては確信が持てない」という意図の発言です。

※ 意図問題は前後をしっかり読んで文脈から解くのが原則ですが、That depends. は会話でよく使う会話表現なので、知っておいてもいいでしょう。

## 5. 正解 C

### 核心 handle thatが表している内容は?

③The first delivery he was scheduled to make is in the afternoon. It's a bouquet for a nearby hotel. に対して、Siegelが④Sure, I can handle that. と返答しています。handleは動詞「扱う・対処する」、thatは③の内容を指し、Siegelは「**彼が行う予定だった花束の配達を行う**」と述べているわけです。よって、(C) Deliver some flowersが正解です。本文のmake a delivery「配達する」が、選択肢では動詞deliver「配達する」に言い換えられています。

### 隠れポイント That depends. を丸暗記なしでマスターする!

That depends.「時と場合による・一概には言えない」は会話での決まり文句ですが、元の形から考えれば簡単に理解できます。depend on ~ は「~に頼る」だけでなく、実際には「**~次第だ・~に左右される・~によって決まる**」といった意味でもよく使われます。元々は**That depends (on the circumstances).「それは状況次第だ」**で、そこからon the circumstancesが省略されたわけです。

訳・語句

問4~5は次のメッセージのやりとりに関するものです。

**Frank Covino** [午後7:17]
Mollie、同僚の一人がアイスホッケーをしていて足をケガしてしまったんだ。①彼の明日のシフトを代わってもらえない?

**Mollie Siegel** [午後7:18]
場合によるわ。②朝一で運転免許の更新に行く予定なの。

**Frank Covino** [午後7:19]
そうか。③彼が行う予定だった最初の配達は午後なんだ。近くのホテルに花束を届ける仕事だよ。

**Mollie Siegel** [午後7:20]
④了解、それなら代われるわ。免許センターで長くはかからないだろうから。何時に行けばいい?

**Frank Covino** [午後7:21]
1時までに来てくれると助かるよ。ありがとう。

4. 午後7:18に、Siegelさんは "That depends" という発言で何を意味していますか?
(A) スケジュールについて確信が持てない。
(B) 同僚と予定を立てた。
(C) 車の調子が悪い。
(D) 体調がすぐれない。

5. Siegelさんは何をすることに同意していますか?
(A) 地元のホテルの写真を撮る
(B) 無料で見積もりを出す
(C) 花を配達する
(D) 予約をキャンセルする

**【本文】**□**coworker** 同僚/□**injure** ケガをさせる/□**cover *one's* shift** シフトを代わる/□**renew** 更新する/□**license** 免許/□**first thing in the morning** 朝一で/□**delivery** 配達/□**bouquet** 花束/□**nearby** 近くの/□**doubt (that) ~** ~だと思わない/□**bureau** 案内所・局
**【設問・選択肢】**□**be unsure about ~** ~について確信が持てない/□**make a plan** 予定を立てる/□**feel well** 体調が良い/□**photograph** 写真を撮る/□**local** 地元の・その地域の/□**estimate** 見積もり/□**deliver** 配達する/□**appointment** 予約

Part 7

## 例題(3) 「因果関係」を把握する!/「文挿入問題」を攻略!

**Questions 6-9** refer to the following article.

**Wishek City to Reinstate Parking Fees**

Wishek City (Aug. 8) — After a 14-month suspension of the parking meter system in downtown Wishek, visitors to the area will once again have to pay to park. — [1] — Last year, city council suspended parking fees as a way of supporting downtown businesses, which had been seeing fewer visitors. Surprisingly, however, the number of people going to this part of the city has since increased dramatically. — [2] —. Among these are an eight-screen movie theater on Crosland Road, a few restaurants, and the 52,000-square-foot Hickory Shopping Plaza.

Some visitors will be pleased to know that all meters will permit 20 minutes of free parking. — [3] — This will allow them to make quick stops. For instance, if they are downtown to pick up takeout or drop off clothes at a dry cleaner, they will not have to drop coins into the meter.

In addition, the city will deploy more officers to enforce metered parking as well as parking restrictions. — [4] — According to a statement released by the mayor's office, the parking enforcement for the most part will be self-financing. Nevertheless, if parking meter revenue is insufficient to cover the costs, then the city will pay for them using other funding. The new parking policy and enforcement will go into effect on September 1.

6. What is implied in the article?
   (A) A system was ineffective because of a design flaw.
   (B) A major road in downtown Wishek is being paved.
   (C) Some fees were not charged for more than a year.
   (D) Some tourists have complained about a regulation.

7. What is stated as an advantage of the new policy?
   (A) Motorists can park for a limited time at no charge.
   (B) All downtown Wishek residents will receive a pass.
   (C) A device with new technology will be easier to use.
   (D) Customers can pick up food at drive-thru windows.

8. What is indicated about the parking enforcement officers?
   (A) They will be given uniforms for summer and winter.
   (B) They will meet a mayor to discuss improving a service.
   (C) They will be paid using revenue from parking meters.
   (D) They will stop issuing parking tickets in September.

9. In which of the positions marked [1], [2], [3], and [4] does the following sentence best belong?

   "City officials believe this is due to several new businesses that have helped revitalize the area."

   (A) [1]
   (B) [2]
   (C) [3]
   (D) [4]

# Part 7　解答と解説

## 例題（3）「因果関係」を把握する!／「文挿入問題」を攻略!

**Questions 6-9** refer to the following article.

「駐車料金」の話だとざっくり把握

**Wishek City to Reinstate Parking Fees**

Wishek City (Aug. 8) — ①After a 14-month suspension of the parking meter system in downtown Wishek, visitors to the area will once again have to pay to park. — [1] — Last year, city council suspended parking fees as a way of supporting downtown businesses, which had been seeing fewer visitors. Surprisingly, however, ②the number of people going to this part of the city has since increased dramatically. — [2] —. Among these are an eight-screen movie theater on Crosland Road, a few restaurants, and the 52,000-square-foot Hickory Shopping Plaza.

「昨年：14カ月駐車料金を停止」→「これから再度駐車料金を請求」

Among these are ~「これらの中に～がある」で具体例を挙げる／この前に「映画館・レストラン・ショッピングプラザ」をまとめた内容がくるはず

20分は無料駐車OK

③Some visitors will be pleased to know that all meters will permit 20 minutes of free parking. — [3] — This will allow them to make quick stops. For instance, if they are downtown to pick up takeout or drop off clothes at a dry cleaner, they will not have to drop coins into the meter.

Thisは③の内容を受け、すでに自然な流れ／[3]に英文は入らない

「具体例」を挙げる重要表現!

駐車場を取り締まる職員の増員

④In addition, the city will deploy more officers to enforce metered parking as well as parking restrictions. — [4] — According to a statement released by the mayor's office, ⑤the parking enforcement for the most part will be self-financing. Nevertheless, ⑥if parking meter revenue is insufficient to cover the costs, then the city will pay for them using other funding. The new parking policy and enforcement will go into effect on September 1.

「追加」する重要表現!

「対比・譲歩」する重要表現!

駐車取り締まりは駐車料金で行われる

## 6. 正解 C

### 核心 suspension「停止」とcharge「請求する」

①After a 14-month suspension of the parking meter system in downtown Wishek, visitors to the area will once again have to pay to park. とあります。**「14カ月停止されていたが、再び駐車料金を支払わなければならなくなる」＝「1年以上料金がかからなかった」**とわかるので、(C) Some fees were not charged for more than a year. が正解です。

※その後のLast year, city council suspended parking fees ... やタイトルのReinstate Parking Feesもヒントになります。

## 7. 正解 A

### 核心「無料」はよく狙われる!

③Some visitors will be pleased to know that all meters will permit 20 minutes of free parking. とあるので、(A) Motorists can park for a limited time at no charge. が正解です。motoristは「モーター（motor）を動かす人（ist）」→「自動車に乗る人・運転手」です。また本文と選択肢で、20 minutes → a limited time「限られた時間」、**free**「無料の」→ **at no charge**「無料で」(p. 132)、parking「駐車」→ park「駐車する」と言い換えられています。

※その後のif they are downtown to pick up takeout or drop off clothes at a dry cleaner, they will not have to drop coins into the meter. もヒントになります。

## 8. 正解 C

### 核心 self-financingがわからなくても…

④In addition, the city will deploy more officers to enforce metered parking ...、⑤the parking enforcement for the most part will be self-financingとあります。self-financingは「自分の（self）資金で（financing）」で、ここでは**「駐車取締官（の人件費）は自己資金（＝駐車料金収入）で賄われる」**ということなので、(C) They will be paid using revenue from parking meters. が正解です。
かなり難しい問題ですが、後ろの⑥if parking meter revenue is insufficient to cover the costs, then the city will pay for them using other fundingもヒントになります。「もし駐車メーターの収入で賄えない場合は他の財源で」ということは、「大半は駐車メーターの収入で賄う予定」だと考えられます。

※revenue「収入」とcover「カバーする・（費用を）賄う」はTOEICでは超重要です。

## 9. 正解 B

### 核心 因果表現のdue to ~「～が原因で」に注目!

文挿入問題です。挿入する英文は“結果 is due to 原因”の形なので、主語のThisは「結果」を表し、この前に「地域の活性化に貢献したビジネスによる結果」がくると考えます。②the number of people going to this part of the city has since increased dramaticallyに注目して(B) [2] を選べば、「**結果：地域を訪れる人の数が増加**」←「**原因：これは地域の活性化に貢献したビジネスのおかげ**」という自然な流れになります。

※さらに、[2]直後のAmong these are an eight-screen movie theater on Crosland Road, a few restaurants, and ... で、「地域の活性化に貢献したビジネス」の具体例を挙げるきれいな流れになっています。“Among ~ is ...”「～の中に…がある」という倒置のパターンですね (p. 241)。

**【誤りの選択肢】**

(A)「再び駐車料金の支払いが必要になるのは、地域の活性化に貢献したビジネスのおかげ」という文意は不自然です。

(C) [3]直後のThisは直前の内容を指して、「これ（＝20分の無料駐車が認められること）によって寄り道が可能になる」ことを表しています。現時点ですでに自然なつながりなので、この間に英文を入れると自然な流れが途切れてしまいます。この「**現状ですでに自然な流れなので、間に英文は入らない**」という発想も役立ちますよ。

(D) 前の文は「駐車場を取り締まる職員を増やす」という話なので、「地域の活性化に貢献したビジネス」は関係ありません。

### 隠れポイント 多義語のsuspendをチェック!

問6では多義語のsuspension「停止」とsuspend「停止する」、charge「(料金を) 請求する」(p. 61) がポイントになりました。

**【重要多義語suspend　核心：ぶら下げる】**

①ぶら下げる　②保留する・一時停止する

pendには「ぶら下げる」の意味があり (「ペンダント」は「首からぶら下げるもの」、「サスペンダー」は「ズボンをぶら下げるもの」)、「ぶら下げて決定しない」→「**保留する・一時停止する**」となりました。

訳・語句

問6～9は次の記事に関するものです。

**Wishek市、駐車料金復活へ**

Wishek市（8月8日）― ①Wishek中心街では14カ月にわたって駐車メーターシステムが停止されていたが、この地域を訪れる人々は再び駐車料金を支払わなければならなくなる。市議会は昨年、観光客が減少しつつあった中心街のビジネスを支える1つの手段として、駐車料金の徴収を停止した。しかし驚いたことに、②それ以来この地域を訪れる人の数は劇的に増加している。[9] 市の職員たちは、これはこの地域の活性化に貢献したいくつかの新しいビジネスのおかげだと考えている。その中には、Crosland通りにある8つのスクリーンがある映画館や、レストラン数軒、52,000平方フィートのHickoryショッピングプラザなどがある。

③すべての駐車メーターで20分の無料駐車が認められることを知って喜ぶ観光客もいるだろう。これによって、ちょっとした寄り道が可能になる。たとえば、テイクアウト商品を受け取ったりクリーニング屋に衣服を預けたりするために中心街に来る場合、メーターにコインを投入する必要はない。

④さらに、市は駐車規制に加えてメーター制駐車場を取り締まる職員を増員する予定だ。市長室の声明によると、⑤駐車取り締まりの大半は駐車料金収入で行われる。とはいえ、⑥駐車メーターの収入では費用を賄い切れない場合は、市が他の財源から拠出することになるだろう。新しい駐車制度および取り締まりは9月1日に施行される。

6. 記事の中で何が示唆されていますか？
   (A) ある制度は設計上の欠陥により効果を発揮しなかった。
   (B) Wishek中心街のある主要道路が舗装中だ。
   (C) 1年以上にわたって、一部料金がかからなかった。
   (D) 規制について不満を言う観光客もいた。

7. 新制度の利点は何だと言われていますか？
   (A) 運転手は制限時間内であれば無料で駐車できる。
   (B) Wishek中心街の住民は全員、通行証をもらえる。
   (C) 新技術を搭載した機器がより使いやすくなる。
   (D) 客はドライブスルー窓口で食べ物を受け取れる。

8. 駐車取締官について何が示されていますか？
   (A) 夏用と冬用の制服が支給される予定だ。
   (B) サービス向上について話し合うために市長と会う予定だ。
   (C) 駐車メーターの収入から給料が支払われる予定だ。
   (D) 9月に駐車券の発行を止める予定だ。

9. 次の文は、[1]、[2]、[3]、[4]のどの位置に入るのが最も適切ですか？
   「市の職員たちは、これはこの地域の活性化に貢献したいくつかの新しいビジネスのおかげだと考えている」
   (A) [1]／(B) [2]／(C) [3]／(D) [4]

**【本文】**□**reinstate** 復活させる／□**parking** 駐車／□**fee** 料金／□**suspension** 停止／□**downtown** 中心街の／□**park** 駐車する／□**city council** 市議会／□**suspend** 停止する／□**visitor** 訪問者／□**dramatically** 劇的に／□**be pleased to ~** ～してうれしい／□**permit** 許可する／□**allow** 人 **to ~** 人が～するのを許可する／□**make a stop** 立ち寄る／□**for instance** たとえば／□**pick up ~** ～を受け取る／□**takeout** テイクアウト・お持ち帰り用の料理／□**drop off ~** ～を置いていく／□**dry cleaner** クリーニング店／□**deploy** 配備する／□**enforce** 取り締まる・強化する／□**restriction** 規制／
□**statement** 声明／□**release** 発表する／□**mayor** 市長／□**enforcement** 取り締まり／□**self-financing** 自己資金による／□**nevertheless** それにもかかわらず／□**revenue** 収入／□**insufficient** 不十分な／□**cover** （費用を）賄う／□**funding** 財源・資金調達／□**go into effect** 施行される
**【設問・選択肢】**□**ineffective** 効果のない／□**because of ~** ～が原因で／□**flaw** 欠陥／□**major** 主要な／□**pave** 舗装する／□**charge** 請求する／□**tourist** 観光客／□**complain** 不満を言う／□**regulation** 規制／□**advantage** 利点／□**motorist** 車に乗る人／□**resident** 住民／□**device** 機器／□**drive-thru** ドライブスルーの／□**uniform** 制服／□**issue** 発行する／□**help** 原形 ～するのに役立つ／□**revitalize** 活性化する

## 例題（4）　頻出パターンの「人材募集」と「ダブルパッセージ」を攻略！

**Questions 10-14** refer to the following announcement and e-mail.

**Warehouse Package Handler**

Mercury Express Shipping is hiring part-time and full-time individuals to load and unload packages at its warehouse in Stevensville. The package handlers will be responsible for a number of other warehouse duties as well, including sorting packages by hand and operating forklifts. They will also help to ensure that the shipments we process arrive at their intended destinations by carrying out proper scanning, indexing, and labelling.

Part-time employees work four five-hour shifts per week. Full-time employees work five shifts per week, each between seven and nine hours long depending on warehouse package volume. We operate around the clock, seven days a week. Please be prepared to be scheduled for any day and any time of day.

Package handlers at Mercury Express Shipping are paid at a competitive rate for the number of hours they work. They are eligible for an attractive benefits package that includes medical, dental, and holiday pay. Flexible schedules are available for part-time workers and can be discussed during the hiring process.

Individuals who are interested in working for Mercury Express Shipping must have a forklift operator certificate and be physically fit in order to lift heavy items. While being interviewed for the position, they will be required to watch some footage of our package handlers performing their duties on the job. If you would like to apply, please send your résumé to hiring@meshipping.com.

| | |
|---|---|
| To: | Liza Bergman |
| From: | Aaron Hobson |
| Date: | May 24 |
| Subject: | Package handler |

Dear Ms. Bergman,

I am writing to confirm my acceptance of the employment offer that you extended to me over the phone on May 23 for the package handler position at Mercury Express Shipping. I am confident that you will find me an enthusiastic and dependable addition to your team. As we discussed yesterday, I will report to your office on June 4 for my first five-hour shift.

Thank you very much for this opportunity, and I also want to thank Mr. Palmer for interviewing me on May 21 and allowing me to take a virtual look inside your warehouse on one of its busier days. I can be reached at 555-0149 or by e-mail if you require any further information from me before my start date.

Yours sincerely,

Aaron Hobson

**10.** What is NOT mentioned as a responsibility of package handlers?

(A) Sending bills
(B) Using a scanner
(C) Sorting items
(D) Applying labels

**11.** What is indicated about package handlers at Mercury Express Shipping?

(A) They are not required to work on Sundays.
(B) They are not offered medical benefits.
(C) They are dispatched to various workplaces.
(D) They are paid wages on an hourly basis.

**12.** Why does Mr. Hobson write the e-mail?

(A) To arrange an interview
(B) To formally accept a job
(C) To introduce a project team
(D) To inquire about a worksite

**13.** What does Mr. Hobson indicate happened on May 21?

(A) A report was submitted.
(B) A process was evaluated.
(C) A video was shown to him.
(D) A tour was organized for him.

**14.** What can be concluded about Mr. Hobson?

(A) He will work in a full-time capacity.
(B) He is certified to operate a forklift.
(C) He met Mr. Palmer on two occasions.
(D) He decided to extend his contract.

## 例題（4）　頻出パターンの「人材募集」と「ダブルパッセージ」を攻略!

**Questions 10-14** refer to the following announcement and e-mail.

### Warehouse Package Handler

人材募集では「職務内容」をチェック!

Mercury Express Shipping is hiring part-time and full-time individuals to load and unload packages at its warehouse in Stevensville. ①The package handlers will be responsible for a number of other warehouse duties as well, including sorting packages by hand and operating forklifts. ②They will also help to ensure that the shipments we process arrive at their intended destinations by carrying out proper scanning, indexing, and labelling.

be responsible for ~「～の責任がある・～を担当する」は職務内容を述べるときに使われる

includingの後ろは具体例!

Part-time employees work four five-hour shifts per week. Full-time employees work five shifts per week, each between seven and nine hours long depending on warehouse package volume. We operate around the clock, seven days a week. Please be prepared to be scheduled for any day and any time of day.

「待遇（高い給料・魅力的な福利厚生など）」をチェック!

③Package handlers at Mercury Express Shipping are paid at a competitive rate for the number of hours they work. They are eligible for an attractive benefits package that includes medical, dental, and holiday pay. Flexible schedules are available for part-time workers and can be discussed during the hiring process.

competitive rate「他に負けない給料」→「高い給料」

「応募条件（フォークリフトの免許など）」をチェック!

④Individuals who are interested in working for Mercury Express Shipping must have a forklift operator certificate and be physically fit in order to lift heavy items. ⑤While being interviewed for the position, they will be required to watch some footage of our package handlers performing their duties on the job. If you would like to apply, please send your résumé to hiring@meshipping.com.

mustは「必要条件」を表し解答のキーになる!

面接では動画を見る

この文書の後に「Hobsonさんが求人に応募 → 面接後に内定の連絡をもらう」という内容がカットされて、２つめの文書へ!

| To: | Liza Bergman |
|---|---|
| From: | Aaron Hobson |
| Date: | May 24 |
| Subject: | Package handler |

「誰から誰へ?」は必ずチェック!

Hobson さんは内定
→応募・内定条件（フォークリフトの免許など）を満たしていたとわかる!

Dear Ms. Bergman,

⑥I am writing to confirm my acceptance of the employment offer that you extended to me over the phone on May 23 for the package handler position at Mercury Express Shipping. I am confident that you will find me an enthusiastic and dependable addition to your team. As we discussed yesterday, I will report to your office on June 4 for my first five-hour shift.

「目的」を示す重要表現!／メールの目的は「内定の承諾」

Thank you very much for this opportunity, and ⑦I also want to thank Mr. Palmer for interviewing me on May 21 and allowing me to take a virtual look inside your warehouse on one of its busier days. I can be reached at 555-0149 or by e-mail if you require any further information from me before my start date.

「5月21日に面接を受けた」
→「5月21日に動画を見た」と判断!

クロス問題で「日付」はよく狙われる!

Yours sincerely,

Aaron Hobson

**10.** 正解 **A**

## 核心 「職務内容」を読み取る

NOT問題なので、本文の内容と合致する選択肢を消去していきます。①The package handlers will be responsible for以下で職務内容が説明されます。

(B) ②They will also help to ensure that the shipments we process arrive at their intended destinations by carrying out proper scanning, ... とあります。carry outは「実行する」という重要熟語です。

(C) ①The package handlers will be responsible for a number of other warehouse duties as well, including sorting packages by hand and ... とあります。本文のpackage「荷物」が、選択肢ではまとめ単語item「物」で総称的に表されています。

(D) ②... by carrying out proper scanning, indexing, and labelling. とあります。選択肢のapplyは「貼る」で、applying labels「ラベルの貼り付け」です。

以上より、残った(A) Sending billsが正解です。

Part 7

## 11. 正解 D

### 核心 on a ~ basis「～の頻度で」

③Package handlers at Mercury Express Shipping are paid at a competitive rate for the number of hours they work. とあります。「働いた時間に応じて給料が支払われる」を言い換えた、(D) They are paid wages on an hourly basis. が正解です。**on a ~ basis** は「～の土台に基づいて」→「**～の頻度で**」という熟語で、**on an hourly basis「1時間単位で・時給制で」**となります。

※その他、on a daily basis「毎日」、on a weekly basis「毎週」、on a monthly basis「毎月」、on a regular basis「定期的な頻度で」→「定期的に」もよく使われます。

## 12. 正解 B

### 核心 「タイムラグ」を見抜く!

メールの最初に、⑥I am writing to confirm my acceptance of the employment offer that you extended to me over the phone on May 23 for ... とあります。I am writing to ~ を使って、**メールの目的を「内定を承諾すること」と示しているので**、(B) To formally accept a jobが正解です。

1つめの文書で人材募集がなされ、それにHobsonさんが応募して内定し、2つめの文書(メール) でその内定を承諾すると伝えているわけです。こういった**「タイムラグ」があるパターンはPart 7頻出**です。

① 人材募集　※1つめの文書
② Hobsonさんが人材募集に応募　※カットされている!
③ Hobsonさんが面接を受け、内定の知らせを受ける　※カットされている!
④ Hobsonさんが内定を正式に承諾　※2つめの文書(メール)

## 13. 正解 C

### 核心 「日付」がポイントになる典型的なクロス問題

1つめの文書に⑤While being interviewed for the position, they will be required to watch some footage of our package handlers performing their duties on the job. とあります(footage「動画・ビデオ」)。そしてメールに、⑦I also want to thank Mr. Palmer for interviewing me on May 21 and allowing me to take a virtual look inside your warehouse on ... とあります。**「5月21日に面接を受けて、バーチャル見学した・動画を見た」**と考えられるので、(C) A video was shown to him. が正解です。今回のように、クロス問題では「名前・時間(日付・曜日)・場所・数字」が非常によく狙われます。

※(D) A tour was organized for him. がまぎらわしいですが、あくまで「バーチャル見学・動画」であって、実際に見学したわけではありません。

## 14. 正解 B

### 核心 「必要な条件」が狙われる定番のクロス問題

1つめの文書に、④Individuals who are interested in working for Mercury Express Shipping must have a forklift operator certificateで条件が示されています。そしてメールから「Hosbonさんは内定した」とわかりますね。つまり「**Hosbonさんは内定条件のフォークリフトの免許を持っている**」と考えられるので、(B) He is certified to operate a forklift. が正解です。本文のhave ~ certificate「~の免許を持っている」が、選択肢ではbe certified to operate ~「~を操作すると認められている・~を操作する免許を持っている」に言い換えられています。

1つめの文書で「応募条件」が示され、2つめの文書から「内定」したとわかり、応募者は「**1つめの文書で示された条件を満たしていた**」と考えさせる問題は定番です。

1つめの文書：必要な「応募・内定条件」+2つめの文書：○○さんは内定した
→ 正解の選択肢：○○さんは条件を満たしていた

### 隠れポイント Part 7超頻出の「人材募集」のパターンを押さえる

Part 7で「人材募集・求人」は非常によく出ます。パターンや語句は決まっていますので、典型的な流れを確認しておきましょう。

※もちろん他にも頻出ジャンルはありますが、今回はこのようにジャンルごとに対策すればいいという1つの手本として「人材募集」を扱いました。

**【「人材募集」の典型パターン】** ※矢印（→）の後は今回の英文（1つめの文書）の内容

**①仕事内容は？** ※仕事内容・役職・勤務地などが問われることも
→「荷物の仕分け・フォークリフトの操作・スキャン・ラベリング」など

**②応募条件は？** ※「必須事項」と「(必須ではないが) 望ましい条件」を区別！
→「フォークリフトの免許」など

**③待遇は？** ※給料・保険・休暇・研修などがよく出てくる
→「高い給料・魅力的な福利厚生」など／今回は②と③の順番が逆

**④応募方法は？** ※応募手段（メールor郵送）・期限・添付書類をチェック
→メールで履歴書を送って

「待遇」を説明する際、competitive salary「他より高い給与」がよく使われます（本文の③にcompetitive rateが出てきました）。competitive priceだと「他より安い値段」という逆の訳語になりますが、この違いは本来の「他に負けない」という意味から考えれば理解できます。**competitive salaryは「他社に負けない（＝他より高い）給料」、competitive priceは「他店に負けない（＝他より安い）値段」**です。

③の後ろにある**benefits package「福利厚生」**も大事な表現です。packageは「いろい

ろまとめたもの」のイメージで、benefits packageで「その会社で働くメリット（benefits）をいろいろまとめたもの（package）」→「福利厚生」となります。

**訳・語句**

問10～14は次のアナウンスおよびEメールに関するものです。

**倉庫の荷物係**

Mercury Express Shippingは、Stevensvilleにある倉庫で荷物の積み降ろしを行う非常勤および常勤の人材を募集しています。①荷物係には、手作業による荷物の仕分けやフォークリフトの操作など、その他様々な倉庫業務も担当してもらいます。②また、適切なスキャン、索引付け、ラベリングを行うことで、当社が扱う荷物が間違いなく目的地に到着するようにしていただきます。

非常勤社員は週4回、1日5時間の勤務です。常勤社員は週5のシフト制で、倉庫の荷物量に応じてそれぞれ7～9時間の勤務となります。当社は年中無休で、24時間体制で稼働しています。どの曜日、どの時間帯でもスケジュールを組めるようにご準備ください。

③Mercury Express Shippingの荷物係には、労働時間数に応じて、他社には負けない金額の給与が支払われます。医療費、歯科治療費、休日手当などを含む、魅力的な福利厚生も受けられます。非常勤社員は柔軟なスケジュールで働くことができ、採用の過程でご相談いただけます。

④Mercury Express Shippingでの勤務をご希望の方は、フォークリフトの運転免許をお持ちで、重い物を持ち上げられる体力がある方に限ります。⑤面接の際には、荷物係が業務を行っているビデオ映像をご覧いただきます。応募をご希望の方は、履歴書をhiring@meshipping.comまでお送りください。

---

宛先：Liza Bergman／送信者：Aaron Hobson／日付：5月24日／件名：荷物係について

Bergman様

⑥5月23日にお電話でお伝えいただいたMercury Express Shippingの荷物係のポジションの内定につきまして、お受けすることをご連絡します。私は貴社のチームにとって、熱心で頼りになる追加メンバーだとおわかりいただけることを確信しております。昨日お話しした通り、初出勤は6月4日で、5時間勤務のシフトとなります。

このような機会をいただき、誠にありがとうございます。⑦また、5月21日に面接していただき、大変お忙しい日に倉庫内をバーチャル見学させてくださったPalmer様にも感謝申し上げます。勤務開始の日までに追加で情報が必要な場合は、550-0149またはEメールにてご連絡ください。

よろしくお願いいたします。

Aaron Hobson

---

10. 荷物係の職務として挙げられていないものは何ですか？
(A) 請求書の発行
(B) スキャナーの利用
(C) 品物の仕分け
(D) ラベルの貼り付け

11. Mercury Express Shippingの荷物係について示されていることは何ですか？
(A) 日曜日には働く必要がない。
(B) 医療保険は受けられない。
(C) 様々な職場に派遣される。
(D) 時給制で賃金が支払われる。

12. Hobsonさんはどうして Eメールを書いているのですか？
(A) 面接の日程調整をするため
(B) 正式に仕事を引き受けるため
(C) プロジェクトチームを紹介するため
(D) 職場について問い合わせるため

13. Hobsonさんは、5月21日に何があったと示していますか？
(A) 報告書が提出された。
(B) 工程が評価された。
(C) 彼はビデオを見せられた。
(D) ツアーが彼のために企画された。

14. Hobsonさんについてどのような結論が得られますか？
(A) フルタイムで働く予定だ。
(B) フォークリフトの運転免許を持っている。
(C) Palmerさんに2回会った。
(D) 契約を延長することにした。

**【本文1】** □ **warehouse** 倉庫／□ **package** 荷物／□ **handler** 扱う人／□ **part-time** 非常勤の／□ **full-time** 常勤の／□ **individual** 人／□ **load** 積む／□ **unload** 降ろす／□ **a number of ~** いくつかの～・たくさんの～／□ **duty** 義務・職務／□ **sort** 分類する／□ **operate** 操作する／□ **ensure** 保証する・確実にする／□ **shipment** 発送・積み荷／□ **process** 処理する・過程／□ **intended** 予定の／□ **destination** 目的地／□ **proper** 適切な／□ **scan** 検査する・目を通す／□ **index** 索引を付ける／□ **label** ラベルを貼る／□ **depending on ~** ～次第で／□ **around the clock** 24時間体制で／□ **be prepared to ~** ～する準備ができている／□ **competitive** 競争力の高い・他に負けない／□ **rate** 料金／□ **be eligible for ~** ～の資格がある／□ **attractive** 魅力的な／□ **benefits package** 福利厚生／□ **flexible** 柔軟な／□ **available** 利用できる／□ **hiring process** 採用過程／□ **certificate** 資格・免許／□ **be physically fit** 体力がある／□ **lift** 持ち上げる／□ **interview** 面接する／□ **footage** 動画・ビデオ／□ **perform** 行う／□ **apply** 応募する・貼る／□ **résumé** 履歴書

**【本文2】** □ **confirm** 確認する／□ **acceptance** 受諾／□ **employment** 雇用／□ **extend** 伝える・延長する／□ **confident** 自信がある／□ **enthusiastic** 熱意のある／□ **dependable** 頼りになる／□ **addition** 追加・加わる人／□ **report to ~** ～に出勤する／□ **opportunity** 機会／□ **allow** 人 **to ~** 人が～するのを許可する／□ **take a look** 見る／□ **virtual** バーチャルの／□ **reach** 連絡する

**【設問・選択肢】** □ **bill** 請求書／□ **dispatch** 派遣する／□ **wage** 賃金／□ **on an hourly basis** 時間単位で・時給制で／□ **arrange** 手配する／□ **formally** 正式に／□ **accept** 受諾する／□ **introduce** 紹介する／□ **inquire** 問い合わせる・尋ねる／□ **worksite** 職場／□ **evaluate** 評価する／□ **organize** 企画する／□ **conclude** 結論を下す・推論する／□ **capacity** 能力・立場・職／□ **be certified to ~** ～する資格がある／□ **on ~ occasions** ～回／□ **contract** 契約

# Part 7 実戦問題

## 実戦問題（1）「チャット問題」と「意図問題」を攻略！

**Questions 1-2** refer to the following text message chain.

**Denzel Moore [8:09 P.M.]**
I just received your e-mail asking me where the projector cable is. Are you still at the office?

**Judy Palermo [8:10 P.M.]**
Yeah, but I didn't come in until noon because my car wouldn't start this morning. It's at the mechanics now.

**Denzel Moore [8:11 P.M.]**
Ah, I see. Well, what you're looking for is on the bottom shelf of the filing cabinet.

**Judy Palermo [8:12 P.M.]**
I've figured that out, but thanks anyway.

**Denzel Moore [8:13 P.M.]**
How are you going to get home without your car?

**Judy Palermo [8:14 P.M.]**
Gail Clark offered to drive me home after we get the conference room ready for tomorrow's presentation.

**Denzel Moore [8:15 P.M.]**
OK. See you in the morning.

**1.** At 8:12 P.M., what does Ms. Palermo mean when she writes, "I've figured that out"?
(A) She could open an e-mail attachment.
(B) She fixed a mechanical problem.
(C) She found a projector cable.
(D) She assembled a cabinet.

**2.** What did Ms. Clark offer to do for Ms. Palermo?
(A) Give her a ride
(B) Call a coworker
(C) Explain a project
(D) Lend her an item

## 実戦問題 (2)　頻出パターンの「人材募集」を攻略！

**Questions 3-4** refer to the following advertisement.

***Mequo Telecom***

**Opportunities in Information and Communications Technology**

Due to the growing demand for telecommunications services in Kenya, Mequo Telecom is looking for highly-skilled professionals for contract and permanent positions at its branch office in Nairobi. We would like to hear from telecommunications specialists, network systems analysts and designers, and telecom project managers. Mequo offers a highly competitive salary, benefits, and relocation package. Please visit the "Careers" page of our Web site to see our current job vacancies or to fill out an application and register your CV.

**3.** For whom is the advertisement intended?

(A) Job seekers
(B) Private investors
(C) Web site developers
(D) Recruitment agencies

**4.** What is indicated about Mequo Telecom?

(A) It is seeking only part-time staff.
(B) Its headquarters are in Kenya.
(C) It sells its products only online.
(D) It provides attractive pay.

**Questions 5-8** refer to the following article.

FOOD INDUSTRY NEWS

## New Instant Noodles Lineup Coming to Stores Near You

**June 23** — In line with its corporate strategy to introduce a range of original and exciting products over the next three years, Rastal Food Corp will launch Fratz Noodles on July 14. These light, pre-cooked meals will be sold in six flavors, each with a different level of spiciness. — [1] —.

Announcing the product at a press conference on June 12, company representative Jeffrey Mossa said: "For the first time ever, we'll be offering instant noodles to consumers. — [2] —. And while there's currently lots of competition in this particular market, we're confident that Fratz will delight those who love hot spices and thick noodles." — [3] —.

The new products will initially be sold in a limited-edition assortment box featuring all six options. — [4] —. Consumers will be able to find them in supermarkets and other stores where Rastal Food products are sold.

5. According to the article, what does Rastal Food Corp plan to do?
(A) Organize a special luncheon
(B) Evaluate a marketing strategy
(C) Hold a press conference in July
(D) Launch a variety of products

6. What did Mr. Mossa indicate during a press conference?
(A) Many instant noodle products will be available to consumers.
(B) Some Fratz Noodles options take longer to prepare than others.
(C) Company representatives will be visiting several supermarkets.
(D) Some pre-cooked meals will be packed in thick plastic containers.

7. What will people be able to do for a limited time?
(A) Enter a supermarket contest
(B) Purchase six flavors together
(C) Receive an exclusive discount
(D) Sample some items for free

8. In which of the positions marked [1], [2], [3], and [4] does the following sentence best belong?

"Then in October, each of these will be rolled out separately."

(A) [1]
(B) [2]
(C) [3]
(D) [4]

**Questions 9-12** refer to the following Web page.

**Springville Community Garden**
www.garden.springville.org
***Growing season is almost here!***

Do you want to grow your own vegetables but lack sufficient space or sunlight at your home? Now you can rent up to four garden plots (3 meters × 6 meters per plot) at the Springville Community Garden just outside of town on Highway 11. There are a total of 120 plots, available for only $35 apiece for the entire gardening season. Conveniently, the site is right next to Saunders Farm & Market, which sells a wide assortment of vegetable seeds, soil and fertilizers, and gardening tools.

When you rent a plot from us, you automatically become a member of our Community Garden Club. As a member, you will be regularly invited to free gardening workshops, which are normally held on-site on weekends (weather permitting). These are conducted by club members, and every member is welcome to organize their own workshop as long as they stick to the rules outlined on our Web site.

Some of our upcoming workshops will deal with caring properly for soil, removing weeds, controlling pests, and planting properly in terms of root depth and the distance between different kinds of plants.

To rent your space at our community garden, please pick up your application form on-site at our administration center, which will be open for the next few months (until September 16) from 6:00 A.M. to 9:00 P.M. Tuesdays through Saturdays and from 9:00 A.M. to 3:00 P.M. on Sundays and Mondays. You can also download it from our Web site to print out a copy.

**9.** What is stated about the Springville Community Garden?
(A) It is managed by some community volunteers.
(B) It organizes some workshops at a local market.
(C) Its administration center is open all year round.
(D) Its members are allowed to rent multiple plots.

**10.** What is indicated about the community garden workshops?
(A) They are open to any resident of Springville.
(B) They require registration in advance.
(C) They may be canceled due to inclement weather.
(D) They are conducted by staff of Saunders Farm & Market.

**11.** The words "stick to" in paragraph 2, line 7, are closest in meaning to
(A) carry on
(B) comply with
(C) persist in
(D) attach to

**12.** According to the information, what can be found on a Web site?
(A) Contact numbers
(B) Driving directions
(C) An application form
(D) A planting schedule

**Questions 13-17** refer to the following Web page and form.

https://www.bluemonkeybooks/donationsforcredit  

## We Need Your Books!

Hi, I'm Barry Durand, the owner of Blue Monkey Books. Whenever the store is open, we will accept your non-fiction, fiction, poetry, biographies, and much more.* We will even take magazines if they are popular among collectors and in excellent condition. As long as there are not any tears, stains, writing, or highlighting, we will give you $1.00 of store credit per book or magazine we take off your hands.

We will even come to your house to pick them up if you have more than eighty to get rid of and live within Corivol City limits. Then again, you may want to come to the store yourself so you can use your store credit toward new titles for your bookshelf. If you do visit us, remember that we offer deals for a different genre every weekday.

■ Monday: Biography ■ Tuesday: Fiction
■ Wednesday: Business and finance
■ Thursday: Home and garden
■ Friday: Arts and architecture

*We are not accepting books about cooking or bilingual dictionaries at this time because we already have too many on our shelves.

**Blue Monkey Books Donation Form**

Full name
Linda Wilkinson

Phone
555-0158

E-mail address
lindawilkinson@supmail.com

Home address
4115 Evergreen Drive, Corivol City, WA 98501

Number of books

98

Description

Most of these are non-fiction books about science, nature, and history. The others are autobiographies, and there are half a dozen cookbooks as well. The condition of about ninety percent of them is excellent, and the remaining books are in good condition, with only minor scratches or creased pages.

Comments

Hi, I worked for you at Blue Monkey Books five years ago. I was a student at the time and a clerk there for only a few months to earn extra money to help pay for my tuition, so you may not remember me. But I have fond memories of your store and will stop by on Thursday to see if it's the same as I remember it. I'll also drop off my donation. After reading the information on this form, please let me know if you want the whole donation or if there's anything I should leave out of the box. I look forward to seeing you again. Linda

**13.** What is mentioned about Blue Monkey Books on the Web page?
(A) It delivers books to customers in Corivol City.
(B) It repairs publications that have been damaged.
(C) It accepts magazines that appeal to collectors.
(D) It sells some items for only one dollar.

**14.** According to the Web page, who is eligible for a service?
(A) Students of any university
(B) Residents of a certain area
(C) Members of the bookstore
(D) Customers with a coupon

**15.** What does Ms. Wilkinson indicate on the form?
(A) She spilled a beverage on one of her books.
(B) She has a degree in science and technology.
(C) She was once employed by Mr. Durand.
(D) She has too few books to be picked up.

**16.** What can be inferred about Ms. Wilkinson's books?
(A) Blue Monkey Books will refuse some of them.
(B) Blue Monkey Books sold them to her last year.
(C) They will be on sale at a discount on Tuesdays.
(D) They will be sent by mail in a cardboard box.

**17.** What type of book will be on sale when Ms. Wilkinson visits the store?
(A) Biography
(B) Fiction
(C) Business and finance
(D) Home and garden

## 実戦問題（6）「トリプルパッセージ」を攻略！

**Questions 18-22** refer to the following memo, form, and e-mail.

To: All Staff
From: Mia Gersh
Date: January 11
Subject: New Mentoring Program

Dear All:

We are introducing a Leaders Mentorship Program for those of you who want to be a future leader at Taylor & Gretsch Financial. The program will involve mentorship relationships between existing executives and regular employees. The mentee will undergo professional development training for one month to gain the skills they will need to pursue their career path.

Completion of the program does not necessarily mean that the mentee will be promoted immediately to a managerial role. However, when such a position becomes available, they will be at the top of the list for consideration.

Owing to the rather lengthy period of time required to complete the program, we will only be able to offer this opportunity to a few individuals annually. We advise anyone who wishes to apply to ask their supervisor which month would be most suitable with regard to the needs of their department's schedule. Please be aware, too, that in order to be considered for the program, the employee must have been with the company for at least five years.

For more details or to fill out the application form, please speak to someone in HR.

Mia Gersh
Human Resources Dept.
Taylor & Gretsch Financial

## Leaders Mentorship Program Application

Please fill out this form and give it to a supervisor in your department.

Name: Jenna Gazdik

Employee number: 20-4255

Date: January 17

Supervisor name and signature:
Michelle Min
*Michelle Min*

Why do you think you would be a good manager?

I feel that my experience at Taylor & Gretsch has prepared me for the added responsibilities that a manager is expected to undertake. I care deeply about my colleagues in marketing and throughout the company as a whole, and I want to contribute to leading us toward even greater success. I always pay attention to what others in the marketing department have to say, which has helped me gain their trust. Furthermore, I am as confident providing critical feedback as I am when offering praise.

| To: | Mia Gersh |
|---|---|
| From: | Sean Allen |
| Date: | May 28 |
| Subject: | Staffing |

Hello Mia,

As you know, I will be working with Jenna Gazdik in the Leaders Mentorship Program in June. Her other supervisor has taken an urgent and unexpected leave of absence. Also, one of our staff has resigned at very short notice. Under these circumstances, I foresee that our department will be short-staffed next month.

Would it be possible for one or two administrative assistants from another department to give us a hand? That would be until we can hire a new employee and Michelle, Jenna, and I are back to our usual routine.
If your department is unable to temporarily transfer anyone, then perhaps the Audit Department could, as this time of year is much less busy for them.

Best regards,

Sean

**18.** What does the memo indicate about the mentoring program?
(A) It was designed for newly appointed managers.
(B) It guarantees a full-time management position.
(C) The number of participants will be limited each year.
(D) Participants will be selected after an interview process.

**19.** What is implied about Ms. Gazdik?
(A) She removed her name from a list of qualified candidates.
(B) She recently requested a transfer to another department.
(C) She was informed by Ms. Min that a March schedule was full.
(D) She has worked for Taylor & Gretsch Financial for over five years.

**20.** What does Ms. Gazdik NOT mention as a reason she would be a good manager?
(A) Her experience developing long-term career plans.
(B) Her desire to contribute to the company's success.
(C) She is attentive to the people she works with.
(D) She is sure of her ability to criticize others.

**21.** Who is absent from Taylor & Gretsch Financial now?
(A) Mia Gersh
(B) Jenna Gazdik
(C) Michelle Min
(D) Sean Allen

**22.** Where does Mr. Allen most likely work?
(A) In a human resources department
(B) In a marketing department
(C) In a finance department
(D) In an audit department

NO TEST MATERIAL ON THIS PAGE

Part 7

# Part 7　実戦問題　解答と解説

## 実戦問題（1）「チャット問題」と「意図問題」を攻略！

**1.** 正解 **C**

### 核心 figure out「わかる・解決する」

意図問題です。Mooreさんの最初の発言から、Palermoさんは「プロジェクターのケーブルの場所」を尋ねているとわかります。そして、Mooreさん（2回目）のWell, what you're looking for is on the bottom shelf of the filing cabinet. に対して、I've figured that out と答えています。**figure out**は「わかる・解決する」という熟語で、ここでは「**（尋ねていた）ケーブルの場所は自分でわかった・発見した**」という意図です。

**2.** 正解 **A**

### 核心 give 人 a rideは直訳から理解できる！

Palermoさんの発言（3回目）にGail Clark offered to drive me home after ... とあるので、(A) Give her a rideが正解です。本文のdrive ~「～を車に乗せる」が、選択肢では**give 人 a ride「人に乗車を与える」→「人を車に乗せる」**と言い換えられています。

訳・語句

問1～2は次のメッセージのやりとりに関するものです。

**Denzel Moore　［午後8:09］**
プロジェクターのケーブルがどこにあるかという君からのメール、たったいま読んだよ。まだオフィスにいる？

**Judy Palermo　［午後8:10］**
ええ、でも今朝車のエンジンがかからなくて、お昼にやっと出社したの。車は今、整備に出していて。

**Denzel Moore　［午後8:11］**
ああ、そうなんだ。それで、探してるものは書類整理棚の一番下の段にあるよ。

**Judy Palermo　［午後8:12］**
それはもう見つけていたんだけど、とにかくありがとう。

**Denzel Moore　［午後8:13］**
車なしで、どうやって帰宅するの？

**Judy Palermo　［午後8:14］**
明日のプレゼンに向けて会議室の準備をした後、Gail Clarkが家まで送ってくれるって。

**Denzel Moore　［午後8:15］**
そうか。じゃあまた明日の朝に。

1. 午後8:12に、Palermoさんは "I've figured that out" という発言で何を意味していますか？
   (A) メールの添付ファイルを開くことができた。
   (B) 機械トラブルを解決した。
   (C) プロジェクターのケーブルを見つけた。
   (D) 棚を組み立てた。

2. Clarkさんは何をするとPalermoさんに申し出ましたか？
   (A) 彼女を車で送る
   (B) 同僚に電話する
   (C) プロジェクトの説明をする
   (D) 彼女に品物を貸す

**【本文】**□**come in** 出勤する／□**filing cabinet** 書類整理棚／□**anyway** とにかく／□**drive 人 home** 車で人を家まで送る／□**get OC** OをCにする／□**conference room** 会議室
**【設問・選択肢】**□**attachment** 添付／□**fix** 解決する／□**mechanical** 機械の／□**assemble** 組み立てる／□**coworker** 同僚／□**lend 人 物** 人に物を貸す／□**item** 物

## 実戦問題(2)　頻出パターンの「人材募集」を攻略！

**3.** 正解 A

### 核心 典型的な「人材募集」

設問はFor whom is ○○ intended?「○○は誰向け？・対象は誰？」です。1文目の後半Mequo Telecom is looking for highly-skilled professionals for contract and permanent positions at its branch officeから「人材募集」の文書だとわかります。

**4.** 正解 D

### 核心 competitive salaryの意味は？

3文目にMequo offers a highly competitive salary, benefits, and relocation package.とあるので、(D) It provides attractive pay.が正解です。**a highly competitive salary**は「他に負けないほど高い給料」を指し(p. 257)、これをattractive pay「魅力的な給料」と言い換えています。

※誤りの選択肢(A) It is seeking only part-time staff. では、onlyに注目してください。選択肢に「～だけ」を表す語句があるときは、「本当にそれだけ？」「他にもあるのでは？」と考えると、正解かどうかを判断しやすくなります(今回は1文目にpermanent positionsがあるのでアウト)。

訳・語句

問3～4は次の広告に関するものです。
**Mequo Telecom／情報通信技術の求人**

ケニアにおける電気通信サービスへの需要の高まりを受けて、Mequo Telecomではナイロビ支社で契約社員または正社員として働いていただける、高度な技能を有するプロフェッショナル人材を募集しています。電気通信の専門家、ネットワークシステムのアナリストやデザイナー、電気通信のプロジェクトマネージャーの皆様からのご応募をお待ちしております。Mequoでは、他社に負けない高水準の給与・福利厚生・転居手当などをご提供いたします。当社ウェブサイトの「採用情報」ページから現在の求人情報をご覧いただくか、応募フォームにご記入のうえ、履歴書をご登録ください。

3. この広告は誰を対象にしたものですか？
(A) 求職者／(B) 個人投資家／(C) ウェブサイト開発者／(D) 人材派遣会社

4. Mequo Telecomについて何が示されていますか？
(A) 非常勤スタッフのみを募集している。　(B) 本社がケニアにある。
(C) ネットのみで商品を販売している。　(D) 魅力的な給料を提供している。

**【本文】**□**telecom/telecommunication** 電気通信・遠隔通信／□**highly-skilled** 高度な技能を持つ・熟練の／□**contract** 契約（の）／□**permanent** 正規雇用の／□**branch** 支社／□**competitive** 競争力の高い・他社に負けない／□**benefits** 福利厚生／□**relocation** 転居／□**job vacancy** 求人・職の空き／□**application** 応募用紙／□**register** 登録する／□**CV** 履歴書
**【設問・選択肢】**□**be intended for ~** ～に向けた・～を対象とした／□**investor** 投資家／□**seek** 探す／□**headquarters** 本社／□**attractive** 魅力的な／□**pay** 料金・給料

Part 7

**5.** 正解 D

### 核心 重要表現のa range of ~ ≒ a variety of ~

1-1(第1段落1文目)に、In line with its corporate strategy to introduce a range of original and exciting products over the next three years, Rastal Food Corp will launch Fratz Noodles on July 14.とあります。正解は(D) Launch a variety of productsで、本文と選択肢で**introduce ≒ launch「発売する」**、**a range of ~ ≒ a variety of ~「様々な~」**(p. 132)が言い換えられています。launchは元々「ロケットを打ち上げる」で、「市場や業界にロケットを打ち込む」→「発売する・開始する」となり、TOEICではこの意味でよく出ます。

※その後のThese light, pre-cooked meals will be sold in six flavors, each with a different level of spiciness.も「様々な種類」のヒントになります。

**6.** 正解 A

### 核心 availableは「スタンバイOK」のイメージ!

1-2 These light, precooked meals will be sold in six flavorsや2-2 we'll be offering instant noodles to consumersから、(A) Many instant noodle products will be available to consumers. を選びます。**available**はTOEIC超重要単語で、**「スタンバイOK」**のイメージから攻略できます。**「Wi-FiがスタンバイOK」→「利用できる」**、**「店で商品がスタンバイOK」→「手に入る・購入できる」**、**「人がスタンバイOK」→「都合がつく」**となります。今回は「インスタント麺が客にとってスタンバイOK」→「購入できる」と考えればOKです。

**7.** 正解 B

### 核心 assortment「詰め合わせ」が決め手の難問

3-1にThe new products will initially be sold in a limited-edition assortment box featuring all six options.とあります。「最初のうちは6種類すべての限定詰め合わせボックスが販売される」、つまり「期間限定で6種類の味をまとめて購入できる」とわかるので、(B) Purchase six flavors together が正解です。

※assortは「種類(sort = kind)に分ける」→「分類する・各種取り揃える」で、assorted「各種組み合わせの」やassortment「各種組み合わせ・詰め合わせ」はTOEICによく出ます。

**8.** 正解 D

### 核心 含み表現のinitiallyに反応する!

文挿入問題です。3-1 The new products will initially be sold in a limited-edition assortment box featuring all six options. で、**initially**「当初は・初めは」という含み表現に注目します。「初めは○○だけど、その後は△△」という流れでよく使われるので、(D) [4]に "Then in October, each of these will be rolled out separately." を入れればOKです。「初めは (initially) 6種類詰め合わせで販売」→「その後は (then) 別々に販売」という自然なつながりになります。

訳・語句

問5～8は次の記事に関するものです。

食品業界ニュース

**新たなラインナップのインスタントヌードルがお近くの店舗に登場**

6月23日—Rastal Food Corpは今後3年間にわたって独創的でワクワクするような製品ラインナップを取り入れるという企業戦略に沿い、7月14日にFratz Noodlesを発売する予定だ。このインスタント軽食は、それぞれ辛さの異なる6種類の味で販売される。

同社の代表Jeffrey Mossa氏は6月12日の記者会見でこの製品を発表し、「私たちは今回初めて、インスタントヌードルをお客様に提供します。そして、この特定市場には現在多くの競合がいますが、Fratzは辛いスパイスや太麺が大好きな人に喜んでいただけると確信しています」と述べた。

この新商品は、最初のうちは6種類すべての限定版詰め合わせボックスで販売される予定だ。[8] その後10月には、それぞれが単品で売り出される。消費者はそれらを、スーパーマーケットなど、Rastal Food製品を取り扱っている店舗で見つけることができる。

5. 記事によると、Rastal Food Corpは何をする予定ですか？
(A) 特別な昼食会を開催する (B) マーケティング戦略を評価する
(C) 7月に記者会見を開く (D) 様々な商品を発売する

6. Mossaさんは記者会見でどのようなことを言いましたか？
(A) 消費者は多くのインスタントヌードル商品を購入できるようになる。
(B) Fratz Noodlesの中には、他より調理に時間がかかるものもある。
(C) 会社の代表がいくつかのスーパーマーケットを訪れる予定である。
(D) 一部のインスタント食品は、厚手のプラスチック容器に詰められる。

7. 人々は期間限定で何ができますか？
(A) スーパーマーケットのコンテストに参加する (B) 6種類の味をまとめて購入する
(C) 限定の割引を受ける (D) いくつかの商品を無料で試食する

8. 次の文は、[1]、[2]、[3]、[4]のどの位置に入るのが最も適切ですか？
「その後10月には、それぞれが単品で売り出される」
(A) [1]／(B) [2]／(C) [3]／(D) [4]

**【本文】**□**in line with ~** ～に沿って／□**corporate** 企業の／□**strategy** 戦略／□**a range of ~** 様々な～・幅広い～／□**launch** 発売する／□**pre-cooked** 調理済みの・インスタントの／□**meal** 食事／□**spiciness** 辛さ／□**press conference** 記者会見／□**representative** 代表者／□**consumer** 消費者／□**currently** 現在／□**lots of ~** たくさんの～／□**competition** 競合／□**particular** 特定の／□**confident** 自信がある／□**delight** 喜ばせる／□**those who ~** ～する人々／□**thick** 太い・厚い／□**initially** 最初は・当初は／□**limited-edition** 限定版／□**assortment** 詰め合わせ／□**feature** 特徴とする・呼び物にする
**【設問・選択肢】**□**organize** 企画する／□**luncheon** 昼食会／□**evaluate** 評価する／□**prepare** 調理する／□**pack** 包装する／□**container** 容器／□**enter** 出場する／□**exclusive** 限定の・他にはない／□**discount** 割引／□**sample** 試食する／□**for free** 無料で／□**roll out ~** ～を売り出す／□**separately** 別々に

**9.** 正解 **D**

### 核心 解答のキーになりやすいmultiple「複数の」

1-2にNow you can rent up to four garden plots ... at the Springville Community Gardenとあります。up to four「(最大)4つまで」を、multiple「複数の」と表した(D) Its members are allowed to rent multiple plots. が正解です。こういった「**1つor複数**」は設問でよく狙われます。

**10.** 正解 **C**

### 核心 含み表現のweather permittingに注目!

2-2にfree gardening workshops, which are normally held on-site on weekends (weather permitting)とあります。**weather permitting「天気が良ければ」**という熟語は、単に訳語を覚えるだけでなく、皆さんは含み表現として注目してください。**「天気が良ければワークショップは開催/天気が悪ければ延期・中止」**と考えられるので、(C) They may be canceled due to inclement weather. が正解です。**inclement weather「悪天候」**も重要表現でしたね(p. 127)。

**11.** 正解 **B**

### 核心 stick to ~「~を守る」

同義語問題です。they stick to the rules outlined on our Web siteではstick to ~「~に従う・~を守る」の意味なので、(B) comply with ~「~に従う・~を守る」が正解です。stickは本来**「棒(スティック)で突き刺す」**で、**「(突き刺して)くっつける」**、**「心にくっつける」→「従う・守る・やり通す」**となりました。さらに**「突き刺して動けなくする」→「渋滞にはまらせる」**も大事です(p. 127)。

**【「(規則などに)従う」を表す重要単語】** ※Part 5の語彙問題でも頻出

□**follow**/□**obey**/□**observe**/□**stick to ~**/□**conform to[with] ~**/□**comply with ~**/□**adhere to ~**/□**abide by ~**

**12.** 正解 **C**

### 核心 itが指しているのは?

4-1にplease pick up your application form、4-2にYou can also download it from our Web siteとあります。itはyour application formを指し、**「ウェブサイトで申込書がダウンロードできる」**とわかるので、(C) An application formが正解です。「ダウンロード

できるもの」はPart 3・4でもよく狙われます。

訳・語句

問9～12は次のウェブページに関するものです。

**Springville Communityガーデン**
www.garden.springville.org
*栽培の季節はもうすぐです！*

自分で野菜を育てたいけれど、自宅では十分なスペースや日当たりがないという方はいませんか？町からすぐの幹線道路11号線沿いにあるSpringville Communityガーデンでは、庭を4区画（1区画あたり3メートル×6メートル）まで借りることができます。全部で120区画あり、園芸シーズン中は1区画たったの35ドルでお使いいただけます。便利なことに、こちらの場所はSaunders Farm & Marketのすぐ隣にあり、同店では野菜の種、土、肥料、園芸用具などを豊富に取り揃えています。

当園から区画をお借りいただくと、自動的にCommunityガーデンクラブの会員になります。会員になると、いつも週末に（天気が良ければ）現地開催される無料の園芸ワークショップに定期的にご招待します。ワークショップはクラブの会員が運営しており、当クラブのウェブサイトに記載されているルールを守っていただければ、会員のどなたでもご自身でワークショップを開催していただけます。

近々開催予定のワークショップの中には、適切な土の手入れ、草取り、害虫駆除、根の深さや異なる種類の植物間の距離という点から見た適切な植え付けなどをテーマにしたものがあります。

当コミュニティガーデンのスペースのレンタルをご希望の方は、施設内の管理センターで申込書をお受け取りください。管理センターは今後数カ月間（9月16日まで）、火曜日から土曜日は午前6時～午後9時、日曜日と月曜日は午前9時～午後3時まで営業しています。申込書はウェブサイトからダウンロードして印刷していただくこともできます。

9. Springville Communityガーデンについて述べられていることは何ですか？
   (A) 地域のボランティア数名が運営している。
   (B) 地元の市場でワークショップを開催している。
   (C) 管理センターは一年中営業している。
   (D) 会員は複数の区画をレンタルできる。

10. 地域のガーデンワークショップについて、何が示されていますか？
   (A) Springvilleの住民は誰でも参加できる。
   (B) 事前登録が必要である。
   (C) 悪天候により中止になる場合がある。
   (D) Saunders Farm & Marketのスタッフにより実施される。

11. 第2段落7行目の語句 “stick to” に意味が最も近いのは
   (A) ～を続ける／(B) ～を守る／(C) ～に固執する／(D) ～に伴う・付着する

12. 情報によると、ウェブサイトには何がありますか？
   (A) 連絡先の電話番号／(B) 車での行き方／(C) 申込書／(D) 植え付けスケジュール

**【本文】** □**lack** 不足している／□**sufficient** 十分な／□**sunlight** 日光／□**rent** 借りる／□**up to ~** 最大～まで／□**plot** 区画／□**a total of ~** 合計～／□**available** 利用できる／□**apiece** 1つあたり／□**conveniently** 便利なことに／□**a wide assortment of ~** 幅広い品揃えの～／□**seed** 種／□**soil** 土壌／□**fertilizer** 肥料／□**automatically** 自動的に／□**regularly** 定期的に／□**normally** 通常は／□**on-site** 現地で／□**be welcome to ~** 自由に～してよい／□**organize** 開催する／□**as long as ~** ～する限り／□**outline** 概要を述べる／□**upcoming** 今度の／□**deal with ~** ～を扱う／□**care** 手入れする／□**properly** 適切に／□**weed** 雑草／□**pest** 害虫／□**in terms of ~** ～の点で／□**root** 根／□**depth** 深さ／□**pick up** 受け取る／□**application form** 申込書／□**administration** 管理・運営側

**【設問・選択肢】** □**manage** 管理する・運営する／□**all year round** 一年中／□**be open to ~** ～に開かれている・～が参加できる／□**resident** 住民／□**registration** 登録／□**in advance** 事前に・前もって／□**due to ~** ～が原因で／□**direction** 道順の案内

## 13. 正解 C

### 核心 be popular among ~ → appeal to ~

1つめの文書（ウェブページ）に、[1]-3 We will even take magazines if they are popular among collectors and ...とあります。正解は(C) It accepts magazines that appeal to collectors.で、本文と選択肢でtake → accept、be popular among ~「～の間で人気な」→ appeal to ~「～の心に訴える・～の好みに合う・～が気に入る」と言い換えられています。

## 14. 正解 B

### 核心 重要熟語のbe eligible for ~

設問のbe eligible for ~は「～の資格がある・～を利用できる」という重要熟語です。ウェブページに[2]-1 We will even come to your house to pick them up if you have more than eighty to get rid of and live within Corivol City limits.とあり、この「自宅に引き取りに行く」ことが設問のserviceに該当すると考えます。「Corivol市内に住んでいる人」を「特定地域の住民」と表した、(B) Residents of a certain areaが正解です。

※本文では「80冊以上・Corivol市内」という2つの条件があり、その中で「1つだけ」が設問で問われました。1つだけが狙われるTOEICでよくあるパターンです。

## 15. 正解 C

### 核心 「固有名詞」をきちんと整理する

クロス問題です。2つめの文書（Wilkinsonさんが書いたフォーム）のCommentsに、Hi, I worked for you at Blue Monkey Books five years ago.とあります。そして1つめの文書の[1]-1に、I'm Barry Durand, the owner of Blue Monkey Books.とあります。Wilkinsonさんは「Blue Monkey Booksであなたのもとで働いていた」＝「Blue Monkey Booksの店主Durandさんに雇われていた」とわかるので、(C) She was once employed by Mr. Durand.が正解です。今回のようにクロス問題では「人名・店名」もよく狙われるので、固有名詞をしっかり整理しましょう。

## 16. 正解 A

### 核心 「アスタリスク」は必ずチェック！

クロス問題です。1つめの文書の最後に、*We are not accepting books about cooking or bilingual dictionaries at this timeとあります。2つめの文書には、Descriptionの2文

目にThe others are autobiographies, and there are half a dozen cookbooks as well. とあります。つまり、Wilkinsonさんの本の中には「**Blue Monkey Booksが受け付けていない料理本も含まれている**」とわかるので、(A) Blue Monkey Books will refuse some of them. が正解です。

TOEICでは、「**アスタリスク (*)」がある箇所は、かなりの確率で設問に絡みます。**最後に小さく書いてあって飛ばしがちですが、必ず念入りに読んでください。

## 17. 正解 D

### 核心 「曜日」が狙われる典型的なクロス問題

セールについて、1つめの文書に2-3 remember that we offer deals for a different genre every weekdayとあり、その下に曜日別にセール品の種類が書かれています(deal「セール品・お買い得品」)。Wilkinsonさんが訪れる曜日を確認すると、2つめの文書のCommentsの3文目にBut I have fond memories of your store and will stop by on Thursdayが見つかります。よって、1つめの文書で木曜日を確認して、Thursday: Home and gardenから(D)を選べばOKです。クロス問題では「**名前・時間(日付・曜日)・場所**」が狙われやすいのでしたね。

訳・語句

問13～17は次のウェブページおよびフォームに関するものです。
https://www.bluemonkeybooks/donationsforcredit
**あなたの本が必要です！**

こんにちは、Blue Monkey Books店主のBarry Durandです。当店では営業中はいつでも、ノンフィクション、フィクション、詩、伝記、その他いろいろな本を受け付けています。* 雑誌でさえも、コレクターに人気があって状態が良ければお引き取りします。破れ、しみ、書き込み、ハイライトがない限り、お引き取りする本や雑誌1冊あたり1ドルの買い物券を差し上げます。

処分したい本が80冊以上あり、Corivol市内にお住まいの方には、ご自宅まで引き取りに伺います。また一方で、買い物券を使ってご自身の本棚に新しいタイトルを迎え入れられるように、ご自身で来店されるのもお勧めです。ご来店いただく際は、平日は毎日異なるジャンルのお買い得品を提供していることをお忘れなく。

- 月曜日：伝記
- 火曜日：フィクション
- 水曜日：ビジネス・金融
- 木曜日：家庭・菜園
- 金曜日：美術・建築

*料理本や2言語辞典は、すでに当店の本棚に入りきらないほどございますので、現在受け付けておりません。

---

**Blue Monkey Books寄付フォーム**

名前　Linda Wilkinson
電話番号　555-0158
メールアドレス　lindawilkinson@supmail.com
住所　Evergreen大通り4115番地, Corivol市, ワシントン州 98501

本の冊数　98

説明　大半は科学、自然、歴史に関するノンフィクション作品です。それ以外は自伝と、料理本も6冊あります。90パーセントほどは状態が素晴らしく、残りの本も小さな傷やページの折れがある程度で、良好な状態です。

コメント　こんにちは。私は5年前にBlue Monkey Booksで、あなたのもとで働いていました。私は当時学生で、学費の足しにするためにお金を稼ごうと数カ月間だけ店員をしていたので、私のことは覚えていないかもしれません。でも、あなたのお店には良い思い出があるので、木曜日に立ち寄って、私の記憶と変わりないか確認するつもりです。寄付本も置きに行きます。こちらのフォームに記載した情報をお読みいただき、寄付本のすべてをご希望か、それとも箱から出したほうがいい本があるかをお知らせください。再会を楽しみにしています。Linda

13. ウェブページ上で、Blue Monkey Booksについて何と書かれていますか？
  (A) Corivol市の客には本を配達する。
  (B) 破損した出版物を修理する。
  (C) コレクター受けの良い雑誌を受け付けている。
  (D) いくつかの商品はたった1ドルで販売している。

14. ウェブページによると、あるサービスを受けられるのは誰ですか？
  (A) あらゆる大学の学生　(B) 特定地域の住民
  (C) 書店の会員　(D) クーポンを持っている客

15. Wilkinsonさんはフォーム上で何と述べていますか？
  (A) 本の1冊に飲み物をこぼしてしまった。　(B) 科学技術の学位を持っている。
  (C) かつてDurandさんに雇われていた。　(D) 引き取ってもらう本が少なすぎる。

16. Wilkinsonさんの本について何が推測できますか？
  (A) Blue Monkey Booksはその一部を断る。
  (B) 昨年Blue Monkey Booksが彼女に販売したものである。
  (C) 火曜日に割引販売される。
  (D) 段ボール箱に入れて送られる。

17. Wilkinsonさんが店を訪れるとき、どのような種類の本がセール中ですか？
  (A) 伝記　(B) フィクション
  (C) ビジネス・金融　(D) 家庭・菜園

【本文1】□**whenever** ～するときはいつでも／□**poetry** 詩／□**biography** 伝記／□**condition** 状態／□**as long as** ～する限り／□**tear** 破れ・裂け／□**stain** しみ／□**highlighting** ハイライト・マーカー（を引くこと）／□**store credit** その店で使える買い物券／□**pick up ~** ～を回収する・～を引き取る／□**get rid of ~** ～を処分する／□**then again** また一方で・と思いきや・その反面／□**You may want to ~.** ～したほうがいいですよ。／□**so (that) s can v**　svできるように／□**deal** お買い得品／□**genre** ジャンル／□**architecture** 建築／□**bilingual** 2言語の

【本文2】□**donation** 寄付／□**autobiography** 自伝／□**dozen** 1ダースの・12の／□**remaining** 残りの／□**in good condition** 状態が良い／□**minor** 小さな／□**scratch** 傷／□**creased** しわになった・折り目がついた／□**clerk** 店員／□**earn** 稼ぐ／□**help** 原形　～するのに役立つ／□**tuition** 学費／□**fond** 良い・なつかしい／□**stop by** 立ち寄る／□**see if ~** ～かどうか確認する／□**drop off ~** ～を降ろす・届ける／□**whole** 全体の／□**leave out ~** ～を除外する

【設問・選択肢】□**deliver** 配送する／□**customer** 顧客／□**repair** 修理する／□**publication** 出版物／□**item** 物・商品／□**resident** 住民／□**certain** ある・特定の／□**spill** こぼす／□**beverage** 飲み物／□**degree** 学位／□**employ** 雇う／□**refuse** 断る／□**at a discount** 割引料金で／□**mail** 郵送／□**cardboard box** 段ボール箱

## 18. 正解 C

### 核心 定番のannually ≒ each yearという言い換え

1つめの文書に、3-1 we will only be able to offer this opportunity to a few individuals annuallyとあります。a few ~「少しの~」に注目すると、「数人だけに機会を提供する」=「参加者は限られている」とわかるので、(C) The number of participants will be limited each year. が正解です。また、本文の**annually**「**毎年・年に1回**」が、選択肢で**each year**「**毎年**」に言い換えられています。

## 19. 正解 D

### 核心 「条件」が問われる定番のクロス問題

1つめの文書に、3-3 Please be aware, too, that in order to be considered for the program, the employee must have been with the company for at least five years. とあります。2つめの文書ではGazdikさんがプログラムに応募し、3つめの文書の1-1 I will be working with Jenna Gazdik in the Leaders Mentorship Program in Juneから、「Gazdikさんはプログラムへの応募が認められた・合格した」とわかります。

つまり、Gazdikさんは「合格条件の5年以上勤務を満たしていた」と考えられるので、(D) She has worked for Taylor & Gretsch Financial for over five years. が正解です。「**1つめの文書:必要な応募・合格条件**」+「**2・3つめの文書:○○さんは応募して合格した**」→「**正解の選択肢:○○さんは条件を満たしていた**」という、クロス問題で鉄板のパターンです(p. 257)。

※ちなみに1つめの文書の3-3 Please be aware that ~は「注意喚起表現」で、後ろの内容が狙われるのもパターン通りですね(p. 125)。

## 20. 正解 A

### 核心 NOT問題は「消去法」で解く!

Gazdikさんが良いマネージャーになると思う理由は、2つめの文書の下に書かれています。NOT問題なので、本文の内容と合致する選択肢を消去していきます。

(B) 2文目後半にI want to contribute to leading us toward even greater successとあります。

(C) 2文目前半にI care deeply about my colleagues in marketing and throughout the company as a whole、3文目にI always pay attention to what others in the marketing department have to sayとあります。本文の**care deeply about ~**「**~を心から気にかける**」や**pay attention to ~**「**~に気を配る**」が、選択肢の**be attentive to ~**「**~に気を配る**」に対応しています。

(D) 4文目にI am as confident providing critical feedback as I am when offering praiseとあります（全体はas ~ as ...「…と同じくらい～だ」の形）。本文のprovide critical feedback「批判的なフィードバックを与える」が、選択肢のcriticize others「他人を批判する・短所を伝える」に言い換えられています。criticalは「重要な」の意味もありますが（p. 214）、ここでは「批判的な」の意味です。

以上より、残った(A) Her experience developing long-term career plans. が正解です。**experience -ing**「～する経験」は文法的には変な形に見えますが、実際にはよく使われます（Part 5で問われたこともあります）。

## 21. 正解 C

### 核心 「固有名詞」を整理して上下関係をつかむ

クロス問題です。3つめの文書に1-1・2 I will be working with Jenna Gazdik in the Leaders Mentorship Program in June. Her other supervisor has taken an urgent and unexpected leave of absence. とあります（Her = Jenna Gazdik's）。Gazdikさんの上司は、2つめの文書の右上部分にSupervisor name and signature: Michelle Minと書かれています。「**Gazdikさんの上司（＝Michelle Min）が休んでいる**」とわかるので、(C) Michelle Minが正解です。

## 22. 正解 B

### 核心 人間関係を整理する

かなり難しいクロス問題です。まずAllenさんは3つめの文書（メール）の送信者で、1-1・2にI will be working with Jenna Gazdik in the Leaders Mentorship Program in June. Her other supervisor has taken ...とあります。このプログラムについては、2つめの文書の一番上にあるPlease fill out this form and give it to a supervisor in your department. から、「同じ部署の上司と取り組む」と考えられます。そして2つめの文書の下には、2文目にI care deeply about my colleagues in marketingとあり、Gazdikさんは「マーケティング部」で働いているとわかります。
「**マーケティング部のGazdikさんは、同じ部署の上司Allenさんと取り組む**」→「**Allenさんもマーケティング部**」と考えられるため、(B)が正解です。

※3つめの文書でAllenさんが自分たちの部署の話をしている中、2-2 Michelle, Jenna, and I are back to our usual routineと言っていることからも、この3人は同じ部署だとわかります。

訳・語句

問18～22は次の社内連絡、用紙、Eメールに関するものです。
宛先：全従業員／差出人：Mia Gersh
日付：1月11日／件名：新しいメンタリング・プログラム
皆さんへ：

Taylor & Gretsch Financialでは、将来のリーダーを目指す方々のために、リーダーズ・メンターシップ・プログラムを導入します。このプログラムでは、現在の管理職と一般社員がメンターシップの関係を結びます。メンティー（指導を受ける人）は1カ月間にわたって職能開発トレーニングを受け、キャリアを積んでいくために必要なスキルを身につけます。

プログラムを修了したからといって、メンティーがすぐに管理職に昇格するとは限りません。しかし、そういったポジションに空きが出たら、検討リストの上位に来ます。

プログラムの修了にはかなり長い期間が必要なため、1年につき数人しかこの機会を提供することができません。応募を希望する方は、部署スケジュールのニーズを考慮するとどの月が最適なのかを上司に聞いておくことをお勧めします。また、プログラムの候補となるためには、当社に在籍して5年以上経っている必要があることにもご留意ください。

詳細や応募用紙への記入方法については、人事部の者にお声がけください。

Mia Gersh／人事部／Taylor & Gretsch Financial

---

**リーダーズ・メンターシップ・プログラム応募用紙**

こちらの用紙にご記入のうえ、所属部署の上司にお渡しください。

氏名：Jenna Gazdik／社員番号：20-4255／日付：1月17日
上司の氏名・署名：Michelle Min

自身が良いマネージャーになると思う理由を教えてください。
私はTaylor & Gretschでの経験によって、マネージャーが請け負うことを期待されている、さらなる役割を果たすための準備ができたと感じています。私は、マーケティング部門や会社全体の同僚をとても大切に思っており、さらなる成功に向かって導くために貢献したいと思っています。私は、常にマーケティング部門の他メンバーの意見をよく聞いており、それが彼らからの信頼につながっています。さらに、ほめるときと同じくらい、批判的なフィードバックをするときにも自信があります。

---

宛先: Mia Gersh／送信者: Sean Allen／日付: 5月28日／件名: 人員派遣について

こんにちは、Mia

ご存じの通り、私は6月にリーダーズ・メンターシップ・プログラムでJenna Gazdikと組むことになりました。彼女のもう1人の上司は、急に予期せぬ休暇に入ってしまい、また、うちのスタッフの1人が急遽退職してしまいました。このような状況で、来月うちの部署は人手不足になることが予想されます。

他部署の事務アシスタント1～2人に手を貸していただくことは可能でしょうか？ 新しい社員が採用できて、Michelle、Jenna、私がいつも通りの日常に戻るまでの間です。あなたの部署から誰かを一時的に異動させることが無理な場合、監査部ならできるかもしれません。この時期、あの部署はそれほど忙しくありませんから。

よろしくお願いします。

Sean

---

18. 社内連絡ではメンタリング・プログラムについて何と書かれていますか？
(A) 新任のマネージャー向けに設計された。 (B) 常勤管理職のポジションが保証される。
(C) 毎年参加者数が限られている。 (D) 参加者は面接プロセスを経て選ばれる。

19. Gazdikさんについて何が示唆されていますか？
(A) 彼女は資格のある候補者リストから自分の名前を外した。
(B) 彼女は最近他部署への異動を希望した。
(C) 彼女はMinさんから、3月はスケジュールがいっぱいだと言われた。
(D) 彼女はTaylor & Gretsch Financialに5年以上勤めている。

20. Gazdikさんが良いマネージャーになれる理由として挙げていないものは何ですか？
(A) 長期的なキャリアプランを立てる経験。
(B) 会社の成功に貢献したいという熱意。
(C) 彼女は一緒に働く人々に気を配っている。
(D) 彼女は他人の短所を伝える能力に自信がある。

21. 現在Taylor & Gretsch Financialを休んでいるのは誰ですか？
(A) Mia Gersh／(B) Jenna Gazdik／(C) Michelle Min／(D) Sean Allen

22. Allenさんはどこで働いていると考えられますか？
(A) 人事部／(B) マーケティング部／(C) 財務部／(D) 監査部

**【本文1】**□**mentoring** メンタリング・指導教育・助言／□**introduce** 導入する／□**mentorship** メンターシップ・指導・助言／□**those who ~** ～する人々／□**involve** 含む／□**relationship** 関係／□**existing** 既存の・現在の／□**executive** 幹部・重役／□**mentee** メンティー・指導を受ける人／□**undergo** 受ける・経験する／□**gain** 得る／□**pursue** 追求する／□**career path** キャリアパス・昇進の道／□**completion** 完了・終了／□**necessarily** 必ず／□**promote** 昇格させる ※be promoted to ~「～に昇進する」／□**immediately** すぐに／□**managerial role** 管理職／□**available** 空いている／□**consideration** 検討／□**owing to ~** ～が原因で／□**rather** かなり／□**lengthy** 長い／□**period of time** 時期・時間／□**complete** 完了する／□**opportunity** 機会／□**individual** 個人／□**advise** 人 **to ~** 人に～するよう勧める／□**wish to ~** ～したい／□**apply** 応募する／□**supervisor** 上司／□**suitable** 適切な／□**with regard to ~** ～に関して／□**needs** 必要性・ニーズ／□**consider** 検討する／□**at least** 少なくとも／□**detail** 詳細／□**application form** 申込用紙／□**HR/human resources dept. (department)** 人事部

**【本文2】**□**signature** 署名・サイン／□**prepare A for B** AをBに向けて準備する・AにBの準備をさせる／□**be expected to ~** ～すると思われている／□**undertake** 引き受ける／□**care about ~** ～を気にかける／□**colleague** 同僚／□**as a whole** 全体として／□**contribute to ~** ～に貢献する／□**lead** 導く・率いる／□**even**（比較級を強調して）さらに・より一層／□**pay attention to ~** ～をよく聞く・～に気を配る／□**help** 人 原形 人が～するのを手伝う／□**furthermore** さらに／□**confident** 自信がある／□**critical** 批判的な／□**feedback** フィードバック・意見・感想／□**praise** 称賛

**【本文3】**□**staffing** 配属・配置／□**urgent** 緊急の／□**unexpected** 予期せぬ／□**leave of absence** 休職・休暇／□**resign** 退職する／□**at short notice** 急な通知で・直前に／□**circumstance** 状況／□**foresee** 予見する／□**short-staffed** 人手不足の／□**administrative** 管理の・事務の／□**give** 人 **a hand** 人に手を貸す・手伝う／□**be unable to ~** ～できない／□**temporarily** 一時的に／□**transfer** 異動（させる）／□**perhaps** ひょっとすると／□**audit department** 監査部／□**much**（比較級を強調して）はるかに

**【設問・選択肢】**□**be designed for ~** ～向けに設計された／□**newly** 新たに／□**appoint** 任命する／□**guarantee** 保証する／□**participant** 参加者／□**process** 過程／□**remove A from B** AをBから外す／□**qualified** 資格のある／□**candidate** 候補者／□**long-term** 長期的な／□**attentive** 気を配る・話をよく聞く／□**be sure of ~** ～について確信している／□**ability** 能力／□**criticize** 批判する

## Part 7での「典型的な設問」

時間短縮には「お決まりの設問を理解しておく」ことも有効です。たとえば、設問を読むのに1問で2秒短縮できれば、54問で108秒稼げます（108秒あれば2問多く解けます）。

**【「働いている場所・職業」を問う設問】**

□ **Where does 人 most likely[probably] work?**
人 はどこで働いていると考えられますか？

□ **What type of business does 人 work for?**
人 はどのような会社で働いていますか？

□ **What most likely is 人's job[occupation/profession]?**
人 の職業は何だと考えられますか？

**【「要求・依頼」を問う設問】**

□ **What does 人1 ask 人2 to do?**
人1 は 人2 に何をするよう求めていますか？

□ **What are 人 asked to do?**
人 は何をするよう求められていますか？

□ **What does 人 ask for?**
人 は何を求めていますか？

□ **According to the memo, what are employees required to do?**
連絡メモ（社内連絡）によると、従業員は何をするよう義務付けられていますか？

**【「原因・理由」を問う設問】**

□ **Why is the survey being conducted?**
アンケート調査はなぜ実施されていますか？

□ **What is the reason that 人 has made a change?**
人 が変更を行った理由は何ですか？

□ **What caused a delay in the development of the app?**
アプリの開発において、何が遅延を引き起こしましたか？

□ **What made a customer unhappy?**
何が、ある顧客に不満を抱かせましたか？

**【「問題点・懸念事項」を問う設問】**

□ **What problem does 人 have?**
人はどんな問題を抱えていますか?
□ **Why is 人 concerned about ~?**
人はなぜ～について心配していますか?
□ **What is one difficulty that 人 faces?**
人が直面している問題の1つは何ですか?
□ **What is indicated in the notice that might concern audience?**
お知らせでは、聴衆を懸念させる可能性があることとして何が示されていますか?

**【「次の行動・これからの行動」を問う設問】**

□ **What does 人 say he[she] will do next?**
人は次に何をするつもりだと言っていますか?
□ **What does 会社 intend to do this year?**
会社は今年、何をするつもりですか?

**【「全体・目的・対象」を問う設問】**

□ **What is being advertised?**
何が広告・宣伝されていますか?
□ **What is the article (mainly) about?**
記事は(主に)何についてですか?
□ **What is the purpose of the e-mail[article/notice/Web page]?**
Eメール[記事/お知らせ/ウェブページ]の目的は何ですか?
□ **For whom is the advertisement intended?**
この広告は誰を対象にしたものですか?
□ **For whom is the e-mail[letter] most likely intended?**
Eメール[手紙]は誰に向けられたものだと考えられますか?

**【「詳細」や「示唆」を問う設問】**

□ **What is indicated about ~?** ～について何が示されていますか?
□ **What is mentioned[stated] about ~?** ～について何が述べられていますか?
□ **What is suggested about ~?** ～について何がわかりますか?
□ **What is implied about ~?** ～について何が示唆されていますか?
□ **What can be inferred about ~?** ～について何が推測できますか?

●「文法・語法」に注意が必要な設問

【SV 人 to ~の形の設問】

□ **What does the notice encourage the reader to do?**
お知らせは読み手に何をするように勧めていますか?

□ **What does 会社's service allow companies to do?**
会社の事業は、企業が何をできるようにしますか?

□ **What does 人$_1$ instruct 人$_2$ to do?**
人$_1$は人$_2$に何をするよう指示していますか?

□ **What are members of the public invited to do?**
一般の人々は何をするよう勧められていますか?

□ **How many people are expected to attend the event?**
何人がイベントに参加することが予想されますか?

【「前置詞+疑問詞」を使った設問】

□ **For what could the coupon most likely be used?**
クーポンは何に対して使えると考えられますか?

□ **For how long is 人's gift certificate valid?**
人の商品券はどのくらいの期間有効ですか?

□ **By when should employees submit their expense reports?**
従業員はいつまでに経費報告書を提出すべきですか?

【「前置詞+疑問詞+名詞」を使った設問】

□ **At what type of business can the coupon be used?**
クーポンはどのような店で使用可能ですか?

□ **At what time is the event scheduled to start?**
イベントは何時に始まる予定ですか?

□ **In what case will a customer receive a full refund from 会社?**
どんな場合に、顧客は会社から全額を返金してもらえますか?

□ **For what position is 人 most likely applying?**
人はどの職種に応募していると考えられますか?

●問題形式別の設問

【NOT問題（本文の内容と合致しない選択肢を選ぶ問題）の設問】

- □ **What is NOT mentioned[indicated/suggested] about ~?**
  ～について述べられて［示されて］いないことは何ですか？
- □ **What expense policy does NOT apply to 人's purchase?**
  人の購入品に適用されない経費の方針は何ですか？

【文挿入問題（英文中の適切な場所に文を入れる問題）の設問】

**In which of the positions marked [1], [2], [3], and [4] does the following sentence best belong?**
[1]、[2]、[3]、[4]と記載された箇所のうち、次の文が入るのに最もふさわしいのはどれですか？

【意図問題（英文の意図を問う問題）の設問】

- □ **At 8:42 A.M., why does 人 write "~"?**
  午前8時42分に人はなぜ"～"と書いていますか？
- □ **At 8:42 A.M., what does 人 mean when he[she] writes, "~"?**
  午前8時42分に、人は"～"という発言で何を意味していますか？

【同義語問題（本文中の単語の意味と近い単語を選ぶ問題）の設問】

- □ **The word "~" in paragraph A, line B, is closest in meaning to**
  第A段落・B行目にある"～"という単語に最も意味が近いのは
- □ **In the online review, the phrase "~" in paragraph A, line B, is closest in meaning to**
  オンラインレビューの第A段落・B行目にある"～"に最も意味が近いのは

# 完全模試

## 解答・解説

83-163

※リーディングの読み上げ音声については
18 ページをご覧ください。

## 1. 正解 D

レベル
★☆☆

(A) She's mowing a field of grass.
(B) She's making a pile of wood.
(C) She's raking leaves off a patio.
(D) She's pushing a wheelbarrow.

(A) 彼女は草刈りをしているところだ。
(B) 彼女は薪を積み上げているところだ。
(C) 彼女は中庭の落ち葉を熊手でかき集めているところだ。
(D) 彼女は手押し車を押しているところだ。

**Part 1 頻出の wheelbarrow**

「女性が手押し車を押している」様子を描写する(D)が正解です。学校の授業では出てきませんが、Part 1ではなぜかwheelbarrow「手押し車」という単語がやたらと出てきます。ちなみに、wheelは日本でも「ホイール(車輪)」とそのまま使われています(本当の発音は「ゥイール」という感じですが)。

□ **mow** 刈る／□ **grass** 草・芝生／□ **pile** 積み重ね／□ **rake off** 熊手でかき集める・掃く／□ **patio** 中庭

---

## 2. 正解 A

レベル
★☆☆

(A) They're having a conversation.
(B) They're reaching out to shake hands.
(C) They're inspecting some furniture.
(D) They're placing food on a table.

(A) 彼らは会話をしているところだ。
(B) 彼らは握手をしようと手を伸ばしているところだ。
(C) 彼らは家具の検品をしているところだ。
(D) 彼らは食べ物をテーブルに置いているところだ。

**進行形は「途中」の感覚！**

have a conversation「会話を持つ」→「会話する」という重要表現です。haveはおなじみの「持っている・所有している」という意味では進行形にできません。しかしhaveにはいろいろな意味があり、(A) They're having a conversation. の「今まさに会話している途中」のように「動作の途中」なら進行形にしてOKです。

※(D)は現在進行形で「今まさにテーブルに置く動作の途中」を表すためアウトです。

□ **reach out** 手を伸ばす／□ **shake hands** 握手をする／□ **inspect** 検査する／□ **furniture** 家具／□ **place** 置く

## 3. 正解 B レベル ★★☆

(A) A walkway is closed to pedestrians.
(B) A bicycle is leaning against a tree.
(C) A man is waving at a taxi near a curb.
(D) A woman is hanging a picture outdoors.

(A) 歩道に歩行者が入れないようになっている。
(B) 自転車が木に立てかけられている。
(C) 男性が縁石付近でタクシーに手を振って止めている。
(D) 女性が屋外に絵画を掛けている。

**lean against ~と「ズラし」のパターン**

写真の左下で「自転車が木に立てかけられている」様子を表した(B)が正解です。lean against ~は「~に寄りかかる・立てかけられる」というPart 1での超重要表現です(againstは「反対」→「(反作用の力を感じるほど)強い接触」を表します)。

※中央付近の女性や大勢の人が目立ちますが、そこから「ズラした」パターンですね。

□ **walkway** 歩道・通路/□ **pedestrian** 歩行者/□ **wave** 手を振る・手を振って合図する/□ **curb** 縁石/□ **hang** 掛ける・つるす

---

## 4. 正解 D レベル ★★☆

(A) Some lights are mounted to a sign.
(B) Some of the chairs are occupied.
(C) A plant has been placed on a table.
(D) A seating area has been set up.

(A) いくつかの照明が看板に取り付けられている。
(B) 椅子のいくつかは埋まっている。
(C) テーブルの上に植物が置かれている。
(D) 座席エリアが設けられている。

**「完了形+受動態」を聞き取る**

完了形+受動態 (have been p.p.) を使って「座席エリアが設けられている」ことを表した(D)が正解です。直訳は「座席エリアがセットされた(されてしまった)」で、「座席エリアのセットが完了した」ことを表しています。beenは「ビーン」ではなく、軽く「ビン・ベン」のように発音されるのが普通です。

□ **mount A to B** AをBに取り付ける/□ **sign** 看板/□ **occupied** 人がいる・ふさがった/□ **set up** 設ける・準備する

## 5.

レベル ★★☆

(A) Some pedestrians are crossing at an intersection.

(B) All of the buildings overlook a public garden.

(C) A boat is passing beneath a bridge.

(D) A walkway is being built over a road.

(A) 数人の歩行者が交差点を渡っている。

(B) すべての建物から公開庭園を見渡せる。

(C) ボートが橋の下を通っている。

(D) 道路の上に歩道橋が作られているところだ。

### TOEICによく出る「水辺」の写真

「船が橋の下を通っている」様子を描写した(C)が正解です。beneathは「～の下に」という意味で、pass beneath ~「～の下を通る」となります。Part 1ではこういった位置表現はよく狙われるので、瞬時に位置関係がイメージできるようにしておきましょう。

□ **pedestrian** 歩行者／□ **intersection** 交差点／□ **overlook** 見渡す／□ **walkway** 歩道・通路

---

## 6.

正解 C

レベル ★★☆

(A) Trucks are being driven on a highway.

(B) Trees are growing alongside a building.

(C) Vehicles have been parked side by side.

(D) Parallel lines have been painted on a field.

(A) トラックが幹線道路を走っている。
※直訳「トラックが幹線道路で運転されているところだ」

(B) 建物に沿って木が生えている。

(C) 乗り物が横並びで駐車している。

(D) グラウンドに平行線が描かれている。

### 超重要なまとめ単語のvehicle

「トラックが並んで駐車している」様子を描写した(C)が正解です。写真のトラックを、まとめ単語のvehicle「乗り物」で総称的に表しています。全体は完了形+受動態 (have been p.p.) で、「駐車された」→「駐車した・停まっている」ということです。park「駐車する」やside by side「並んで」もPart 1で重要です。

□ **highway** 幹線道路／□ **alongside** ～に沿って／□ **parallel** 平行の／□ **field** 競技場・グラウンド・野原

## 7. 正解 B

レベル ★★☆

Does Marylyn still work here?
(A) That works for me, too.
(B) She was transferred.
(C) Either place is acceptable.

Marylynはまだこちらで働いていますか?
(A) 私もそれでいいです。
　→ 質問文と同じ単語workを使ったひっかけです。
(B) 彼女は異動しました。
(C) どちらの場所でも構いません。
　→ 質問文のhereから「場所」の話と勘違いした人をひっかける選択肢です。



### 間接的にNoと伝えている

「Yes・No飛ばし」の返答がポイントです。質問文の「まだここで働いている?」に対して、「異動した」と伝える(B)が正解です。Does ~?に対して、直接Yes・Noで答えるのではなく、「他の部署に異動したので、もうここで働いていない」と間接的にNoと伝えているわけです。be transferredは、直訳「異動させられる」→「異動する・異動になる」という重要表現です。

□ **work for ~** ～に都合がいい／□ **transfer** 異動させる・転勤させる／□ **either** どちらの～でも／□ **acceptable** 受け入れられる

---

## 8. 正解 B

レベル ★☆☆

092

Where are the painting supplies kept?
(A) These were repainted.
(B) The floor below us.
(C) We can deliver them today.

塗料はどこに保管されていますか?
(A) それらは塗り直されました。
　→ 質問文のpaintingと似た音のrepaintedを使ったひっかけです。
(B) この下の階です。
(C) 本日お届け可能です。
　→ 質問文のWhereをWhenと聞き間違えた人をひっかける選択肢です。

### Part 2頻出の「When vs. Where」

Whereの聞き取りがポイントです。Where areは「ホエアー・アー」ではなく、「ウェア・ア」→「ウェァ」くらいに発音されることが多いです。「塗料はどこに保管されている?」に対して、「この下の階」と場所を答えた(B)が正解です。

※質問文にあるsupplies「備品・用品」はTOEIC頻出です。「サプライズ」と聞いてsurpriseと勘違いしがちなので、suppliesの可能性を必ず考えてください。

□ **supplies**（複数形で）備品・用品／□ **repaint** 塗り直す／□ **floor** 階／□ **deliver** 配達する

# 9. 正解 A レベル ★☆☆

093

When is your medical check-up?
(A) I haven't made an appointment yet.
(B) Yes, I'm feeling much better, thanks.
(C) I've already checked.

健康診断はいつですか？
(A) まだ予約をしていません。
(B) はい、だいぶ良くなりました、ありがとうございます。
→ When ~?に対してYes・Noでは答えません。
(C) すでに確認しました。
→ 質問文のcheck-upと似た単語のcheckedを使ったひっかけです。

**「まだしていない」という定番の返答**
Whenの聞き取りと「そらし」の返答がポイントです。When isは「ホエン・イズ」ではなく、「ウェン・イズ／ウェンズ／ウェニズ」のように発音されることが多いです。「健康診断はいつ？」に対して、日時を答えるのではなく、「まだ健康診断の予約をしていない」とそらして答える(A)が正解です。「まだしていない」という返答はPart 2の超定番で、高確率で正解になります。

□ **medical check-up** 健康診断／□ **appointment** 予約・約束／□ **feel better** 体調が良くなる

---

# 10. 正解 B レベル ★★☆

094

Is this the updated schedule or the older one?
(A) Upstairs in a folder.
(B) I don't think it's been changed.
(C) Yes, that's exactly right.

これは最新のスケジュールですか、それとも古いスケジュールですか？
(A) フォルダーに入って上の階にあります。
→ 質問文のupdated・olderと似た音のupstairs・folderを使ったひっかけです。
(B) 変わっていないと思います。
(C) はい、まさにその通りです。
→ 2択の質問に対してYes・Noで答えるのは不自然です。

**2択に対して「そらす」返答**
Is this A or B?「これはA、それともB?」の形で、「最新のスケジュール？　それとも古いスケジュール？」と尋ねています（one = schedule／scheduleは「シェジュール」と発音されることも）。これに対して「スケジュールは変わっていないと思う」と、そらして答える(B)が正解です。I don't thinkの後ろは完了形＋受動態 "have been p.p." で(it's = it has)、beenは軽く「ビン・ベン」と発音されます。

□ **updated** 最新の・更新された／□ **upstairs** 上の階に／□ **exactly** まさに

## 11. 正解 C　レベル ★★☆

You look concerned, Darren.
(A) To install the application.
(B) Yes, the deadline has been extended.
(C) I forgot my briefcase on the train.

心配そうだね、Darren。
(A) アプリをインストールするためだよ。
→ To ~「～するため」という目的を表す英文ではやりとりが成り立ちません。
(B) うん、締切が延期になったんだ。
→「締切が延期になった」という内容は「心配そうだね」に対する返答として成り立ちません。
(C) 書類かばんを電車に忘れたんだ。

**心配の「理由」を答えている**

look 形容詞「～のように見える」の形で、You look concerned「あなたは心配そうに見える」→「心配そうだね」と言っています。これに対して、「かばんを電車に忘れた」と心配している理由を答える(C)が正解です。今回のような「平叙文（普通の文）」に対する返答は意外と難しいのですが、他の選択肢が明らかに違うので消去法で解いてもいいでしょう。

□ **concerned** 心配そうな／□ **install** インストールする／□ **application** アプリ／□ **deadline** 締切／□ **extend** 延長する／□ **briefcase** 書類かばん

---

## 12. 正解 A　レベル ★★☆

096

Didn't you go on a cruise recently?
(A) No, I don't like boats.
(B) Vacation and benefits.
(C) Yes, I'll have another one.

最近クルージングに行っていないんですか？
(A) はい、船は好きじゃないんです。
(B) 有給休暇と福利厚生です。
→ cruiseから連想するvacationを使ったひっかけです。
(C) はい、もう1つください。
→ another oneが何を指しているか不明です。

**否定疑問文は「notを無視」して考える！**

否定疑問文への返答がポイントです。Didn't you ~?「～しなかったの？」という否定疑問文なので、「notを無視」して考えます(p. 57)。頭の中でDid you go on a cruise recently?に変換して、これにつながる(A)を選べばOKです。返答のNoが「クルージングに行っていない」を表すわけです。後ろのI don't like boats「船は好きじゃない」にもつながりますね。

□ **cruise** クルージング・豪華客船旅行／□ **vacation** 休暇／□ **benefit** 福利厚生

## 13. 正解 C　レベル ★★☆

Who did Ms. Houston give the revised report to?
(A) No, the form was incomplete.
(B) Yesterday's meeting.
(C) She left it with me.

Houstonさんは修正済みの報告書を誰に渡しましたか?
(A) いえ、その用紙には不完全な点があります。
　→ 質問文のreportから連想できるformを使ったひっかけです。
(B) 昨日の会議です。
　→ 質問文のreportから連想できるmeetingを使ったひっかけです。
(C) 私に預けました。

**Whoに対して「人名」を使わないパターン**
質問文はWho did Ms. Houston give [物] to?「Houstonさんは [物] を誰に渡した?」です(元々はgive [物] to [人] で、[人] が疑問詞whoになって前に出た形)。これに対してわかりやすく「人名」で答えるのではなく、「私に預けた」と答える(C)が正解です。leave [物] with [人] は「[物] を [人] にほったらかす」→「[物] を [人] に預ける・渡す」です。

□ **revise** 修正する／□ **report** 報告書／□ **form** 用紙／□ **incomplete** 不完全な

---

## 14. 正解 A　レベル ★★☆

098

When does the warranty on the washing machine expire?
(A) Two years after the date of delivery.
(B) I'll get started this afternoon.
(C) Maybe after it's been washed.

洗濯機の保証期間はいつまでですか?
(A) 納品から2年後までです。
(B) 今日の午後に始めます。
　→ this afternoonという時間を表す語句はありますが、内容が合いません。
(C) もしかしたら洗った後かもしれません。
　→ afterという時間を表す語句はありますが、内容が合いません。

**「いつ?」→「納品から2年後」**
質問文はWhen does the warranty on ~ expire?「いつ〜の保証は切れるの?」です。これに対して、具体的な日付を答えるのではなく、「納品から2年後」と答えた(A)が正解です。返答は(It expires) Two years after the date of delivery.のことで、It expiresが省略されています。warranty「保証」やexpire「(期限が)切れる」といった語彙もポイントで、どちらもTOEICで超重要です。

□ **warranty** 保証　※warranty on ~「〜の保証」／□ **washing machine** 洗濯機／□ **expire** (期限が)切れる・失効する／□ **delivery** 配達・納品／□ **get started** 始める

## 15. 正解 B　レベル ★★☆

Are you planning to go to the park over the weekend?

(A) Park anywhere you like.

(B) I'll be working at the café.

(C) Yeah, it should be over by now.

週末に公園に行く予定はありますか？

(A) どこでも好きなところに駐車してください。

→ 質問文のparkは名詞「公園」、選択肢のparkは動詞「駐車する」です。

(B) カフェで作業している予定です。

(C) ええ、今ごろはもう終わっているはずです。

→ 質問文と同じ単語overを使ったひっかけです。

**いきなり「詳細」を答えている**

「Yes・No飛ばし」の返答がポイントです。plan to ~「～する予定だ」の現在進行形で、「週末に公園に行く予定？」と尋ねています。これに対してYes・Noではなく、「カフェで作業している」と未来進行形（will be -ing）で答えた(B)が正解です。「週末はカフェにいて、公園には行かない」と間接的にNoと伝えているわけです。

□ **over the weekend** 週末に／□ **park** 駐車する／□ **anywhere** どこでも／□ **by now** 今ごろは

---

## 16. 正解 A　レベル ★★☆

100

Have you heard back from our client in Pittsburg?

(A) I'll check my e-mail in a minute.

(B) They were speaking so quietly.

(C) Yes, I think he should as well.

Pittsburgの取引先から返事はありましたか？

(A) すぐにメールを確認します。

(B) 彼らはとても静かに話していました。

→ 質問文のhearを「聞こえる」と勘違いした人をひっかける選択肢です。

(C) ええ、彼もそうすべきだと思います。

→ heがour clientを指していると考えても、内容が合いません。

**「確認してみる」という定番のそらし**

「そらし」の返答がポイントです。現在完了形でHave you heard back from ~?「～から返事はあった？」と尋ねています。これに対してYes・Noではなく、「（返事があったかどうか）すぐにメールを確認する」と答えた(A)が正解です。今回のような「確認してみる」という返答はTOEIC頻出で、よく正解の選択肢になります。

※in a minuteは直訳「1分後に」→「すぐに」という重要熟語です。

□ **hear back from ~** ～から返事がある　※hear back ~「～から連絡がある」の間にbackが割り込んでいる／□ **client** 顧客・取引先／□ **in a minute** すぐに／□ **quietly** 静かに／□ **~ as well** ～も

## 17. 正解 C レベル ★★★

You always leave the broom beside the umbrella stand, right?

(A) The newsstand by our office.

(B) It comes every weekday morning.

(C) There or in the closet.

あなたはいつも傘立ての横にほうきを置きっぱなしにしていますよね?

(A) 会社の近くの新聞雑誌売り場です。
→ 質問文のumbrella standと似た音のnewsstandを使ったひっかけです。

(B) 平日の朝は毎日来ますね。
→ 内容がまったくかみ合いません。

(C) そこか物置の中ですね。

### "~, right?" で「確認」している

質問文は ~, right?「～ですよね?」の形で、「いつも傘立ての横にほうきを置いていますよね?」と尋ねています。これに対してYes・Noではなく、「そこか物置の中に置いている」と答える(C)が正解です。(I always leave the broom) there or in the closet.「私はいつもそこ(＝傘立ての横)か物置の中に置いています」ということです(leaveは「ほったらかす」→「置きっぱなしにする・置く」)。

□ **broom** ほうき／□ **beside** ～の横に／□ **umbrella stand** 傘立て／□ **newsstand** 新聞雑誌売り場

---

## 18. 正解 A レベル ★★☆

102

I'd like some help with this new software.

(A) I'll have Ryan stop by your office.

(B) That's why it's so comfortable.

(C) Some keyboards and mice.

この新しいソフトウェアについて手伝ってほしいのですが。

(A) Ryanをあなたのオフィスに立ち寄らせます。

(B) だからこそ、そんなに快適なんです。
→ softwareのsoft「柔らかい」から連想するcomfortableを使ったひっかけです。

(C) いくつかのキーボードとマウスです。
→ softwareから連想するkeyboardやmiceを使ったひっかけです。

### have OC「OにCさせる」

I'd like some help with ~ は、直訳「私は～に関する手伝いが欲しい」→「～について手伝ってほしいのですが」です。これに対して、「Ryanをオフィスに立ち寄らせます(＝Ryanに手伝わせる)」と答える(A)が正解です。返答はhave OC「OにCさせる」の形で、OにRyan、Cにstop by「立ち寄る」という重要熟語がきています。

□ **That's why ~** だから～／□ **comfortable** 快適な／□ **mice** mouse「マウス」の複数形

## 19. 正解 B

レベル ★★☆

103

Don't you commute to work by bus?
(A) It should arrive soon.
(B) Only when it's raining.
(C) In the other departments.

バスで通勤していないの?
(A) もうすぐ着くはずよ。
→ 質問文は現在形で「普段はバス通勤?」と尋ねていて、「今バスで通勤している」という話ではありません。
(B) 雨の時だけね。
(C) 他の部署にね。
→ workから連想されるdepartment「部署」を使ったひっかけです。

**否定疑問文と「Yes・No飛ばし」の返答**

Don't you ~?という否定疑問文で、「バス通勤していないの?」と尋ねています。これに対して、「雨の時だけはバス通勤をしている」と答える(B)が正解です。否定疑問文に対してYes・Noと直接答えるのではなく、いきなり「雨の時だけはYes」と伝えているわけです。(I commute to work by bus) Only when it's raining.ということです。

□ **commute** 通勤する　※commute to work「通勤する」／□ **department** 部署

---

## 20. 正解 A

レベル ★★☆

104

Would you mind giving me a call back in about an hour or so?
(A) No, not at all.
(B) So, it was last time.
(C) Uh huh, around five pages.

1時間後くらいに折り返しお電話をいただいてもいいですか?
(A) ええ、もちろんです。
(B) そういうわけで、それが最後だったんです。
→ 質問文と同じ単語soや、an hourから連想するtimeを使ったひっかけです。
(C) ええ、約5ページですね。
→ around five pagesがまったく質問文とつながりません。

**依頼表現のWould you mind -ing?**

Would you mind -ing? は、直訳「あなたは～するのを嫌がりますか?」→「(嫌じゃなければ)～してくれませんか?」という依頼を表します。後ろはgive 人 a call back「人 に折り返しの電話を与える」→「人 に折り返し電話する」という表現で、「折り返し電話してくれませんか?」と依頼しているわけです。これを承諾する(A) No, not at all.「まったく嫌じゃない」→「OK・いいですよ」が正解です。

□ **~ or so** ～くらい・～かそこらで

## 21. 正解 B レベル ★★☆

Can I leave my suitcase with you till check-in time?

(A) We did check but couldn't find it.

(B) Certainly—we'll keep it behind the front desk.

(C) Well, the suit pants will need to be hemmed.

チェックインの時間までスーツケースを預けてもいいですか?

(A) 確認しましたが、見つかりませんでした。
→ 質問文のcheck-inに含まれるcheckを使ったひっかけです。

(B) もちろんです。フロントの裏側でお預かりしておきます。

(C) ええと、そのスーツのズボンは裾上げが必要でしょう。
→ 質問文のsuitcaseに含まれるsuitを使ったひっかけです。

### Can I ~?で許可を求める → Certainly.で承諾

Can I ~?は、直訳「私は～できますか?」→「～してもいいですか?」という許可を求める表現です(後ろはleave [物] with [人]「[物]を[人]に預ける」の形)。これを承諾する(B) Certainly.「もちろん・OK」が正解です。「早くホテルに到着した宿泊客とホテルのスタッフ」の会話です。ちなみに、leave [物] with [人]は13番で解答になった表現ですが、本番のTOEICでもこのように同じ表現が出ることは頻繁にあります。

□ **front desk** 受付・フロント/□ **hem** 裾を縫う・裾上げする

---

## 22. 正解 B レベル ★★★

Was this package already open when it was delivered?

(A) I just finished packing.

(B) Jeremy might've looked inside.

(C) Whenever you have a spare moment.

この荷物は、届いた時すでに開いていたのですか?

(A) ちょうど荷造りを終えたところです。
→ 質問文のpackageと似た音のpackingを使ったひっかけです。

(B) Jeremyが中を見たのかもしれません。

(C) 空き時間のある時にいつでも。
→ 質問文のwhenと似た単語のwheneverを使ったひっかけです。

### might have p.p.と「Yes・No飛ばし」の返答

Was this package already open when ~?「～の時、この荷物はすでに開いていたの?」に対して、「Jeremyが中を見たかも」と答える(B)が正解です。Yes・Noではなく「(開いていた)理由」のみを答えています。might have p.p.は「～したかもしれない」と過去を予想する重要表現です(≒ may have p.p.)。

□ **package** 荷物/□ **deliver** 配達する/□ **packing** 荷造り/□ **spare moment** 余分な時間・空き時間

## 23. 正解 B　レベル ★★☆

What do you think about the new window display?

(A) Yes, we could use some help.

(B) Your work is quite impressive.

(C) I really believe that it is.

新しいショーウィンドウの展示についてどう思いますか?

(A) はい、少し手伝ってもらえると助かるのですが。
　→ What do you think about ~?に対して、Yes・Noでは答えません。

(B) あなたの展示はとても素晴らしいです。

(C) 本当にそうだと思います。
　→「本当にそう」が何のことか不明です。

**「意見・感想」を求めるWhat do you think about ~?**

What do you think about ~?は「～についてあなたはどう思う?」という、「意見・感想」を尋ねる会話表現です。これに対して、impressive「素晴らしい」を使って感想を伝える(B)が正解です。ここでのYour workは「あなたが作り上げた新しいショーウィンドウの展示」を指しています。

□ **window display** ショーウィンドウの展示／□ **could use ~** ～があるとありがたい／□ **work** 作品・仕事ぶり／□ **quite** かなり・とても／□ **impressive** 印象的な・素晴らしい

---

## 24. 正解 C　レベル ★★★

Have you met Kevin, the marketing director we hired?

(A) Yes, it's about market research.

(B) I didn't know that.

(C) Downstairs in the lobby.

マーケティング部の部長として採用したKevinには会いましたか?

(A) はい、市場調査に関するものです。
　→ 質問文のmarketingと似た音のmarketを使ったひっかけです。

(B) 知りませんでした。
　→ かなりまぎらわしいですが、もしI didn't know that we had a new marketing director.などであれば正解になります。

(C) 下の階のロビーで(会いました)。

**詳細だけを答える「Yes・No飛ばし」**

現在完了形でHave you met Kevin, ~?「ケヴィンに会った?」と尋ねています。これに対して、「下の階のロビーで(会った)」と間接的にYesと伝えている(C)が正解です。「Yes・Noを飛ばしていきなり詳細だけを答える」パターンになります。

※ちなみにKevin, the marketing director {whom/that} we hired「私たちが採用したマーケティング部の部長であるKevin」では、関係代名詞が省略されています。

□ **director** 部長／□ **hire** 雇う／□ **market research** 市場調査／□ **downstairs** 下の階で

## 25. 正解 C レベル ★★★

You can buy this type of light bulb at the electronics store, can't you?

(A) Yes, you can store them here.

(B) At the next intersection.

(C) I don't see why not.

このタイプの電球は家電量販店で買えますよね?

(A) はい、ここに保管可能です。

→ 質問文と同じ単語storeを使ったひっかけです(選択肢では動詞「保管する」)。

(B) 次の交差点です。

→ 質問文のlightをright「右」と聞き間違えた人をひっかける選択肢です。

(C) 買えるはずです。

**難しい「反語」的な返答**

You can ~, can't you?「あなたは～できるよね?」という付加疑問文で、「このタイプの電球は家電量販店で買えるよね?」と言っています。これに対して「買えると思う」と答えている(C)が正解です。I don't see why not.で、直訳「私はなぜ買えないのかがわからない」→「買えると思う」と伝えています(一種の「反語」と考えればOK／ここでのseeは「わかる」)。ただし、実際には消去法で解ければ十分でしょう。

□ **light bulb** 電球／□ **electronics store** 電器店・家電量販店／□ **store** 保管する／□ **intersection** 交差点

---

## 26. 正解 A レベル ★★☆

110

Which speaker did you find most interesting?

(A) The man who spoke second.

(B) Far too many attendees.

(C) I heard it's Andrew Phelps.

どの講演者が一番面白いと思いましたか?

(A) 2番目に話した男性です。

(B) 参加者があまりにも多すぎました。

→ 質問文のspeakerから連想するattendee「参加者」を使ったひっかけです。

(C) Andrew Phelpsだと聞きました。

→「人」を答えてはいますが、「○○だと聞いた」という返答では成り立ちません。

**"Which + 名詞" とfind OCを理解する**

文構造がポイントです。Which + 名詞「どの名詞」で始まる疑問文で、後ろは本来find OC「OがCだと思う」の形です(find ○○ most interesting「○○を最も面白いと思う」から、○○がwhich + 名詞に変わって文頭に出たイメージ)。「どの講演者が最も面白いと思った?」に対して、「2番目に話した男性」と答えた(A)が正解となります。

□ **speaker** 講演者・演説者／□ **far** はるかに・ずっと／□ **attendee** 参加者

## 27. 正解 B レベル ★★☆

Rene Mendoza is the choreographer of this musical, isn't she?
(A) All right, I'll play that song.
(B) She's the costume designer, actually.
(C) I'm on my way to the rehearsal.

Rene Mendozaはこのミュージカルの振付師ですよね？
(A) わかりました、その曲を演奏します。
→ 質問文のmusicalから連想するsongを使ったひっかけです。
(B) 彼女は実は衣装デザイナーなんです。
(C) 私はリハーサルに向かっているところです。
→ 質問文のmusicalから連想するrehearsalを使ったひっかけです。

**「語彙／付加疑問／Yes・No飛ばし」がポイント**

Rene Mendoza is ~, isn't she?「Rene Mendozaは〜ですよね？」という付加疑問文です。「実は衣装デザイナー」と言って、間接的にNoと伝える(B)が正解です。actuallyは今回のように「あなたの予測に反して」といった感じでよく使います。

※choreographer「振付師」は難しいですが、TOEICではたまに出てきます。ただし、たとえ今回はそれを知らなくても「Rene Mendozaが何者か？」を聞いているとわかれば解けてしまいます。

□ **choreographer** 振付師／□ **costume** 衣装／□ **on *one's* way to ~** 〜に向かっている途中で

---

## 28. 正解 C レベル ★★☆

112

Why don't you stack these flyers over there?
(A) Their flight departs in an hour.
(B) Because we were stuck in traffic.
(C) There's no more space on the table.

これらのチラシをあの辺りに積み上げたらどうですか？
(A) 彼らの乗る便は1時間後に出発します。
→ 質問文のflyersと似た音のflightを使ったひっかけです。
(B) 私たちが渋滞に巻き込まれたからです。
→ 質問文のstackと似た音のstuckを使ったひっかけです。
(C) テーブルの上にはもうスペースがありません。

**Why don't you ~?は提案表現**

提案表現と語彙がポイントです。Why don't you ~?は、直訳「なぜあなたは〜しないの？」→「〜したらどう？」という提案を表しています（発音は、Whyは「ワイ」でdon't youはくっついて「ドンチュ」となることが多い）。重要単語のstack「積み上げる」を使った提案に対して、「スペースがない」と間接的に断る(C)が正解です。

□ **stack** 積み上げる／□ **flyer** チラシ／□ **depart** 出発する／□ **be stuck in traffic** 渋滞に巻き込まれている／□ **no more ~** もう〜ない

## 29. 正解 C　レベル ★★☆

113

Will you be free to meet the new receptionists later on today?

(A) A brand-new reception counter.

(B) It's free for all employees.

(C) Sure, bring them by at one.

今日この後、新しい受付係たちに会っていただくことはできますか?

(A) 新しい受付カウンターです。
　→ 質問文のreceptionist「受付係」と似た音のreceptionを使ったひっかけです。

(B) 全従業員が無料で利用できます。
　→ 質問文と同じ単語freeを使ったひっかけです。

(C) もちろんです、1時に連れてきてください。

**Will you ~?を聞き取る**

Will you be free to meet ~?「～と会うのに時間がある?」という疑問文に対して、Sure「もちろん」と答える(C)が正解です。Sureで承諾した後、bring them by at one「彼ら（＝新しい受付係）を1時に私のところに連れてきて」と伝えています。

※質問文のlater on todayは「今日この後・今日の後ほど」を表し、必ずしも「今日の遅く（夕方・夜）」とは限りません。そのため、返答のat one「1時」もOKです。

□ **receptionist** 受付係・フロント係／□ **brand-new** 新品の・おろしたての／□ **reception** 受付／□ **employee** 従業員／□ **bring** 人 **by** 人 を連れてくる

---

## 30. 正解 C　レベル ★★☆

114

Can we reduce the size of the company logo on the poster?

(A) More colorful than before.

(B) On a wall in the lobby.

(C) I think it's small enough.

ポスターの会社ロゴのサイズを小さくすることはできますか?

(A) 前よりも色とりどりです。
　→ 質問文のlogoやposterから連想するcolorfulを使ったひっかけです。

(B) ロビーの壁にかかっています。
　→ 質問文のposterから連想するwallやlobbyを使ったひっかけです。

(C) 十分小さいと思います。

**「できる?」→「必要ない」というそらし**

Can we ~?「私たちは～できる?」という疑問文で、「会社のロゴのサイズを小さくできる?」と尋ねています。これに対して「十分小さいと思う（だからこれ以上小さくする必要はない）」と答えている(C)が正解です。「できる?」に対して、「できる・できない以前に、もう十分小さいからする必要がない」とそらした返答をしているわけです。「そもそもその必要がない」と答えるパターンはPart 2頻出です。

# 31. 正解 A レベル ★★★

Who should I contact about having a tree trimmed in front of my shop?

(A) That depends on whose property it's on.

(B) No, you shouldn't.

(C) Thanks for putting the information on my desk.

店舗前の木を剪定(せんてい)してもらうには、誰に連絡すべきでしょうか?

(A) その木が誰の所有地に生えているかによります。

(B) いいえ、そうすべきではありません。

→ 質問文と同じshouldを使ったひっかけです。Who ~?に対して、Yes・Noで答えることはありません。

(C) 私のデスクに資料を置いてくださりありがとうございます。

→ Who ~?に対する返答として成り立ちません。



**depend on ~を使ったそらし**

Whoの後ろのshould Iはくっついて「シュダイ」のように聞こえますが、そこに惑わされずにwhoを聞き取れるかがポイントです。「誰に連絡すべき?」に対して、「誰の所有地かによる」と答えた(A)が正解です。depend on ~は「～次第だ」の意味が大事で、That depends on whose property it's on.「それ(=誰に連絡すべきか)は、それ(=木)が誰の所有地にあるか次第だ」ということです。

□ **contact** 連絡する/□ **trim** 手入れする・剪定する ※have OCの形で、今回の英文では「木が剪定される」という受動関係なのでp.p./□ **property** 地所・所有物

## Questions 32 through 34 refer to the following conversation.

🔊 117-118

W: Hi, it's Abbie Bryson, the *Tech World* magazine editor you spoke with earlier. ❶I'm calling to arrange a time to get some shots of your new virtual reality headset.

M: Oh, hi! ❷Would this Friday be convenient? Elsie Walton, the head of our marketing department, is out of town until the night before, and she's in charge of media relations for the new product.

W: That'll be fine. ❸Actually, I wanted to ask her if I could get a picture of someone wearing the device — perhaps one of your staff. If you wouldn't mind, please pass that on to her.

**問32～34は次の会話に関するものです。**

女性：もしもし、先ほどお話ししたTech World誌の編集者Abbie Brysonです。❶御社から新しく発売されるVRヘッドセットの写真を撮るための日時を調整したくてお電話しました。

男性：ああ、どうも！ ❷今週の金曜日はご都合いかがでしょうか？ その前日の夜まで弊社のマーケティング部部長を務めるElsie Waltonが不在にしているのですが、彼女がこの新製品のメディア広報窓口担当なんです。

女性：その日で大丈夫です。❸実は、おそらく御社スタッフの方になると思うのですが、どなたかがその機器を装着しているところの写真を撮らせていただけないか部長にご相談したかったんです。もしよろしければ、このことを部長にお伝えいただけますでしょうか。

【本文】□ **editor** 編集者／□ **arrange** 手配する・調整する／□ **shot** 写真 ※get a shot「写真を撮る」／□ **virtual reality** バーチャルリアリティ（VR）・仮想現実／□ **headset** ヘッドフォン・ヘッドセット／□ **convenient** 都合の良い／□ **head**（組織などの）長・代表／□ **department** 部署／□ **out of town** 町から離れて・不在で／□ **in charge of ~** ～を担当して／□ **media relations** メディアへの広報窓口／□ **wear** 身につけている／□ **device** 機器／□ **perhaps** ひょっとすると・おそらく／□ **pass A on to B** AをBに伝える

【設問・選択肢】□ **publish** 発表する・出版する／□ **advertise** 宣伝する／□ **job opening** 職の空き・就職口／□ **photograph** 写真を撮る／□ **press release** プレスリリース・報道発表／□ **launch** 発売する／□ **present** 存在している・出勤している／□ **convey** 伝える・伝達する／□ **request** 要望・依頼／□ **memo** メモ・回覧状／□ **hand out** 配る

---

## 32.

レベル ★☆☆

What is the conversation mainly about?

(A) Publishing a news article
(B) Advertising a job opening
(C) Photographing a product
(D) Preparing a press release

主に何に関しての会話ですか？

(A) ニュース記事の掲載
(B) 求人広告
(C) 商品の写真撮影
(D) プレスリリースの準備

### I'm calling to ~で「電話の目的」を伝える

❶I'm calling to arrange a time to get some shots of your new virtual reality headset. とあります。本文と選択肢で、get some shots of ~「～の写真を撮る」→ photograph「写真を撮る」、your new virtual reality headset「新しいVRヘッドセッ

ト」→ a product「商品」と言い換えられています。productは総称的に「商品」を表す重要なまとめ単語です。
※shotの聞き取りがポイントですが、後ろの❸get a pictureもヒントになります。

---

## 33. 正解 D

レベル ★★☆

Why does the man suggest Friday?
(A) A department will be less busy.
(B) A business will be open late.
(C) A device will be launched.
(D) A manager will be present.

男性はどうして金曜日を提案しているのですか?
(A) 部署があまり忙しくない予定だから。
(B) 開店が遅い予定だから。
(C) 機器が発売される予定だから。
(D) 部長が出勤予定だから。

**「金曜日の前日の夜までは町の外」=「金曜日に会社に戻ってくる」**
男性は❷Would this Friday be convenient? Elsie Walton, the head of our marketing department, is out of town until the night beforeと言っています。「金曜の前日の夜まで不在」→「金曜日に会社に戻ってくる/金曜日はpresent(出勤)」ということで、(D)が正解です。本文のthe head of our marketing departmentが、選択肢でA managerに言い換えられています。

---

## 34. 正解 A

レベル ★★☆

What does the woman want the man to do?
(A) Convey a request
(B) Refer to a memo
(C) Offer an opinion
(D) Hand out a form

女性は男性に何をしてほしいと思っていますか?
(A) 依頼を伝える
(B) メモを参照する
(C) 意見を出す
(D) 用紙を配る

**Actuallyとpleaseに反応する!**
女性は❸Actually, I wanted to ask her if ... If you wouldn't mind, please pass that on to her.と言っています。thatは直前の「誰かが機器を装着している写真を撮らせてほしい」という依頼を指し、「依頼を彼女(=部長のElsie Walton)に伝えて」と頼んでいるわけです。pass A on to B「AをBに伝える」が、選択肢ではconvey「伝える」に言い換えられています(conveyは本来「運ぶ」で、「情報を運ぶ」→「伝える」の意味でよく使われます)。
※❸のActuallyと「命令文」は解答のキーによくなります(p. 85)。

## **Questions 35 through 37** refer to the following conversation.

119-120

M: ❶Noelle, have you heard anything about the order we placed together? That was two weeks ago. The bookshelves should've come by now.

W: ❷Well, I read through the FAQ section on the store's Web site. An answer there says customers are instructed to call a customer support number if a purchase doesn't arrive within a week of ordering it.

M: ❸We'd better call, then. The last time we bought something from Caliban Furniture, they delivered it the next day.

W: That's right — our staffroom table. OK, ❹I'll find out what's happened now.

**問35～37は次の会話に関するものです。**

男性：❶Noelle、僕たちが一緒に出した注文について何か聞いてる？　注文したのは2週間前だよね。そろそろ本棚が届いてもいい頃だけど。

女性：❷ええと、そのお店のウェブサイトに載っているFAQ欄をすべて読んだわ。そこに書かれていた回答によると、注文から1週間以内に商品が届かない場合は、客からカスタマーサポート番号に電話するように指定されているみたい。

男性：❸それなら、僕たちは電話したほうがいいね。前回Caliban家具で買い物をしたときは、翌日に届いたんだ。

女性：その通りだわ、職員室のテーブルを買ったときのことね。じゃあ、❹何が起こったのか、これから調べてみるわ。

【本文】□ **place an order** 注文する／□ **bookshelf** 本棚／□ **by now** 今ごろは／□ **read through** 最後まで読む・読み通す／□ **customer** 客／□ **instruct** 人 **to ~** 人に～するよう指示する／□ **purchase** 購入品／□ **order** 注文する／□ **had better** 原形 ～したほうがいい／□ **the last time ~** この前～したとき／□ **furniture** 家具／□ **deliver** 配達する・納品する／□ **staffroom** 職員室／□ **find out** 調べる／□ **happen** 起こる
【設問・選択肢】□ **in stock** 在庫がある／□ **scratch** 傷を付ける／□ **make a delivery** 配達する／□ **incomplete** 不完全な／□ **obtain** 得る／□ **manual** 取扱説明書／□ **coworker** 同僚／□ **response** 回答／□ **apologize** 謝罪する／□ **inquire** 問い合わせる／□ **refund** 返金

---

## 35. 正解 C

レベル ★★☆

What problem is being discussed?
(A) Some books are not in stock.
(B) Some furniture was scratched.
(C) A delivery has not been made.
(D) An order form is incomplete.

どのような問題について話し合われていますか？
(A) 本が数冊、在庫切れになっている。
(B) いくつかの家具に傷が付いていた。
(C) 配達が行われていない。
(D) 注文用紙の記入が不完全である。

**「配送トラブル」はTOEICで鉄板！**

❶Noelle, have you heard anything about the order we placed together? That was two weeks ago. The bookshelves should've come by now. とあります。should have p.p.「～すべきだったのに・～したはずだ」という表現で（今回は後者の意味）、「2週間前に注文した本棚が今ごろは届いているはず（だけどまだ届いていない）」ということです。また、❷後半のif a purchase doesn't arrive within a week of ordering itもヒントになります。

## 36. 正解 D

レベル ★★☆

How did the woman obtain some information?
(A) By referring to a manual
(B) By calling an office
(C) By talking to a coworker
(D) By reading a response

女性はどのようにして情報を入手しましたか?
(A) 取扱説明書を参照することによって
(B) 会社に電話することによって
(C) 同僚と話すことによって
(D) 回答を読むことによって

**an answer ≒ a responseの言い換え**

女性は❷Well, I read through the FAQ section on the store's Web site. An answer there says customers are instructed to ...と言っています。FAQはFrequently Asked Questions「よくある質問」のことで、女性はthe FAQ sectionのan answerから情報を得たわけです。これを、選択肢ではa response「回答」と言い換えています。難しい言い換えですが、TOEICのパターンとしてチェックしておきましょう(決してmanual「取扱説明書」ではありません)。

## 37.  正解 B

 レベル ★★☆

What will the woman probably do next?
(A) Apologize to a customer
(B) Inquire about an order
(C) Request a full refund
(D) Copy a Web site link

女性は次に何をすると考えられますか?
(A) 客に謝罪する
(B) 注文について問い合わせる
(C) 全額返金を要求する
(D) ウェブサイトのリンクをコピーする

**TOEIC頻出の「これから問い合わせる」流れ**

男性は❸We'd better call, then.と言っています(We'd better = We had better 原形「~したほうがいい」)。女性はこれに❹I'll find out what's happened nowと同意しているので(what's happened = what has happened)、これから「注文について電話で問い合わせる」とわかります。本文のcallやfind outを、選択肢ではinquire about ~「~について問い合わせる」と言い換えています。

**Questions 38 through 40** refer to the following conversation.　121-122

M: Anne, we have to push forward with the ❶Mavis Fitness Center designs in order to complete them by the deadline. Are they nearly ready?

W: Well, the client notified me yesterday that ❷they want both locker rooms to be 15 percent bigger. To allow for the extra space, ❸the building's lobby will have to be smaller.

M: I see. Have you had time to ❹revise the blueprints, or are you too busy with ❺the sketch of the Fleet Street house?

W: ❻Oh, I assigned that to Brendan. ❼I'll see how far he's gotten with it after I finish up with these blueprints later today.

**問38～40は次の会話に関するものです。**

男性：Anne、❶Mavisフィットネスセンターの設計を締切までに終わらせるためには、前に進めないといけないよ。もうそろそろ完成しそうなの？

女性：ええと、昨日お客様から、❷ロッカールームを2部屋とも15パーセント広くしたいって連絡があったの。その分のスペースを確保するためには、❸ビルのロビーを小さくする必要があるわ。

男性：なるほど。❹設計図を修正する時間はあった？　それとも、❺Fleet通りの家の見取り図を作るのに忙しくて時間がなかったかな？

女性：❻ああ、そちらはBrendanに任せたの。今日この後、これらの設計図を仕上げたら、❼彼の仕事の進捗を確認する予定よ。

【本文】□ **push forward with ~** ～を進める／□ **in order to ~** ～するために／□ **complete** 完了させる／□ **deadline** 締切／□ **nearly** ほとんど／□ **client** 顧客・取引先／□ **notify** 人 **that ~** 人に～と知らせる／□ **allow for ~** ～の余裕を取っておく・～を可能にする／□ **extra** 追加の・余分な／□ **I see.** なるほど。／□ **revise** 修正する・改訂する／□ **blueprint** 設計図・見取り図／□ **be busy with ~** ～で忙しい／□ **sketch** 見取り図／□ **assign** 割り当てる・任命する／□ **finish up** 仕上げをする・完成させる
【設問・選択肢】□ **firm** 会社／□ **real estate** 不動産／□ **agency** 代理店／□ **architecture** 建築／□ **width** 幅／□ **rent** 賃料／□ **check on ~** ～を確認する／□ **progress** 進捗／□ **rearrange** 並び替える／□ **accept** 引き受ける／□ **assignment** 業務・課題／□ **calculate** 計算する／□ **distance** 距離

---

# 38.　正解 C　レベル★★★

Where does the conversation most likely take place?
(A) At a graphic design firm
(B) At a real estate agency
(C) At an architecture firm
(D) At a fitness center

この会話はどこで行われていると考えられますか?
(A) グラフィックデザインの会社
(B) 不動産業者
(C) 建築会社
(D) フィットネスセンター

**話の全体から判断する**

❶Mavis Fitness Center designs／❷they want both locker rooms to be 15 percent bigger／❸the building's lobby will have to be smallerから、「部屋の設計」関連だとわかります。さらに❹revise the blueprintsや❺the sketch of the Fleet Street houseで「図面の修正・家の見取り図」の話が出てくるので、「建築家の事務所」と考えればOKです。

※designやfitness centerを出して、(A)や(D)でひっかけています。

---

## 39. 正解 B レベル ★★☆

According to the woman, what will have to be reduced?
(A) The number of projects
(B) The size of a room
(C) The width of a locker
(D) The rent of a space

女性によると、何を小さくする必要がありますか？
(A) プロジェクトの数
(B) 部屋の大きさ
(C) ロッカーの幅
(D) スペースの賃料

**lobbyをroom「部屋」と表している**

女性の❸the building's lobby will have to be smallerから、「ロビーを小さくする」とわかります（本文のbe smallerが、設問のbe reducedに対応しています）。the building's lobbyを、a roomと抽象的に表した(B)が正解です。

---

## 40.

What is the woman planning to do?
(A) Check on some progress
(B) Rearrange some printouts
(C) Accept a new assignment
(D) Calculate a distance

女性は何をするつもりですか？
(A) 進捗を確認する
(B) 印刷物を並び替える
(C) 新しい業務を引き受ける
(D) 距離を計算する

**Ohは解答のキーになる！**

女性は❻Oh, I assigned that to Brendan.で、「それ（＝家の見取り図の作業）をBrendanに任せた」と言っています。そして、❼I'll see how far he's gotten with itは、直訳「彼がそれについてどこまで遠くに行ったのか、私は確認するつもりだ」→「彼の仕事の進捗を確認する予定」です。つまり、女性は「(Brendanに任せた) 見取り図の作業がどこまで進んでいるのかをチェックする」と述べているわけです。

## Questions 41 through 43 refer to the following conversation.

123-124

W: Hi, ❶I'm looking for a blouse and matching pants suitable for a job interview. ❷The last time I shopped here, the section for business apparel was in this area, wasn't it?

M: ❸Yes, just a week ago we moved all of it to aisles one through five. If you'd like to follow me, I can help you pick out an outfit there.

W: Thanks. Oh, since ❹my interview will be tomorrow, ❺I can't wait long to have a pair of pants hemmed. Do you think you have something in my exact size?

M: We have a variety of lengths in stock. ❻But if you like a pair that happens to be too long, we could shorten it for you in under two hours.

**問41～43は次の会話に関するものです。**

女性：こんにちは、❶就職面接に適切なブラウスとそれに合うパンツを探しているのですが。❷前回こちらで買い物をした際、仕事用の服売り場はこの辺りでしたよね？

男性：❸ええ、ちょうど1週間前にすべて、1～5番売り場に移したのです。もしよろしければ、そちらの売り場にご案内し、お洋服選びの手伝いをさせていただきます。

女性：ありがとうございます。ああ、❹面接は明日なので、❺パンツの裾上げを長く待ってはいられません。私にぴったりのサイズのものはありそうですか？

男性：様々な丈のパンツが在庫にございます。❻しかし、もし気に入られたパンツの丈が長すぎる場合は、2時間以内に裾上げを行うことが可能です。

【本文】□ **matching** 合う・セットの／□ **suitable for ~** ～に適切な／□ **job interview** 就職面接／□ **the last time ~** この前～したとき／□ **section** 区画・部分／□ **apparel** 衣服／□ **aisle** 通路／□ **follow** ついていく／□ **pick out** 選ぶ／□ **outfit** 服装一式／□ **hem** 裾を縫う・裾上げする／□ **exact** ぴったりの／□ **a variety of ~** 様々な～／□ **length** 長さ／□ **in stock** 在庫がある／□ **happen to ~** たまたま～する／□ **shorten** 短くする
【設問・選択肢】□ **match** 試合／□ **hire** 雇う／□ **clothing** 衣服／□ **merchandise** 商品／□ **put ~ on sale** ～を発売する／□ **measurement** 採寸・測定 ※take measurements「採寸を行う・測定する」／□ **exchange** 交換する／□ **item** 商品／□ **refund** 返金する／□ **payment** 支払い／□ **alteration** 寸法直し・裾上げ／□ **itemize** 項目別にする・箇条書きにする

---

# 41. 正解 D レベル ★☆☆

What is the woman preparing for?
(A) A sports match
(B) A fashion show
(C) A charity event
(D) A job interview

女性は何の準備をしていますか？
(A) スポーツの試合
(B) ファッションショー
(C) チャリティーイベント
(D) 就職面接

**interviewは「面接」の意味が大事**

❶I'm looking for a blouse and matching pants suitable for a job interviewや❹my interview will be tomorrowから、女性は「就職面接に向けて服を探している／就職面接の準備をしている」とわかります。interviewは「有名人のインタビュー」を思い浮かべがちですが、TOEICでは「面接」の意味が圧倒的に重要です。

---

## 42. 正解 B レベル ★★☆

According to the man, what recently happened?
(A) Some new employees were hired.
(B) Some formal clothing was moved.
(C) Some merchandise was put on sale.
(D) Some measurements were taken.

男性によると、最近何が行われましたか？
(A) 新入社員が数名採用された。
(B) 一部の正装の場所が移された。
(C) いくつかの商品が発売された。
(D) 採寸が何度か行われた。

**business apparel ≒ formal clothing**

❷The last time I shopped here, the section for business apparel was in this area, wasn't it?に対して、男性は❸Yes, just a week ago we moved all of it to aisles one through five.と答えています（the section for business apparel = it）。本文のbusiness apparelをformal clothingと言い換えた(B)が正解です。

※❷はThe last time sv, SV.「この前svしたとき、SVだ」の形です。

---

## 43.  

What does the man say his business can do?
(A) Exchange an item
(B) Refund a payment
(C) Make an alteration
(D) Send an itemized list

男性は、彼の勤める店では何ができると言っていますか？
(A) 商品の交換
(B) 支払金の返金
(C) 寸法直し
(D) 項目別明細リストの送付

**難しいalterationは[Alt]キーと関連させる**

❺I can't wait long to have a pair of pants hemmedで「裾上げ」の話をしています。これに対して、男性は❻But if you like a pair that happens to be too long, we could shorten it for you in under two hours.と言っています。「パンツを短くできる・裾上げできる」とわかるので(C)が正解です。alterationは「衣服のサイズを人に合わせて変更する（alter）こと」→「寸法直し」です。

※パソコンのキーボードの[Alt]キーは「普段とは入力内容を変えるキー」と覚えてもいいでしょう（本当はalternate「交互の・交代する」という単語）。TOEICで「衣装合わせ・裾上げ」の話は意外とよく出るので、hem「裾上げする」やalteration「寸法直し」はぜひ押さえておきましょう。

**Questions 44 through 46** refer to the following conversation.

125-126

W: ❶Sergei, have you gone over the cost estimate for the paving job?

M: ❷I have, and I'm surprised at how high it is. Maybe we should call a different contractor.

W: The work includes filling lots of holes, though. They'll also install a drain on the west side of the parking lot.

M: Umm... Do we really need a drain?

W: Absolutely. Remember all the rain last August? ❸Well, the back of the lot became so flooded that our customers couldn't leave their cars there.

M: All right. ❹I'll approve the expense since you think they're asking a reasonable price.

W: I'm glad to hear that. I'll speak with the contractor today and let them know.

M: OK. Thank you.

**問44～46は次の会話に関するものです。**

女性：❶Sergei、舗装工事の費用見積もりは見た？

男性：❷見て、あまりの高さにびっくりしたよ。別の業者を呼ぶべきかもしれないね。

女性：でも、その工事には多くの穴を埋める作業も含まれているのよ。それから、駐車場の西側には排水溝も設置してくれる予定なの。

男性：うーん…排水溝って本当に必要かな？

女性：絶対に必要よ。昨年の8月のひどい雨を覚えてる？ ❸駐車場の奥が水浸しになって、お客様が車を置けなくなったじゃない。

男性：わかった。君はその業者の金額は妥当だと考えているようだから、❹経費を承認するよ。

女性：よかったわ。今日業者と話して、伝えておくわね。

男性：了解。ありがとう。

【本文】□ **go over ~** ～に目を通す・～を確認する／□ **estimate** 見積もり／□ **paving** 舗装（の）／□ **be surprised at ~** ～に驚いている／□ **contractor** 請負業者・契約者／□ **include** 含む／□ **fill** 埋める／□ **install** 設置する・取り付ける／□ **drain** 排水溝・下水管／□ **(parking) lot** 駐車場／□ **absolutely** 絶対に／□ **flooded** 水浸しになった・氾濫した／□ **approve** 承認する／□ **expense** 費用／□ **reasonable** 妥当な

【設問・選択肢】□ **delay** 遅らせる／□ 比較級 **than expected** 予想よりも～／□ **describe** 説明する／□ **contract** 契約書／□ **reprint** もう一度印刷する／□ **be unable to ~** ～できない／□ **park** 駐車する／□ **no longer ~** もはや～ない／□ **current** 現在の・最新の／□ **material** 物質／□ **be stuck in ~** ～に詰まっている／□ **make a purchase** 購入する／□ **edit** 編集する／□ **lower** 下げる

---

## 44.

Why is the man surprised?

(A) A project has been delayed.

(B) A cost is higher than expected.

(C) A contractor made an error.

(D) A job will take several months.

男性はどうして驚いているのですか？

(A) 計画が遅れているから。

(B) 費用が予想よりも高いから。

(C) 業者がミスをしたから。

(D) 工事に数カ月かかる予定だから。

**「手遅れパターン」に注意！**

❶Sergei, have you gone over the cost estimate for the paving job?に対して、男性が❷I have, and I'm surprised at how high it is.と答えています。it = the cost estimate for the paving jobで、男性は「舗装工事の費用見積もりがどれほど高いのか（とても高いこと）に驚いた」わけです。

※設問にsurprisedがありますが、本文ではsurprisedが聞こえた時点ですでに解答根拠は出た後になっている「手遅れパターン」です（p. 124）。

---

## 45. 正解 B

レベル ★★☆

What problem does the woman describe?

(A) Some contracts had to be reprinted.

(B) Some customers were unable to park.

(C) Some information is no longer current.

(D) Some material has become stuck in a drain.

女性はどのような問題を説明していますか？

(A) 印刷し直さなければならない契約書があった。

(B) 駐車できない客がいた。

(C) 一部の情報が最新でない。

(D) 排水溝に物が詰まってしまった。

**parkは動詞「駐車する」が大事！**

❸Well, the back of the lot became so flooded that our customers couldn't leave their cars there.とあります（全体はso ~ that ...の形）。本文と選択肢で、couldn't → were unable to ~「～できなかった」、leave their cars there「そこに車を置く」→ park「駐車する」と言い換えられています。parkは名詞「公園」は簡単ですが、動詞「駐車する」がとても大切です。

---

## 46. 正解 A

レベル ★☆☆

What does the man agree to do?

(A) Approve an expense

(B) Make a purchase

(C) Edit a document

(D) Lower a price

男性は何をすることに同意していますか？

(A) 経費を承認する

(B) 購入する

(C) 文書を編集する

(D) 価格を下げる

**男性の考えの「変化」を把握する**

最初、男性は「費用が高すぎる」と言っていましたが、女性から「工事には穴を埋める作業も含まれる／排水溝も設置してくれる／昨年の8月に駐車場が水浸しになって駐車できなかった」などと聞いて、最終的に❹I'll approve the expenseと言っています。こういった「変化」はよく狙われるので、「ビフォーorアフター」をしっかり整理してください。

**Questions 47 through 49** refer to the following conversation with three speakers.

127-128

W: Thank you for visiting the Salina Opera House. I'll be your guide. Does anyone have a question before the tour?

M1: ❶Will we see the main concert hall? I heard it's undergoing work to make it more accessible.

W: ❷That's true. And it's currently closed for shows. But you'll get a chance to see it from the stage.

M1: ❸Can we record video?

W: ❹There'll be plenty of opportunities for that; however, we don't allow it in some areas.

M2: Oh, why not?

W: Well, ❺we stage a lot of performances here, so rehearsals are always taking place.

M2: I see — ❻the performers don't want to be recorded while practicing.

W: Exactly. OK, please follow me up this staircase. ❼And there isn't much light backstage, so watch your step!

**問47～49は次の3人の会話に関するものです。**

女性：Salinaオペラハウスにお越しいただき、ありがとうございます。私がガイドを務めさせていただきます。ツアーの前にご質問がある方はいらっしゃいますか？

男性1：❶メインのコンサートホールは見られますか？　より利用しやすくするための工事中と聞いたのですが。

女性：❷おっしゃる通りです。現在は休演中となっております。しかし皆さんには、舞台からそこを見ていただく機会がございます。

男性1：❸動画を撮ってもいいですか？

女性：❹動画撮影をしていただけるタイミングはたくさんありますが、中には撮影禁止のエリアもあります。

男性2：ええ、どうしてダメなんですか？

女性：ええと、❺当館では数多くの公演を開催しておりますので、常にリハーサルが行われているのです。

男性2：なるほど。❻役者の皆さんは、練習中に撮影されたくないんですね。

女性：その通りでございます。それでは、私の後についてこの階段を上がってください。❼それから、舞台裏はあまり明るくありませんから、足元に気を付けてくださいね！

【本文】□ **undergo** 受ける・経験する／□ **accessible** 行きやすい・利用しやすい／□ **currently** 現在は／□ **get a chance to ~** ～する機会を得る／□ **stage**（名詞）舞台・（動詞）上演する・開催する／□ **record** 記録する・録画する／□ **plenty of ~** たくさんの～／□ **opportunity** 機会／□ **allow** 許可する／□ **rehearsal** リハーサル／□ **take place** 行われる／□ **I see.** なるほど。／□ **performer** 役者・出演者／□ **Exactly.** まさに。その通り。／□ **follow** ついていく／□ **staircase** 階段／□ **backstage** 舞台裏／□ **watch *one's* step** 足元に気を付ける

【設問・選択肢】□ **permit** 許可する／□ **refreshment** 飲食物・軽食／□ **warn** 人 **to ~** 人に～するよう警告する・呼びかける／□ **stairway** 階段／□ **steep** 急な／□ **cluttered** 散らかった

**47.**

レベル ★★☆

What will the visitors see on the tour?

客はツアーで何を見ますか？

(A) Where a concert hall will be built
(B) How stage lights are controlled
(C) Where performances are held
(D) What some musicians wear

(A) コンサートホールが建てられる予定の場所
(B) 舞台照明が調整される方法
(C) 公演が行われる場所
(D) ミュージシャンが着用しているもの

**「会場はすでにある」ので(A)はひっかけ**

❶Will we see the main concert hall? に対して、女性（ツアーガイド）は❷That's true. And it's currently closed for shows. But you'll get a chance to see it from the stage. と答えています。さらに、女性が❺we stage a lot of performances here と言っていることから、ツアーで「ステージから公演が行われる場所を見る」とわかります。

---

## 48. 正解 D レベル ★☆☆

According to the woman, what is permitted only in certain areas?
(A) Having a refreshment
(B) Talking on a phone
(C) Holding a rehearsal
(D) Making a video

女性によると、特定のエリアでのみ許されていることは何ですか？
(A) 軽食をとること
(B) 電話で話すこと
(C) リハーサルを開催すること
(D) 動画を撮ること

**ツアーでは「許可・禁止事項」が狙われる！**

❸Can we record video? に対して、女性が❹There'll be plenty of opportunities for that; however, we don't allow it in some areas. と答えています。it は「動画撮影」で、これをまとめた(D)が正解です。その後の❻the performers don't want to be recorded while practicing もヒントになります。

---

## 49. 正解 A レベル ★★☆

Why does the guide warn the visitors to be careful?
(A) A space is dark.
(B) A stairway is steep.
(C) A floor is cluttered.
(D) A room is crowded.

ガイドはどうして、注意するようツアー客に呼びかけているのですか？
(A) 空間が暗いから。
(B) 階段が急だから。
(C) 床が散らかっているから。
(D) 部屋が混雑しているから。

**最後に「注意事項」を伝える定番の流れ**

女性（ツアーガイド）は、最後に❼And there isn't much light backstage, so watch your step! と言っています（本文の backstage が、選択肢では space に言い換えられています）。ちなみに、設問の warn 人 to ～「人 に～するよう警告する」が、本文の watch your step「足元に気を付けて」という命令文に対応しています。命令文は設問でよく狙われるのでしたね。

## **Questions 50 through 52** refer to the following conversation.

129-130

W: Hi, ❶ you've reached Carnelian Pharmacy. How can I help you?

M: Good morning. I'm calling to find out whether you sell organic sunscreen. Since ❷ you're the closest store to the Palmoria Inn, where I'm staying, I decided to call you first.

W: ❸ Sure, we sell several kinds from different manufacturers. Is there one in particular you like?

M: I've been using Spectramin, and ❹ I thought I'd have enough for my whole vacation.

W: Well, it has been sunny lately. You'll be pleased to know we do carry Spectramin — both the regular eight-ounce bottle and the supersize one, too.

M: I'll be flying back home tomorrow, so the smaller one'll suffice. ❺ I'll walk over for it in a minute. Thanks!

**問50～52は次の会話に関するものです。**

女性：はい、❶ Carnelian薬局です。ご用件をおうかがいいたします。

男性：おはようございます。そちらのお店でオーガニックの日焼け止めのお取り扱いがあるかを知りたくてお電話しました。❷ 私が宿泊しているPalmoriaホテルから一番近いお店だったので、まずそちらのお店に電話することにしたのです。

女性：❸ もちろんです、様々なメーカーから出ているものを数種類取り扱っております。特にご希望のメーカーはありますか？

男性：Spectramin製のものを使っていて、❹ 休みの間中も十分もつと思っていたのですが。

女性：なるほど、最近は晴天続きですからね。当店ではSpectramin製品のお取り扱いがございますので、ご満足いただけるかと思います。通常の8オンスボトルも、特大サイズのものもございますよ。

男性：明日帰国するので、小さいほうで十分でしょう。❺ すぐに歩いて買いに行きます。ありがとうございます！

【本文】□ **You've reached ~** こちらは～です／□ **pharmacy** 薬局／□ **find out** 調べる・知る／□ **organic** オーガニックの・有機栽培の／□ **sunscreen** 日焼け止め／□ **inn** 旅館・ホテル／□ **manufacturer** メーカー・製造業者／□ **in particular** 特に・具体的に／□ **whole** 全体の／□ **lately** 最近／□ **be pleased** 喜んでいる／□ **carry** (商品を) 取り扱っている・在庫がある／□ **supersize** 特大サイズの／□ **suffice** 十分である／□ **in a minute** すぐに
【設問・選択肢】□ **carry-on** 機内持ち込みの／□ **prescription** 処方箋・処方薬／□ **preference** 好み・希望／□ **empty** 空にする・中身を出す／□ **confirm** 確認する

---

## 50.

Where is the man probably calling from?
(A) A hotel
(B) A store
(C) A bus station
(D) An airport

男性はおそらくどこから電話をかけていますか?
(A) ホテル
(B) 店
(C) バス停
(D) 空港

**Inn「旅館・ホテル」が大きなヒント**

❷you're the closest store to the Palmoria Inn, where I'm stayingから、男性はInn「旅館・ホテル」に泊まっているとわかります。the Palmoria Innについて、関係副詞where ~ で補足説明する感覚です。❹I thought I'd have enough for my whole vacationなどから「休暇中に旅行でホテルに滞在しており、ホテルから薬局に電話をかけている」状況だと考えられます。

※設問文は「どこに」ではなく「どこから(from)」なので注意を。

---

## 51. 正解 D

レベル ★★☆

What does the woman ask about?
(A) A carry-on bag
(B) A prescription
(C) A bottle weight
(D) A brand preference

女性は何について尋ねていますか?
(A) 機内持ち込み用バッグ
(B) 処方箋
(C) ボトルの重さ
(D) ブランドの希望

**「男性の発言」もヒントになる**

女性は❸Sure, we sell several kinds from different manufacturers. Is there one in particular you like?で、「男性が好きな特定のもの(メーカー)」を尋ねています。ちなみにfromは本来「出発点」で、ここでは「製造元」を表しています(「様々なメーカーを出発点として商品が生まれる」イメージ)。

※その後に、男性がI've been using Spectraminと答えているのもヒントになります。

---

## 52. 正解 A

レベル ★★☆

What will the man most likely do next?
(A) Go to a pharmacy
(B) Empty a bottle
(C) Confirm a flight
(D) Check a label

男性は次に何をすると考えられますか?
(A) 薬局に行く
(B) ボトルを空にする
(C) フライトの確認をする
(D) ラベルを確認する

**TOEIC頻出のpharmacy「薬局」**

❶you've reached Carnelian Pharmacyから、女性は「薬局の店員」だとわかります。you've reached ~は、直訳「あなたは(私に電話で)~に届いた」→「こちらは~です」という電話での頻出表現です。そして男性は最後に、❺I'll walk over for it in a minute.で「今からそれを求めて歩いて行く」と言っています。男性は「ホテルから薬局に日焼け止めを買いに行く」ということです。

## **Questions 53 through 55** refer to the following conversation.

131-132

W: Hey, Leo. Do you see that security camera in the corner on the ceiling? ❶I just put it there, but I'm not sure if I installed it right.

M: ❷Let's see… Hmm… OK, you've got it. Next you have to set up the software that came with it. Once that's done, you'll be able to remotely adjust the camera so that it points to the places you want it to view.

W: I'll go do that in the back office in a moment. And ❸we should keep it focused only on the sales counter, I guess.

M: ❹As a matter of fact, it'd be best if the camera automatically moved back and forth to scan the whole store. Let me check the manual to see if it has that mode.

**問53〜55は次の会話に関するものです。**

女性：こんにちは、Leo。天井の隅にある防犯カメラが見える？ ❶ちょうどあそこに設置したばかりなんだけど、ちゃんと設置できたかどうか自信がなくて。

男性：❷どれどれ…うーん…よし、できてるよ。次に、本体に付属のソフトウェアを設定する必要があるね。それが完了したら、カメラを遠隔で調節して、見たい場所のほうに向けられるようになるよ。

女性：すぐバックオフィスに行ってやってみるわ。それから、❸カメラは売り場だけを映しておくのが良いと思うのだけど。

男性：❹実際のところは、カメラが自動で左右に首を振って店全体を映してくれたら一番いいんだけど。そのモードがあるかどうか、マニュアルを確認してみるよ。

【本文】□ **security camera** 監視カメラ・防犯カメラ／□ **ceiling** 天井／□ **install** 設置する・取り付ける／□ **right** (副詞) 正しく・適切に／□ **Let's see.** どれどれ。ええっと。／□ **set up** 組み立てる・設定する／□ **come with ~** 〜に付属している・〜に同梱されている／□ **once** いったん〜すると・〜するとすぐに／□ **remotely** 遠隔で／□ **adjust** 調節する／□ **point to ~** 〜を指し示す／□ **go** + 原形 〜しに行く／□ **back office** 事務管理部門・奥の事務室／□ **in a moment** すぐに／□ **be focused on ~** 〜に焦点を合わせている・〜に目を向けている／□ **guess** 思う／□ **as a matter of fact** 実際のところ・実は／□ **automatically** 自動で／□ **back and forth** 前後に・左右に・あちこちに／□ **scan** 見渡す・監視する／□ **whole** 全体の／□ **Let me ~** 〜させて・〜しますよ／□ **manual** (名詞) マニュアル・取扱説明書・(形容詞) 手動の／□ **see if ~** 〜かどうか確かめる
【設問・選択肢】□ **suggest** 提案する・示す／□ **device** 機器／□ **confirm** 確認する／□ **item** 品物・商品／□ **indicate** 示す・示唆する／□ **correctly** 正しく／□ **propose** 提案する／□ **remodel** 改装する／□ **direction** 方向／□ **technique** 技術・手法／□ **setting** 設定／□ **function** 機能／□ **possible** 可能な／□ **review** 見直す・確認する／□ **inventory** 在庫／□ **switch** 切り替える

---

## 53. 正解 D

レベル ★★★

Why does the man say, "you've got it"?
(A) To suggest that the woman has a device
(B) To confirm that the woman understands
(C) To explain that he does not have an item
(D) To indicate that a task was done correctly

男性はどうして "you've got it" と言っているのですか？
(A) 女性が機器を持っていることを示すため
(B) 女性が理解していることを確認するため
(C) 自分が商品を持っていないことを説明するため
(D) 作業が正しく行われたことを示すため

**前後の文から判断する「意図問題」**

女性の❶I just put it there, but I'm not sure if I installed it right. に対して、男性は❷Let's see... Hmm... OK, you've got it. Next you have to set up the software that came with it. と言っています。「防犯カメラが正しく設置できたか自信がない」という女性に対して、男性が「防犯カメラが正しく設置できた」ことを確認したうえで、次の手順を説明しているので(D)が正解です。

※ちなみにYou('ve) got it. には「その通り・それでOKだよ」という意味があり、ここでは「それでOKだよ（正しく設置されているよ）」と伝えているわけです。ただしこの表現を知らなくても、前後の流れから解けます。

---

## 54. 正解 C

レベル ★★☆

What does the woman propose?
(A) Counting the number of sales
(B) Remodeling an office space
(C) Keeping a direction fixed
(D) Trying different techniques

女性は何を提案していますか？
(A) 販売数を数えること
(B) 事務所スペースを改装すること
(C) 方向を固定しておくこと
(D) 別の方法を試すこと

**shouldで「提案」している**

男性が「遠隔操作で見たい場所のほうへ向けられる」と言う一方で、女性は❸ we should keep it focused only on the sales counter, I guessと言っています（keep OC「OをCのままにする」の形）。「様々な方向に向けるのではなく売り場だけに方向を固定する」ことを提案しているわけです。shouldは「～したほうがいい」という感じで提案にもよく使い、今回はそれが設問のproposeに対応しています。

---

## 55. 正解 B

レベル ★★☆

What does the man say he will do?
(A) Adjust some settings remotely
(B) Check if a function is possible
(C) Review a list of store inventory
(D) Switch a camera to manual mode

男性は何をするつもりだと言っていますか？
(A) いくつかの設定を遠隔で調節する
(B) ある機能が使えるかどうか確認する
(C) 店の在庫一覧を確認する
(D) カメラを手動モードに切り替える

**as a matter of factとLet me ~は解答のキーになる！**

❹ As a matter of fact, it'd be best if ... Let me check the manual to see if it has that mode. と言っています。that modeは前文のif以下の「カメラが自動で左右に首を振って全体を移すモード」で、これをfunction「機能」と表した(B)が正解です。see if ~ ≒ check if ~「～かどうか確認する」も言い換えられています。このifは「～かどうか」という意味で、❶でも使われています。

※as a matter of fact「実は」の後ろには「重要情報」がよくきます（p. 85）。また、Let me ~「～させて・～しますよ」も、次の行動を問う設問でよく解答のキーになります。

## Questions 56 through 58 refer to the following conversation.

133-134

M: Jude, ❶I'm on the team tasked with ensuring that our Manitoba factory will be in compliance with some new manufacturing regulations. ❷We hope to leave on March 22 to help get the facility ready, but we don't have flights or accommodations booked yet.

W: Ah, well, I can arrange those for you, but ❸I wish you'd told me sooner. When staff have to travel for their work, ❹they're supposed to let me know a minimum of two weeks in advance.

M: I know, and ❺I'm sorry. I should've told you sooner. But we just found out a few days ago that the new rules will come into effect next month.

W: I see. I'll look into flights and hotels today. ❻Send me the names and passport numbers — right away — of everyone who's going, please.

**問56～58は次の会話に関するものです。**

男性：Jude、❶私は当社のManitoba工場が新しい製造規制を確実に順守するためのチームに所属しています。❷工場の準備を手伝うため、3月22日に出発したいと思っていますが、まだ飛行機の便も宿泊施設も予約していません。

女性：ああ、そうですね、私のほうで手配できますが、❸もっと早く言っていただきたかったです。社員が出張に行く必要があるときは、❹遅くとも2週間前までには私に連絡することになっているんです。

男性：そうですよね、❺すみませんでした。もっと早くお伝えするべきでした。しかし、新しい規則が来月施行されることがたった数日前に判明したばかりなのです。

女性：なるほど。今日、飛行機の便とホテルを調べてみます。❻出張に行く全員のお名前とパスポート番号を、すぐに送ってください。

【本文】□ **be tasked with ~** ～の任務を負っている・～を任されている／□ **ensure that ~** ～を確実にする／□ **in compliance with ~** ～に従って・～を順守して／□ **manufacturing** 製造の／□ **regulation** 規制／□ **get OC** OをCにする／□ **facility** 施設・設備／□ **accommodation** 宿泊施設／□ **book** 予約する／□ **arrange** 手配する／□ **I wish s had p.p.** sが～していたらなあ。／□ **be supposed to ~** ～することになっている／□ **a minimum of ~** 最低限～・少なくとも～／□ **in advance** 前もって・事前に／□ **find out** わかる・判明する／□ **come into effect** 効力を生じる・施行される／□ **look into ~** ～を調査する・～を検討する／□ **right away** すぐに

【設問・選択肢】□ **inspect** 検査する・点検する／□ **machinery** 機械類／□ **determine** 特定する／□ **propose** 提案する／□ **location** 場所／□ **plant** 工場／□ **prepare A for B** BのためにAを準備させる・Bに向けてAを整える／□ **paperwork** 書類／□ **notify** 知らせる／□ **business card** 名刺／□ **travel agent** 旅行代理店の社員／□ **policy** 方針

---

## 56. 正解 D

レベル ★★★

Why will the man go to Manitoba?

(A) To inspect the parts of some machinery

(B) To determine the cause of an accident

(C) To propose a new location for a plant

(D) To prepare a facility for some changes

男性はどうしてManitobaに行く予定なのですか？

(A) 機械の一部を点検するため

(B) 事故の原因を特定するため

(C) 工場の移転先を提案するため

(D) いくつかの変更に対応すべく工場に対策を施すため

**重要なまとめ単語のfacility「施設」**

❶I'm on the team tasked with ensuring that our Manitoba factory will be in compliance with some new manufacturing regulationsや❷We hope to leave on March 22 to help get the facility readyから、「工場が新しい製造規制を順守する準備をする」とわかります。TOEICで「施設のルール変更」は頻出なので、in compliance with ~「～を順守して」、regulation「規制」、facility「施設・設備」といった語句はしっかりチェックしておきましょう。

※❶のnewは「対比・変更」を表すので注目してください（選択肢のchangeに対応）。❷の後半はhelp＋原形「～するのを手伝う」の後ろに、get OC「OをCにする」がきた形です。

---

## 57.

正解 C

レベル ★★☆

Why does the man apologize?
(A) Because he has lost some paperwork
(B) Because he forgot about a rule
(C) Because he notified the woman late
(D) Because he did not confirm a date

どうして男性は謝罪しているのですか？
(A) 書類を紛失したから
(B) ルールについて忘れていたから
(C) 女性への連絡が遅れたから
(D) 日程を確定していなかったから

**後悔を表すshould have p.p.**

❸・❹に対して、男性は❺I'm sorry. I should've told you sooner.と言っています。should have p.p.「～すべきだったのに」という意味で、「もっと早く伝えるべきだった（が、伝えるのが遅くなった）」と謝っているわけです。

※ちなみに、❸はI wish s had p.p.「sが～していたらなあ」という意味です。

---

## 58.

正解 C

レベル ★☆☆

What does the woman ask for?
(A) The business card of a travel agent
(B) The date of a policy change
(C) The names of some team members
(D) The number of a flight on March 22

女性は何を求めていますか？
(A) 旅行代理店の社員の名刺
(B) 方針変更の日付
(C) チームメンバー数人の名前
(D) 3月22日の航空便の便数

**「命令文」に反応する！**

❻Send me the names and passport numbers — right away — of everyone who's going, please.と言っています。❶I'm on the team tasked with ~から、このthe namesは「チームメンバーの名前」だとわかるので(C)が正解です。「命令文」はよく解答のキーになります（設問のask for ~に対応しています）。

※本文では「名前・パスポート番号」の2つが挙げられ、選択肢はそのうちの1つだけ（今回は名前）にしか言及していませんが、これはTOEICでよくあるパターンです。

## Questions 59 through 61 refer to the following conversation.

135-136

M: Cindy, I have a lunch meeting in half an hour with Brent Harrison. He's the client who leases the shop space from us on Burrard Street. ❶Could you photocopy his agreement with us and bring it to me quick?

W: Sure, but our copier is out of ink. ❷I'll have to go upstairs to the advertising department and use theirs, which will take about ten minutes.

M: ❸Oh, that's no good. I'll be on my way by then. OK, let's do this... Since I have to finish replying to this inquiry right away, please send the document to me as an e-mail attachment. That way I can refer to it on my tablet at lunch.

**問59～61は次の会話に関するものです。**

男性：Cindy、30分後にBrent Harrisonとのランチミーティングが入っているんだ。Burrard通りでうちから店舗スペースを借りている取引先の方だよ。❶彼とうちの契約書をコピーして、すぐに持ってきてくれない？

女性：承知しました。しかし、うちのコピー機はインク切れになっています。❷上の階にある宣伝部に行ってそこのコピー機を使わせてもらう必要があるので、10分ほどかかります。

男性：❸ああ、それだと間に合わないな。それまでに出発してしまうから。わかった、こうしよう。この問い合わせへの回答をすぐに仕上げる必要があるから、その書類をメールに添付して僕に送ってほしい。そうすればランチ中にタブレットで見られるから。

【本文】□ **client** 顧客・取引先／□ **lease** 賃借する・借りる／□ **photocopy** コピーを取る／□ **agreement** 契約（書）／□ **copier** コピー機／□ **quick**（副詞）今すぐ／□ **out of ink** インク切れで／□ **upstairs** 上の階へ／□ **be on *one's* way** 目的地への途中にいる・出かける／□ **reply** 返事をする／□ **inquiry** 問い合わせ／□ **right away** すぐに／□ **document** 文書／□ **attachment** 添付／□ **that way** そうすれば
【設問・選択肢】□ **reimbursement** 払い戻し／□ **warranty** 保証／□ **voucher** クーポン／□ **contract** 契約（書）／□ **replace** 交換する／□ **component** 部品／□ **advertise** 宣伝する／□ **property** 不動産・物件／□ **complete** 終わらせる／□ **in time** 時間内に・間に合って／□ **immediately** すぐに／□ **come by** やって来る

---

## 59.

正解 D

レベル ★☆☆

What does the man want?
(A) A reimbursement
(B) A product warranty
(C) A meal voucher
(D) A copy of a contract

男性は何が欲しいと思っていますか？
(A) 払い戻し
(B) 製品保証
(C) 食事のクーポン
(D) 契約書のコピー

**依頼表現のCould you ~?に反応する**

Could you ~?「～してくれませんか？」という依頼表現を使って、❶Could you photocopy his agreement with us and bring it to me quick?と言っています。正解は(D)で、本文と選択肢でphotocopy「コピーを取る」→ copy「コピー」、agreement「契約書」→ contract「契約書」と言い換えられています。

---

# 60. 正解 A レベル ★☆☆

What does the woman offer to do?
(A) Go to a different floor
(B) Sign some new copies
(C) Replace a component
(D) Advertise a property

女性は何をすることを申し出ていますか?
(A) 別の階に行く
(B) 新しいコピーに署名する
(C) 部品を交換する
(D) 物件を宣伝する

**「トラブル」→「提案・申し出」の流れ**

コピー機がインク切れなので、女性は❷I'll have to go upstairs to the advertising department and use theirsで「上の階にある宣伝部に行ってそこのコピー機を使う」ことを申し出ています。本文のgo upstairs「上の階に行く」を「違う階に行く」と言い換えた(A)が正解です。ちなみに、TOEICで「コピー機のトラブル」は超定番です(最近は以前ほど頻繁には出ていませんが)。

---

# 61. 正解 B レベル ★★★

What does the man imply when he says, "I'll be on my way by then"?
(A) She should ask someone else for help.
(B) She cannot complete a task in time.
(C) She has to read an e-mail immediately.
(D) She should come by after he returns.

男性は"I'll be on my way by then"という発言で、何を示唆していますか?
(A) 彼女は他の誰かに助けを求めるべきだ。
(B) 彼女は時間内に作業を終えることができない。
(C) 彼女はすぐにメールを読む必要がある。
(D) 彼女は彼が戻ってきた後に来るべきだ。

**「上の階でコピーを取るのは間に合わない」という意図**

女性の❷I'll have to go upstairs to the advertising department and use theirs, which will take about ten minutes.に対して、男性が❸Oh, that's no good. I'll be on my way by then.と言っています。「それまで(=女性が上の階に行ってコピーを取ってくるまで)に男性は出発してしまう」と伝えているので、これを「女性は時間内に作業を終えられない」と表した(B)が正解です。その後で「メールに添付して送って」と代替案・解決策を示している点もヒントになります。

※on *one's* wayは「自分の道にいる際中」→「行く途中・出発するところ」です。

## **Questions 62 through 64** refer to the following conversation and map.

137-138

M: ❶We're getting close to the campgrounds where we're going to spend the weekend. Before we get there, ❷we'd better stop someplace to pick up hamburgers for tonight's barbecue.

W: Good idea. We have to get some buns, too. I've packed everything else we'll need in the cooler.

M: ❸Sam and Min-jung are bringing one as well.

W: Oh, they're probably already there. ❹They were going to rent a boat this afternoon and try to catch a fish.

M: ❺Hey, is this the exit I should take?

W: ❻No, that's for a gas station with a rest stop. Take the next one. You'll see it in about ten minutes.

M: All right.

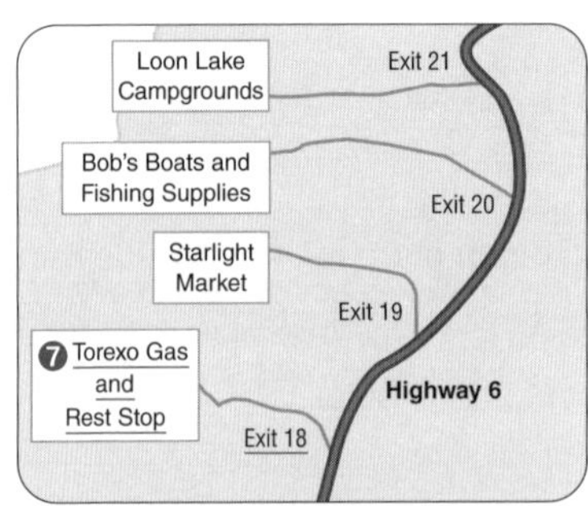


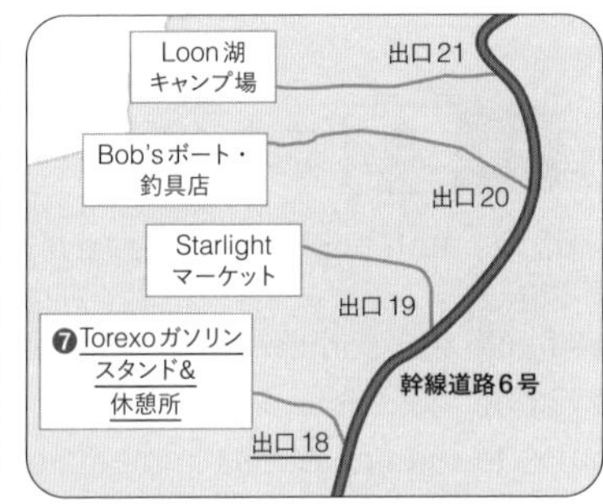


**問62～64は次の会話と地図に関するものです。**

男性：❶週末を過ごす予定のキャンプ場に近づいてきたよ。到着前に、❷どこかに寄って、今夜のバーベキュー用のハンバーグ（牛のひき肉）を買っておくのがよさそうだ。

女性：いいわね。バンズも買わないと。他に必要なものは全部、保冷ボックスに入れてきたわ。

男性：❸SamとMin-jungも持ってきてるよ。

女性：あら、彼らはきっともう到着してるわ。❹午後、ボートを借りて釣りをする予定って言ってたから。

男性：❺ねえ、この出口で合ってる？

女性：❻違うわ、そこは休憩所付きのガソリンスタンドよ。次の出口から出て。10分くらいで見えるはずよ。

男性：了解。

【本文・図表】□ **get close to ~** ～に近づく／□ **campground** キャンプ場／□ **had better** 原形 ～したほうがいい／□ **someplace** どこかに／□ **pick up ~** ～を買う／□ **hamburger** ハンバーグ・ハンバーガーのミートパティ／□ **bun** 丸いパン・バンズ／□ **pack** 詰める／□ **cooler** 保冷ボックス／□ **probably** おそらく・たぶん／□ **exit** 出口／□ **gas station** ガソリンスタンド／□ **rest stop** パーキングエリア・休憩所／□ **highway** 幹線道路

【設問・選択肢】□ **point out** 指摘する／□ **destination** 目的地／□ **fill a gas tank** ガソリンを満タンにする／□ **traffic** 交通 ※heavy traffic「交通渋滞」／□ **intend to ~** ～するつもりだ

# 62. 正解 A レベル ★★☆

What does the man point out?
(A) They are near their destination.
(B) They need more ice for a cooler.
(C) The gas tank should be filled.
(D) The traffic is becoming heavy.

男性は何を指摘していますか?
(A) 目的地に近づいている。
(B) 保冷ボックス用の氷がもっと必要である。
(C) ガソリンを満タンにするべきだ。
(D) 交通渋滞になりつつある。

**「週末を過ごす予定のキャンプ場」=「目的地」**

男性は❶We're getting close to the campgrounds where we're going to spend the weekend.と言っています(get close to ~「~に近づく」の形で、the campgroundsを関係副詞where ~が修飾)。「週末を過ごす予定のキャンプ場に近づいてきた」を、「目的地に近い」と言い換えた(A)が正解です。

# 63. 正解 C レベル ★☆☆

According to the woman, what did Sam and Min-jung intend to do?
(A) Go swimming (B) Go shopping
(C) Go fishing (D) Go hiking

女性によると、SamとMin-jungは何をするつもりでしたか?
(A) 水泳に行く (B) 買い物に行く
(C) 釣りに行く (D) ハイキングに行く

**「人名」はしっかりチェック**

❸Sam and Min-jungについて、女性が❹They were going to rent a boat this afternoon and try to catch a fish.と言っています。boatとfishの2つを述べて、1つだけ(今回はfish)を問うのはTOEICの典型パターンです。

# 64. 正解 B レベル ★★☆

Look at the graphic. Which exit does the woman tell the man to take?
(A) Exit 18 (B) Exit 19
(C) Exit 20 (D) Exit 21

地図を見てください。女性は男性に、どの出口から出るように言っていますか?
(A) 出口18 (B) 出口19
(C) 出口20 (D) 出口21

**「○○の次」と示す図表問題での頻出パターン**

❺Hey, is this the exit I should take? に対して、女性は❻No, that's for a gas station with a rest stop. Take the next one.と答えています。「gas stationがある出口(=❼Exit 18)の次の出口」=「Exit 19」なので(B)が正解です。図表問題では、今回の「○○の次」のように間接的に示すことが非常に多いです。

※❷で男女は「買い物する」と言っており、Exit 19の先にあるStarlight Marketは買い物の場所として適切だという点も確認しておきましょう。

## **Questions 65 through 67** refer to the following conversation and weather forecast.

139-140

M: Janine, ❶who's in charge of the fire drill tomorrow?

W: I am. Why do you ask?

M: Well, ❷the forecast calls for heavy rain and strong winds. One purpose of the drill is to practice leaving the building safely. But if it's really stormy, staying indoors will be safer.

W: You're right. ❸Let's put it off till the following morning. It's supposed to be unexpected, anyway. So, it doesn't matter if we change the date.

M: ❹Great. And ❺now more staff will be able to take part, since our sales team will be back from the Clean Power Expo by then.

| Tuesday | Wednesday | ❻Thursday | Friday |
|---|---|---|---|
| Partly cloudy with scattered showers | Mostly sunny with possible showers | ❼Heavy rain with strong winds | Clear sky with a light breeze |
| 14°C | 17°C | 18°C | 14°C |

| 火曜日 | 水曜日 | ❻木曜日 | 金曜日 |
|---|---|---|---|
| 晴れ時々曇り、所によりにわか雨 | おおむね晴れ、にわか雨の可能性あり | ❼豪雨・強風 | 晴天・微風 |
| 14℃ | 17℃ | 18℃ | 14℃ |

**問65～67は次の会話と天気予報に関するものです。**

男性：Janine、❶明日の火災避難訓練の責任者は誰かな？

女性：私だけど。どうして？

男性：いやあ、❷天気予報によると、大雨と強風という見込みなんだ。訓練の目的の1つは、安全に建物から出る練習をすることでしょ。でも、本当に大荒れの天候だったら、屋内にいたほうが安全だよ。

女性：その通りね。❸その翌朝にしましょう。どっちみち、予期せぬものであるべきですから。それなら日程が変更になっても問題ないわ。

男性：❹いいね。それから、その時には営業チームがClean Power Expoから戻ってきているだろうから、❺より多くのスタッフが参加できることになるね。

【本文・図表】□ **in charge of ~** ～を担当して・～の責任者で／□ **fire drill** 火災避難訓練・消防訓練／□ **forecast** 予測・天気予報／□ **call for ~** ～を予報する／□ **purpose** 目的／□ **safely** 安全に／□ **stormy** 暴風雨の・大荒れの／□ **indoors** 屋内に／□ **put off** 延期する ※今回は間にitが入ってput it offとなっている／□ **be supposed to ~** ～するはずだ・～するべきだ／□ **unexpected** 予期せぬ・思いがけない／□ **anyway** いずれにせよ／□ **matter** 重要である／□ **take part** 参加する／□ **partly** 部分的に／□ **scattered shower** 所によりにわか雨／□ **mostly** 大部分は／□ **possible** 可能性のある／□ **breeze** そよ風

【設問・選択肢】□ **be responsible for ~** ～の責任がある／□ **salesperson** 販売員／□ **available** 都合がつく／□ **absent** 欠席［欠勤］している／□ **exposition** 展示会／□ **regulation** 規制・規則／□ **implement** 施行する／□ **updated** 更新された・最新の／□ **sales forecast** 売上予測／□ **additional** 追加の・さらなる／□ **participate** 参加する／□ **temperature** 気温

---

## 65.

レベル ★☆☆

What does the man ask the woman?

(A) Who is responsible for an activity

男性は女性に何を尋ねていますか？

(A) ある活動の責任者

(B) Which salesperson is available
(C) Why some staff will be absent
(D) What day an exposition will end

(B) 手が空いている販売員
(C) スタッフが数名欠勤する理由
(D) 展示会が終わる日

**リスニング超頻出のWho's in charge of ~?**

男性は❶who's in charge of the fire drill tomorrow?と尋ねています。「フーズ」と聞こえてwhoseだと思っても、直後にin charge of ~と続くのでwho's（＝who is）と修正できますね（p. 54）。本文と選択肢で、be in charge of ~「～を担当している」→ be responsible for ~「～の責任がある」、the fire drill「火災避難訓練」→ an activity「活動」と言い換えられています。

---

## 66. 正解 D

レベル ★★☆

Look at the graphic. When will the activity be held?
(A) On Tuesday (B) On Wednesday
(C) On Thursday (D) On Friday

表を見てください。活動はいつ実施されるでしょうか？
(A) 火曜日 (B) 水曜日
(C) 木曜日 (D) 金曜日

**「木曜日（豪雨・強風）の翌朝」＝「金曜日の朝」**

❷the forecast calls for heavy rain and strong windsから、火災避難訓練を行うのは❼Heavy rain with strong windsの日（＝❻Thursday）だと考えます。しかし女性は❸Let's put it off till the following morning.と提案して、男性が❹Great.と同意しているので、「Thursdayの翌朝（＝Fridayの朝）に訓練を行う」わけです。

※今回も、図表問題でお決まりの「○○の次」と間接的に示すパターンですね。put ~ off「～を延期する」は図表問題でキーになることが多いです。

---

## 67. 正解 C

レベル ★★☆

Why does the man say he is pleased?
(A) Safety regulations have been implemented.
(B) An updated sales forecast looks more positive.
(C) Additional employees will be able to participate.
(D) The temperature will be higher on the weekend.

男性はなぜよかったと言っていますか？
(A) 安全規制が施行されたから。
(B) 更新された売上予測が、より上向きなものとなっているから。
(C) 参加できる社員が増えるから。
(D) 週末は気温が高くなる予定だから。

**nowは「変更・対比」を表す重要単語！**

❹Great.が設問のis pleasedに対応しています。その理由について、❺now more staff will be able to take partと説明しているので(C)が正解です。本文と選択肢で、more staff → additional employees、take part → participateと言い換えられています。本文のnowは「その時なら」といった意味で、「木曜日ではなく金曜日ならより多くのスタッフが参加できる」ということです。nowはよく解答のキーになります。

**Questions 68 through 70** refer to the following conversation and list.

141-142

W: Good news, Gary! ❶I was able to book the pianist Eleonor Munoz for Jazz Fest. She'll go on stage immediately after the Saunders Quartet.

M: Well done! ❷I'll change the information that'll be on the poster. Oh, speaking of that, ❸why don't we have the poster printed in the largest size? That's only one size bigger than what we decided on before. And the difference in cost isn't much.

W: I know, but ❹let's order the size we agreed on. Some of them will be put up on the walls and windows of shops and cafés. If they're really big, they might not fit in those places.

M: ❺I see. OK, I'll place our order with the printer after I add Ms. Munoz to the schedule.

| Poster Size | | Price per Copy |
|---|---|---|
| Letter | (215.9 x 279.4 mm) | $0.80 |
| Small | (279.4 x 431.8 mm) | $1.10 |
| ❻Medium | (457.2 x 609.6 mm) | $1.50 |
| Large | (609.6 x 914.4 mm) | $2.00 |

| ポスターのサイズ | | 1部あたりの価格 |
|---|---|---|
| ハガキ | (215.9 × 279.4 mm) | 0.80ドル |
| 小 | (279.4 × 431.8 mm) | 1.10ドル |
| ❻中 | (457.2 × 609.6 mm) | 1.50ドル |
| 大 | (609.6 × 914.4 mm) | 2.00ドル |

**問68〜70は次の会話とリストに関するものです。**

女性：いい知らせよ、Gary！ ❶ピアニストのEleonor Munozに、Jazz Festに参加してもらう約束を取り付けることができたの。Saundersカルテットの直後にステージに立ってもらう予定よ。

男性：よくやった！ ❷ポスターに載せる情報を変更するよ。ああ、そういえば、❸ポスターを一番大きいサイズで印刷してもらうのはどう？ 前に決めたものから1サイズ上がるだけだよ。それに、金額の差もあまりないし。

女性：そうね、でも❹前に決めたサイズで注文しましょう。ポスターの一部はお店やカフェの壁や窓に掲示されるの。とても大きなサイズにしたら、そういった場所に収まらないかもしれないわ。

男性：❺なるほどね。わかった、Munozさんを予定表に追加したら、印刷業者に注文しておくよ。

【本文】□ **book** 予約する／□ **fest** 祭り・催し／□ **immediately after ~** ～の直後に／□ **speaking of that** (文頭で) そういえば／□ **decide on ~** ～に決める／□ **difference** 違い／□ **order** 注文する／□ **agree on ~** ～について合意する／□ **put up** 掲示する／□ **fit in ~** ～にうまく収まる・～に合う／□ **place an order** 注文する／□ **printer** 印刷業者
【設問・選択肢】／□ **travel agent** 旅行代理店の社員／□ **organizer** 主催者・事務局／□ **postal** 郵便局の／□ **review** 見直す／□ **budget** 予算／□ **contact** 連絡する／□ **refuse** 断る／□ **update** 更新する

## 68.

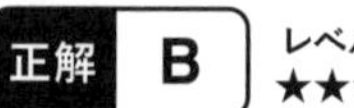

Who most likely are the speakers?
(A) Travel agents
(B) Event organizers
(C) Postal workers
(D) Graphic designers

話し手は誰だと考えられますか？
(A) 旅行代理店の社員
(B) イベントの主催者
(C) 郵便局員
(D) グラフィックデザイナー

**bookは動詞「予約する」が大切**

❶I was able to book the pianist Eleonor Munoz for Jazz Fest. から、話し手は「ピアニストのイベント出演を取り付ける」仕事をしたとわかります（bookは動詞「予約する・予定を入れる」）。その後の「ポスターに載せる情報を変更する・印刷してもらう」などでも、イベントに向けた準備をあれこれしています。

---

## 69. 正解 D レベル ★★☆

What does the man say he will do?

(A) Review a budget
(B) Contact a musician
(C) Refuse an order
(D) Update a schedule

男性は何をするつもりだと言っていますか？

(A) 予算を見直す
(B) 音楽家に連絡する
(C) 注文を断る
(D) 予定表を更新する

**TOEICでよくある「情報の変更・更新」**

女性の「Eleonor MunozにSaundersカルテットの直後にステージに立ってもらう予定」という発言を受けて、男性は❷I'll change the information that'll be on the poster. と言っています。男性は「ポスターの情報（ピアニストの順番）を変える」とわかるので(D)が正解です。TOEICでは「変更」がよく問われますね（p. 86）。

---

## 70. 正解 C レベル ★★★

Look at the graphic. How much will the speakers pay for each poster?

(A) $0.80
(B) $1.10
(C) $1.50
(D) $2.00

表を見てください。話し手はポスター1部あたりにいくら払う予定ですか？

(A) 0.80ドル
(B) 1.10ドル
(C) 1.50ドル
(D) 2.00ドル

**結局は「以前決めたMedium」で同意している**

男性は❸why don't we have the poster printed in the largest size? That's only one size bigger than what we decided on before. と提案しています。「最も大きなサイズは以前決めたサイズより1サイズ大きい」→「以前決めたサイズは❻Medium」とわかります。そして❹let's order the size we agreed onと❺I see. から、以前決めたサイズ（Medium）の値段を選べばOKです。

※「男性は以前決めたMediumより1サイズ大きなLarge（最も大きなサイズ）を提案したが、結局は当初の予定通りMediumサイズに注文することに決めた」という流れです。「変更と思わせて元に戻す」という少し難しい発展パターンでした。

**Questions 71 through 73** refer to the following broadcast.

144-145

This is Isabel Olson at Easy Listening Radio, and you're tuned in to *What's Happening*, our weekly show about events and other activities going on around town. ❶Our guest is Richard Meyer, founder of the Lumine Film Festival. Richard is here to talk about the movies that will be screened at this year's event. ❷He'll also tell you about a new project he's working on, which he set up to promote talented student filmmakers. ❸Also, he'll be giving a few lucky callers tickets to the festival. I'll let you know when that's about to begin so you can get your phones ready. Richard, welcome to *What's Happening*.

**問71～73は次の放送に関するものです。**

Easy Listening ラジオのIsabel Olsonです。お聞きいただくのは、街で行われているイベントやアクティビティについて毎週お届けする番組*What's Happening*です。❶ゲストには、Lumine映画祭の創設者であるRichard Meyerをお招きしています。Richardは、今年のイベントで上映予定の映画について話すためにお越しくださいました。❷現在彼が取り組み中の、才能ある学生映画作家を育成するために立ち上げた新プロジェクトについてもお話しいただけるでしょう。❸また、電話をかけていただいた方の中から幸運な数名に、映画祭のチケットをプレゼントしてくださる予定です。皆さんが携帯電話の準備をできるように、開始時刻が迫ってきたらお知らせしますね。それではRichard、*What's Happening*へようこそ。

【本文】□ **be tuned in to ~**（ラジオの放送局・チャンネルなどを）～に合わせる／□ **weekly** 毎週の／□ **show** 番組／□ **founder** 創業者・設立者／□ **film** 映画／□ **screen** 上映する・放映する／□ **work on ~** ～に取り組む／□ **set up** 立ち上げる／□ **promote** 販売促進する・奨励する／□ **talented** 才能ある／□ **filmmaker** 映画製作者・映像作家／□ **caller** 電話をかける人・電話主／□ **be about to ~** 今にも～しそうだ／□ **so (that) s can v** svできるように
【設問・選択肢】□ **host** 主催者・司会者／□ **director** 監督／□ **be involved in ~** ～に携わっている・～に関係している／□ **sponsor** 出資する・資金援助する／□ **local** 地元の・その地域の／□ **public official** 公務員・役人／□ **raise**（お金を）集める／□ **charity** 慈善活動／□ **inform** 知らせる／□ **pass** 入場許可証・入場券／□ **giveaway** 景品・サービス品／□ **volunteer** ボランティアを志願する・進んで引き受ける

## 71. 正解 D

レベル ★☆☆

Who is Richard Meyer?
(A) A musician
(B) A radio host
(C) A film director
(D) A festival founder

Richard Meyerとは誰ですか？
(A) 音楽家
(B) ラジオ番組の司会者
(C) 映画監督
(D) 行事の創設者

**“人名 + 説明” のパターン**

❶Our guest is Richard Meyer, founder of the Lumine Film Festival. とあります。今回のように、まず「人名」を出してから、肩書・職業・部署名などを説明する“人名 + 説明”のパターンは頻出です。また、設問に「人名」があるときは、先読みでしっかり確認しておきましょう。あらかじめ「音のリハーサル」をしておくことで、圧倒的に反応しやすくなりますよ(p. 84)。

# 72. 正解 B レベル ★★☆

What project is Richard Meyer currently involved in?
(A) Sponsoring local athletes
(B) Promoting filmmakers
(C) Educating public officials
(D) Raising money for charity

Richard Meyerが現在携わっているのはどのようなプロジェクトですか?
(A) 地元の運動選手への出資
(B) 映画作家のプロモーション
(C) 公務員の教育
(D) 慈善活動のための資金調達

**重要熟語のwork on ~「～に取り組む」**

❷He'll also tell you about a new project he's working on, which he set up to promote talented student filmmakers.とあります(関係代名詞whichの先行詞は a new project he's working on)。正解は(B)で、本文のwork on ~「～について(on)がんばる(work)」→「～に取り組む」という重要熟語が、設問のbe involved in ~「～に携わっている」に対応しています。

---

# 73. 正解 C レベル ★★☆

What does the speaker say she will inform listeners about?
(A) Where to buy an event pass
(B) Who a guest speaker will be
(C) When a giveaway will start
(D) How to volunteer for an event

話し手は、何についてリスナーに知らせると言っていますか?
(A) イベントの入場券を買う場所
(B) ゲストスピーカーが誰か
(C) 景品キャンペーンが始まるタイミング
(D) イベントのボランティアに志願する方法

**ラジオ頻出の「リスナープレゼント」**

❸Also, he'll be giving a few lucky callers tickets to the festival. I'll let you know when that's about to beginで、「それ(=チケットのプレゼント)がいつ始まるのかを伝える」と言っています。本文の「映画祭のチケットのプレゼント」を、giveaway「景品・サービス品」と表した(C)が正解です。

※I'll let you know「私はあなたが知ることを許可する」→「あなたに知らせる」は頻出表現です。また、ラジオで「リスナーにプレゼントをあげる」流れも定番なので、giveawayは少し難しいですが、ぜひチェックしておきましょう。

## **Questions 74 through 76** refer to the following telephone message.

◀)) 146-147

Hello, ❶I'm calling about a problem with your departure schedule. ❷For eight years, I've been riding the 6:30 A.M. ferry to Kadupul Island, where I work as a nurse. Last Thursday, ❸I waited 45 minutes for the boat to arrive, which I've never had to do before. It was late yesterday, too. ❹When an announcement was finally made, informing everyone the boat was on its way, no reason for the delay was given. ❺Can you call me back and let me know if these are likely to continue? If they are, I'll have to go to work another way. My number is 555-0138. Thanks.

**問74～76は次の留守電メッセージに関するものです。**
もしもし、❶出発スケジュールに関する問題の件でお電話しました。❷私は8年間にわたって、午前6時30分発のフェリーに乗ってKadupul島に通っています。そこで看護師をしているのです。先週の木曜日、❸船が到着するまで45分待ったのですが、こんなことはそれまでにありませんでした。昨日も遅れたんです。❹ようやくアナウンスが流れた時、船が向かっている途中であることを知らせる内容のものでしたが、遅延の理由はまったく説明してくれませんでした。❺こういったことが続きそうなのかどうか、折り返し電話して教えてくれませんか？ もしそうなら、別の方法で通勤しなければなりません。私の電話番号は555-0138です。よろしくお願いいたします。

【本文】□ **departure** 出発／□ **island** 島／□ **wait for ~ to ...** ～が…するのを待つ／□ **announcement** 発表・アナウンス ※make an announcement「発表する」／□ **finally** ついに・ようやく／□ **inform** 人 **(that) ~** 人に～と知らせる／□ **on *one's* way** 向かっている途中で／□ **give a reason** 理由を説明する／□ **delay** 遅延／□ **call** 人 **back** 人に折り返し電話する／□ **let** 人 **know if ~** ～かどうか人に知らせる・教える／□ **be likely to ~** ～しそうだ／□ **continue** 続く
【設問・選択肢】□ **shipping company** 配送会社・海運会社／□ **transportation** 運送／□ **travel agency** 旅行代理店／□ **healthcare** 医療・健康管理／□ **explanation** 説明／□ **apology** 謝罪／□ **procedure** 手順・手続き／□ **route** ルート・道／□ **correct** 正しい／□ **certain** ある・特定の

---

## 74. 正解 B

レベル ★★★

What business is the speaker calling?
(A) A shipping company
(B) A transportation service
(C) A travel agency
(D) A healthcare facility

話し手はどのような会社に電話をかけていますか？
(A) 配送会社
(B) 交通サービス
(C) 旅行代理店
(D) 医療機関

**「船の運航」を総称的に「交通サービス」と表す**
❶I'm calling about a problem with your departure schedule／❷For eight years, I've been riding the 6:30 A.M. ferry to Kadupul Island／❸I waited 45 minutes for the boat to arriveなどから、話し手は「船の運航を管理している会社」に電話していると考えられます。これを総称的に「交通サービス（を提供する会社）」と言い換えた、(B)が正解です。
※問50とは逆で、今回は「電話をかけている相手（どこに）」が問われています。

# 75. 正解 A レベル ★★☆

According to the speaker, what was not provided?
(A) An explanation
(B) An apology
(C) Some procedures
(D) Some results

話し手によると、何が提供されませんでしたか?
(A) 説明
(B) 謝罪
(C) 手順
(D) 結果

**no reason for ~ was givenを理解する**

船の到着が遅れたことについて、❹When an announcement was finally made, informing everyone the boat was on its way, no reason for the delay was given. と言っています。give a reason「理由を説明する」の受動態で、no reason for ~ was given「～の理由が説明されなかった」ということです。これが、正解の選択肢(A)ではexplanation「説明」と表されています。

---

# 76. 正解 C レベル ★★☆

What would the speaker like to know?
(A) If she has to work tomorrow
(B) If an announcement was correct
(C) If there will be more delays
(D) If taking a certain route is faster

話し手は何を知りたがっていますか?
(A) 明日働く必要があるのかどうか
(B) アナウンスの内容が正しかったのかどうか
(C) また遅延が起こるのかどうか
(D) ある航路を通ったほうが早いのかどうか

**依頼表現のCan you ~?に反応する**

❺Can you call me back and let me know if these are likely to continue?で、「フェリーの遅延が続くかどうか教えて」と言っています(these =「フェリーの遅延」)。Can you ~?「～してくれる?」の後ろに、call 人 back「人に折り返し電話する」とlet 人 know if ~「～かどうか人が知ることを許可する」→「～かどうか人に教える」がきた形です(ifは名詞節をつくって「～かどうか」という意味)。

## **Questions 77 through 79** refer to the following excerpt from a meeting.

🔊 148-149

The next item on the agenda is the ❶annual staff appraisals. ❷Jay Merrill, who'll be overseeing these, spoke with me about scheduling. And we decided to hold off on the evaluations until the fall. Since the company just set up a new export trade department, we both feel it isn't the right time to review our employees' performance. ❸Why? Well, quite a few of them are very busy getting used to their new responsibilities. By October, though, they'll be comfortable in those roles. In the meantime, ❹Jay will update the appraisal form. That'll be ready by our next meeting, when ❺he'll go over it with you and ask for your opinions.

**問77～79は次の会議からの抜粋に関するものです。**

次の議題は❶社員の年次評価です。❷これを担当するJay Merrillから私に、スケジュールについての相談がありました。そして私たちは、評価を秋まで先延ばしにすることを決定しました。当社では輸出貿易部門が新しくできたばかりで、私たちは2人とも、今は社員の成績を評価するのにふさわしい時期ではないと思っています。❸なぜかって？ そうですね、社員のかなり多くが、新しい職務に慣れるのに大忙しです。しかし、10月までには、その役割にも慣れているでしょう。その間に❹Jayが人事考課フォームを更新しておきます。次の会議までには用意しておき、❺皆さんと一緒に再度目を通し、皆さんの意見をうかがう予定です。

【本文】□ **excerpt** 抜粋／□ **item** 項目／□ **agenda** アジェンダ・議題／□ **annual** 年に1回の・毎年恒例の／□ **appraisal** 評価・査定／□ **oversee** 監督する／□ **hold off on ~** ～を延期する／□ **evaluation** 評価／□ **set up** 立ち上げる／□ **export** 輸出（する）／□ **trade** 貿易／□ **department** 部門／□ **review** 評価する／□ **performance** 成績・業績／□ **quite a few of ~** かなり多くの～／□ **be busy -ing** ～するのに忙しい／□ **get used to** [名詞] [名詞]に慣れる／□ **responsibility** 責任・職務／□ **comfortable** 快適な・容易にこなせる／□ **role** 役割／□ **in the meantime** その間に／□ **update** 更新する・改訂する／□ **go over ~** ～を調べる・～を見直す
【設問・選択肢】□ **appraise** 査定する・評価する／□ **property** 不動産・物件／□ **conduct** 実施する／□ **assessment** 評価／□ **construct** 建設する／□ **facility** 施設・設備／□ **overseas** 海外で／□ **get accustomed to** [名詞] [名詞]に慣れる／□ **feedback** フィードバック・意見／□ **reference** 参照・参考資料

---

## 77.

What did the speaker and Mr. Merrill decide?
(A) To cancel an annual staff meeting
(B) To appraise a piece of property
(C) To wait to conduct some assessments
(D) To export fewer goods until October

話し手とMerrillさんは何を決めましたか？
(A) 年次社員会議を中止すること
(B) 不動産の物件を査定すること
(C) 評価の実施を待つこと
(D) 10月までは輸出する商品を減らすこと

**hold off「延期する」を知らなくても文脈から考える**

❶annual staff appraisalsから「勤務評定・人事評価」の話だとわかります。❷Jay Merrill, ..., spoke with me about scheduling. And we decided to hold off on the evaluations until the fall.で「勤務評定の延期を決めた」と言っているので、(C)が正解です。本文と選択肢で、hold off on → wait to conduct、staff appraisals・evaluations → assessmentsと言い換えられています。

※hold off on ~ は、直訳「~に関して (on) 離れた状態 (off) のままにする (hold)」→「~を延期する」です。ただし、これは難しいので❷のschedulingやuntil the fall、その後の「今はふさわしい時期ではない」などから推測できれば十分です。

---

## 78. 正解 D

レベル ★★☆

Why are many of the employees busy?
(A) They are preparing for a performance.
(B) They are constructing a new facility.
(C) They are attending meetings overseas.
(D) They are getting accustomed to new jobs.

どうして社員の多くは忙しいのですか？
(A) 公演に向けて準備をしているから。
(B) 新たな施設を建設しているから。
(C) 海外で会議に参加しているから。
(D) 新しい仕事に慣れようとしているところだから。

**get used to ~ ≒ get accustomed to ~「~に慣れる」**

❸Why? Well, quite a few of them are very busy getting used to their new responsibilities. とあります (them = our employees)。quite a few of ~「かなり多くの~」、be busy -ing「~するのに忙しい」、get used to ~「~に慣れる」という表現がポイントです。本文と選択肢で、get used to ~ → get accustomed to ~、responsibilities → jobs と言い換えられています。

---

## 79. 正解 A

レベル ★★☆

According to the speaker, what will Mr. Merrill ask for?
(A) Some feedback
(B) Some documents
(C) Some references
(D) Some dates

話し手によると、Merrillさんは何を求める予定ですか？
(A) 意見
(B) 書類
(C) 参考資料
(D) 日付

**Mr. Merrill = Jay = he**

❷Jay Merrill とあり、❹Jay (= Jay Merrill) は設問のMr. Merrillのことです。そして最後に❺he'll go over it with you and ask for your opinionsと言っています。he (= Mr. Merrill) は「意見を求めている」わけです。本文のopinionが、選択肢ではfeedback「フィードバック・意見・感想」と言い換えられています。

※名前の呼び方が変わるのはかなり難しいのですが、満点を取れるような人でも「なんかask forするのはopinionsだったな」くらいで解いていますのでご安心を。

## **Questions 80 through 82** refer to the following announcement.

150-151

Some quick reminders before you board... ❶Our new pre-flight safety video will be shown starting today. ❷It features Derrick Hughes, and we're confident it will hold the attention of passengers since he's such a famous actor now. As always, ❸it's crucial that they focus on what's being shown on the overhead monitors, so you must encourage them to do so. Once the video has ended, Jessica Kim, your in-flight service manager, will direct you during ❹the usual demonstration of aircraft safety features. Make sure not to rush through it. Ms. Kim will be narrating, and ❺please keep pace with her explanations so the passengers understand everything. That's all. Thank you.

**問80〜82は次のアナウンスに関するものです。**
搭乗前に、ちょっとした注意事項をお知らせします。❶本日より、新たなフライト前の機内安全ビデオが放映されます。❷主役はDerrick Hughesが務め、彼は今やとても有名な俳優なので、乗客の皆様の注目を集められると確信しています。いつものように、❸頭上のディスプレイに映し出されている映像に集中していただくことが重要なので、そうしていただくよう乗客の皆様を促してください。ビデオが終わったら、❹いつもの航空機の安全機能デモンストレーション中は、機内サービス責任者のJessica Kimが指示を行います。急いで終わらせることがないように注意してください。Kimさんがナレーションを担当しますので、❺乗客の方にすべてを理解いただけるよう、彼女の説明にペースを合わせてください。以上です。よろしくお願いいたします。

【本文】□ **reminder** お知らせ・注意喚起／□ **board** 搭乗する／□ **pre-flight** フライト前の／□ **starting** 〜から／□ **feature** 主役にする・特集する・特徴・機能／□ **confident** 自信がある／□ **hold attention** 注意を引く／□ **passenger** 乗客／□ **such a** [形容詞] [名詞] とても[形容詞]な[名詞]／□ **crucial** 非常に重要な／□ **focus on ~** 〜に集中する／□ **overhead** 頭上の／□ **monitor** モニター・ディスプレイ／□ **encourage** [人] **to ~** [人]が〜するよう促す／□ **once** いったん〜すると・〜するとすぐに／□ **in-flight** 機内の／□ **direct** 指示する・向ける／□ **demonstration** 実演・デモンストレーション／□ **aircraft** 航空機／□ **make sure to ~** 必ず〜する／□ **rush through ~** 〜を急いで終わらせる／□ **narrate** ナレーションをする・話す／□ **keep pace with ~** 〜と同じペースを保つ／□ **so (that) ~** 〜するために・〜できるように
【設問・選択肢】□ **editor** 編集者／□ **airline** 航空会社・航空路線／□ **seated** 着席している／□ **turn off ~** 〜の電源を切る／□ **equipment** 装置・機器／□ **indicate** 示す／□ **paperwork** 書類／□ **fill out** 記入する／□ **warn** [人] **to ~** [人]に〜するよう注意する／□ **bump into ~** 〜にぶつかる／□ **propose** 提案する／□ **take a break** 休憩を取る／□ **emphasize** 強調する／□ **procedure** 手順・方法

---

## 80.

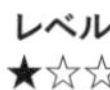


Who is Derrick Hughes?
(A) A video editor
(B) A flight attendant
(C) A popular actor
(D) An airline manager

Derrick Hughesは誰ですか?
(A) 動画編集者
(B) 客室乗務員
(C) 人気の俳優
(D) 機内責任者

**先読みで「人名」はしっかりチェック!**
❷It features Derrick Hughes, and we're confident it will hold the attention of passengers since he's such a famous actor now. とあります (such a [形容詞] [名詞]

「とても 形容詞 な 名詞 」の形)。famousを、popularと言い換えた(C)が正解です。今回も設問に「人名」があるので、あらかじめ「音リハ」をしておくと反応しやすくなります。

---

## 81. 正解 A

レベル ★★☆

What does the speaker say passengers must be encouraged to do?

(A) Watch a video
(B) Remain seated
(C) Show their tickets
(D) Turn off equipment

話し手は、乗客が何をするように促さなければいけないと言っていますか?
(A) ビデオを見る
(B) 席に座ったままでいる
(C) チケットを見せる
(D) 機器の電源を切る

**do soの内容を把握する**

❸it's crucial that they focus on what's being shown on the overhead monitors, so you must encourage them to do soとあり、do soの内容が設問で問われている「乗客が促されること」です。do soは❸前半の内容を表し、what's being shown on ~「~に映し出されているもの(映像)」は❶のour new pre-flight safety videoのことです。よって、(A)が正解です。

---

## 82. 正解 D

レベル ★★☆

Why does the speaker say, "Make sure not to rush through it"?

(A) To indicate some paperwork must be filled out carefully
(B) To warn the listeners not to bump into passengers
(C) To propose taking a break after a demonstration
(D) To emphasize that a procedure is important

話し手はどうして "Make sure not to rush through it" と言っているのですか?
(A) 一部の書類は慎重に記入しないといけないことを示すため
(B) 乗客にぶつからないよう聞き手に注意するため
(C) デモンストレーションの後に休憩を取ることを提案するため
(D) 手順が重要であることを強調するため

**前後の文から判断する**

❹the usual demonstration of aircraft safety featuresについて、Make sure not to rush through it.「それ(=いつもの航空機の安全機能デモ)を急いで終わらせることがないように注意して」と言っています。そして❺please keep pace with her explanations so the passengers understand everythingと続けていることから、「安全機能デモは大事だから、急がず、乗客が理解できるよう説明にペースを合わせて」という意図の発言だと考えればOKです。

模試解説 Part 4

## **Questions 83 through 85** refer to the following talk.

152-153

Hello, my name's Margaret. Since this is probably your first time to the Paleos Cave, I'll be telling you all about it during the tour. ❶You'll also see hundreds of ancient animal drawings, which make this cave truly extraordinary. ❷Now, it's rather slippery in there, and small rocks do fall occasionally. But you've all read our brochure. Keep your helmets on, and if you feel uncomfortable at any time, let me know. Oh, one last thing before we go in — we won't be exiting from this entrance. Where we walk out, though, ❸a bus will be waiting to pick us up and return us to the tour office. OK, let's go inside.

**問83～85は次の話に関するものです。**

こんにちは、私はMargaretと言います。Paleos Caveにお越しになるのは皆さん初めてでしょうから、ツアーの間、いろいろとお話しさせていただきます。❶また、何百にもおよぶ古代動物の絵が描かれており、それによってこの洞窟が本当に特別な場所になっています。❷現在、洞窟内は大変滑りやすくなっており、小さな石が時折落ちてきます。しかし、パンフレットは皆さんにお読みいただいていますね。ヘルメットを着用し、もし違和感があったらいつでも知らせてください。ああ、中に入る前に、最後に1つ。この入り口から出るわけではありません。でも、外に出たら❸バスが待っていて、私たちを乗せてツアー案内所まで送ってくれます。では、中に入っていきましょう。

【本文】□ **cave** 洞窟／□ **ancient** 古代の／□ **drawing** 絵画／□ **truly** まさに・本当に／□ **extraordinary** 特別な・並外れた／□ **rather** かなり／□ **slippery** 滑りやすい／□ **fall** 落ちる／□ **occasionally** 時々／□ **brochure** パンフレット／□ **keep ~ on** ～を身につけたままでいる／□ **uncomfortable** 心地が悪い・不快な／□ **at any time** いつでも／□ **exit** 出る・退出する／□ **entrance** 入り口／□ **walk out** 歩いて出て行く・外へ出る／□ **pick up** 車で迎えに行く・車に乗せる／□ **return A to B** AをBに戻す・送り返す／□ **inside** 中に

【設問・選択肢】／□ **be equipped with ~** ～を備えている／□ **illustration** 絵／□ **discover** 発見する／□ **narrow** 狭い／□ **freshwater** 真水の・淡水の／□ **description** 説明／□ **update** 修正する・更新する／□ **be aware of ~** ～を認識している／□ **specify** 詳細に述べる・明確に述べる／□ **various** 様々な／□ **rate** 料金／□ **instruction** 指示／□ **unclear** 不明瞭な／□ **scenic** 眺めの良い／□ **trail** ハイキングコース・道／□ **vehicle** 乗り物／□ **local** 地元の・その地域の／□ **souvenir** お土産

---

## 83. 正解 B

レベル ★★☆

According to the speaker, what is special about the cave?

(A) It has been equipped with lighting.
(B) It has some very old illustrations.
(C) It has been recently discovered.
(D) It has a narrow freshwater river.

話し手によると、洞窟の何が特別なのですか？

(A) 照明が付いている。
(B) 非常に古い絵がある。
(C) 最近発見された。
(D) 細長い淡水の川がある。

**「洞窟」や「壁画」の話は意外によく出る**

❶You'll also see hundreds of ancient animal drawings, which make this cave truly extraordinary.とあります。選択肢のillustrationは「イラスト・挿絵」に限らず、幅広く「絵・図・実例・説明」などを表す単語です。また、本文のancient「古代の」が、選択肢ではvery oldに言い換えられています。

※❶後半はmake OC「OをCにする」で、~, which make this cave truly extraordinary「～で、それがこの洞窟を本当に特別な場所にしている／それによって、この洞窟が本当に特別な場所になっている」です（設問のis special about ~ に対応）。

## 84. 正解 B レベル ★★★

What does the speaker imply when she says, "But you've all read our brochure"?

(A) She feels that a description should be updated.

(B) She knows the listeners are aware of some risks.

(C) She does not need to specify the various tour rates.

(D) She believes that some instructions are unclear.

話し手は"But you've all read our brochure" という発言で、何を示唆していますか?

(A) 彼女は説明を修正すべきだと思っている。

(B) 彼女は聞き手がいくつかの危険性を認識していることを知っている。

(C) 彼女は各種ツアー料金を詳細に説明する必要はない。

(D) 彼女は一部の指示が不明瞭だと思っている。

**直前で「注意事項・危険性」を伝えている**

話し手（ツアーガイド）は❷Now, it's rather slippery in there, and small rocks do fall occasionally. で注意事項を伝えた後で、But you've all read our brochure. と言っています。この発言は「注意事項を伝えたけど、皆さん（聞き手）はすでにパンフレットを読んで注意事項や危険性に知っていますよね」という意図だと考えて、(B)を選べば文意が通ります。

## 85. 正解 C レベル ★★☆

What does the speaker say the listeners will do after the tour?

(A) Place some helmets on hooks

(B) Walk along a scenic trail

(C) Return to an office by vehicle

(D) Visit a local souvenir shop

話し手は、聞き手はツアーの後に何をする予定だと言っていますか?

(A) ヘルメットをフックにかける

(B) 景色の良い道を歩く

(C) 乗り物に乗って案内所に戻る

(D) 地域のお土産物店を訪れる

**重要なまとめ単語のvehicle**

❸a bus will be waiting to pick us up and return us to the tour officeから、ツアー参加者は「迎えにきたバスに乗ってツアー案内所に戻る」とわかります。本文のbusを、まとめ単語のvehicle「乗り物」で総称的に表した(C)が正解です。

※pick upは本来「拾い（pick）上げる（up）」で、ここでは「人を車に拾い上げる」→「車で迎えに行く・車に乗せる」という意味です。

## **Questions 86 through 88** refer to the following news report.

🔊 154-155

This is Larry Keeton with your ten o'clock news. ❶Westown Builders announced yesterday that it's set to resume construction of the McDermont Hotel on Addle Street. ❷The work was put on hold last December, which led to complaints from many residents living around the site, who said the incomplete structure made their neighborhood look unpleasant. ❸According to the announcement, the company stopped the work because it had to finish up at two other sites. These included the Marbello Arena, which will host a national soccer championship in August. ❹The deadline for the hotel's construction has been extended by six months. Work there will start back up on Monday.

**問86～88は次のニュース報道に関するものです。**

Larry Keetonより10時のニュースをお届けします。❶Westown Buildersは昨日、Addle通りに建設中のMcDermontホテルの工事を再開する予定だと発表しました。❷工事は昨年12月に中断されていましたが、未完成の建造物のせいで近隣の景観が悪くなっているとして、現場付近に住む多くの住民から苦情が寄せられる事態になっていました。❸発表によると、同社が工事を中断したのは、他の2箇所の工事を完成させる必要があったからだということです。その1つは、8月に全国サッカー選手権が開催されるMarbelloアリーナでした。❹ホテル建設の完了期限は6カ月延長されました。工事は月曜日から再開予定です。

【本文】□ **builder** 建築業者・工務店／□ **be set to ~** ～する予定だ／□ **resume** 再開する／□ **construction** 建設・工事／□ **put ~ on hold** ～を保留にする・～を一時的に停止させる／□ **lead to ~** ～につながる
※"原因 lead to 結果"の関係が大事／□ **complaint** 不満・苦情／□ **resident** 住民／□ **incomplete** 不完全な／□ **structure** 建造物／□ **neighborhood** 近隣／□ **unpleasant** 嫌な・好ましくない／□ **finish up** 完成させる・仕上げをする／□ **include** 含む／□ **host** 主催する・開催する／□ **championship** 選手権・大会／□ **deadline** 期限・締切／□ **extend** 延ばす／□ **start up** 始める
【設問・選択肢】□ **dust** ちり・ほこり／□ **dirt** 泥・ちり・ほこり／□ **obstruction** 障害物・閉鎖／□ **roadway** 道路／□ **appearance** 外観・見た目／□ **suspend** 中断する・一時停止する／□ **obtain** 得る／□ **permit** 許可（証）／□ **hire** 雇う／□ **skilled** 熟練の・腕のいい／□ **complete** 完成させる／□ **material** 資材・材料／□ **review** 見直す・再検討する

---

## 86. 正解 D　レベル ★★★

According to the speaker, what have some residents been unhappy about?

(A) The dust and dirt around a structure
(B) The noise from a construction site
(C) The obstruction of a roadway
(D) The appearance of an area

話し手によると、一部の住民は何に不満を抱いていますか？

(A) 建造物付近のちりやほこり
(B) 工事現場の騒音
(C) 道路がふさがれていること
(D) 地域の外観

### S make OC「SによってOはCになる」

❷..., which led to complaints from many residents living around the site, who said the incomplete structure made their neighborhood look unpleasant. とあります。下線部分はS make OC「SはOをCにする・SによってOはCになる」の形で、住民は「未完成の建造物のせいで近隣の景観が悪くなっている」ことに不満を

持っているわけです。本文と選択肢でlook ~ → appearance、their neighborhood → areaと言い換えられています。

## 87. 正解 C レベル ★★☆

Why did Westown Builders suspend some construction?
(A) It had to obtain a special permit.
(B) It had to hire more skilled workers.
(C) It had to complete other projects.
(D) It had to wait for building materials.

Westown Buildersはどうして一部の工事を中断したのですか?
(A) 特別な許可を得る必要があったから。
(B) より技術のある労働者を雇わなければいけなかったから。
(C) 他のプロジェクト(工事)を完成させる必要があったから。
(D) 建物の資材が届くのを待つ必要があったから。

**本文のstopが設問のsuspend「中断する」に対応**

「Westown Buildersが工事を中断した理由」が問われています(suspendはp. 250)。❸According to the announcement, the company stopped the work because it had to finish up at two other sites.と理由を述べているので、(C)が正解です。本文のfinish upが、選択肢ではcompleteに言い換えられています。

## 88. 正解 A レベル ★★★

What does the speaker say will happen on Monday?
(A) Some construction will resume.
(B) Some plans will be reviewed.
(C) A tournament will begin.
(D) A hotel will reopen.

話し手によると、月曜日に何が行われますか?
(A) 工事が再開する。
(B) 一部の計画が見直される。
(C) トーナメントが始まる。
(D) ホテルが営業再開する。

**「工事が中断・延期」→「再開」という流れ**

❹The deadline for the hotel's construction has been extended by six months. Work there will start back up on Monday.とあります。stat up「始まる」の間にback「再び」が割り込んだ形で、「(6カ月延期されていた)ホテルの工事作業が月曜日に再開する」ということです。本文のstart back upが、選択肢のresume「再開する」に言い換えられています(❶のresumeもヒントになります)。

※設問のMondayに反応しようと思っていても、本文では❹の最後にMondayが出てきて解答根拠を聞き逃してしまう「手遅れパターン」です。

## **Questions 89 through 91** refer to the following telephone message.

156-157

 Hi, it's Tyrone. ❶I'm supposed to be meeting with an executive from Alfon Manufacturing to go over catering options for a surprise retirement party they're planning. To keep their plans secret, ❷she wanted to meet at the Paraffin Café rather than at their office. ❸And I'm pretty sure she said it was a couple blocks south of Wallace Bank on Bodeo Drive. Well, I've driven up and down that street twice, and apart from the bank, all I see are apartment complexes. Since my smartphone needs to be charged, I can't check a map. So, could you please get back to me with the correct location as soon as you can? Thanks.

**問89～91は次の留守電メッセージに関するものです。**
もしもし、Tyroneです。❶Alfon製造の幹部とお会いして、同社が企画しているサプライズの退職パーティーにお出しするケータリングの選択肢について検討することになっています。企画を秘密にしておくため、❷先方のオフィスではなくParaffinカフェで打ち合わせをしたいとのことでした。❸そしてそのカフェはBodeo通りの、Wallace銀行から南に数ブロックの所にあるとおっしゃっていたはずです。その通りを車で2往復したのですが、銀行以外には、集合アパートしか見当たりません。私のスマートフォンは充電が必要なので、地図を確認できないんです。そのため、なるべく早く折り返しご連絡いただき、正しい場所を教えてくれませんか？ よろしくお願いします。

【本文】□ **be supposed to ~** ～することになっている・～する予定だ／□ **executive** 重役・幹部／□ **manufacturing** 製造業／□ **go over ~** ～を見直す・～を検討する／□ **catering** ケータリング・出前／□ **option** 選択肢・オプション／□ **retirement** 退職／□ **A rather than B** BではなくA／□ **pretty** まあまあ・けっこう・かなり ※I'm pretty sure (that) ~「たしか～だと思う」(このprettyは副詞でsureを修飾)／□ **up and down** 行ったり来たり／□ **apart from ~** ～は別として・～以外は／□ **apartment complex** アパート・集合住宅／□ **charge** 充電する／□ **get back to ~** ～に折り返し連絡する／□ **correct** 正しい／□ **location** 場所／□ **as ~ as** 人 **can** 人ができる限り～
【設問・選択肢】□ **field** 分野・領域／□ **transportation** 運送・交通／□ **make a mistake** 間違える／□ **view** 景色／□ **residential** 住居に適した・居住施設のある／□ **appointment** 約束・予約

---

## 89.  正解 C  レベル ★★☆

What field does the speaker work in?
(A) Manufacturing
(B) Transportation
(C) Catering
(D) Banking

話し手はどのような分野で働いていますか？
(A) 製造業
(B) 運送業
(C) ケータリング
(D) 銀行業

**TOEICによく出るcatering**
❶I'm supposed to be meeting with an executive from Alfon Manufacturing to go over catering options for a surprise retirement party they're planning. とあります。an executive from Alfon Manufacturingから(A)を選ぶミスも多いですが、あくまで「話し手（ケータリングを提供する側）が製造業の幹部と会って話し合う」ということです。

# 90. 正解 B レベル ★☆☆

Where will the meeting take place?
(A) In an office
(B) In a café
(C) In a factory
(D) In an apartment

打ち合わせはどこで行われる予定ですか?
(A) オフィス
(B) カフェ
(C) 工場
(D) アパート

**対比表現のrather thanに反応する!**

❷she wanted to meet at the Paraffin Café rather than at their officeとあります。A rather than B「BではなくA」は重要な対比表現で、対比された箇所は設問でよく狙われます。意味を押さえるだけでなく、きちんと「反応」して「対比を意識」できるようにしておきましょう。

---

# 91. 正解 A レベル ★★☆

What does the speaker imply when he says, "all I see are apartment complexes"?
(A) A mistake has been made.
(B) A view is blocked by buildings.
(C) An area has become residential.
(D) An appointment must be canceled.

話し手は "all I see are apartment complexes" という発言で、何を示唆していますか?
(A) 間違いを犯した。
(B) 建物で眺めがさえぎられている。
(C) ある地域が住宅地になっている。
(D) 約束を取り消さなくてはならない。

**「カフェがあるはずの場所に来たが、見当たらない」という流れ**

❸And I'm pretty sure she said it was a couple blocks south of Wallace Bank on Bodeo Drive. ..., and apart from the bank, all I see are apartment complexes.で、「カフェは銀行から数ブロックの所にあるはずだけど、集合アパートしか見当たらない」と言っています。つまり「あるはずの場所にカフェがない/カフェの場所について勘違いしていた」ということなので、(A)が正解です。その後の「地図を確認できない/正しい場所を教えて」もヒントになります。

※all (that) I see are apartment complexesは、直訳「私が見えるすべてのものは集合アパートだ」→「集合アパートしか見当たらない」です。

模試解説 Part 4

## **Questions 92 through 94** refer to the following advertisement.

🔊 158-159

Have you heard the exciting news? ❶Imelda's Charms will be moving to a bigger location! From October 1, ❷you'll find us at the Shorewood Mall on Franklin Road, where we'll be offering even more of the items that make perfect gifts. But before our move, ❸we'll be holding a final sale at our current location. ❹This starts when we open at 8:30 A.M. tomorrow and will go on all day. Wait — that's not all! ❺If you visit our Web site at www.imeldascharms.com, you'll see a coupon for five percent off any of our merchandise. Just print it out and take it with you for even further discounts! Remember, though, it's valid only tomorrow, so we hope to see you here!

**問92～94は次の広告に関するものです。**

素晴らしいお知らせをご存じですか？ ❶Imelda's Charmsは拡大移転することになりました！ 10月1日からは❷Franklin通りのShorewoodモールに移り、ギフトにぴったりなさらに多くの商品をご提供します。ですが当店は移転前に、❸現在の店舗でファイナルセールを開催します。❹このセールは明日の午前8時30分の開店時に始まって終日続きます。お待ちください、それだけではありません！ ❺当店のウェブサイト（www.imeldascharms.com）をご覧いただくと、当店の全商品5パーセントオフのクーポンがございます。それを印刷して持参いただくだけで、さらに割引を受けられるのです！ ただし、このクーポンは明日のみ有効となっておりますので、お忘れなく。それでは当店でお会いできるのを楽しみにしております！

【本文】□ **exciting** ワクワクさせるような／□ **location** 場所・店舗／□ **offer** 提供する／□ **even**（比較級を強調して）はるかに・より一層／□ **item** 商品／□ **hold** 開催する／□ **current** 現在の／□ **go on** 続く／□ **merchandise** 商品／□ **print out** 印刷する／□ **further** さらなる／□ **discount** 割引／□ **though**（副詞）ただし／□ **valid** 有効な

【設問・選択肢】□ **product** 商品／□ **launch** 発売する／□ **gift shop** ギフトショップ・お土産物店／□ **expand** 拡大する／□ **last** 続く／□ **encourage** 人 **to ~** 人に～するよう促す／□ **fill out** 入力する・記入する／□ **survey** 調査・アンケート／□ **apply for ~** ～に申し込む

---

# 92.

What does the speaker announce?

(A) A grand opening was exciting.
(B) A product will be launched.
(C) A gift shop will be moving.
(D) A location was expanded.

話し手は何を発表していますか？

(A) グランドオープンが素晴らしかった。
(B) 商品が発売される。
(C) ギフトショップが移転する。
(D) 店舗が大きくなった。

**「Imelda's Charms（＝ギフトショップ）の拡大移転」を発表**

❶Imelda's Charms will be moving to a bigger location!で「Imelda's Charmsの拡大移転」を知らせています。そして❷you'll find us at the Shorewood Mall on Franklin Road, where we'll be offering even more of the items that make perfect gifts.から、Imelda's Charmsは「ギフトショップ」だと考えられます。よって、(C)が正解です。

※下線部の直訳は「パーフェクトなギフトになるアイテムをさらに（even）よりたくさん（more）オファーすることになる」です（ここでのmakeは「～になる」を表す）。

---

## 93. 正解 A

レベル ★★☆

According to the speaker, what will last all day?

(A) A sale

(B) A show

(C) A tour

(D) A party

話し手によると、何が終日続きますか?

(A) セール

(B) 演劇

(C) ツアー

(D) パーティー

**Thisが指しているのは?**

❸we'll be holding a final sale at our current locationの後に、❹This starts when we open at 8:30 A.M. tomorrow and will go on all day.と言っています。This = a final saleで、「セールが1日中続く」とわかるので(A)が正解です。本文のgo on all dayが、設問のlast all day「1日中続く」に対応しています(lastは動詞「続く」が重要)。

---

## 94. 正解 D

レベル ★☆☆

What does the speaker encourage the listeners to do?

(A) Fill out an online survey

(B) Apply for a sales job

(C) Become a member

(D) Print out a coupon

話し手は聞き手に、何をするよう勧めていますか?

(A) オンラインアンケートに回答する

(B) 販売の仕事に応募する

(C) 会員になる

(D) クーポンを印刷する

**命令文 "Just + 原形" に反応する!**

❺If ..., you'll see a coupon for five percent off any of our merchandise. Just print it out and take it with you for even further discounts!とあります。it = couponで、「クーポンを印刷して」と言っているので(D)が正解です。

※Justから始まる「命令文」が解答根拠になりました。命令文の前にpleaseをつけることは有名ですが、実際にはjustやsimplyを置くこともよくあります。

**Questions 95 through 97** refer to the following excerpt from a meeting and chart.

160-161

OK, I'd like to talk for a moment about our chairs. As part of this month's office health initiative, all staff should know that the height of their chair can cause stress to the shoulders and back. ❶To minimize any discomfort and thereby maintain a high level of productivity, chairs should be adjusted to the height appropriate for each individual. For example, an employee who's 160 centimeters tall would find a chair height of 43 centimeters most comfortable, whereas ❷sitting 49 centimeters off the floor would be ideal for me. Keep in mind that these heights are approximate. ❸Oh, and I'll stick this to the staffroom fridge after we're done here so that everybody can see it.

| Height of person seated | Best chair height |
|---|---|
| 150 cm | 40 cm |
| 160 cm | 43 cm |
| 170 cm | 46 cm |
| 180 cm | ❹49 cm |

| 座る人の身長 | 最適な椅子の高さ |
|---|---|
| 150 cm | 40 cm |
| 160 cm | 43 cm |
| 170 cm | 46 cm |
| 180 cm | ❹49 cm |

**問95～97は次の会議からの抜粋と表に関するものです。**
さて、私たちが使っている椅子について少しお話ししたいと思います。会社の健康増進取り組み月間の一環として、椅子の高さが肩や背中に負担をかけうることを全従業員が知っておくべきです。❶凝りを最小限に抑え、それによって高い生産性を維持するためには、椅子を一人ひとりに適した高さに調節する必要があります。たとえば、身長160cmの社員には高さ43cmの椅子が最も快適な一方で、❷私にとっては高さ49cmの椅子に座るのが最適です。これらの高さは目安ですのでご留意ください。❸ああ、それから、会議が終わったらこれをスタッフルームの冷蔵庫に貼って、皆が見られるようにしておきます。

【本文・図表】□ **for a moment** 少しの間・一瞬／□ **initiative** 取り組み・構想／□ **height** 高さ／□ **cause** 引き起こす／□ **stress** 圧迫・負担／□ **back** 背中・腰／□ **minimize** 最小限に抑える／□ **discomfort** 不快感・凝り／□ **thereby** それによって／□ **maintain** 維持する／□ **productivity** 生産性／□ **adjust A to B** AをBに調節する／□ **appropriate for ~** ～に適切な／□ **individual** 個人／□ **comfortable** 快適な／□ **whereas** ～する一方／□ **off the floor** 床から離れて／□ **ideal** 理想的な／□ **keep in mind that ~** ～ということを覚えておく／□ **approximate** 概算の・おおよその／□ **stick A to B** AをBに貼る／□ **fridge** 冷蔵庫 ※refrigeratorの略／□ **so that s can v** svできるように／□ **seated** 着席している
【設問・選択肢】□ **screen** 画面／□ **productive** 生産的な／□ **workplace** 職場／□ **fit** 合わせる・収める／□ **chairperson** 議長／□ **post** 貼る・掲示する／□ **appliance** 電化製品／□ **browse** ざっと見る・閲覧する／□ **review** 見直す／□ **instruction manual** 取扱説明書

---

## 95.

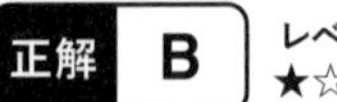

レベル
★☆☆

According to the speaker, why should employees adjust their chairs?

(A) To make looking at screens easier
(B) To keep the staff productive
(C) To reduce workplace accidents
(D) To fit them under some desks

話し手によると、社員はどうして椅子を調節するべきなのですか？

(A) 画面を見やすくするため
(B) スタッフの生産性が高い状態を維持するため
(C) 職場での事故を減らすため
(D) 机の下に収まるようにするため

**「2つのうち1つだけ」に言及するパターン**

❶To minimize any discomfort and thereby maintain a high level of productivity, chairs should be adjusted to the height appropriate for each individual. とあります。maintain「維持する」を、keep OC「OをCのままにする」で表した(B)が正解です。ちなみに、❶ではA and Bと「2つ」述べていますが、そのうち「1つだけ(Aだけ、もしくはBだけ)」に言及した選択肢が正解になることはよくあります。

---

## 96. 正解 D

レベル ★★☆

Look at the graphic. What is the approximate height of the speaker?

(A) 150 centimeters
(B) 160 centimeters
(C) 170 centimeters
(D) 180 centimeters

表を見てください。話し手のおおよその身長はどれくらいですか?

(A) 150cm
(B) 160cm
(C) 170cm
(D) 180cm

**「錯乱情報」に惑わされない!**

❷sitting 49 centimeters off the floor would be ideal for meとあります。図表には「座る人の身長」(左側)と「最適な椅子の高さ」(右側)が書かれており、❹49cmに対応する身長の(D) 180 centimetersを選べばOKです。

※❷の前に出てくる「160cm・43cm」という情報に惑わされないように注意しましょう。図表問題ではこういった「錯乱情報」を使うひっかけが頻出です。

---

## 97. 正解 B

レベル ★★☆

What will the speaker do after the meeting?

(A) Announce a new chairperson
(B) Post the chart on an appliance
(C) Browse a catalog for office chairs
(D) Review an instruction manual

話し手は会議の後に何をするでしょうか?

(A) 新しい議長を発表する
(B) 電化製品に表を貼る
(C) カタログを見てオフィスチェアを探す
(D) 取扱説明書を読み返す

**stick A to B ≒ post A on B「AをBに貼る」**

❸Oh, and I'll stick this to the staffroom fridge after we're done here so that everybody can see it. とあります(thisは「図表」を指す)。本文のstick A to Bが、選択肢ではpost A on Bに言い換えられています。stickは「(棒で)突き刺す」(p. 127、p. 276)→「突き刺して固定する」→「貼る」、postは「柱」(サッカーの「ゴールポスト」でおなじみ)→「柱に貼る」→「貼る・掲示する」です。

※さらにfridge「冷蔵庫」がまとめ単語のappliance「電化製品」で表されています。

## **Questions 98 through 100** refer to the following talk and graphic.

162-163

Hi, I'm Steve Zyler, and welcome to my workshop. Today I'll be showing you how to make your very own picnic table with benches. ❶You can build these with any of a variety of wood species, but we'll use cedar boards, which you can see in a pile along the wall. You'll also need the parts that I've already handed to you. ❷All of you have the right number of washers and screws. And I gave everyone long bolts too, but there weren't enough of the others. So, my assistant went to the hardware store for more. Now, ❸please come up to this table and pick out a pair of safety glasses, which you'll put on before using the saws. When everybody's ready, we'll get started.

Picnic Table Workshop
Part A:
48 ❹Washers
Part B:
24 ❺Screws
Part C:
12 Short Bolts
Part D:
12 ❻Long Bolts
ピクニックテーブル作りのワークショップ
部品A：
❹座金48個
部品B：
❺ねじ釘24本
部品C：
短尺ボルト12本
部品D：
❻長尺ボルト12本


**問98～100は次の話と絵に関するものです。**

こんにちは、Steve Zylerです。私のワークショップへようこそ。今日は、皆さん専用の、ベンチ付きピクニックテーブルの作り方をご紹介します。❶様々な種類の木材のうち、どれを使ってもお作りいただけますが、今回は壁際に積んであるスギ材を使います。また、すでにお渡ししてある部品も必要になります。❷皆さん全員に、正しい数の座金とねじ釘をお渡ししてありますね。それから長尺ボルトも皆さんにお渡ししましたが、残りの部品は数が足りませんでした。そのため、アシスタントが追加で買いに、工具店に行きました。それでは、❸こちらのテーブルに来て、保護メガネを1つ選んでください。のこぎりを使う前に着用していただきます。皆さんの準備ができたら始めます。

【本文】□ **workshop** ワークショップ・講習会／□ **a variety of ~** 様々な～／□ **species** 種類／□ **cedar** スギ／□ **board** 板／□ **in a pile** 積み重なって・どっさりと／□ **hand** 物 **to** 人 物を人に手渡す／□ **washer** ワッシャー・座金／□ **screw** ねじ（釘）・ビス／□ **assistant** アシスタント・助手／□ **hardware store** 工具店・金物店／□ **come up** やって来る／□ **pick out** 選ぶ／□ **safety glasses** 保護メガネ／□ **put on ~** ～を身に着ける／□ **saw** のこぎり／□ **get started** 始める
【設問・選択肢】□ **sink** 流し・洗面台／□ **detailed** 詳細な／□ **instruction** 指示・取扱説明書／□ **missing** ない・欠けている／□ **plug in ~** ～をコンセントにつなぐ／□ **electric** 電動の／□ **hand tool** 工具・道具／□ **select** 選ぶ／□ **protective** 保護用の／□ **eyewear** メガネ類／□ **clothes** 衣服

---

## 98. 正解 D

レベル ★☆☆

According to the speaker, what can the listeners use?
(A) A sink to wash their hands
(B) A detailed list of instructions
(C) Some benches to sit down on
(D) Some different types of wood

話し手によると、聞き手は何を使うことができますか？
(A) 手を洗うための流し台
(B) 詳細な説明リスト
(C) 座るためのベンチ
(D) 様々な種類の木材

**TOEIC頻出のa variety of ~「様々な～」**

❶You can build these with any of a variety of wood speciesとあります(theseは前にある「ベンチ付きピクニックテーブル」のこと)。正解は(D)で、本文と選択肢でa variety of ~ → different「様々な」、species → types「種類」と言い換えられています。a variety of ~「様々な～」はPart 5でも頻出です。

---

## 99. 正解 C

レベル ★★☆

Look at the graphic. What are some of the listeners missing?

(A) Washers

(B) Screws

(C) Short bolts

(D) Long bolts

絵を見てください。聞き手の一部が持っていないものはどれですか?

(A) 座金

(B) ねじ釘

(C) 短尺ボルト

(D) 長尺ボルト

**washer・screw・long bolt以外の部品は?**

参加者に渡した部品について、❷All of you have the right number of washers and screws. And I gave everyone long bolts too, but there weren't enough of the others. と説明しています。「washer・screw・long bolt以外の部品の数が足りていない」と言っているので、図表で「❹Washers・❺Screws・❻Long Bolts以外の部品」を探して(C)を選べばOKです。

---

## 100. 正解 B

レベル ★★☆

What does the speaker ask the listeners to do?

(A) Plug in some electric hand tools

(B) Select some protective eyewear

(C) Place some table parts in a pile

(D) Put on some workshop clothes

話し手は聞き手に、何をするように言っていますか?

(A) 電動の手工具をコンセントにつなぐ

(B) 保護メガネを選ぶ

(C) テーブルの部品を積み重ねて置く

(D) ワークショップ用の作業着を着る

**pleaseから始まる「命令文」に反応する!**

❸please come up to this table and pick out a pair of safety glassesから、(B)を選びます。本文と選択肢で、pick out → select「選ぶ」、safety glasses → protective eyewear「保護メガネ」と言い換えられています。pick outは「つまんで(pick)外に持っていく(out)」→「選ぶ」と考えればOKです。また、eyewearは「メガネ・ゴーグル・サングラス」などを総称して表すまとめ単語です。

※protective eyewearはPart 1で「何か実験をしている人」の写真でもよく出ます。

# Part 5 | 模試・解答解説

## 101. 正解 A

レベル ★☆☆

Ms. Pemberley agreed to send ------- an update on her research by August 25.

(A) us (B) we
(C) our (D) ourselves

Pemberleyさんは、研究に関する最新情報を8月25日までに私たちに送ることに同意してくれました。

(A) 目的格「私たちに」 (B) 主格「私たちが」
(C) 所有格「私たちの」 (D) 再帰代名詞「私たち自身」

### 代名詞の判別

agree to ~「~することに同意する」の後ろは、send 人 物「人に物を送る」の形です(人が空所で、物がan update on ~)。空所にはsendの目的語(人)が入るので、目的格の(A) usが正解です。(C) ourについては、(×) our an updateのように所有格と冠詞は同時に使えません。send our updateならOKです。

□ **update** 最新情報 ※update on ~「~に関する最新情報」/□ **research** 研究

## 102. 正解 C

レベル ★★☆

The customer canceled the catering order ------- the banquet he was planning had been postponed.

(A) therefore (B) despite
(C) because (D) already

計画していた宴会が延期になったため、その客はケータリングの注文をキャンセルしました。

(A) 接副「そのため」 (B) 前「~にもかかわらず」
(C) 接「~なので」 (D) 副「すでに」

### SV because sv.「svなのでSVだ」

英文全体は"SV ------- sv."の形です(空所後はthe banquet (which/that) he was planning「彼が計画していた宴会」がs、had been postponedがv)。空所には「接続詞」が入ると考えて、(C) becauseを選びます。

□ **catering** ケータリング・出前/□ **banquet** 宴会・晩餐会/□ **postpone** 延期する ※「注文をキャンセルした」という過去の一点よりも前に「延期になった」ため、過去完了形の受動態(had been postponed)

## 103. 正解 B

レベル ★★☆

The new theme park in Haysberg is expected to attract ------- a million visitors annually.

(A) extremely (B) roughly
(C) heavily (D) strictly

Haysbergに新しくできるテーマパークは、年間およそ100万人の集客を見込んでいます。

(A) 極めて (B) 約・おおよそ
(C) 重く・大幅に (D) 厳しく・厳密に

### 「約」を表す単語は?

語彙問題です。be expected to ~「~すると見込まれている」の後ろに、attract ------- a million visitorsと続いています。(B) roughly「約・おおよそ」を選んで、roughly a million visitors「約100万人の訪問者」とすれば自然です。roughは本来「ざらざらした」→「粗い・大まかな」で、その副詞形がroughlyです。

□ **theme park** テーマパーク/□ **be expected to ~** ~すると予想されている・見込まれている/□ **attract** 呼び込む・引き付ける/□ **visitor** 訪問者/□ **annually** 年間で

## 104. 正解 B レベル ★☆☆

Mr. Alvarez's experience as a software developer ------- him for his new job as a cybersecurity analyst.

(A) preparing　(B) has prepared
(C) to prepare　(D) preparation

Alvarezさんはソフトウェア開発者としての経験によって、サイバーセキュリティ・アナリストとしての新しい仕事の準備ができています。

(A) 動 prepare「準備をさせる」の-ing形
(B) 現在完了形 (have p.p.)
(C) to＋原形　(D) 名「準備」

### -ingやto＋原形はVにならない!

動詞の形が問われています。Mr. Alvarez's experience as ～がSで、空所にVが入り、himがOになると考えます。選択肢の中でVになるのは、現在完了形の(B) has preparedだけです。(A)は-ing形、(C)はto＋原形でVにはなりません。

□ **experience** 経験／□ **developer** 開発者／□ **prepare** 人 **for ~** 人に～の準備をさせる／□ **cybersecurity** サイバーセキュリティ／□ **analyst** アナリスト・分析者

## 105. 正解 D レベル ★★☆

After much -------, it was decided that the organization's headquarters would be established in Luxembourg.

(A) precision　(B) excellence
(C) proficiency　(D) deliberation

よく検討した結果、団体の本部はルクセンブルクに設置されることが決定しました。

(A) 正確さ　(B) 卓越性・優れていること
(C) 能力・熟達　(D) 熟考・熟慮

### 頻出フレーズのafter much deliberation

語彙問題です。(D) deliberation「熟考・熟慮」を選ぶと、after much deliberation「熟慮の末・よく検討した後」という自然な意味になります。Part 7の同義語問題ではdeliberation ≒ consideration「熟考・熟慮」の言い換えも出題済みです。

□ **organization** 団体／□ **headquarters** 本部・本社／□ **establish** 設立する

## 106. 正解 D レベル ★★☆

Branbex Clothing makes swimwear that is remarkably ------- compared to other brands.

(A) comfort　(B) comforts
(C) comfortably　(D) comfortable

Branbex衣服店は、他のブランドに比べて非常に着心地のよい水着を製造しています。

(A) 動「快適にする」の原形
(B) 動 の3人称単数現在形
(C) 副「心地よく」　(D) 形「快適な・心地のよい」

### be動詞の後は「形容詞」を予想

品詞問題です。空所前のthatは主格の関係代名詞で、swimwearをthat is remarkably ------- compared to ～ が修飾しています。thatの後は“be (副詞) -------”の形なので、空所にはbe動詞の補語になる「形容詞」が入ると考え、(D)を選びます。

□ **swimwear** 水着／□ **remarkably** 著しく・非常に／□ **compared to ~** ～と比べて

## 107. 正解 C レベル ★★☆

Ms. Mullins would like to exchange her sport utility vehicle ------- a smaller, fuel-efficient car.
(A) into
(B) by
(C) for
(D) as

Mullinsさんは、スポーツ用多目的車（SUV）を、より小型で燃費の良い車に交換したがっています。
(A)「～の中に入っていく」など
(B)「～の近くに・～によって」など
(C)「～に向かって・～と交換に」など
(D)「～として」など

### exchange A for B「AをBと交換する」

語法がポイントです。would like to ～「～したい」の後ろのexchangeに注目して、exchange A for B「AをBと交換する」とします。このforは「交換」の用法で、substitute A for B「AをBの代わりに使う」なども重要です。

□ **sport utility vehicle** スポーツ用多目的車（SUV）／□ **fuel-efficient** 燃費の良い

## 108. 正解 A レベル ★★☆

Only those who register for the convention online are ------- for a reduced registration fee.
(A) eligible (B) capable
(C) possible (D) reasonable

総会への参加登録をオンラインで行った人だけが参加費の割引を受けることができます。
(A) 資格がある (B) 能力がある
(C) 可能な (D) 理にかなった・（値段が）手頃な

### TOEIC超頻出のbe eligible for ~

語彙問題です。Only those who register for the convention online「総会への参加登録をオンラインで行った人だけ」がSで、後ろはbe eligible for ～「～の資格がある」という重要熟語にします。eligibleは本来「選ばれることができる」で、「選ばれるのにふさわしい」→「資格のある・条件を満たしている」となりました。

□ **those who ~** ～する人々／□ **register for ~** ～に登録する・～に申し込む／□ **convention** 会議・総会／□ **reduce** 減らす／□ **registration fee** 参加費・登録料

## 109. 正解 C レベル ★★☆

The professor became famous shortly after his online video ------- around the world.
(A) spreads (B) is being spread
(C) had spread (D) is spreading

教授のネット動画が世界中に広まると、教授はすぐに有名になりました。
(A) spread「広まる」の3人称単数現在形
(B) 受動態の進行形（be being p.p.）
(C) 過去完了形（had p.p.）
(D) 現在進行形（be -ing）

### 過去完了形は「過去の一点までの矢印」のイメージ

時制がポイントです。主節では過去形becameが使われており、shortly after ～「～の後すぐに」と続いています。「有名になった」という過去の一点よりもさらに前に「動画が世界中に広まった」と考えて、過去完了形（had p.p.）を選びます。

□ **professor** 教授／□ **shortly after ~** ～のすぐ後に

## 110. 正解 A レベル ★☆☆

------- a safety inspection, all company transport trucks regularly undergo an emissions test.

(A) In addition to (B) As soon as
(C) So that (D) While

安全検査に加え、会社の運送トラックはすべて定期的に排ガス測定を受けています。

(A) 前「～に加えて」
(B) 接「～するとすぐに」
(C) (so that s 助動詞 vで)「svするために」
(D) 接「～する間・～する一方」

### まずは「形」から考える!

「前置詞 vs. 接続詞」がポイントです。空所後に名詞のカタマリ (a safety inspection) がきているので、空所には「前置詞」が入ると考えます。選択肢の中で前置詞扱いの表現は(A) In addition to ~「～に加えて」だけです。

□ **safety inspection** 安全検査／□ **transport** 運送・輸送／□ **undergo** 受ける／□ **emission** 排出

## 111. 正解 C レベル ★★☆

Forrax Group executives were ------- willing nor able to reveal the details of the property sale.

(A) both (B) either
(C) neither (D) since

Forraxグループの幹部は、資産売却の詳細について明らかにすることを望んでいませんでしたし、明らかにすることもできませんでした。

(A) (both A and Bで)「AとB両方」
(B) (either A or Bで)「AかBどちらか」
(C) (neither A nor Bで)「AもBも～ない」
(D) ～以来・～なので

### norとセットになるのは?

空所後にあるnorに注目して、neither A nor B「AもBも～ない」とします。were neither willing nor able to reveal ~「～を明らかにすることを望んでいなかったし、明らかにすることもできなかった」となります (be willing to ~は「～することをいとわない」)。

□ **executive** 幹部／□ **reveal** 明らかにする／□ **detail** 詳細／□ **property sale** 資産売却

## 112. 正解 D レベル ★★☆

If Ms. Zhang had stayed one day longer in Osaka, she ------- the conference's closing banquet.

(A) attends (B) will attend
(C) had been attending (D) could have attended

Zhangさんが大阪にあと1日滞在していたら、カンファレンスの閉会式に参加できたのに。

(A) attend「参加する」の3人称単数現在形
(B) will + 原形
(C) 過去完了進行形 (had been -ing)
(D) could have p.p.

### 仮定法過去完了の公式

仮定法がポイントです。If節の中でhad stayed (過去完了形) が使われているので、仮定法過去完了の公式 "If s had p.p., S would have p.p."「もし～だったら、～していただろうに」を考えます。wouldの代わりにcouldを使った(D)が正解です。

※仮定法の目印は「助動詞の過去形」で、特にwould・couldがよく使われます。

□ **attend** 参加する／□ **conference** 会議・カンファレンス／□ **closing banquet** 閉会式

## 113. 正解 B レベル ★★☆

To create a successful restaurant, the restaurateur must first ------- a well-thought-out business plan.

(A) notify (B) devise
(C) erect (D) unite

レストランを成功させるためには、まずオーナーが綿密な事業計画を練る必要があります。

(A) 知らせる (B) 考案する・考え出す
(C) 建てる (D) 統合する

### devise a plan「計画を練り上げる・計画を立てる」

語彙問題です。文全体はTo ~, SV.「～するためにSVする」の形で、空所には動詞が入ります。目的語のplanと相性が良い単語は(B) devise「考案する・考え出す」です。「新しい計画や方法などを考え出す・工夫して新たに生み出す」イメージでよく使います。

□ **successful** うまくいった・成功した／□ **restaurateur** レストランの店主・オーナー／□ **well-thought-out** よく考えられた ※まとめて形容詞扱いで、a well-thought-out business plan「よく考えられた事業計画」

## 114. 正解 C レベル ★★☆

Training sessions pertaining to the new assembly line process ------- in the coming week.

(A) to schedule (B) has been scheduled
(C) will be scheduled (D) will schedule

新しい組立ライン工程に関連する研修は、来週に予定されています。

(A) schedule「予定する」のto不定詞
(B) 現在完了形+受動態 (have been p.p.)
(C) will+受動態 (D) will+原形

### 長いSをきっちり把握する

SVの把握／能動 vs. 受動／時制がポイントです。Training sessions pertaining to ~ がSで、空所にVが入ります。「研修が予定されている」という受動関係が適切で、かつ空所後にin the coming week「来週」という未来を表す語句があるので、(C)が正解です。空所直後に「名詞がない」点も受動態を選ぶヒントになります(p. 167)。

□ **training session** 研修・講習会／□ **pertaining to ~** ～に関する／□ **assembly line** 組立ライン／□ **process** 工程・手順／□ **the coming week** 来週

## 115. 正解 D レベル ★★☆

Fidello Retail reported strong earnings for the last quarter ------- the slowdown in consumer spending.

(A) although (B) even though
(C) though (D) despite

Fidello小売店は、個人消費が落ち込んだにもかかわらず、前四半期に好業績を計上しました。

(A) 接「～だけれども」 (B) 接「～だけれども」
(C) 接「～だけれども」／副「でも」
(D) 前「～にもかかわらず」

### despiteは「前置詞」、although・thoughは「接続詞」

「前置詞 vs. 接続詞」がポイントです。空所の後は名詞のカタマリ (the slowdown in ~) がきているので、空所には「前置詞」が入ると考えます。選択肢の中で前置詞は(D) despite「～にもかかわらず」だけです。

□ **earnings** (複数形で) 利益／□ **quarter** 四半期／□ **slowdown** 低迷・停滞 ※the slowdown in ~「～における低迷」→「～が低迷したこと」／□ **consumer spending** 個人消費・消費者支出

## 116. 正解 A レベル ★★☆

The market for organic eggs is enjoying steady growth ------- demand for natural, chemical-free food increases globally.
(A) as
(B) on
(C) for
(D) to

化学物質を含まない自然食品への需要が世界的に高まるのに伴い、有機卵の市場は着実に成長を続けています。
(A) 接「～するにつれて」など／前「～として」
(B) 前「～にくっついて」など
(C) 前「～に向かって・～と交換に」など
(D) 前「～に向かって・到達して」など

**「形」から考えれば瞬時に解ける!**
英文全体は "SV ------- sv." という形です（空所後はdemand for ~ がs、increasesがv)。空所には「接続詞」が入ると考えて、接続詞の用法を持つ(A) asを選びます（asには前置詞もあります)。他の選択肢にはすべて従属接続詞の用法はありません。

□ **market** 市場／□ **organic** 有機の／□ **enjoy** 享受する　※ややテンション抑え目で、「細く長く楽しむ」→「(利益・良いことを) 受ける・享受する・手に入れている・恵まれている」という意味も大事／□ **steady** 着実な／□ **demand** 需要／□ **chemical-free** 化学物質を含まない／□ **globally** 世界的に

## 117. 正解 B レベル ★★☆

Ms. McKenzie ------- that one of the candle holders she had ordered was chipped when she received it.
(A) disappointed
(B) was disappointed
(C) will be disappointed
(D) was disappointing

McKenzieさんは、注文したキャンドルホルダーの1つが届いたときに欠けていてがっかりしました。
(A) disappoint「がっかりさせる」の過去形・過去分詞形
(B) 受動態（過去形）
(C) will＋受動態
(D) be＋-ing形

**disappointは「がっかりさせる」**
「能動 vs. 受動」と時制がポイントです。disappointの意味は「がっかりさせる」で、ここでは「McKenzieさんはがっかりさせられる」という受動関係が適切なので、(B)か(C)に絞ります。空所後は「過去」の話なので、過去形の(B)が正解です。
※全体はbe disappointed that ~「～なのでがっかりする」の形になります。

□ **order** 注文する／□ **chipped**（縁などが）欠けた／□ **receive** 受け取る

## 118. 正解 A レベル ★★☆

Each vendor at the festival was asked ------- a questionnaire about their experience during the event.
(A) to complete
(B) completing
(C) completion
(D) be completed

お祭りに出店した各業者は、イベント中の体験についてのアンケートに記入するよう求められました。
(A) complete「(すべて) 記入する」のto不定詞
(B) -ing形
(C) 名「完成」
(D) be＋p.p.

**人 is asked to ~「人は～するよう頼まれる」**
askの語法がポイントです。ask 人 to ~「人に～するよう頼む」の受動態で、人 is asked to ~「人は～するよう頼まれる」とします。Each vendor at ○○ was asked to complete ~「○○の各業者は～を記入するよう頼まれた」となります。

□ **vendor** 販売業者・屋台・売る人／□ **questionnaire** アンケート／□ **experience** 経験

## 119. 正解 B レベル★★☆

Our accommodation discount offer is valid ------- April 30, so hurry up and book your stay with us soon.

(A) when (B) until
(C) over (D) unless

宿泊割引は4月30日まで有効ですので、お早めにご予約ください。

(A) 接「～するとき」 (B) 前・接「～まで(ずっと)」
(C) 前「～にわたって」 (D) 接「～しない限り」

### untilは「前置詞・接続詞」の両方の用法がある

空所直後は名詞(April 30)なので、空所には「前置詞」が入ると考えて、(B)か(C)に絞ります。ここでは「割引は4月30日まで有効」という意味が適切なので、(B) until ～「～まで(ずっと)」が正解です。untilは前置詞・接続詞の両方の用法があります。

□ **accommodation** 宿泊／□ **discount** 割引／□ **valid** 有効な／□ **hurry up** 急ぐ／□ **book** 予約する

## 120. 正解 C レベル★★☆

The property manager issued a ------- informing Mr. Morgan that his rent was overdue.

(A) bill (B) rule
(C) notice (D) permit

物件の管理人はMorgan氏に、家賃滞納を知らせる通知書を出しました。

(A) 請求書 (B) 規則
(C) 通知(書) (D) 許可(証)

### issue a notice「通知書を出す」

語彙問題です。issued a ------- informing 人 that ～「人に～を知らせる-------を出した」という文意に合うのは(C) noticeです。動詞「気づく・注目する」だけでなく、TOEICでは名詞「通知(書)」が重要です。issueは「ポンッと出す」イメージで(p. 180)、issue a notice「通知書を出す・通達を出す」はよく使われます。

□ **property** 不動産・物件／□ **issue** 発行する・出す／□ **inform** 人 **that ~** 人に～を知らせる／□ **rent** 賃料／□ **overdue** 期限を過ぎている・未払いの

## 121. 正解 B レベル★★★

------- planning to take part in our organization's fundraising campaign should attend Saturday's meeting at 6:00 P.M.

(A) Another (B) Anybody
(C) Whoever (D) Whose

当団体の資金調達キャンペーンに参加されるご予定の方は全員、土曜の午後6時からの会合にご出席ください。

(A) 形「もう1つの」／代「もう1つ」
(B) 代「誰でも」
(C) 複合関係代名詞「～する人は誰でも」
(D) 関係代名詞／疑「誰の・誰のもの」

### anybodyは「代名詞」、whoeverは「複合関係代名詞」

------- planning to take part in ～ がS、should attendがVと考えます。主語になる「名詞」で、かつ文意に合うのは(B) Anybody「誰でも」です。Anybody planning to ～「～する方は全員」です(Anybodyを分詞planning ～ が後ろから修飾)。

※(C) Whoeverは「複合関係代名詞」で、Whoever is planning to ～「～する予定の人は誰でも」のように動詞が必要です。

□ **take part in ~** ～に参加する／□ **organization** 団体／□ **fundraising** 資金調達の／□ **attend** 参加する

## 122. 正解 D レベル ★★☆

Johanna Moss's style of painting involves creating different shapes of hundreds of ------- colors.

(A) vary (B) varies
(C) variety (D) varying

Johanna Mossの画風は、数百種類にわたる種々の色で様々な形を作り出すものです。

(A) 動 vary「変わる」の原形
(B) 3人称単数現在形
(C) 名「多様性」
(D) -ing形

### 名詞を修飾するのは?

品詞問題です。Johanna Moss's style of paintingがS、involvesがV、creating different shapes of hundreds of ------- colorsがOです。空所には直後の名詞colorsを修飾する単語が入ると考え、(D) varyingを選びます。

※(C) varietyは「名詞」で、a variety of ~「様々な~」の形ならOKです。

□ **involve** 含む・~である/□ **create** 作る/□ **shape** 形/□ **hundreds of ~** 何百もの~

## 123. 正解 B レベル ★★☆

The agenda for the board of directors meeting includes a discussion on policies ------- maternity and paternity leave.

(A) additionally (B) concerning
(C) regardless (D) whereas

取締役会の議題には、産育休の制度に関する議論が含まれています。

(A) 接副「さらに」 (B) 前「~に関して」
(C) (regardless of ~で)「~にもかかわらず」
(D) 接「~する一方で」

### 実は「形」から瞬時に解ける!

品詞問題です。The agenda for ~ がS、includesがVで、a discussion on policies ------- maternity and paternity leaveがOです。空所直後は名詞なので、空所前にあるpoliciesにつなげられる(B) concerning「~に関して」を選びます。本来は動詞concern「関係させる」の分詞構文でしたが、もはや「前置詞」扱いです。

□ **agenda** 議題/□ **board of directors meeting** 取締役会/□ **include** 含む/□ **discussion** 議論/□ **policy** 制度・方針/□ **maternity leave** 産休・(母親の)育休/□ **paternity leave** (父親の)育休

## 124. 正解 A レベル ★★☆

The Briardon Literary Society's annual poetry contest limits ------- to three per entrant.

(A) submissions (B) individuals
(C) exposures (D) instances

Briardon文学会が例年開催している詩のコンテストでは、応募者1人につき提出は3作品までと決められています。

(A) 提出品 (B) 個人
(C) 公開・さらされること (D) 例

### submit「提出する」の名詞形

語彙問題です。limit A to B「AをBに制限する」の形で、「応募者1人につき3つまでに制限しているものは?」と考え、(A) submissions「提出品」を選びます。submit「提出する」は有名ですが、その名詞形がsubmissionです。

□ **literary** 文学の/□ **annual** 毎年の・年1回の/□ **poetry** 詩/□ **per** ~につき/□ **entrant** 参加者

## 125. 正解 D レベル ★★☆

Yovian Consulting's experienced specialists can help you create and execute an effective marketing strategy that falls ------- your budget.

(A) among (B) through
(C) across (D) within

Yovianコンサルティングの経験豊富な専門家が、ご予算内に収まる効果的なマーケティング戦略の立案と実行をサポートいたします。

(A) ～の間で (B) ～を通して
(C) ～を横切って (D) ～以内に

**within *one's* budget「予算内に」**

空所直前のfallや直後のyour budgetと相性の良い前置詞は、(D) within ~「～以内に」です。an effective marketing strategyを、関係代名詞thatを使ってthat falls within your budget「あなたの予算内に収まる」が修飾しています。under[over] budget「予算を下回って[超えて]」／on a (tight) budget「予算が限られて」なども頻出です。

□ **experienced** 経験豊富な／□ **specialist** 専門家／□ **execute** 実行する／□ **strategy** 戦略

## 126. 正解 C レベル ★★☆

On account of the inclement weather, Mr. Fergus was ------- to participate in the clean-up at the Westshore Bird Sanctuary.

(A) more reluctantly (B) reluctantly
(C) reluctant (D) reluctance

悪天候のため、FergusさんはWestshore Bird Sanctuaryで行われる清掃活動への参加をためらっていました。

(A) 副「嫌々ながら」の比較級 (B) 副「嫌々ながら」
(C) 形「気が進まない」 (D) 名「気が進まないこと」

**be reluctant to ~「～したがらない」**

Mr. FergusがS、wasがVで、空所にはCになる「形容詞」が入ると考えて(C)を選びます。be reluctant to ~／be hesitant to ~／be unwilling to ~「～したがらない」は語彙問題でよく狙われるので、セットで押さえておきましょう。

□ **on account of ~** ～が原因で／□ **inclement weather** 悪天候／□ **participate in ~** ～に参加する／□ **clean-up** 清掃／□ **sanctuary**（鳥・動物の）保護区域

## 127. 正解 A レベル ★☆☆

Although Elisa Barrett only played a minor role in the film, her performance left a lasting ------- on audiences.

(A) impression (B) impressive
(C) impressed (D) impresses

その映画においてElisa Barrettは脇役にすぎませんでしたが、彼女の演技は映画を観た人々の心に残る（忘れられない）印象を残しました。

(A) 名「印象」 (B) 形「印象的な」
(C) 動 impress「感動させる」の過去形・過去分詞形
(D) 動 の3人称単数現在形

**「冠詞+形容詞+名詞」のパターン**

品詞問題です。全体はAlthough sv, SV.「svだけれどもSVだ」の形で、主節はher performanceがS、leftがVで、a lasting ------- がOになります。「冠詞+形容詞+名詞」のパターンを考え、(A) impression「印象」を選びます（"-ion"は名詞の特徴的な語尾です）。

□ **minor** 小さな・重要でない／□ **role** 役割 ※play a minor role in ~「～において大した役割を果たしていない・～で脇役を務める」／□ **film** 映画／□ **performance** 演技／□ **lasting** 長く続く

## 128. 正解 B レベル ★★☆

Gene Murphy, ------- of the longest serving employees in the history of BNR Logistics, will retire next month.

(A) still (B) one
(C) each (D) instead

BNR物流の歴史の中でも有数の長期勤続社員であるGene Murphyが、来月退職する予定です。

(A) 副「まだ」 (B) 代「1つ」／形「1つの」
(C) 形「それぞれの」／代「それぞれ」
(D) 副「その代わりに」

### one of the 最上級 複数形

Gene MurphyがSで、後ろの, ------- of the longest serving employees in ~, はSの説明をしていると考えます（ちなみにVはwill retire）。空所後の最上級（longest）に注目して、one of the 最上級 複数形「最も～なうちの1つ」の形にすればOKです。

□ **serve** 勤める ※long serving employee「勤続年数の長い社員」／□ **logistics** 物流・ロジスティクス

## 129. 正解 D レベル ★★★

Ms. Mclaughlin ------- as a nurse by the time she starts her job at Shelby County Hospital a week from today.

(A) has certified (B) has been certified
(C) was to be certified (D) will have been certified

Mclaughlinさんは、今日から数えて1週間後にShelby州病院での仕事を始める頃には、看護師資格を取得している予定です。

(A) certify「資格を与える」の現在完了形（have p.p.）
(B) 現在完了形+受動態（have been p.p.）
(C) be to構文の過去形 ※p. 371
(D) 未来完了形+受動態（will have been p.p.）

### 「能動 vs. 受動」と「時制」がポイント

「Mclaughlinさんが認定される」という受動関係が適切で、かつ後ろに「名詞」はない（as ~ は副詞のカタマリ）ので「受動態」を考えます。そしてby the time ~「～するまでには」がつくる節の中は現在形（starts）ですが、これは「時・条件を表す副詞節の中では未来のことでも現在形を使う」(p. 196) というルールによるものです。空所は副詞節の「外」で、a week from todayからも「未来」の話だとわかるので、未来完了形＋受動態の(D)が正解です。

□ **be certified as ~** ～の資格を取得している・認定を受ける／□ **county** 州・郡

## 130. 正解 B レベル ★★☆

The editorial staff at *Financial Affairs* is committed to ------- all the information it publishes is accurate.

(A) retaining (B) ensuring
(C) founding (D) focusing

*Financial Affairs*の編集スタッフは、同誌に掲載するすべての情報が確実に正確であるように尽力している。

(A) retain「保つ・保持する」
(B) ensure「保証する・確実に～する」
(C) found「設立する」 (D) focus「集中する」

### ensure (that) sv「確実にsvするようにする」

語彙問題です。be committed to -ing「～することに尽力する」の形で、空所には-ing形が入ります。正解は(B)で、ensuring (that) all the information (that) it publishes is accurate「同誌に掲載するすべての情報が確実に正確であるようにすること」となります（1つめの省略されたthatは接続詞、2つめは関係代名詞）。

□ **editorial** 編集の／□ **publish** 発表する・掲載する／□ **accurate** 正確な

## 問131〜134は次のお知らせに関するものです。

Sablerock Plazaの責任者Tom Griffinは、ショッピングモールの北端にある、Copia Foodsの閉店によって空いた42,000平方フィートのスペースの大半を、新店舗が使用する予定だと発表した。その店の名前はHighlands Grocersといい、今回オープンするのが1店舗目となるが、オーナーは他の都市にも事業を拡大する予定だ。この新店舗は、Copia Foodsが使用していたスペースの75%しか使用しないため、残りのエリアはまだ賃貸可能である。[134] **このスーパーマーケットは、今春に営業を開始する予定だ。** それに先立ち、同店のグランドオープンに関する正式な発表がショッピングモールのウェブサイトに掲載される予定である。

【本文】□ **announce** 発表する／□ **vacate** 空ける／□ **end** 端／□ **mall** ショッピングモール／□ **location** 店舗／□ **expand** 拡大する／□ **take up** 占める／□ **available** 空いている・利用可能な／□ **lease** 賃貸／□ **prior to ~** ～の前に／□ **formal** 正式な／□ **post** 掲載する
【選択肢】□ **coordinate** まとめる・連携させる／□ **department** 部署／□ **currently** 現在／□ **hire** 雇う／□ **store clerk** 店員／□ **cashier** レジ係／□ **set up** 設立する・準備する／□ **period** 期間

---

## 131. 正解 C

レベル ★☆☆

(A) occupying　(A) occupy「占める」の-ing形
(B) was occupied　(B) 受動態の過去形
(C) will occupy　(C) will＋原形
(D) will be occupied　(D) will＋受動態

**「直後に名詞」→「能動態」**

「能動 vs. 受動」がポイントです。announce that ~「～すると発表する」の形で、that節中はa new storeがs、空所にvが入り、much of the ~がoと考えます。空所直後に名詞のカタマリがあるので、能動態の(C)を選べばOKです。

※(A)は文のVになれませんし、受動態の(B)・(D)は原則後ろに「名詞」はきません。

---

## 132. 正解 B

レベル ★★☆

(A) despite　(A) 前「～にもかかわらず」
(B) although　(B) 接「～だけれども」
(C) so that　(C) 接「～するために」
(D) except　(D) 前「～を除いて」

**despiteは「前置詞」、althoughは「接続詞」**

「前置詞 vs. 接続詞」がポイントです。and以降は“------- sv, SV.”の構造なので、空所には従属接続詞が入ると考えます。接続詞の(B) althoughが正解で、「これが1店舗目となるが、オーナーは事業を拡大する予定」と文意も通ります。(A) despiteは「前置詞」なので後ろに名詞がきます。

## 133. 正解 B レベル★★★

(A) total
(B) remaining
(C) covered
(D) surrounding

(A) 合計の
(B) 残りの
(C) 覆われた
(D) 周囲の

**“~, which means ...” は「イコール・因果」を表す**

語彙問題です。“~, which means ...” では、whichは「前の内容」を受けて「～で、そしてそのこと（＝新店舗がスペースの75%しか使用しないこと）は…を意味する」となります。「75% しか使用しない」→「残りのエリアはまだ賃貸可能」という流れから、(B) remainingを選べばOKです。本来の動詞remainは「残っている」という意味です。

※“~, which means ...” はこのままよく使われ、「イコール」関係、もしくは「因果」関係（原因 means 結果）を表すと考えればOKです。

---

## 134. 正解 A レベル★★☆

(A) The supermarket will be open for business this spring.
(B) Coordinating between departments is now quite easy.
(C) So, we are currently hiring store clerks and cashiers.
(D) It can be difficult setting up a store in a short period.

(A) このスーパーマーケットは、今春に営業を開始する予定だ。
(B) 今や部署間の調整もかなり楽になった。
(C) そのため、当店は現在、店員およびレジ係を募集中だ。
(D) 短期間で店舗を立ち上げるのは難しいかもしれない。

**Prior to that「その前に」につながるのは？**

空所の直後に、Prior to that, a formal announcement of the store's grand opening will be posted on ~ とあります。「何の前に正式な発表がウェブサイトに掲載される？」と考えて、(A)を選べばOKです。「今春に営業開始予定」→「その前に正式な発表がウェブサイトに掲載される」という流れになります。

## 問135～138は次のEメールに関するものです。

宛先：Lana Lee <lanalee@flamail.com>
送信者：Jeff Bobbitt <jbobbitt@laredofair.org>

本メールは、7月19日～25日に開催される毎年恒例の第12回Laredo Countyフェアへの登録受付をお知らせするためにお送りいたします。当イベントに再度お申し込みいただきありがとうございます。貴殿はリピート出店となりますので、フェアのルールについてはよくご存じのことと思います。しかし、毎朝10時のフェア開場までに売り場の準備を完全に整えていただく必要があることを、あらためて全員にお伝えさせてください。さらに、出店者の皆様は次の日の出店に備えて、1日の終わりに出店スペースをきれいにする必要があります。[137] **これには、ご自身の出店スペースで出たゴミの撤去も含まれます。**上記およびその他の規則については、当ウェブサイトをご覧ください。

7月にお会いできるのを楽しみにしております。

以上よろしくお願いいたします。

Jeff Bobbitt
イベント責任者
Laredoフェア

【本文】□ **serve as ~** ～としての役割を果たす／□ **receipt** 受領（すること）／□ **registration** 登録／□ **annual** 毎年の・年1回の／□ **sign up** 登録する／□ **participate in ~** ～に参加する／□ **vendor** 出店者・業者／□ **be aware of ~** ～を認識している／□ **booth** 売り場・ブース／□ **completely** 完全に／□ **by the time ~** ～するまでに／□ **additionally** さらに／□ **in preparation for ~** ～に備えて
【選択肢】□ **include** 含む／□ **removal** 撤去／□ **trash** ゴミ／□ **premises**（複数形で）敷地・土地／□ **specifically** 具体的には・特に／□ **complete**（すべて）記入する／□ **questionnaire** アンケート／□ **consequently** その結果／□ **nearly** ほぼ・～近く／□ **double** 2倍にする／□ **make sure to ~** 必ず～する／□ **container** コンテナ・容器

---

## 135. 正解 D

レベル ★★★

(A) returned
(B) returns
(C) returner
(D) returning

(A) 動 return「戻ってくる」の過去形・過去分詞形
(B) 3人称単数現在形
(C) 名「戻ってきた人」
(D) -ing形

### 「能動 vs. 受動」を考える

分詞の判別がポイントです。As a ------- vendorという形から、空所は直後の名詞vendorを修飾すると考えます。「出店者（vendor）が戻る」という能動関係が適切なので、現在分詞の(D)が正解です。as a returning vendor「戻ってくる出店者として」→「あなたはリピート出店となりますので」となります。

※ちなみに、直前の文Thank you for signing up again to participate in our event.からも「リピーター」とわかります。againは「繰り返し」を暗示する重要な含み表現です（p. 236）。

## 136. 正解 C レベル ★★☆

(A) On the contrary (B) Therefore
(C) However (D) For example

(A) それどころか (B) そのため
(C) しかし (D) たとえば

**「逆接」を表す接続副詞は？**

接続副詞を選ぶ問題です。「リピート出店なのであなたはルールをよく知っている」→「しかし、あらためてルールを伝えさせて」という流れを考え、(C)を選びます。remind 人 that ~「人に〜を思い出させる・あらためて〜と伝える」のthat節ではmustが使われ、「しなければいけないこと（＝ルール）」をあらためて伝えているわけです。

---

## 137. 正解 A レベル ★★☆

(A) This includes the removal of their own trash from the premises.
(B) Specifically, you will be asked to complete a new questionnaire.
(C) We have consequently nearly doubled the number of employees.
(D) Make sure not to place broken bottles in any of these containers.

(A) これには、ご自身の出店スペースで出たゴミの撤去も含まれます。
※直訳「これは敷地からの自分自身のゴミの撤去を含む」
(B) 具体的には、新しいアンケートへの回答を求められるでしょう。
(C) その結果、弊社では従業員数が2倍近くになりました。
(D) 割れたボトルは、これらのどの容器にも入れないようにしてください。

**文挿入問題で「指示語・代名詞」はよくポイントになる**

直前の「出店スペースをきれいにする必要がある」につながるのは、「これにはゴミの撤去も含まれる」とすべきことを追加する(A)です。文頭のThisが直前の「出店スペースをきれいにすること」を指し、それをより詳しく説明する流れです。

※premises「敷地・土地」が少し難しいですが、TOEICでは大切な単語です。

---

## 138. 正解 D レベル ★☆☆

(A) services (B) incidents
(C) charges (D) rules

(A) サービス (B) 出来事
(C) 料金 (D) 規則

**Part 6特有の文脈を考慮する語彙問題**

To review these and our other ------- のtheseやotherに注目します。ここまで「毎朝10時までに準備を整えて／出店スペースをきれいにして／ゴミを撤去して」などとルールを説明していたので、「これまで述べたルールとその他のルールについてはウェブサイトを見て」という流れを考え、(D)を選べばOKです。these rulesは“these + 名詞”の形で、「これまで述べてきたルール」をまとめているわけです（p. 204）。

## 問139～142は次の記事に関するものです。

**Gandara図書館、貴重な書籍コレクションを受領**

Gandara図書館は、18世紀に出版された大量の本を譲り受けることになった。その約600作品は、1950年代に活躍したブロードウェイ俳優で骨董品収集家のRodrick Hooper氏がこれまで所有していたもので、有名著者のものだけでなく、あまり知られていない作家の作品も多く含まれている。

Gandara図書館の館長であるJohn Hershは、「これは貴重な本の宝庫です」と述べた。「ほとんどが100年以上前に絶版になったものですが、総合的な保管状態は驚くほど良いです。[140] **これ以上のものは他のどこにもないでしょう**」

図書館は、今年に入ってコレクションの所有権を得た後、本を保管庫に保存することを発表した。それらの本は、学者が扱うことは許されるが、一般の人が間近で見ることができるのは展示されたときだけだ。

【本文】□ **possession** 所有 ※take possession of ~「～の所有権を得る・～を入手する」／□ **a large number of ~** たくさんの～／□ **previously** 以前／□ **own** 所有する／□ **antique** 骨董品／□ **approximately** 約・およそ／□ **renowned** 有名な／□ **author** 著者／□ **treasure trove** 宝庫・宝の山／□ **remark** 述べる／□ **director** 館長／□ **out of print** 絶版になって／□ **overall** 総合的な／□ **incredible** 信じられないほど良い／□ **grant** 与える・許可する／□ **ownership** 所有権／□ **vault** 保管庫・金庫室／□ **scholar** 学者／□ **handle** 扱う／□ **the general public** 一般市民・大衆／□ **up close** 間近で
【選択肢】□ **regrettably** 残念ながら／□ **merchandise** 商品／□ **in stock** 在庫がある／□ **commendation** 称賛・表彰／□ **doubt (that) ~** ～ではないと思う／□ **copy** (本の)部・冊／□ **as a matter of fact** 実のところ

---

## 139. 正解 B　レベル ★★☆

(A) also
(B) as well as
(C) additionally
(D) both

(A) 副「～もまた」
(B) (A as well as Bで)「AもBも」
(C) 接副「さらに」
(D) (both A and Bで)「AとB両方」

**A as well as B「AもBも」**
文全体は"p.p. ~, SV."(p.p.から始まる分詞構文)です。空所の前後にrenowned authorsとmany lesser-known writersという対等な品詞(名詞のカタマリ)があるので、これをつなぐ(B)が正解です。A as well as Bは「BだけでなくAも・AもBも」という意味です(単にandと同じ感覚でも使われます)。

---

## 140. 正解 C　レベル ★★★

(A) Regrettably, very little merchandise is still in stock.
(B) They even received a commendation for the quality of the work.
(C) I doubt you could find better copies anywhere else.
(D) As a matter of fact, the bookshelves will have to be moved.

(A) 残念ながら、まだ在庫のある商品はごくわずかです。
(B) 彼らは作品のクオリティの高さから表彰までされました。
(C) これ以上のものは他のどこにもないでしょう。
(D) 実のところ、本棚を動かさなくてはならないでしょう。

**図書館を「褒める」内容が続く**

この前で「貴重な本の宝庫／保管状態は良い」と図書館・寄贈図書を褒めているので、同じく褒める内容の(C)を選びます。I doubt (that) ~「私は～と思わない」の形で、that節中では比較級betterの比べる相手になる「～より」が省略されています。ここでは「私は、この図書館（の本）よりも良い印刷物を他のどの場所でも見つけられないと思う」→「この図書館が最高だ」ということです。「良くない」と勘違いしがちですが、比較級betterに注目して比較対象「～より」を補って考えてください。

※(B)も褒める内容ですが、文頭のTheyが誰のことか不明です。

---

## 141. 正解 A レベル ★★☆

(A) would preserve
(B) would have preserved
(C) preserving
(D) was preserved

(A) would＋preserve「保存する」の原形
(B) would have p.p.
(C) -ing形
(D) 受動態の過去形

**「能動 vs. 受動」と「時制」を判断する**

コンマ以降はannounce (that) ~「～と発表する」の形で、that節中ではitがs、空所にvが入り、the booksがoと考えます。直後に名詞があるので能動態の(A)か(B)に絞り、時制を考えて(A)を選べばOKです。過去形announcedに合わせて、will→wouldとなっているだけです（「時制の一致」と呼ばれる現象）。

---

## 142. 正解 D レベル ★★☆

(A) so
(B) or
(C) that
(D) but

(A) だから
(B) または
(C) ～ということ
(D) しかし

**前半と後半は「逆接」の関係**

文脈から接続詞を選ぶ問題です。前半は「学者が扱うことは許されている」、後半は「一般の人が間近で見られるのは展示されたときだけ」と対比されているので、(D)が正解です。前半はpermit 人 to ~「人が～することを許可する」の受動態、後半はallow 人 to ~「人が～することを許可する」の受動態です。

## 問143～146は次のウェブページに関するものです。

**1日マーケティングセミナーに参加し、より多くの顧客を獲得・維持するための最適な方法を学びましょう**

セミナーにご参加いただくと、顧客獲得に最も効果的な方法だけでなく、顧客にリピートし続けてもらうための方法も学ぶことができます。また、国内有数のマーケティングの専門家たちから指導を受けることもできます。さらに、参加者が限られているため、手厚いサポートを受けられる学習環境です。[144] **つまり、個別指導をたくさん受けることができます。**

私たちから学んでいただくのはマーケティングの理論ではありません。そうではなく、現実の世界で役立つこと請け合いの戦略をお伝えします。セミナーが終わる頃には、実用的な情報を大量に手に入れたことに驚くでしょう。詳細やお申し込みは、こちらをご覧ください。

【本文】□ **attend** 参加する／□ **discover** 発見する／□ **acquire** 獲得する／□ **retain** 維持する／□ **work** うまくいく・機能する／□ **attract** 引き付ける／□ **guidance** 指導／□ **leading** 一流の／□ **attendance** 出席者（数）／□ **environment** 環境／□ **highly** 非常に／□ **supportive** 支えてくれるような・協力的な／□ **theory** 理論／□ **share** 共有する／□ **strategy** 戦略／□ **guarantee** 保証する・請け合う ※be guaranteed to ~「～すること請け合いだ・～するのは間違いない」／□ **practical** 実用的な／□ **sign up** 参加する・申し込む
【選択肢】□ **maintain** 維持する・整備する／□ **equipment** 設備・機器／□ **notify** 人 **of ~** 人に～を知らせる／□ **absence** 欠席／□ **beforehand** 事前に／□ **individual** 個人の／□ **attention** 注意／□ **nonetheless** にもかかわらず／□ **exception** 例外 ※make an exception「例外を認める」／□ **occasion** 場合・時

---

## 143. 正解 C　レベル ★★☆

(A) expert　(A) 名 expert「専門家」の単数形
(B) expertly　(B) 副「上手に」
(C) experts　(C) 名 expert「専門家」の複数形
(D) expertise　(D) 名「専門知識」

**様々な視点から考える**
「品詞／単数or複数／語彙」がポイントです。some of ~ の形で、"~" には「複数名詞」がきます。複数形の(C)を選んで、marketing experts「マーケティングの専門家たち」とすればOKです。ちなみに、前にあるleadingは形容詞「一流の」です。

---

## 144. 正解 C　レベル ★★☆

(A) Technical support also maintains our office equipment.
(B) We only ask that you notify us of absences beforehand.
(C) In other words, you'll get lots of individual attention.
(D) Nonetheless, we can make exceptions on such occasions.

(A) テクニカルサポートは、弊社のオフィス機器のメンテナンスも行っています。
(B) お願いしたいのは、欠席の連絡は事前にしていただくことだけです。
(C) つまり、個別指導をたくさん受けることができます。
(D) とはいえ、そのような状況では例外を認めることもできます。

**「セミナーの良い点」をアピールしている**
冒頭から「顧客獲得や顧客維持の方法を学べる／専門家から指導を受けられる／参加者が限られているので手厚いサポートを受けられる」などと、セミナーの良い点を伝えています。この流れに合うのは(C)です。in other words「つまり」を使って、「参加者が限られているので手厚いサポートを受けられる」=「個別指導をたくさん受けられる」と述べています。
※get lots of individual attentionは、直訳「多くの個人の注目を得る」→「一人ひとりにしっかり目が届く・個別指導をたくさん受けられる」ということです。

---

## 145. 正解 A レベル★★☆

(A) Instead (A) そうではなく
(B) Similarly (B) 同様に
(C) For instance (C) たとえば
(D) Previously (D) 以前は

**頻出パターンの "not A. Instead B"**
接続副詞を選ぶ問題です。直前は否定文で「マーケティング理論を学ぶのではない」、直後は「現実の世界で役立つ戦略を伝える」です。「理論ではなく現実の世界で役立つ戦略」と対比されているので、(A)を選べばOKです。not A. Instead B「Aではない。(その代わりに・そうではなくて) Bだ」という重要パターンです (p. 205)。

---

## 146. 正解 B レベル★★☆

(A) amazing (A) 動 amaze「驚かせる」の-ing形
(B) amazed (B) 動 の過去形・過去分詞形
(C) amazingly (C) 副「驚くほど・驚くべきことに」
(D) amazement (D) 名「驚き」

**「能動 vs. 受動」を判断する**
感情動詞の分詞がポイントです。amazeは「驚かせる」という意味で、ここでは「あなたは驚かされる」という受動関係が適切なので、p.p.の(B)を選びます。be amazed by ~ で、直訳「~によって驚かされる」→「~に驚く」です。もし(A)を選ぶと、「あなたが驚かせる」ということになってしまいます。

## 問147〜148は次の広告に関するものです。

**プロフェッショナルな受付係募集中**

Rogan通りの人気ヘルス・スパでは、常勤の受付係を募集しています。お客様が最初に対面する人として、スパ・セッション前の時間を心地よく過ごしていただけるようにサポートするのが仕事の一部です。また、予約の受付や、電話・対面による一般的なお問い合わせの対応もしていただきます。そのため、対人スキルに優れた、愛想の良い方を求めています。採用される応募者は、同様の環境での勤務経験がある方になります。勤務時間は火曜日から土曜日の午前11時から午後6時です。ご自身が当店にぴったりだと思われる方は、カバーレターを添えて履歴書をお送りください。

【本文】□ **receptionist** 受付係・フロント係／□ **busy** にぎわっている／□ **seek** 探す／□ **full-time** 常勤の・フルタイムの／□ **help to** 原形 〜するのを手伝う／□ **comfortable** 心地よい／□ **be responsible for ~** 〜の責任がある・〜の担当者である／□ **schedule** 予定を入れる・立てる／□ **appointment** 予約／□ **handle** 扱う・対応する／□ **general** 一般的な／□ **inquiry** 問い合わせ／□ **in person** 直接／□ **therefore** そのため／□ **interpersonal skill** 対人スキル／□ **friendly manner** 友好的な態度・愛想の良さ／□ **candidate** 候補者／□ **setting** 環境／□ **be a good fit for ~** 〜にぴったりである／□ **résumé** 履歴書／□ **cover letter** カバーレター・添え状
【設問・選択肢】□ **monthly** 毎月の／□ **membership** 会員であること／□ **operate** 経営する・営業する／□ **multiple** 複数の／□ **location** 店舗・場所／□ **hire** 雇う／□ **requirement** 必要条件／□ **valid** 有効な／□ **license** 免許／□ **prior** 以前の／□ **accounting** 会計／□ **degree** 学位／□ **management** 経営

## 147. 正解 C

レベル ★★☆

この事業について何がわかりますか?

(A) 月額会員制をとっている。　(B) 多店舗経営している。
(C) 予約を受け付けている。　(D) セラピストを募集している。

### be responsible for ~ で「職務」を説明している

3文目にYou will also be responsible for scheduling appointments and ... とあります。be responsible for ~「〜の責任がある・〜を担当している」を使って、「予約の受付を担当する」と職務を説明しているので(C)が正解です。take appointmentsは「予約をとる」→「予約を受け付けている・予約制」を表します。

## 148. 正解 B

レベル ★★☆

職務要件として何が示されていますか?

(A) 有効な免許　(B) 過去の経験
(C) 会計スキル　(D) 経営学の学位

### 求人で「必須or優遇」は狙われる!

5文目にAll successful candidates will have worked in a similar setting.とあります。「採用される応募者は似たような環境で働いたことがある方になる」=「過去の勤務経験が必要」とわかるので、(B)が正解です。求人ではこういった「必須条件」や「望ましい条件・優遇条件（だけど必須ではない）」がよく狙われます。

※the successful candidateは「成功する候補者」→「(求人で) 採用される候補者」です。All successful candidates will have p.p.で「採用される候補者は〜したことがある（経験を持っている）」という必須条件を表します。また、設問のrequirementも「必須条件」を示す重要単語です。

## 問149～150は次の記事に関するものです。

**Mindon湖の植樹構想、着手へ**

森林保護協会（FCS）は、ネバダ州北西のMindon湖周辺に28,000本の木を植えた。伐採された山の斜面を回復するため、FCSは今後5年にわたって、合計200万本の木をこの地域に植えることになっている。植樹用に選ばれた木は、すべて州内のこの地域に自生しているものだ。

この構想の一環として、Mindonの一部住民は森林の維持および管理に関する研修を受講する予定だ。FCSの植樹目標を達成するため、すでに、さらに多くの地域住民が同団体と協力して取り組んでいる。プロジェクト終了時には、120ヘクタール以上の土地を新たな木々が覆っている見込みだ。

【本文】□ **initiative** 構想・取り組み／□ **get underway** 始まる／□ **conservation** 保存・保護／□ **plant** 植える／□ **a total of ~** 合計～／□ **restore** 回復する／□ **deforest**（森林を）伐採する／□ **slope** 坂・傾斜地／□ **be native to ~** ～自生の・原産の／□ **state** 州・述べる／□ **resident** 住民／□ **training** 研修／□ **maintenance** 維持／□ **management** 管理／□ **even**（比較級を強調して）さらに・より一層／□ **share** 割合／□ **hand in hand** 協力して／□ **reach** 達成する／□ **organization** 組織／□ **target** 目標
【設問・選択肢】□ **have yet to ~** まだ～していない／□ **lead** 率いる／□ **achieve** 達成する／□ **complete** 完了する／□ **be involved in ~** ～に関係している・～に携わっている／□ **establish** 設立する／□ **purchase** 購入する／□ **foreign** 外国の・外来の

## 149. 正解 D

レベル ★☆☆

構想について正しいものはどれですか?

(A) ネバダ州ではまだ始まっていない。
(B) 多くの団体が主導している。
(C) すでに目標を達成している。
(D) 完了までに年数を要する見込みだ。

### be to構文は「これから～することになっている」

1-2（第1段落2文目）にA total of two million trees are to be planted in the area over the next five years by the FCS in order to ... とあります。本文のover the next five yearsを、漠然とyearsと表した(D)が正解です。
ちなみに、are to ~ は“be to”が助動詞のような働きをするbe to構文です。昔から「be toには5つの訳し方（予定・意図・義務・可能・運命）がある」と言われてきましたが、be toの本質は「これから～することになっている」です。toは「これから～する」という未来志向で、直訳は「これから～する（to）という状態だ（be）」ですね。これがbe toの核心で、5つの意味はすべてこの中に集約されるわけです。

## 150. 正解 A

レベル ★★☆

Mindonの住民について何が述べられていますか?

(A) 植樹に携わっている。
(B) MindonでFCSを設立した。
(C) 伐採された土地を購入している。
(D) 外来の木を増やしたがっている。

### 重要熟語のbe involved in ~「～に携わっている」

2-1にAs part of the initiative, some Mindon residents will receive training on forest maintenance and management. とあります。Mindonの住民は「森林の維持・管理に関する研修を受ける」、つまり「植樹計画に携わっている」と言えるので(A)が正解です。
※直後のAn even larger share of the community is already working hand in hand with ... から、「すでに取り組んでいる」とわかるので、選択肢の時制もOKだと判断できます。

## 問151～152は次のメッセージのやりとりに関するものです。

**Harry Kellan**　［午前11:10］
Jean、Newarkからのバスはターミナル6に着くって言っていたよね？　迎えに来たよ。

**Jean O'Brian**　［午前11:11］
そこで合ってるんだけど、バスが定刻よりちょっと遅れてるの。幹線道路で20分以上止まっちゃって。

**Harry Kellan**　［午前11:12］
大変だね。コーヒーでも飲みに行って、また30分後に戻ってこようか？

**Jean O'Brian**　［午前11:13］
そうしてくれると助かる。ありがとう。その通りの真向かいにカフェがあるよ。

**Harry Kellan**　［午前11:14］
見えたよ。じゃあ、そこで待ってるね。また後で。

【本文】□ **tell** 人 **(that) ~** 人に～と言う／□ **terminal**（空港やバスの）ターミナル／□ **pick up** 人 人を迎えに行く ※今回は間に代名詞が入ってpick you upとなっている／□ **behind schedule** 予定より遅れて／□ **traffic** 交通／□ **at least** 少なくとも／□ **highway** 幹線道路／□ **grab** 素早く食べる・飲む／□ **work out fine** うまくいく・良い結果になる／□ **right across ~** ～の真向かいに
【設問・選択肢】□ **incorrect** 誤っている／□ **cafeteria** 食堂／□ **by oneself** 1人で・自分で／□ **suggestion** 提案／□ **solve** 解決する

## 151.　正解 D　レベル ★☆☆

O'BrianさんはKellanさんに何と言っていますか？
(A) スケジュールが間違っていた。
(B) チケットが見つかった。
(C) 食堂が閉まっている。
(D) バスが遅れそうだ。

### よくある「予定より遅れている」という連絡

O'Brianさんの発言（1回目）に、the bus is a little behind scheduleとあります。behind scheduleは直訳「スケジュールの背後に」→「予定より遅れて」という重要表現で、これが選択肢ではlateに言い換えられています。今回のように「予定より遅れている」というパターンは、Part 3・4・7での定番です。

## 152.　正解 B　レベル ★★☆

午前11:13に、O'Brianさんは "That'll work out just fine" という発言で何を意味していると思われますか？
(A) 自力で家に戻ろうと思っている。
(B) Kellanさんの提案を気に入っている。
(C) Kellanさんに帰宅してほしいと思っている。
(D) 問題は解決されるだろうと思っている。

### Why don't I ~?で「申し出・提案」している

Kellanさん（2回目）はWhy don't I ~?「なぜ私は～しないのだろうか？」→「しましょうか？・～するのはどうですか？」で、申し出・提案をしています。これに対して、O'Brianさん（2回目）がThat'll work out just fine.で「Kellanさんの申し出・提案に賛成」しているわけです。work outは「がんばって（work）困難から脱出する（out）」イメージで、「うまくいく・～という結果になる」などの意味があります。

※(D)について、ここでの「問題」は遅れることなので、「コーヒーを飲みに行って遅れが解決するわけではない」ため正解にはなりません。

## 問153～154は次の社内連絡に関するものです。

宛先：全従業員／日付：8月12日

9月6～7日に、Mylan Appliance Owlsは、他の地元企業のチームとともにシーズン最後の野球トーナメントに参加します。楽しくて競争的な環境づくりをサポートするため、ぜひ来場してお手伝いいただきたいとチーム一同思っています。

イベントはCentennial公園で行われます。車での移動と駐車料金を抑えるため、Mylanは56人乗りのバスをレンタルする予定です。両日とも、午前7時30分にMylanの駐車場を出発してCentennial公園に向かい、夕方に戻ってきます。

参加希望の方は、9月1日までにBerny Morgan（bmorgan@mylanappliance.com）にご連絡ください。

よろしくお願いします。

Allan Romero／Mylan Appliance代表取締役社長

□ **participate in ~** ～に参加する／□ **local** 地元の／□ **business** 企業／□ **help** 人 原形 人が～するのを手伝う／□ **competitive** 競争的な／□ **environment** 環境／□ **vehicle** 車・乗り物／□ **trip** 移動／□ **parking** 駐車／□ **expense** 費用／□ **rent** 借りる／□ **hold** 収容できる・入る／□ **passenger** 乗客／□ **leave A for B** Aを出発してBに向かう／□ **parking lot** 駐車場／□ **let** 人 **know** 人に知らせる
【設問・選択肢】□ **invite A to B** AをBに招待する／□ **share** 共有する／□ **competition** 競争・試合／□ **inform** 人 **of ~** ～について人に知らせる／□ **eliminate** 取り除く・削減する／□ **coworker** 同僚／□ **travel** 移動する／□ **venue** 会場・開催地／□ **present** 提供する／□ **discount** 割引

## 153. 正解 B

レベル ★☆☆

社内連絡の主な目的は何ですか？

(A) 試合のルールを説明すること
(B) 従業員をイベントに招待すること
(C) 試合の結果を共有すること
(D) プロジェクトについて従業員に知らせること

### 野球トーナメントをeventと総称的に表している

一番上のTo: All Staffから、この文書は「従業員」に向けたものだとわかります。そして野球トーナメントについて、1-2 they hope you come out and show your supportや3-1 If you would like to attend, please let Berny Morgan ... know by September 1.とあります。全体を通して「従業員を野球トーナメントへ参加するよう促している」ので(B)が正解です。本文と選択肢で、staff → employees、an end-of-the-season baseball tournament → eventと言い換えられています。

## 154. 正解 C

レベル ★★☆

社内連絡によると、従業員はどのように経費を削減する予定ですか？

(A) 同僚よりも早く到着することによって
(B) 食べ物や飲み物を持参することによって
(C) 会場まで一緒に移動することによって
(D) 割引クーポンを提供することによって

### tripやtravelは「旅行」とは限らない！

2-2 To reduce vehicle trips and parking expenses, Mylan will be renting a bus that can hold 56 passengers.とあります。経費削減のために「56人乗りのバスをレンタルする」、つまり「従業員が別々に移動するのではなくバスで一緒に移動する」ということです。本文のtripと選択肢のtravelは「旅行」のイメージが強いと思いますが、今回のように「ちょっとした移動」にも使えます。

※バスケの「トラベリング」は別に「旅行」するわけではありませんね。

## 問155～157は次のチラシに関するものです。

**McGraw's Collectables**
Arrowhead通り946番地, Topeka, カンザス州 66604, アメリカ
mcgrawscollectables.com

McGraw's Collectablesは17年前の開店以来、2度移転しています。それは、たえず増え続けるおもちゃ収集品のためにスペースを広くする必要があったからです。当店の自慢は人形とアクションフィギュアですが、他にもロボット工作キットや模型列車など、数え切れないほどの商品を扱っています。当店で販売しているものはすべて中古品で、以前の使用による小さな傷が想定されます。それでもお客様はいつも、当店の在庫品のほとんどが実は状態が大変良いことに驚かれます。ぜひRoosevelt通りの新店舗にお立ち寄りいただき、ご自身の目でお確かめください。ご来店が難しい場合は、ウェブサイトをご覧ください。現在の在庫を閲覧し、特売品をチェックしていただけます。

最後に、特定のおもちゃをお求めの場合は、当ウェブサイトのお問い合わせフォームをご利用のうえ、ご連絡ください。在庫があるとお約束することはできませんが、在庫がない場合は、世界中のパートナーに在庫があるか確認いたします。

□ **collectables** 収集品／□ **relocate** 移転する／□ **That's because ~** それは～だからだ／□ **expand** 拡大する／□ **selection** 品揃え／□ **specialty** 得意分野・特色／□ **carry** 扱う／□ **countless** 数え切れないほど多くの／□ **item** 物・商品／□ **including** ～を含めて／□ **robotics** ロボット工学／□ **second-hand** 中古の／□ **minor** 小さな・ささいな／□ **previous** 以前の／□ **expect** 予想する／□ **be amazed at ~** ～に驚く／□ **condition** 状態／□ **inventory** 在庫／□ **come by ~** ～に立ち寄る／□ **have a look** 見る／□ **for oneself** 自分で／□ **be unable to ~** ～できない／□ **browse** 閲覧する／□ **current** 現在の／□ **special deal** 特別サービス（品）／□ **be in the market for ~** ～を買いたいと思っている／□ **specific** 特定の／□ **contact form** お問い合わせフォーム／□ **get a hold of ~** ～に連絡する／□ **promise** 約束する／□ **in stock** 在庫がある／□ **be happy to ~** 喜んで～する／□ **across the globe** 世界中の
【設問・選択肢】□ **business** 企業／□ **rent price** 賃料／□ **steadily** 着実に／□ **location** 店舗・立地／□ **central** 中心的な／□ **because of ~** ～が原因で・～のために／□ **redevelopment** 再開発／□ **be impressed by ~** ～に感銘を受ける／□ **friendliness** 親切さ／□ **precision** 正確さ・精密さ／□ **appearance** 外観・見た目／□ **shopfront** 店頭／□ **quality** 質／□ **operate** 運営する／□ **hire** 雇う／□ **salespeople** 販売員

## 155. 正解 B レベル ★☆☆

この店はなぜ2度の移転をしたのですか?
(A) 賃料が上がり続けていたから
(B) 在庫が増え続けたから
(C) (最初の)2箇所は中心地ではなかったから
(D) Topekaの再開発によって

### “結果 That's because 理由” の関係

1-1 McGraw's Collectables has relocated two times since ... とあり、その理由を 1-2 That's because we needed more space for our always expanding selection of toy collectables. で「増え続けるおもちゃ収集品のためにスペースを広くする必要があった」と説明しています。「おもちゃ収集品」をinventory「在庫」と表した(B)が正解です。That's because ~「それは~だからだ」は、“結果 That's because 理由” の関係をつくると意識しましょう。

## 156. 正解 D レベル ★☆☆

チラシによると、客は何に感動しますか?
(A) スタッフの気さくさ
(B) 新型ロボットの精密さ
(C) 店頭の外観
(D) 商品の品質

### 「感情表現」に注目!

1-5 Even so, our customers are always amazed at how excellent the condition of most of our inventory actually is. とあります。be amazed at ~「~に驚く」の形で、これが設問のbe impressed by ~「~に感動する」に対応していると考えます。下線部分の「実はいかにほとんどの在庫品の状態が良いか/ほとんどの在庫品が実は状態が良いこと」を、「商品の品質」と言い換えた(D)が正解です。

## 157. 正解 C レベル ★★☆

お店について何が示されていますか?
(A) 自社製品を作っている。
(B) ウェブサイトを2つ運営している。
(C) 他の店舗と連携している。
(D) 販売員を募集中である。

### 最終文の構造を正確につかむ

2-2 We can't promise you that we'll have it in stock, but if we don't, we'll be happy to ask our partners across the globe if they carry it. とあります (ask 人 if ~「人に~かどうか尋ねる」の形/ここでのcarryは「取り扱っている・在庫を置いている」)。「世界中のパートナーに在庫があるか尋ねる」→「他の店舗と連携している」と考えて、(C)を選べばOKです。

## 問158～160は次のEメールに関するものです。

宛先： Erik Rondell <erondell@siliconaind.com>
送信者：Kiely Rubin <krubin@olsomail.com>
日付： 9月1日

Rondell様

この度は、Silicona Industriesのシステム管理者の職について面談していただきありがとうございました。昨日はご多忙の中、ご都合を合わせていただき、感謝申し上げます。火災報知器によって本社見学が中断したのは残念でしたが、貴社の施設を拝見して大変感銘を受けました。作業場は、明らかにチームワークおよび生産性を向上させるように設計されていました。加えて、火災報知器が誤報であり、どの研究室でも実際には火災が起きていなかったと聞いて安心いたしました。

お会いして、貴社の管理チームに加わりたい思いがとりわけ高まりました。Spark Fashionsが倒産するまで、同社でサーバーとネットワークを稼働させていた経験から、仕事への素早いキャッチアップには自信があります。同時に、一緒に働くことになるシステム管理者の皆さんからも多くを学べると確信しています。

あらためまして、面談の機会をいただきありがとうございました。採用結果のご連絡を楽しみにお待ちしております。

どうぞよろしくお願いいたします。

Kiely Rubin

【本文】□ **position** 役職／□ **administrator** 管理者／□ **appreciate** 感謝する／□ **fit A into B** AをBに組み込む／□ **demanding** きつい・厳しい／□ **unfortunate** 残念な／□ **fire alarm** 火災報知器／□ **put a stop to ~** ～を中止する／□ **tour** 見学／□ **head office** 本社／□ **be impressed with ~** ～に感銘を受ける／□ **workspace** 作業場・職場／□ **be designed to ~** ～するよう設計される／□ **promote** 促進する／□ **productivity** 生産性／□ **in addition** 加えて／□ **be glad to ~** ～してうれしい／□ **false** 誤った／□ **actual** 実際の／□ **lab** 研究室（= laboratory）／□ **be enthusiastic about ~** ～に熱心だ／□ **confident** 自信がある／□ **pick up** 習得する・身につける／□ **because of ~** ～が原因で・～によって／□ **experience -ing** ～した経験／□ **go out of business** 倒産する・廃業する／□ **look forward to -ing** ～するのを楽しみにする／□ **hiring** 雇用・採用／□ **decision** 決定
【設問・選択肢】□ **submit** 提出する／□ **application** 申込／□ **confirm** 確認する／□ **detail** 詳細／□ **follow up on ~** ～に続けて連絡する／□ **interview** 面接／□ **reschedule** 予定を変更する／□ **shut down** 停止する／□ **absent** 欠席して・不在で／□ **interrupt** 中断する

## 158. 正解 C レベル ★★★

このメールはなぜ書かれたのですか?
(A) 求人の応募をするため
(B) 仕事の詳細を確認するため
(C) 面接のフォローアップをするため
(D) 予約を変更するため

**「何かの続き」のパターンに注意!**

1-1 I am writing to thank you for meeting with me to discuss the position of ... で「面接への感謝」を伝えています。このメールを書く前に面接を受けて、その後でお礼メールを送っていると考えられるので(C)が正解です。(C)のfollow upは「(フォローするように)追って情報を伝える・続けて連絡する・追って確認する」という意味です。今回はfollow up on an interviewで「面接の後に続けて連絡する」ことを表しています。

## 159. 正解 D レベル ★★☆

Rubinさんが言っている問題は何ですか?
(A) システムが停止した。
(B) 従業員が欠勤した。
(C) 研究室が破損した。
(D) 見学が中断された。

**「トラブル」はよく狙われる!**

1-3 it was unfortunate that the fire alarm put a stop to my tour of your head office とあり、本社の見学が中止になったことがわかります。本文のput a stop to ~「~にストップを置く」→「~を中止する」が、選択肢ではinterrupt「中断する」に言い換えられています。また、tourは「(旅行の)ツアー」に限らず、今回のように「(工場・施設の)見学」の意味でもよく使われます。

## 160. 正解 B レベル ★★☆

第2段落・3行目にある"running"に最も意味が近いのは
(A) 流れる
(B) 機能する・作動する
(C) 競争する
(D) 対処する

**runは「グルグルまわる」、workは「がんばる」イメージ**

2-2 keeping the servers and networks running at Spark Fashionsは、keep OC「OをCのままにする」の形です。runは「グルグルまわる」イメージで、ここでは「機械などがグルグルまわる」→「機能する・作動する」の意味です。選択肢のworkは本来「がんばる」で、こちらも「機械ががんばる」→「機能する・作動する」の意味があります。
※どちらもp. 92で説明している重要多義語で、言い換えがよく狙われます。

## 問161～163は次のオンラインフォームに関するものです。

https://wright.magazine.com/form

**Wright誌**

**建築設計、技術、建設の最新情報に関する詳細なニュースと特集**

購読部門へのご連絡は、こちらのフォームにご入力ください。お問い合わせには48時間以内に返信いたします。

お名前： Thomas Crane

Eメールアドレス： tomcrane@pepmail.com

件名： 特別号について

お問い合わせ内容：

建築家として、また新規の購読者として、住宅の建築やリフォームに関する記事を楽しく読ませていただいています。春に家の設計を依頼してくださった方も貴誌を購読しているのですが、その方から、6年前に刊行された特集号についてうかがいました。どの記事も様々なコテージスタイルに関するもので、彼女はその中の1つから、私が彼女のために作る家のアイディアをいくつか得たそうです。残念ながら、彼女はもうその号を持っていません。私は印刷版だけでなくオンライン版も購読しているので、ウェブサイトでそれを見つけられたらよいと思っていました。しかし、しばらく前に発行されたものなので、アーカイブにはありませんでした。もしバックナンバーを取り寄せることが可能なら、お願いしたいです。号数はわかりませんが、彼女は9月に受け取ったことを覚えているそうです。この件に関してご協力いただけると大変助かります。よろしくお願いします。

送信

【本文】□ **in-depth** 徹底的な・詳細な／□ **feature** 特集記事／□ **latest** 最新情報／□ **construction** 建築／□ **complete**（すべて）入力する／□ **contact** 連絡する／□ **subscription**（定期）購読／□ **reply to ~** ～に返信する／□ **inquiry** 問い合わせ／□ **architect** 建築家／□ **subscriber**（定期）購読者／□ **remodel** リフォームする・改築する／□ **hire** 人 **to ~** 人を雇って～してもらう／□ **design** 設計する／□ **issue**（雑誌の）号／□ **publish** 出版する・刊行する／□ **unfortunately** 残念ながら／□ **no longer ~** もはや～ない／□ **edition** 版／□ **content** 内容・コンテンツ／□ **archive** アーカイブ・文書保管所／□ **possible** 可能な／□ **back issue** 既刊号・バックナンバー／□ **recall** 思い出す・覚えている／□ **appreciate** 感謝する
【設問・選択肢】□ **inquire** 問い合わせる／□ **specific** 特定の／□ **complain** 不満を言う／□ **undelivered** 未配達の／□ **delivery** 配送／□ **policy** 方針／□ **fee** 料金／□ **copy**（本の）部・冊／□ **construct** 建設する／□ **attend** 参加する／□ **reach** 連絡する

## 161. 正解 A レベル ★★☆

Craneさんはどうしてフォームに入力したのですか?
(A) 特定の号の注文について問い合わせるため
(B) 未配達の雑誌について苦情を言うため
(C) 配達ポリシーの変更について尋ねるため
(D) 購読料金リストを要求するため

**前置きに惑わされずに目的を把握する**

Message欄2文目のa special issue you published six years agoについて、7文目でIf it's possible to order the back issue from you, that's what I'd like to do.と言っています。thatは直前のto以下を指し、直訳「それ(=特集号のバックナンバーを取り寄せること)が私のしたいこと」→「バックナンバーを取り寄せたい」と伝えているわけです。

## 162. 正解 D レベル ★★★

Craneさんの顧客の女性について何が示されていますか?
(A)『Wright誌』を全号持っている。
(B) 自分の家についての記事を出したがっている。
(C) 9月までに建物を建てるよう彼に依頼した。
(D) コテージスタイルの家を彼に設計してほしいと思っている。

**複数の英文から推測する問題**

Message欄2・3文目にAnother subscriber, who hired me to design a house for her ... All the stories were about different cottage styles, and from one she got several ideas for the place I'll be creating for her.とあります。「女性がCraneさんに家の設計を頼んだ/様々なコテージスタイルに関する記事からCraneさんが作る家のアイディアを得た」→「女性はCraneさんにコテージスタイルの家の設計を頼んだ」と考えます。

## 163. 正解 B レベル ★☆☆

Craneさんは何をすることができませんでしたか?
(A) 本を返却する
(B) オンライン上で記事を見つける
(C) 設計セミナーに参加する
(D) 電話で部署に連絡する

**「できなかったこと」は?**

特集号について、Message欄5・6文目にSince I've subscribed not only to your print edition but also to your online edition, I was hoping to find it on your Web site. But the content is not in your archive, ...とあり、「ウェブサイトで記事のオンライン版を見つけられなかった」とわかります。I was hoping to ~. But ...「~できればよいと思っていた。しかし…(できなかった)」はよくある流れです。

問164～167は次のウェブページに関するものです。

http://www.sssc.org/news/

## Southstar社交クラブ

| ホーム | 概要 | メンバー | イベント | ニュース | 連絡先 |
|---|---|---|---|---|---|

**サンバレー・ツアーを7月6日に開催予定**

Southstar社交クラブでは、毎年恒例のガーデンツアーを7月6日（土）午前10時～午後4時に開催します。このツアーでは、サンバレーのプロの庭師の方々が庭に迎え入れてくれ、庭を見たり質問をしたりすることができます。ウォーキングツアーなので、参加者は1日の大半を徒歩で移動することになります。そのため、スニーカーなど歩きやすい靴でいらっしゃることをお勧めします。参加ご希望の方は、Trinity通りとGlenmore通りの交差点にあるQueenstown公園の正面口を出てすぐのところに午前10時にお集まりください。車でお越しの場合は、公園入り口から半ブロックのところにある全日駐車10ドルの駐車場をご利用いただけます。[167] もしくは、地下鉄でFinney駅まで行くこともできます。

プライバシー保護のため、訪れる予定の庭の正確な位置は公開しません。しかし、10時以降に合流希望の場合は、こちらをクリックしてサンバレーの地図をダウンロードしておくことをお勧めします。地図には、私たちが通る予定の基本的なルートは載っていますが、どこに立ち寄るかは載っていません。そのため、遅れて来る予定の場合や、集合時間に間に合わなかった場合は、現地に着いたらリーダーのHeather Leonard（電話番号555-0148）にお電話ください。私たちをより見つけやすいように、地図上の大まかな位置をお伝えします。また、皆様には、ご自身のお弁当と十分なお水を持参いただくようにお願いいたします。

【本文】□ **be set for ~** ～に予定されている／□ **hold** 開催する／□ **annual** 毎年恒例の・年に1回の／□ **outing** 外出・お出かけ／□ **gardener** 庭師／□ **welcome** 人 **into ~** 人を～に迎え入れる／□ **yard** 庭／□ **participant** 参加者／□ **on foot** 徒歩で／□ **wear** 身につける・履く／□ **footwear** 履き物類／□ **intersection** 交差点／□ **Drive** 大通り／□ **note that ~** ～に注意する／□ **available** 利用できる／□ **for the sake of ~** ～のために／□ **publicly** 公開で／□ **exact** 正確な／□ **location** 場所・位置／□ **stop** 滞在場所・停泊地／□ **advise** 人 **to ~** 人に～するよう勧める／□ **general** 大雑把な・漠然とした／□ **whereabouts** 居場所・位置／□ **additionally** さらに／□ **bring along** 持ってくる／□ **plenty of ~** たくさんの～

【設問・選択肢】□ **allow** 人 **to ~** 人が～するのを許可する／□ **leave off ~** ～を省く／□ **make room for ~** ～の場所を空ける／□ **property** 不動産・地所／□ **confusion** 混乱／□ **timetable** 予定表／□ **subway** 地下鉄

# 164. 正解 A

レベル ★★☆

ツアーについて、示されていない情報は何ですか？

(A) 参加可能な人数　(B) Queenstown公園付近の駐車料金

(C) イベントに推奨されている靴の種類　(D) 参加者が集合する場所

**NOT問題は「消去法」が原則**

NOT問題なので、本文の内容と合致する選択肢を消去していきます。

(B) 1-6 note that all-day parking for $10 is available half a block away from the park entranceで「駐車料金」が示されています。

(C) 1-4 We therefore recommend wearing comfortable footwear such as sneakers.で「推奨されている靴の種類」が示されています。

(D) 1-5 we will meet at 10 A.M. just outside Queenstown Park's main entrance, which is at the intersection of ...で「集合場所」が示されています。

以上より、残った(A)が正解です。「参加可能な人数」はどこにも書かれていません。

## 165. 正解 B レベル ★★☆

なぜ地図から省かれた場所があるのですか?

(A) ツアーのルートを示す線を入れるスペースを確保するため (B) 土地所有者のプライバシーを保護するため

(C) 非会員にはツアーを秘密にしておくため (D) 詳細事項が多すぎて混乱するのを避けるため

### for the sake of ~「〜のために」

設問はleave off ~「〜を省く」の完了形+受動態で、「地図から場所が省かれた理由」が問われています。2-1 For the sake of privacy, we will not publicly announce the exact locations of the yards we will be visiting.から「プライバシー保護のため」とわかるので、(B)が正解です。

## 166. 正解 D レベル ★★☆

遅れて合流したい場合、参加者はどうすればいいですか?

(A) ダウンロードした予定表を参照する (B) お昼頃にピクニックエリアで待つ

(C) Glenmore通りを数ブロック歩く (D) サンバレーに着いてからLeonardさんに電話する

### 注意喚起表現のadvise 人 to ~に注目!

2-4 if you are planning to come later or miss the meeting time, we advise you to call tour leader Heather Leonard at 555-0148 when you get to the areaで、遅れる場合は「その地域(=サンバレー)に着いたらLeonardに電話して」と伝えています。

## 167. 正解 C レベル ★★☆

次の文は、[1]、[2]、[3]、[4]のどの位置に入るのが最も適切ですか?

「もしくは、地下鉄でFinney駅まで行くこともできます」

(A) [1] (B) [2] (C) [3] (D) [4]

### alternativelyは「代案」を示す

Alternatively「代わりに」に注目して、この前には「地下鉄の代わりになる交通手段」がくると考えます。1-6 If you plan to get to the area by car, ~ で交通手段に言及しているので、「車で来る場合は〜。代わりに地下鉄で行くこともできる」という流れにします。

**【誤りの選択肢】**

(A) いきなり交通手段の話になるのは変です。また、[1]直後のDuring this outingでは"this + 名詞"の形で直前の内容を受ける自然な流れなので、間に英文は入りません。

(B) [2]直後にtherefore「したがって・そのため」があり、「1日の大半を徒歩で移動する」→「そのため歩きやすい靴がお勧め」という自然な流れになっています。

(D) [4]直後にSo「そのため」があり、「どこに立ち寄るかは載っていない」→「そのため遅れてくる場合はリーダーに連絡して」という自然な流れになっています。

## 問168～171は次のオンラインチャットでの話し合いに関するものです。

**Bruce Romano** [午後1:02]
ミーティングの初めに、5月23日～30日の間、3店舗すべてで古着の寄付を受け付ける予定であることをあらためてお知らせします。

**Cara Higgins** [午後1:03]
特に（店の）どこで回収すればいいか指定はありますか？

**Soo-jung Lee** [午後1:04]
昨年は、私が店長を務める店舗だけでこの取り組みを実施しました。3日目には、レジの近くに寄付ボックスを設置しました。

**Dean Shulman** [午後1:05]
その前は別の場所にあったんですか？ それと、どのような箱を使いましたか？

**Bruce Romano** [午後1:06]
OK、1つずつ話しましょう。箱のことは後ほど。Soo-jung、箱を置いた場所の説明を先に終えてください。

**Soo-jung Lee** [午後1:07]
最初は表玄関の脇に置いてありました。でも、入店時にゴミ箱と勘違いする人がいたんです。

**Cara Higgins** [午後1:08]
ああ、じゃあ、ドアから離しておきましょう。置けそうなら、カウンターの横に置きます。

**Bruce Romano** [午後1:09]
寄付ボックスは郵便受け程度の大きさしかないので、そこまで場所は取らないでしょう。それと、今年は他の3側面にもキャンペーンメッセージを追加しました。ですから、ゴミを入れられるとは誰も思わないでしょう。

**Dean Shulman** [午後1:10]
すべて完成した状態で受け取れるのでしょうか。それとも組み立てる必要がありますか？

**Bruce Romano** [午後1:11]
ボール紙が14枚あります。注意深く説明書通りにやれば、組み立てに10分もかからないでしょう。説明書は5月中旬に箱と一緒にお渡しします。

**【本文】**☐ **reminder** 思い出させるもの・念のためのお知らせ／☐ **accept** 受け入れる／☐ **used** 中古の／☐ **clothing** 衣服／☐ **donation** 寄付／☐ **location** 店舗／☐ **period** 期間／☐ **someplace** どこか／☐ **in particular** 特に／☐ **initiative** 構想・取り組み／☐ **manage** 経営する・管理する／☐ **checkout counter** レジ／☐ **get to ~** ～に着手する／☐ **beside** ～の横に／☐ **mistake A for B** AをBと勘違いする／☐ **trashcan** ゴミ箱／☐ **fit** 合う・収まる／☐ **no** 比較級 **than ~** ～しか…ない・～と同じくらいの…／☐ **mailbox** 郵便受け／☐ **take up space** 場所を取る／☐ **add A to B** AをBに加える／☐ **doubt (that) ~** ～と思わない／☐ **trash** ゴミ／☐ **in one piece** 完成した状態で・1つになって／☐ **put ~ together** ～を組み立てる／☐ **cardboard** 段ボール・ボール紙／☐ **follow** 従う／☐ **instruction** 取扱説明書・指示／☐ **set up** 組み立てる
**【設問・選択肢】**☐ **interior decorator** 内装業者・室内装飾家／☐ **advertising agent** 広告代理店（の店員）／☐ **organize** 整理する・まとめる／☐ **process** 過程・方法・手順／☐ **object** 物／☐ **properly** 適切に／☐ **arrange** 並べる／☐ **procedure** 手順・手続き／☐ **item** 物／☐ **accidentally** うっかり・誤って／☐ **knock over** ひっくり返す／☐ **display** 表示する／☐ **assemble** 組み立てる

## 168. 正解 C レベル ★★☆

書き手は誰だと考えられますか?
(A) 内装業者　(B) 服飾デザイナー　(C) 店長　(D) 広告代理店の店員

**manage a store「店を経営する・店長を務める」**
最初にRomanoさんが「店で古着の寄付を受け付ける予定」と言って、「店での寄付ボックスの設置場所」についてあれこれ話しています。Leeさん(1回目)がLast year, we held the initiative only at the store I manage.と言っていることからも、話し合っている人は「店長」だと考えられます。

## 169. 正解 A レベル ★★★

午後1:06に、Romanoさんは "one thing at a time" という発言で何を示唆していますか?
(A) 彼は会議の流れを整理したいと思っている。
(B) 彼は、他の人たちは全員すでにプロセスを知っていると思っている。
(C) 彼は、いくつかの物が適切に配置されていると考えている。
(D) 彼は手順の全工程について話し合うつもりである。

**前後の流れから推測する意図問題**
「設置場所」について話し合っていたところ、Shulmanさん(1回目)がAnd what kind of box did you use? で「箱の種類」についても尋ねています。そこでRomanoさんがOK, one thing at a time. I'll get to the box soon. Soo-jung, please finish explaining where you put yours.で、「(種類の話はいったんおいて)まず設置場所について説明してもらおう」と話の流れを整理しているわけです。
※one thing at a timeは「1つずつ話を整理していこう」という意味合いです。

## 170. 正解 C レベル ★★★

Romanoさんは昨年の寄付ボックスについて何を示唆していますか?
(A) 中に入りきらない商品もあった。
(B) うっかりひっくり返してしまった人がいた。
(C) 1つの面にしかメッセージが表示されていなかった。
(D) 部品の多くがプラスチックだった。

**「去年:1つの面だけ」⇔「今年:3側面も追加」**
Romanoさん(3回目)がAnd we've added our campaign messages to its other three sides this year.と言っています。「今年は他の3側面にもメッセージを追加した」→「去年は1つの面だけ」と考えられるので、(C)が正解です。

## 171. 正解 D レベル ★★☆

寄付ボックスの組み立てについて質問しているのは誰ですか?
(A) Bruce Romano　(B) Cara Higgins　(C) Soo-jung Lee　(D) Dean Shulman

**assemble ≒ put together「組み立てる」**
設問のassembleは「組み立てる」で、「寄付ボックスの組み立て」について尋ねた人が問われています。Shulmanさん(2回目)がWill we receive it all in one piece, or do we have to put it together?と言っているので、(D)が正解です。put togetherは直訳「一緒に(together)置く(put)」→「組み立てる」です(≒assemble)。

## 問172～175は次のインフォメーションに関するものです。

**COVELLO PARADISEへようこそ**
contact@paradisefarm.com / 555-0144

私たちは小さな有機農園で、年間を通して様々な種類の農産物やハーブを栽培しています。当園が生産しているものの多くは、Covello市近隣のスーパーマーケットやレストラン向けに収穫されます。しかし当園は、植物以外にもたくさんのものを育てています。イヌ、ネコ、ニワトリ、ヤギなど、数え切れないほどのペットも飼っています！ 私たちは、自然と触れ合ったり、山腹にある私たちの家から見える美しい景色を楽しんだりして数時間過ごしたいというお客様を歓迎しています。また、Paradise農園での長期滞在を希望されるお客様もお受けしています。

リフォームしたての当ゲストハウスは、全部屋に寝心地のよいベッド、机、蚊帳がございます。そして各部屋には、息をのむようなCovello Valleyを見渡せるバルコニーがあります。私たちは、お客様全員にくつろいでいただけるよう心がけています。また、私たちが栽培している植物や、その多くから生産される食材の調理法に関するワークショップも定期的に開催しています。料理、食事、交流のための共有スペースは、すべての訪問者が利用できます。

当ゲストハウスのご予約をご希望の場合、Eメール（contact@paradisefarm.com）で受け付けておりますが、必ずお電話（555-0144）にて予約をご確認ください。また、当農園およびゲストハウスまでの道のりは急勾配で狭いです。ほとんどの車はまったく問題ありませんが、モーターホーム（キャンピングカー）のような大型車は、このルートを運転しないでください。そのような車をお持ちの方は、ご訪問の前日までにお電話をお願いいたします。そうすればスタッフがお迎えの時間を調整して当園までお連れいたします。

【本文】□ **organic** 有機の／□ **farm** 農園／□ **diverse** 多様な／□ **a variety of ~** 様々な～／□ **produce** 農産物・生産する／□ **herb** ハーブ／□ **year-round** 一年中・年間を通して／□ **harvest** 収穫する／□ **nearby** 近くの／□ **countless** 数え切れないほど多くの／□ **including** ～を含めて／□ **goat** ヤギ／□ **connect with ~** ～とつながる／□ **mountainside** 山腹／□ **take in ~** ～を受け入れる・～を泊める／□ **newly** 新しく／□ **renovate** リフォームする・改装する／□ **mosquito net** 蚊帳／□ **overlook** 見渡す・見下ろす／□ **breathtaking** 息をのむような／□ **be committed to -ing** ～することに尽力している／□ **at home** くつろいで／□ **regularly** 定期的に／□ **hold** 開催する／□ **socialize** 交流する／□ **available** 利用できる／□ **visitor** 訪問者／□ **make a reservation** 予約する／□ **make sure to ~** 必ず～する／□ **confirm** 確認する・確定する／□ **in addition** さらに／□ **steep** 急な／□ **narrow** 狭い／□ **vehicle** 車・乗り物／□ **absolutely** 絶対に・まったく／□ **give** 人 **a call** 人に電話する／□ **be happy to ~** 喜んで～する／□ **arrange** 手配する／□ **pick up** 迎えに行く・車に乗せる
【設問・選択肢】□ **be intended for ~** ～向けである・～が対象で／□ **be instructed to ~** ～するよう指示される／□ **response** 返答／□ **attach** 添付する／□ **opportunity** 機会／□ **accommodation** 宿泊施設／□ **premises**（複数形で）敷地／□ **in advance** 事前に／□ **be suitable for ~** ～に適している／□ **book** 予約する ※be fully booked「完全に予約されている」→「満席の」／□ **due to ~** ～が原因で

## 172. 正解 D

レベル ★★☆

このインフォメーションは誰向けのものだと考えられますか？
(A) レストラン経営者　(B) 配達ドライバー　(C) 農家　(D) 旅行客

**For whom is ~ intended?「～は誰向け？・対象は？」**
「対象」を問う定番の設問です。1-5・6 We welcome visitors who want to spend a few hours connecting with nature and .... We also take in guests who want to spend a longer time at ... とあり、「自然と触れ合いたい客を歓迎している」とわかります。その後も「ゲストハウスから良い景色が見られる」と続けているので、(D)が正解です。

## 173. 正解 C

レベル ★☆☆

メールを送る読み手は何をするように指示されていますか?

(A) 返事を待つ (B) 番号を伝える (C) 確認をする (D) 文書を添付する

**please make sure to ~ は解答のキーになる!**

3-1 you can send us an e-mail ..., but please make sure to confirm your reservation by phone ... とあります。confirm your reservation「予約を確認する」を言い換えた、(C) Make a confirmation「確認する」が正解です。

※pleaseから始まる命令文で、make sure to ~「必ず~して」と続いていました。これが設問のbe instructed to ~「~するよう指示される」に対応しているわけです。

## 174. 正解 D

レベル ★★☆

Paradise農園について述べられていないことは何ですか?

(A) 料理について学ぶ機会を提供している。 (B) 眺めの良い宿泊施設を提供している。

(C) そこの製品を他の企業が販売している。 (D) 従業員は通常、敷地内で寝泊まりしている。

**NOT問題は「消去法」で解けばOK**

NOT問題なので、本文の内容と合致する選択肢を消去していきます。

(A) 2-4 We also regularly hold workshops on the plants we grow and how to cook the food that many of them produce. から、「料理を学べるワークショップ」があるとわかります。

(B) 2-1・2 All rooms in our newly renovated guesthouse ... And each has a balcony overlooking the breathtaking Covello Valley. から、「息をのむような景色が見渡せるバルコニー」があるとわかります。

(C) 1-2 Much of what we produce is harvested for supermarkets and restaurants in nearby Covello City. から、「(生産したものが) 近隣のスーパーなどに向けて収穫される」→「商品は他の企業が販売している」とわかります。本文のsupermarkets and restaurants in ~を、選択肢では総称的にother businessesと表しています。

以上より、残った(D)が正解です。「敷地内で寝泊まりする」とは書かれていません。

## 175. 正解 B

レベル ★★☆

一部の読み手はどうして事前に施設に電話することを推奨されているのですか?

(A) ワークショップを中止せざるを得ない場合があるから。 (B) 乗り物によっては道路が適していない場合があるから。

(C) レストランが満席のことがあるから。 (D) 雨天によってお迎え場所が変更になることがあるから。

**「道が急勾配で狭いから、大型車の人は事前に電話して」という流れ**

3-2で「道が急勾配で狭い」、3-4 Larger vehicles such as motorhomes, however, should not be driven up it. で「大型車は運転しないで」と伝えています。それを踏まえて、3-5 If you have such a vehicle, we recommend that you give us a call the day before your visitで「そういった車 (大型車) の場合は電話して」と言っているので、(B)が正解です。

**問176～180は次の2通のEメールに関するものです。**

宛先：Michael Parson／送信者：Mandy Hawkes／日付：3月7日／件名：CAGのイベント

Parson様

私はMandy Hawkesと言い、チャールストン画廊（CAG）で画商をしています。当画廊は毎年、チャールストンとその近郊にお住まいの詩人の方々をお招きし、当画廊の会員向けに作品の朗読をしていただいています。貴殿は最近詩集『Internal Sunset』を出版されましたので、よろしければ4月12日に開催される今年のイベントで詩集の朗読をしていただけないかと思っております。Paula Callie、Keone Young、Cynthia McRaeなど、貴殿もご存じであろう皆さまにも参加いただくよう招待しております。

詩の朗読会は、夜明けや夕暮れの光の本質を捉えてキャンバスに表現することで有名な画家のMeghan Glennonの展示会と同時に開催されます。貴殿をはじめとする作家の皆さんの詩がGlennonさんの芸術作品との相乗効果で、心地よい雰囲気づくりにつながることと思います。彼女の25枚の風景画は4月いっぱい当Azalea展示ホールで一般公開されます。朗読会もそこで行われます。

イベントは午後6時に始まり、約3時間行われます。暫定的なスケジュールは次の通りです。

午後6時 ― Mandy Hawkesがスピーチを行い、Meghan Glennonの展示や詩人たちを紹介する
午後6時30分 ― 未定
午後7時 ― Paula Callie
午後7時30分 ― 未定
午後8時 ― Cynthia McRae

まだもう1人の参加予定者のスケジュールが決まっておりませんので、上記で空欄になっている時間帯のどちらかをお選びいただけます。参加をご希望の場合は、都合がつき次第お早めにお知らせください。

どうぞよろしくお願いいたします。／Mandy Hawkes／チャールストン画廊

宛先：Mandy Hawkes／送信者：Michael Parson／日付：3月8日／件名：CAGのイベント

Hawkes様

4月12日のイベントにお招きいただいて光栄に思うとともに、私を招待リストに含めてくださったことに謹んで感謝申し上げます。実は、私は貴館の元会員で、過去にはそちらで開催された朗読会に参加したこともあります。現在私が会員でないのは、ひとえにここ2年間はフランスに住んでおり、会員特典を享受する機会がなさそうだったからです。ですが、チャールストンに戻ってまいりましたので、機会があればすぐにまた会員登録をするつもりです。

貴館の会員の皆さまに向けての朗読ですが、喜んでお受けします。しかし、その日の午後にMaryvilleの図書館で本のサイン会に参加することになっています。この予定が終わるのが5時頃で、車で1時間かけてチャールストンに戻るので、貴殿のスピーチに間に合うようにCAGに着くのは不可能です。念のために、いただいたスケジュールのうち遅いほうの空き枠にしたほうがよさそうです。

さらに、すでにスケジュールが決まっている2名の著者とは個人的な面識がありませんが、もう1名の著者とは親しい友人です。彼は次回作の小説の下調べをするために2カ月間エリトリア旅行に行っていますので、貴殿からのメールにすぐに返事をすることはできないでしょう。また、前回話した際に、5月4日までチャールストンに戻らないと言っていました。

あらためて、イベントにお招きいただいてありがとうございます。貴館会員の皆さまに朗読をさせていただけ

ることを楽しみにしております。

どうぞよろしくお願いいたします。／Michael Parson

【本文1】□ **gallerist** 画商／□ **art gallery** 画廊・美術館／□ **poet** 詩人／□ **reside** 住む／□ **work** 作品／□ **collection**（詩・小説などの）選集／□ **poetry** 詩／□ **coincide with ~** ～と同時に起こる／□ **exhibition** 展示会／□ **capture** 捉える／□ **dawn** 夜明け／□ **dusk** 夕暮れ／□ **canvas** キャンバス／□ **complement** 補完する・引き立たせる／□ **artwork** 芸術作品／□ **pleasant** 心地よい／□ **atmosphere** 雰囲気／□ **landscape** 風景画／□ **the public** 一般市民・大衆／□ **last** 続く／□ **tentative** 暫定的な・仮の／□ **as follows** 次の通りで／□ **pending** 保留中の／□ **have yet to ~** まだ～していない／□ **invitee** 招待客／□ **blank** 空白の／□ **time slot** 時間帯・時間枠／□ **at *one's* earliest convenience** 都合がつき次第
【本文2】□ **be honored to ~** ～することを光栄に思う／□ **invitation** 招待状／□ **humbly** 謹んで／□ **as a matter of fact** 実は／□ **former** 元の／□ **opportunity** 機会／□ **membership** 会員であること／□ **benefit** 利益・特典／□ **nevertheless** にもかかわらず／□ **renew** 更新する・再開する／□ **chance** 機会／□ **agree to ~** ～すると同意する／□ **partake in ~** ～に参加する／□ **engagement** 予定・約束・仕事／□ **S make it impossible for** 人 **to ~** Sが原因で人は～できない ※直訳「Sは人が～することを不可能にする」(it は仮O、to ~ が真O)／□ **in time for ~** ～に間に合って／□ **to be on the safe side** 念のために・余裕を持って／□ **in addition** 加えて／□ **personally** 個人的に／□ **author** 著者／□ **respond to ~** ～に返信する／□ **straightway** すぐに／□ **look forward to -ing** ～するのを楽しみにする
【設問・選択肢】□ **renewal** 更新／□ **fee** 料金／□ **attract** 引き付ける／□ **promote** 宣伝する／□ **feature** 特集する・呼び物にする／□ **period** 期間／□ **include** 含む／□ **various** 様々な／□ **complimentary** 無料の／□ **refreshments**（複数形で）軽食／□ **copy**（本の）部・冊／□ **publication** 出版（物）

## 176. 正解 A

レベル ★☆☆

Hawkesさんはどうして Eメールを送ったのですか？
(A) 詩人を画廊に招いて朗読してもらうため
(B) 会員権の更新料を尋ねるため
(C) 会員を展示会に招くため
(D) 新しい詩集の宣伝をするため

**We were wondering if ~で「イベント出演を依頼」**

1-3 Since you recently published your collection of poems, ..., we were wondering if you might like to read from your book at this year's event on April 12で、イベントにParsonさん（詩人）を招待しています。we were wondering if you might like to ~は、直訳「私たちは、あなたが～したいと思っているかもしれないかどうか不思議に思っていた」→「よろしければ～していただけないでしょうか」と丁寧に依頼する表現です。

## 177. 正解 D

レベル ★★☆

チャールストン画廊でのイベントについて、示されていないことは何ですか？
(A) その画廊のAzalea展示ホールで開催される予定である。
(B) 25点の絵画の展示を呼び物にする予定である。
(C) 3時間にわたって開催される予定である。
(D) 様々な無料の軽食がついてくる予定だ。

**NOT問題は「消去法」で解く！**

NOT問題なので、本文の内容と合致する選択肢を消去していきます。
(A) 2-3 Her twenty-five landscapes will be shown to the public for all of April in our Azalea Exhibit Hall. とあります。
(B) 2-3 Her twenty-five landscapes will be shown to the public for all of April in our Azalea Exhibit Hall. とあります。本文のlandscapes「風景画」が、選択肢でpaintings「絵画」に言い換えられています。

模試解説 Part 7

(C) 3-1 The event will start at 6:00 P.M. and last for about three hours. とあります。以上より、残った(D)が正解です。「無料の軽食」については言及されていません。

## 178. 正解 C レベル★★★

Parsonさんによると、彼は何ができない見込みですか?

(A) 画廊の会員カードを使う (B) 毎年恒例の画廊のイベントに参加する

(C) 6時までに画廊に着く (D) 最近の出版物にサインをする

**your speech =「6時のMandy Hawkesさんのスピーチ」**

2つめの文書に、2-3 This engagement will end at around five o'clock, and the hour's drive back to Charleston will make it impossible for me to be at the CAG in time for your speech. とあります (メールの宛先からyour speechは「Mandy Hawkesのスピーチ」とわかる)。そして1つめの文書のスケジュール表を確認すると、6:00 P.M. — Mandy Hawkes will give a speech introducing ... でスピーチの時刻が見つかります。つまり、「サイン会は5時頃に終わって、車で1時間かけて戻るので、6時に始まるMandy Hawkesのスピーチに間に合わない」と伝えているので、(C)が正解です。

## 179. 正解 C レベル★★☆

Parsonさんが画廊の会員に向けて話すのは何時だと考えられますか?

(A) 午後6時30分 (B) 午後7時 (C) 午後7時30分 (D) 午後8時

**スケジュール表で「遅いほうの空き枠」を探す**

2つめの文書に、2-4 I had better take the latter open slot in your schedule とあります。1つめの文書にあるスケジュール表を参照すると、6:30 P.M. と7:30 P.M. がPending「未定」となっており、このうち遅いほうの(C)が正解です。slot「時間枠」やpending「保留中の・未定で」は、スケジュール関連で大事な単語ですし、former「前の」やlatter「後の」に対応する箇所は設問で非常によく狙われます。

## 180. 正解 B レベル★★☆

Parsonさんは、誰がエリトリアで調査を行っていると言っていますか?

(A) Paula Callie (B) Keone Young (C) Cynthia McRae (D) Meghan Glennon

**典型的な「内輪受けパターン」**

2つめの文書に、3-1・2 although I do not personally know the two authors you have already scheduled, I am a close friend of the other. Since he is on a two-month trip to Eritrea to conduct research for ... とあります。「あなた (= Mandy Hawkes) がスケジュールに入れた2人以外の1人がエリトリアで調査している」とわかるので、1つめの文書でスケジュールを確認します。

すると、1-4 We have invited Paula Callie, Keone Young, and Cynthia McRaeに3人の名前があり、下のスケジュール表には7:00 P.M. — Paula Callieと8:00 P.M. — Cynthia McRaeの2人が入っています。よって「スケジュール表に入っていないKeone Youngがエリトリアで調査している」と考えればOKです。

※今回のように「あなたが言った○○」のような箇所は、クロス問題でほぼ確実に狙われます。「内輪の会話」には必ず反応してください。

## 問181～185は次のプレスリリースおよびフォームに関するものです。

**Whirlstyle Electric広報課**

**緊急速報**
**6月19日**

Whirlstyle Electricは、弊社の品質管理部が壁掛け扇風機Breeze-Zone 5Sの問題を認識したため、製品のリコールを発表しました。羽根をモーターにつなぐブラケットにひびが入る恐れがあり、そうなると羽根が扇風機のフロントガードに落下してしまう可能性があります。現在まで、羽根にひびが入ったという報告はご購入者から報告されていませんが、この扇風機は機器に損傷を与える危険性があります。そのため、ご購入のお客様は直ちに使用を中止するようにお願いいたします。

弊社は、この度のリコールは、昨年の3月から5月の間に製造された最大22,000台に影響すると考えております。Whirlstyle社副社長のEthan Bransonは声明の中で「わが社は今週、5段変速のBreeze-Zone型が有する潜在的リスクを特定しました。これはHydratone社が設計したもので、弊社が同社を買収するよりも前に製造が開始されていました。しかし、新オーナーとして、お客様のためにこの事態を収拾するのはわが社の責任です」と述べています。

Whirlstyle社は、交換用部品およびサービス費用を負担いたします。扇風機の型式がリコールの影響を受けるかどうかをお客様が確認するためには、Whirlstyle社（555-0183／年中無休）にご連絡ください。Breeze-Zone 5Sをお持ちのお客様が修理を受けるには、Whirlstyle Electricのコーポレートサイト（www.whirlstyleelectric.com/rrf）のリコール回答フォームにご入力いただく必要がございます。フォームを受領・確認次第、扇風機を取り外してブラケットを交換し、お客様の追加費用なしで再び取り付けを行います。

**リコール回答フォーム**

おわかりの範囲で本フォームにご入力ください。そうしていただくことで、最適な対応を迅速に行うことができます。

| 製品名 | 型式番号 | 日付 |
|---|---|---|
| Breeze-Zone 5S | HT-90374574 | 6月24日 |

**お客様氏名：** Tara Donnelly　**お客様電話番号：** 555-0182

**お客様住所：** Woodstock通り5834番地, Fredericton, ニューブランズウィック州 E3B 2H8, カナダ

**台数：** 2　**色：** 緑

**購入店舗名：** Macrosセンター　**店舗所在地：** Cyrus通り

本フォームに情報を追加したい場合は、以下の欄をご使用ください。

扇風機の羽根にひびが入ったことはMacrosセンターに連絡しました。羽根が落下することはありませんでしたが、それによってモーターの周りのプラスチック部分がねじれ、ゆがんでしまったので、その部分も交換が必要です。昨年この問題を店に伝えたところ、メーカーがもう存在しないため、扇風機の交換はできないと言われました。その製品を所有していたのはたったの2カ月ですよ！ ですが、この型を修理してくれるということを読んでうれしく思いました。うちの扇風機はすでに壁から外れていて、回収していただく準備ができています。近いうちにご連絡をお待ちしています。

【本文1】□ **press office** 報道担当・広報担当／□ **immediate** 即時の／□ **issue** 発表する／□ **recall** 不良品回収・リコール／□ **quality control** 品質管理／□ **identify** 認識する・特定する／□ **wall mount fan** 壁掛け扇風機／□ **connect A to B** AをBにつなげる／□ **crack** ひびが入る・割れる／□ **report** 報告する／□ **to date** 現在まで／□ **pose a risk of ~** ～の危険性がある／□ **device** 機器／□ **therefore** そのため／□ **advise** 人 **to ~** 人に～するよう勧める・忠告する／□ **immediately** すぐに／□ **estimate** 推定する・見積もる／□ **affect** 影響を与える／□ **up to ~** 最大～まで／□ **manufacture** 製造する／□ **vice president** 副社長／□ **statement** 声明／□ **potential** 潜在的な・～の可能性がある／□ **design** 設計する／□ **manufacturing** 製造／□ **commence** 開始する／□ **prior to ~** ～より前に／□ **acquire** 買収する／□ **remedy** 改善する／□ **situation** 状況／□ **replacement** 交換・代替品／□ **confirm** 確認する／□ **repair** 修理／□ **be required to ~** ～する必要がある／□ **complete** 入力する／□ **corporate** 会社の／□ **receipt** 受領・受け取ること／□ **review** 確認（する）・検討（する）／□ **remove** 取り除く／□ **replace** 取り換える／□ **reinstall** 再び取り付ける／□ **at no extra cost** 追加費用なしで
【本文2】□ **fill out** 入力する・記入する／□ **to the best of *one's* knowledge** ～の知っている限り／□ **appropriate** 適切な／□ **in a prompt manner** 早急に ※直訳「早急な（prompt）方法（manner）で」／□ **add A to B** AをBに加える／□ **notify** 人 **that ~** 人に～と知らせる／□ **fall off** はがれ落ちる／□ **twist** ねじる／□ **warp** ゆがませる／□ **inform** 人 **that ~** 人に～と知らせる／□ **manufacturer** メーカー・製造業者／□ **no longer ~** もはや～ない／□ **exist** 存在する／□ **own** 所有する／□ **pick up** 引き取る・回収する
【設問・選択肢】□ **compare** 比較する／□ **feature** 特徴／□ **defective** 欠陥のある／□ **instruction** 指示／□ **retailer** 小売店／□ **inventory** 在庫／□ **fix** 修理する／□ **determine** 特定する／□ **merge with ~** ～と合併する／□ **take apart ~** ～を分解する／□ **charge** 請求する／□ **fixed fee** 固定料金／□ **delivery** 配送

## 181. 正解 B　レベル ★★☆

プレスリリースの主な目的は何ですか？

(A) 様々な製品モデルの特徴を比較すること　(B) 欠陥品についての情報を伝えること
(C) 機器の返却について指示すること　(D) 小売店が在庫を返品するのに最適な方法を説明すること

### TOEIC定番の「不良品」の話題

1-1 Whirlstyle Electric has issued a product recall after its quality control team identified a problem with the Breeze-Zone 5S wall mount fan. で、「商品に問題が見つかったため、リコールを発表した」と伝えています。その後も「問題の詳細・原因・今後の対応」など、不良品に関して説明しているので(B)が正解です。defective product「欠陥品・不良品」の話はTOEIC頻出です。

※(C)がまぎらわしいですが、文書で「返品の指示」をしているわけではありません（その場合は返品のやり方・手順などを説明するはず）。あくまで「不良品」のリコールの措置として、修理を受ける手順を説明しているだけです。

## 182. 正解 B　レベル ★★☆

プレスリリースの中で、第1段落3行目の“lead to”という語句の意味が最も近いのは

(A) 延長する　(B) ～につながる・～という結果になる　(C) 指示する　(D) ～に進む

### “原因 lead to 結果” ≒ “原因 result in 結果”

lead to ~は「～につながる・～を引き起こす」といった日本語訳より、“原因 lead to 結果”という因果関係を把握することが重要です。これと同じ因果関係を表すのは(B)で、“原因 result in 結果”となります。こういった因果表現は超重要です（p. 237）。
ちなみに今回は、前の内容を受ける関係代名詞whichが使われ、1-2 ~, which can lead

to the blades falling into ...「～、そしてそれ（羽根をモーターにつなぐブラケットにひびが入ること）によって、羽根が…に落下してしまう可能性がある」となっています。「原因：ブラケットにひび → 結果：羽根が落下」という関係です。

## 183. 正解 C レベル ★★☆

プレスリリースによると、会社はいつ製品の修理を行えますか？
(A) モーターを取り外した後　(B) いくつかの部品を注文した後　(C) 書面を確認した後　(D) 問題を特定した後

**upon 動詞派生の名詞「～するとすぐに・～したら」**

3-3 In order to have the repair done, customers with a Breeze-Zone 5S are required to complete the recall response form on ... とあり、修理には「回答フォームに記入する必要がある」とわかります。そして3-4 Upon receipt and review of the form, the fan will be removed, the brackets replaced, and the fan reinstalledから、「フォームを受理・確認次第、修理する」とわかるので(C)が正解です。本文のthe formを、選択肢ではdocument「書面」と表しています。

※3-4の前半はupon 動詞派生の名詞「～するとすぐに・～したら」の形で、Upon receipt and review of ～「～を受理・確認したら」です（語彙問題でも問われる重要表現）。

## 184. 正解 D レベル ★★★

Macrosセンターについて何が示されていますか？
(A) 昨年、別の小売業者と合併した。　(B) Donnellyさんが購入した機器を分解した。
(C) 配達には固定の料金がかかる。　(D) Whirlstyle Electricに問題を報告しなかった。

**2つの文書の「食い違い」を見つける**

Macros Centerについて、2つめの文書の下の記入欄1文目にI notified the Macros Center that a blade had cracked on my fan.、3文目にWhen I told the store about the problem last yearとあります。しかし、1つめの文書には1-3 no customers have reported any cracked blades to dateとあり、「客がMarcos Centerに伝えた問題がWhirlstyle Electricに届いていない」とわかります。

※これは超難問なので、かなりのハイスコアを狙う人だけが正解すればいい問題です。

## 185. 正解 A レベル ★★☆

Donnellyさんの扇風機について何が推測できますか？
(A) Hydratone社製である。　(B) 2つとも損傷を受けた。　(C) 違う店舗で購入した。　(D) 2つの壁から落ちた。

**クロス問題で「固有名詞」は狙われやすい！**

Donnellyさんが買った商品は、2つめの文書のI notified the Macros Center that a blade had cracked on my fan.などから「問題があった・不良品だった」とわかります。そして、2つめの文書の製品名Breeze-Zone 5Sが、1つめの文書の1-1 Whirlstyle Electric has issued a product recall after its quality control team identified a problem with the Breeze-Zone 5S wall mount fan.の製品名と一致するため、これはリコール対象だとわかります。この製品について、1つめの文書に2-3・4 We identified the potential risk of the five-speed Breeze-Zone model this week. It was designed by Hydratone, and the manufacturing commenced prior to ... とあります。よって、本文のdesignをmakeに言い換えた(A)が正解です。

模試解説 Part 7

## 問186～190は次の広告、案内、Eメールに関するものです。

**低価格、豊富な品揃え、高クオリティの修理…**

**Top Tires Plus**

お車の適切なタイヤ選びにお困りですか？　当店の自動車専門家チームがお客様の走行状況に必要なメーカー、型式、大きさを見極めます。さらに、10月10日から11月10日までの間、このプロモーション期間中にTop Tires PlusのPlainfield店で冬用タイヤTreadtrack4輪セットをご購入いただけましたら、取り付けを無料で行わせていただきます。

Top Tires Plusには、あらゆる自動車修理を行う最高の整備士もいます。当店の保証期間は、周囲の他のどの修理店よりも長く、これは当店が仕事の質に極めて自信を持っている証しです。ご質問や見積もりのご希望がございましたら、お電話でお問い合わせください。

**Davidson通り2690番地, Plainfield, ニュージャージー州**
**555-0135　　www.toptiresplus.com**

**Top Tires Plus**
**修理サービスの保証**

私たちは常に、お客様に満足いただけることを目指しています。だからこそ、わが社の保証は業界内随一です。保証は、あらゆる車両に対して、Top Tires Plusが取り付けた部品および行ったサービスに適用されます。どの店舗を訪れていただいても、私たちが営業している場所なら、お客様の保証範囲を承ります。主なサービスに関する保証については、以下の表をご覧ください。

| サービス | 部品 | 作業 |
|---|---|---|
| オイル交換およびオイルフィルターの交換 | 6カ月 | 3カ月 |
| 新しいオルタネーターとその取り付け | 9カ月 | 4カ月 |
| 新しい透過フィルターとその取り付け | 1年 | 6カ月 |
| ブレーキパッドとブレーキローターの交換 | 1.5年 | 8カ月 |

送信者：info@toptiresplus.com／宛先：Miranda Shaffer／日付：11月3日／件名：お問い合わせへの回答

Shaffer様

この度は、お客様のお車で発生している問題を知らせていただき、またPlainfield店にご予約をいただきまして、誠にありがとうございます。トランスミッション液が漏れているとのことですので、新しいフィルターが必要だと思われます。10カ月前に交換されたばかりとのことですので、通常少なくとも2年は使用できる部品が不良品である可能性があります。

Jacksonville店でフィルターを交換されたとのことですが、ニュージャージー州のPlainfield店では、お客様が弊社から受けたいかなる有効な保証にも対応いたします。その他のご質問につきましては、今週当店でご購入予定の新しい冬用タイヤTreadtrackの取り付けと同時にフィルターを交換いたします。

その他ご不明な点やご質問がございましたら、またお気軽にご連絡ください。

どうぞよろしくお願いいたします。
Alden Cantrell／カスタマー・サービス部／Top Tires Plus

【本文1】□ **selection** 品揃え／□ **premium** 高品質の／□ **repair** 修理／□ **vehicle** 車／□ **automotive** 自動車の／□ **determine** 決定する・判断する・見極める／□ **make** メーカー・型／□ **condition** 状態／□ **plus** その上・さらに／□ **install** 取り付ける・設置する／□ **for free** 無料で／□ **purchase** 購入する／□ **location** 店舗／□ **promotional** 宣伝の・販売促進の／□ **period** 期間／□ **mechanic** 整備士・修理工／□ **perform** 遂行する／□ **warranty** 保証／□ **highly** 非常に／□ **confident** 自信がある／□ **quote** 見積もり／□ **pick up the phone** 電話を手に取る・電話をかける／□ **give** 人 **a ring** 人に電話する
【本文2】□ **satisfaction** 満足／□ **That's why ~** そのため〜／□ **industry** 業界・産業／□ **apply to ~** 〜に適用される・〜に当てはまる／□ **honor** 引き受ける／□ **coverage** 範囲・対象サービス区域／□ **wherever** たとえどこで〜しても・〜する場所はすべて／□ **chart** 表／□ **labor** 作業・労働／□ **alternator** オルタネーター・発電機／□ **installation** 取り付け・設置／□ **transmission filter** 透過フィルター／□ **replacement** 交換／□ **brake pad** ブレーキパッド
【本文3】□ **inquiry** 問い合わせ／□ **appreciate** 感謝する／□ **bring to *one's* attention ~** 〜を人に気づかせる ※本来はbring ~ to *one's* attention／□ **make an appointment** 予約する／□ **description** 説明／□ **leak** 漏らす・漏れる／□ **replace** 交換する／□ **defective** 欠陥のある／□ **last** (効果などが) 持つ／□ **valid** 有効な／□ **in response to ~** 〜に応えて／□ **concern** 懸念／□ **feel free to ~** 気軽に〜する
【設問・選択肢】□ **confidence** 自信／□ **refund** 返金／□ **unsatisfied** 満足していない／□ **display** 示す／□ **qualification** 資格・適性／□ **allow** 人 **to ~** 人が〜するのを許可する／□ **emphasize** 強調する／□ **multiple** 複数の／□ **safety inspection** 安全検査／□ **affordable** 手頃な値段の／□ **involved in ~** 〜に関係する／□ **cover** (保証などの) 対象になる

## 186. 正解 D

レベル ★☆☆

Top Tires Plusはどのように自信を示していますか?

(A) 満足しなかった顧客には返金する。
(B) 従業員の資格を示している。
(C) 従業員が作業しているところを見ることができる。
(D) 保証期間が他の会社より長い。

### 広告では「自慢」を読み取る

1つめの文書の 2 -2 Our warranty periods are longer than those of any other repair shop around, showing we are highly confident in the quality of our work. から、「保証期間が周囲の他の修理店より長い」とわかります (those = warranty periods)。ちなみに、1つめの文書は「疑問文」から始まり、「自慢」や「問い合わせ」を伝える広告の典型的な流れです。

## 187. 正解 A

レベル ★★☆

案内の中で何が強調されていますか?

(A) 保証は複数の店で有効である。
(B) 安全検査は迅速に行われる。
(C) 部品と工賃がより手頃な値段である。
(D) オイル交換は数分しかかからない。

### warranty ≒ guarantee「保証」

2つめの文書の3文目に「保証はあらゆる車両に適用される」とあります。さらに4文目のNo matter which of our shops you visit, we will honor your warranty coverage wherever we do business. で「どの店舗でも保証は有効」とアピールしているので、(A)が正解です。本文と選択肢で、warranty ≒ guarantee「保証」が言い換えられています。また、本文のno matter which of our shops you visit「たとえあなたがどの店舗を訪れても」が、選択肢ではmultiple shops「複数の店」と表されています。

## 188. 正解 D

レベル ★☆☆

ブレーキパッドの交換作業の保証期間はどのくらいですか?
(A) 3カ月　(B) 4カ月　(C) 6カ月　(D) 8カ月

**表から「ブレーキパッドの交換」を探すだけ**

「ブレーキパッドの交換作業の保証期間」が問われています。2つめの文書にある表で該当箇所を探すと、1番下にReplacement of brake pads and rotorsが見つかります。設問はthe work involved in ... なので、右側のLaborの欄を見て(D)を選べばOKです。

## 189. 正解 C

レベル ★★☆

Shafferさんが受けた保証の対象は何ですか?
(A) 新しいオルタネーター　(B) オルタネーターの取り付け　(C) 新しい透過フィルター　(D) 透過フィルターの取り付け

**「10カ月前に交換したフィルター」は保証範囲内**

3つめの文書に、1-2・3 From your description of the vehicle leaking transmission fluid, we are sure you need a new filter. Since you had it replaced only ten months ago, the part may be defectiveとあります。「10カ月前に交換したtransmission fluidの部品が不良品／新しいフィルターが必要」とわかり、直後の文（2-1）で「フィルターの交換は保証の範囲」だと述べています。
2つめの文書の表で保証期間を確認すると、New transmission filter（上から3番目）の部品（Parts）は1 yearとなっているので、10カ月前に交換したフィルターが保証範囲内に含まれると確認できます。

## 190. 正解 C

レベル ★★★

Shafferさんについて何が示されていますか?
(A) 彼女は今週、Jacksonville店を訪れる予定だ。　(B) 彼女はもっと大きな車を買う予定だ。
(C) 彼女は無料でタイヤを取り付けてもらう予定だ。　(D) 彼女は数カ月間運転していない。

**「特典の条件」をチェックするクロス問題**

まず、1つめの文書に1-3 Plus, from October 10 to November 10, we will install a set of four Treadtrack winter tires for free if you purchase them from the Plainfield location of Top Tires Plus during the promotional period.とあります。「期間（10月10日～11月10日）・タイヤの購入（Treadtrack winter tire）・場所（Plainfield）」の条件を満たせば、タイヤを無料で取り付けてもらえるとわかります。
3つめの文書の日付を確認するとNovember 3です。さらに2-1 our Plainfield shop in New Jersey will ...や、2-2 we install the new Treadtrack winter tires you are planning to purchase at our shop this weekとあります。「期間・タイヤの購入・場所」の条件を満たしているので、タイヤの無料取り付けが受けられると考えればOKです。

## 問191～195は次の手紙、記事、社内連絡に関するものです。

Dualsol Tech
Taylor通り2831番地
ローズビル市　カリフォルニア州95661
アメリカ合衆国

1月18日

助成金ご担当者様
Orozcoイノベーションセンター
Gentry通り1230番地
サクラメント市　カリフォルニア州95814
アメリカ合衆国

助成金ご担当者様：

Orozco助成金の申請書とあわせてお手紙をお送りいたします。Dualsol Techのミッションは、持続可能な社会づくりに貢献することです。そのため弊社は、従来の製品に比べて環境に与える影響が少ない技術を提供することに注力しています。申請の理由は申請書にまとめておりますが、資金援助を頂いた際には最大限の責任と配慮をもって使用することをここに申し添えます。

また本状には、具体的に助成金をどう活用するかについての提案書も添えております。お時間を割いて弊社の申請を検討していただき、感謝申し上げます。助成金決定の過程において、ご質問がございましたら、いつでも喜んでお答えいたします。

どうぞよろしくお願いいたします。

Nicki Creighton
代表取締役社長
Dualsol Tech

**Orozcoイノベーションセンターが今年の助成金受賞者を発表**

今年Orozcoイノベーションセンターの助成金を申請した57団体のうち、4団体にそれぞれ60万ドルが贈られた。助成金は合計240万ドルにのぼり、受賞者の研究開発プログラムの支援に充てられる予定だ。6月6日、同センターで開催された小規模な贈呈式で、受賞企業の社長たちが助成金を受け取り、スピーチを行った。

**Augustus Life Sciences**
オークランドに設立されたこの医療機器企業は、医療におけるモビリティの向上に取り組んでいる。助成金は、耐久性に優れた手持ち式の超音波装置の開発に関連した費用に充てる予定だという。

**Intesec Solutions**
本社がアナハイムにあるIntesec Solutionsは、サイバーセキュリティの脅威に関する情報を共有するための世界的プラットフォームの開発に取り組んでいる。プラットフォームのテストには多くの時間と資金が必要なので、同社は助成金を、特にこの開発段階に使う予定だ。

**Dualsol Tech**
太陽光発電を動力源とする冷蔵庫はかつては想像もできなかったが、ローズビルにあるこの小さな企業は、太陽によってもたらされるエネルギーだけを燃料として動く冷蔵庫を製造中だ。助成金は庫内の技術開発に充てられる予定で、同社は2年以内に市場に売り出したいと考えている。

**Custode Robotics**
サンフランシスコに拠点を置くこの企業は、最大350ポンドまでの緊急医療用品や医薬品を離れた場所に運ぶことができるドローンの開発に取り組んでいる。同社は助成金を使って、この装置の飛行能力を向上させる意向だ。

宛先：全従業員
日付：6月8日

今月は多額の助成金を1つだけでなく、2つも獲得できたことをお知らせできてうれしく思います。1つは科学研究機構、もう1つはOrozcoイノベーションセンターからのものです。合わせると160万ドルになり、私たちの製品開発の試みを前進させてくれるでしょう。

科学研究機構の助成金は環境に優しい新素材の開発だけに用いることになっているので、わが社の雨水収集システムの開発に充てられます。本プロジェクトのチームリーダーを務めるRebecca Spenceが、助成金の割り当てを担当します。太陽電池式冷蔵庫の開発に取り組むチームのリーダーを務めているIan Traceyには、もう1つの基金から頂いた助成金を監督してもらう予定ですが、当社はこの助成金を、エネルギーを蓄える電池の改良だけに用いることを提案していました。

助成金について質問がある方や、助成金の最も有効な活用方法についてのアイディアを共有してくれる方は、ぜひチームリーダーにお声がけください。

Nicki Creighton
代表取締役社長

【本文1】□ **grant** 補助金・助成金・許可する・与える／□ **administrator** 管理者／□ **along with ~** ～と一緒に／□ **application** 申請書／□ **mission** 使命／□ **contribute to ~** ～に貢献する／□ **creation** 創造・作ること／□ **sustainable** 持続可能な／□ **therefore** そのため／□ **be focused on ~** ～に注力している／□ **compared to ~** ～と比べて／□ **conventional** 従来の／□ **apply** 申し込む／□ **outline** 要点を述べる／□ **add** 加える／□ **fund** 資金／□ **utmost** 最大限の／□ **care** 注意／□ **proposal** 提案／□ **specifically** 具体的に／□ **take the time to ~** ～するために時間を割く・時間を取って～する／□ **be more than happy to ~** 喜んで～する／□ **respond to ~** ～に答える／□ **decision** 決定／□ **process** 過程／□ **president** 社長
【本文2】□ **recipient** 受賞者・受領者／□ **organization** 団体・組織／□ **award** 与える・授与する／□ **total** 合計で～になる／□ **support** 人 **in ~** 人の～を支援する／□ **development** 開発／□ **accept** 受け取る／□ **give a speech** スピーチをする／□ **found** 創設する／□ **device** 機器・装置／□ **be dedicated to -ing** ～することに尽力する／□ **mobility** 移動性・機動性／□ **healthcare** 医療／□ **spend** お金 **on ~** お金を～に使う／□ **expenditure** 支出・出費／□ **related to ~** ～に関する／□ **durable** 耐久性のある・丈夫な／□ **handheld** 手持ちの／□ **ultrasound** 超音波／□ **headquarters** 本社／□ **work on ~** ～に取り組む／□ **platform** プラットフォーム／□ **cybersecurity** サイバーセキュリティ／□ **threat** 脅威／□ **resource** 資源・資金／□ **stage** 段階／□ **solar-powered** 太陽光発電の・太陽電池式の／□ **refrigerator・fridge** 冷蔵庫／□ **used to ~** かつては～だった・～していたものだ／□ **unimaginable** 想像できない／□ **run on ~** ～を燃料とする・～で動く／□ **entirely** 完全に／□ **go toward ~** (お金が) ～に使われる／□ **~-based** ～に拠点を置く・～に本社がある／□ **drone** ドローン／□ **be capable of -ing** ～できる／□ **up to ~** 最大～まで／□ **emergency** 緊急事態／□ **medical supplies** 医療用品／□ **remote** 遠く離れた／□ **location** 場所／□ **intend to ~** ～するつもりだ／□ **enhance** 高める／□ **capability** 能力

【本文3】□ **be thrilled** 興奮した・ワクワクした／□ **sizeable[sizable]** かなり大きな／□ **help** 人 原形 人が～するのに役立つ／□ **advance** 前進させる／□ **be to ~** ～することになっている ※are to be used exclusively for ~「～だけに使われることになっている」／□ **exclusively** ～だけ・もっぱら／□ **environmentally friendly** 環境に優しい／□ **material** 物質・材料／□ **be put toward ~** （お金などが）～に使われる／□ **collection** 収集／□ **allocate** 割り当てる／□ **lead** 率いる／□ **oversee** 監督する／□ **propose** 提案する／□ **solely** ～だけ／□ **store** 蓄える／□ **effectively** 効果的に／□ **encourage** 人 **to ~** 人が～するよう促す
【設問・選択肢】□ **specification** 仕様書／□ **detail** 詳細／□ **possible** 可能性のある／□ **separate** 別々の／□ **deliver** 運ぶ／□ **a number of ~** いくつかの～・たくさんの～／□ **appliance** 電化製品・器具／□ **collaborate with ~** ～と提携する・～と共同開発する／□ **promote** 昇進させる／□ **management** 経営／□ **be located** 位置している・ある

## 191. 正解 C

レベル ★★☆

Creightonさんは手紙に何を添えたと考えられますか？

(A) 小型超音波装置の仕様書
(B) サイバーセキュリティ上の脅威になりうるものの詳細
(C) エネルギーを蓄える電池についての情報
(D) 2種類の異なる助成金への別個の申請

### よくある倒置の “Included with this letter is ~”

1つめの文書に、2-1 Also included with this letter is our proposal for how we would specifically use the funds. とあり、「助成金の活用に関する提案書」が同封されたことがわかります（元々の文の形は、~ is included with this letter. で、そこから倒置が起きてIncluded with this letter is ~となった）。この文書を書いた人はDualsol Tech社の社長なので、2つめの文書でDualsol Tech社の助成金の使い道を確認します。
上から3つめのDualsol Techの説明に「太陽によるエネルギーで動く冷蔵庫を製造中／助成金は庫内の技術開発に充てられる」とあるので(C)が正解です。3つめの文書の2-3 ... will oversee the use of funds from the other grant, which we proposed would be spent solely on improving its battery for storing energy. もヒントになります。

## 192. 正解 D

レベル ★☆☆

医薬品を運ぶ装置の開発に取り組んでいるのはどの企業ですか？

(A) Augustus Life Sciences (B) Intesec Solutions (C) Dualsol Tech (D) Custode Robotics

### まとめ単語のdevice

2つめの文書で「医薬品を運ぶ装置の開発」について探します。上から4つめのCustode Roboticsの説明に、This San Francisco-based company is working on its drone that will be capable of carrying up to 350 pounds of emergency medical supplies and medicine to remote locations. とあるので(D)が正解です。本文のdrone「ドローン」が、設問ではdevice「機器・装置」と総称的に表されています。

## 193. 正解 B

レベル ★★☆

Creightonさんについて何が示されていますか?

(A) かつて科学研究機構で働いていた。
(B) Orozcoイノベーションセンターでスピーチをした。
(C) 申請書を提出するのにもっと時間が欲しいと要求した。
(D) 多くの助成金受賞者の選定を手伝った。

**these companiesにDualsol Techも含まれる**

2つめの文書に、1-3 On June 6, the presidents of these companies accepted the grants and gave a speech at a small ceremony held at the center. とあります。these companiesは「助成金が贈られた4団体」を、the centerはOrozco Innovation Centerを指しています。Dualsol Techもこの4団体に含まれており、Dualsol Tech の社長であるCreightonさんは「Orozco Innovation Centerでスピーチした」わけです。

## 194. 正解 A

レベル ★☆☆

社内連絡の中で、Creightonさんは何を発表することを喜んでいますか?

(A) Dualsol Techが複数の助成金を受賞したこと
(B) 家電を市場に売り出す準備が整ったこと
(C) 彼女の会社がIntesec Solutionsと共同開発することになったこと
(D) Ian Traceyが管理職に昇進したこと

**thrillとmore thanの正確な意味は?**

3つめの文書に、1-1 I am thrilled to let all of you know that we have been awarded not just one sizeable grant this month but two. とあり、Creightonさんは今月2つの助成金が獲得できたことを喜んでいます。日本語の「スリル」は「怖い」印象が強いと思いますが、英語のthrillは「ワクワク・ドキドキ」といった感じで幅広く使うことができ、これが設問のexciteに対応しているわけです。また、ここでのmore than oneは「1より多い (2以上)」を表します。

## 195. 正解 C

レベル ★★★

Rebecca Spenceの会社はどこにありますか?

(A) オークランド　(B) アナハイム　(C) ローズビル　(D) サンフランシスコ

**クロス問題で「場所」はよく問われる!**

Rebecca Spenceは、3つめの文書の2 -2 Rebecca Spence, the team leader for this project, will be responsible for allocating the funds. に出てきます。この文書を書いているCreightonさんはDualsol Techの社長で、Rebecca Spenceも同じくDualsol Tech社の従業員だと考えられます。

2つめの文書のDualsol Tech (上から3つめ) に関する説明で、this small company in Roseville is making one that will .... と場所が書かれているので(C)が正解です。1つめの文書の一番上にある、Dualsol Tech／2831 Taylor Road／Roseville, CA 95661／United Statesもヒントになります。

## 問196～200は次のパンフレット、お知らせ、ネット上のレビューに関するものです。

### Chumani公園案内所
**自然と野生生物の冒険**

Chumaniトレイルは、Hanwi湖の北岸から始まってFreckle山の東麓に行き着く、全長260キロメートルの道です。このコースを通って旅することで、Chumani公園の自然の美しさ、野生生物、澄んだ空気を存分に体感していただけます。観光客の方がこの道のりをすべて通るためには、4つの方法をお選びいただけます。

**選択肢A**（1～2日間）
公園に2～3日しか滞在しない観光客の方には、車での移動が最適な選択です。このコースは所々でこぼこしていますのでご注意ください。レンタカーが公園を出る頃には新しい擦り傷やへこみが付いているケースも目にします。ご自身の車やトラックでいらっしゃらない場合、この道に対応可能なオフロードカーをレンタルすることをお勧めします。

**選択肢B**（2～3日間）
バイクは、一部の野生生物を追い払ってしまう可能性がありますが、公園を楽しく横断できるのは確かです。コースの一部がぬかるむ可能性があり、また、穴などの危険な箇所がたくさんありますので、バイクを利用される方は非常にゆっくり道を進むことをお勧めします。

**選択肢C**（2～4日間）
Chumani公園を観光するのに最も人気の方法は、自転車での移動です。自転車に乗るのが得意である必要はありませんが、体調をかなりしっかりと整えておく必要があります。急な坂道がいくつかあり、コースの大半は石がゴロゴロ混ざった土のかたまりでできています。自転車には、白色の前照灯と赤色の尾灯をつけておく必要があります。

**選択肢D**（6～8日間）
勇敢な冒険家の皆さんが取るべき選択肢は、Chumaniトレイルのハイキングです。訓練をしっかり受けたガイドをつけずに旅程を完遂しようとしている場合、熱帯雨林では大半の人が思っているよりも遭難しやすいので、常にコース上にとどまっていることをお勧めします。

**注意**：バイクと自転車は案内所でレンタル可能です。秋には多くの観光客の方々が公園を訪れますので、秋だけは時折レンタル用のバイクや自転車が足りなくなることもあります。そのため、その時期の来訪を予定されている場合は、十分前もってお電話いただき、希望の移動手段を予約していただきますようお願いします。また、徒歩で公園を横断する予定の方には、ガイドと荷物運びを手配することも可能です。

**Adventure Clubネット掲示板―お知らせ**
件名：Chumaniへの旅
メッセージ差出人：Anne Esposito（主催者）

こんにちは、

これは来週Chumani公園に行く予定のAdventure Clubメンバー全員に向けてのメッセージです。良いニュースがあり、直前になって参加を決めた2人のために、飛行機の席を2つ追加で予約できました。それによって、当初旅行に申し込んでいた15人ではなく、17人になりました。しかし、悪いニュースもあり、Chumani公園の観光案内所では、私たちの滞在中に貸し出せるバイクが15台までだというのです。他の地元企業にもいくつか電話してみたのですが、私たちが滞在するいずれの日程でもバイクをもう2台貸してくれるところはありませんでした。

最も簡単な解決策は、メンバーがコースの一部を自転車で進みきることです。公園には4日4晩滞在しますので、4組のペアが交代で1日ずつサイクリングをするのが理想です。どこか1日、引き受けてくださる方はいませんか？ 引き受けてくださる方がいたら、来週の水曜日に開催予定の出発前の説明会で皆に教えてください。

来週お会いできるのを楽しみにしています！

Anne

**Chumani公園旅行レビュー**

Chumani公園は美しいです。私はAdventure Clubのメンバー16人と一緒に、ここ1カ月以内にそこに行きました。ほとんどはバイクで公園を通り抜けたのですが、私たちの到着後に雨が降ってコースがぬかるんでいたので、大変でした。でも、眺めは素晴らしかったです。特に3日目に見た、とても深い渓谷の景色は最高でした。コースは見事な景色の中を通るばかりではなく、最初のほうでは国内最古の木造の橋を通ってKivallo Riverを渡ります。友人と私は旅行への申し込みが遅れたのと、全員に行き渡るだけのバイクがなかったこともあって、旅行の最終日には自転車を使いました。しかし、それもバイクに乗るのとまったく同じくらい楽しく、Chumani観光を考えている人にはお勧めです。車やトラックで公園内を移動するのは、あまり良い考えだと思いません。私たちのグループは、6台くらいの車両がぬかるみにはまって立ち往生しているのを見かけました。

— Raymond Harris

【本文1】□ **brochure** パンフレット／□ **wildlife** 野生生物／□ **adventure** 冒険／□ **shore** 岸／□ **foot**（山の）ふもと／□ **choice** 選択肢／□ **complete** 完了する・達成する／□ **option** オプション・選択肢／□ **keep in mind that ~** ～ということを覚えておく／□ **rough** でこぼこの・荒れた／□ **in places** 所々に／□ **scrape** 擦り傷／□ **dent** くぼみ・へこみ／□ **rent** 借りる・レンタルする／□ **off-road** オフロード用の・一般道路外の／□ **handle** 扱う・対処する／□ **motorcycle** バイク・オートバイ／□ **scare away ~** ～を追い払う／□ **certainly** 確実に／□ **muddy** 泥だらけの・ぬかるんだ／□ **pothole**（道にできた）穴・くぼみ／□ **hazard** 危険／□ **expert** 熟達した・とてもうまい／□ **pretty** けっこう・かなり／□ **in good shape** 体調が良い・体型を維持して／□ **steep** 急な／□ **hill** 丘・坂／□ **consist of ~** ～からできている／□ **loose** ガタガタした・舗装されていない／□ **be equipped with ~** ～を備えている／□ **rear light** 尾灯・テールランプ／□ **brave** 勇敢な・思い切った／□ **adventurer** 冒険家／□ **hike** ハイキングをする／□ **unless** ～しない限り／□ **journey** 旅・旅程／□ **well-trained** よく訓練された／□ **advise** 人 **to ~** 人に～するよう勧める／□ **at all times** 常に／□ **get lost** 道に迷う／□ **rainforest** 熱帯雨林／□ **available** 利用できる／□ **occasionally** 時々／□ **run out of ~** ～を使い果たす・～が不足する／□ **make sure to ~** 必ず～する／□ **well in advance** 十分前もって／□ **reserve** 予約する／□ **preferred** 好ましい・希望の／□ **mode** 方法 ※a mode of transport「交通手段」／□ **additionally** その上・さらに／□ **arrange** 手配する／□ **porter** 荷物運搬人／□ **on foot** 徒歩で
【本文2】□ **online forum** ネット掲示板・オンラインフォーラム／□ **organizer** 主催者／□ **book** 予約する／□ **additional** 追加の／□ **last-minute** 直前の ※make a last-minute decision「直前に決定する」／□ **instead of ~** ～の代わりに・～ではなくて／□ **initially** 当初は／□ **sign up for ~** ～に申し込む／□ **provide** 人 **with** 物 人に物を提供する／□ **call around** あちこちに電話する／□ **loan** 人 物 人に物を貸す／□ **solution** 解決策／□ **ideally** 理想的に／□ **take turns -ing** 交代で～する／□ **volunteer** 進んで引き受ける／□ **be keen to ~** ～することに乗り気である／□ **pre-departure** 出発前の／□ **orientation** オリエンテーション・説明会／□ **look forward to -ing** ～するのを楽しみにする
【本文3】□ **for the most part** ほとんどは／□ **go through** 通過する／□ **view** 眺め・景色／□ **amazing** 驚くべき・素晴らしい／□ **especially** 特に／□ **incredibly** 非常に／□ **valley** 谷・渓谷／□ **stunning** 見事な・驚くほど美しい／□ **scenery** 景色／□ **take ~ across a river** ～を川の向こう岸に運ぶ／□ **via** ～を経由して／□ **go around** みんなに行き渡る／□ **be stuck in ~** ～にはまっている・～で身動きが取れない
【設問・選択肢】□ **recommendation** お勧め ※make a recommendation「お勧めする」／□ **particular** 特定の／□ **remain** 残る・とどまる／□ **pleasant** 心地よい／□ **assign** 人 物 人に物を割り当てる／□ **extra** 追加の・余分な

## 196. 正解 D レベル ★★☆

パンフレットでお勧めされていないことは何ですか?
(A) 特定の車種の乗り物を運転すること (B) 道の上をかなりゆっくり運転すること
(C) Chumaniトレイルにとどまること (D) Chumani公園の地図を持参すること

**recommendやadviseなどの「お勧め・忠告」表現に注目!**

NOT問題なので、本文の内容と合致する選択肢を消去していきます。

(A) Option Aでは「車」、Option Bでは「バイク」、Option Cでは「自転車」など、いろいろな乗り物がお勧めされています。選択肢では様々な具体的な乗り物を、まとめ単語vehicle「乗り物」を使って総称的に表しています。

(B) Options Bの説明の最後に、we recommend that motorcyclists take the route very slowlyとあります。

(C) Option Dの説明の2文目に、we advise you to stay on the trail at all timesとあります (the trail = the Chumani Trail)。

以上より、残った(D)が正解です。「地図を持ってくる」ことには言及していません。

## 197. 正解 B レベル ★★☆

Adventure Clubが当初選んだ選択肢はどれですか?
(A) 選択肢A (B) 選択肢B (C) 選択肢C (D) 選択肢D

**「バイク」を使うツアーは?**

2つめの文書に、1-4 the visitors centre at Chumani Park will be unable to provide us with more than 15 motorcycles during our stayとあり、滞在中の「バイク」のレンタルについて書かれています。そして1つめの文書を見るとOption BにWhile motorcycles may scare away some wildlife, they are certainly a fun way to cross the park.とあるので、「バイク」で楽しむOption Bを選んだと考えて(B)を選べばOKです。ちなみに、設問にinitially「元々は・当初は」とあるのは、結果的にバイクの数が足りなくて自転車も使っているからです。

## 198. 正解 A レベル ★☆☆

Espositoさんはお知らせの中で何を求めていますか?
(A) 志願者 (B) 署名 (C) 許可 (D) 解決策

**volunteerは「慈善活動」とは限らない!**

2つめの文書でEspositoさんは、2-3 Would anyone like to volunteer for one of the days?とお願いしています (Would 人 like to ~?「人は~したいですか?」→「人は~してくれませんか?」で依頼を表し、これが設問のrequestに対応しています)。よって(A)が正解で、ここでのvolunteerは「交代で1日ずつサイクリングをすることを進んで引き受ける」ことを表しています。

※日本語の「ボランティア」は「慈善活動」のイメージが強いと思いますが、英語のvolunteerは単に「進んで引き受ける」といった意味でもよく使われます。

## 199. 正解 D

レベル ★★☆

Adventure Clubのメンバーについて何が推測できますか?
(A) 旅行の間中ずっと良い天気だった。
(B) 観光案内所でガイドをつけてもらった。
(C) 森の中で一晩余計に過ごさなければならなかった。
(D) 秋にChumani公園を横断した。

**"Note" はほぼ確実に狙われる!**

問197で確認した2つめの文書の1-4や、3つめの文書の6文目My friend and I were late in signing up for the trip, and because there weren't enough motorcycles to go around, we used bicycles on the final day of our journey.から、「バイクが十分になかった」とわかります。これについて、1つめの文書のNote:にMotorcycles and bicycles are available for rent at the centre. There are many visitors to the park in autumn, the only season when we occasionally run out of rentals.とあります。
つまり、Adventure Clubのメンバーは「バイクのレンタルが足りていない秋にChumani公園を横断した」と考えられるので、(D)が正解です。

## 200. 正解 B

レベル ★★☆

Harrisさんの自転車移動はどこで終わったと考えられますか?
(A) 湖岸　(B) 山麓　(C) 木造の橋　(D) 渓谷の底

**意外なところに該当箇所がある**

3つめの文書の6文目we used bicycles on the final day of our journeyから、Harrisさんは「自転車を最終日に使った」とわかります。そしてHarrisさんが横断したChumaniトレイルについて、1つめの文書に1-1 The Chumani Trail is a 260-kilometre road that begins ... and ends at the eastern foot of Freckle Mountain.とあるので(B)が正解です。ここでのfootは「(山の) ふもと」です。

## ◉ 完全模試　正解一覧

### Listening

| Part 1 | |
|---|---|
| 1 | D |
| 2 | A |
| 3 | B |
| 4 | D |
| 5 | C |
| 6 | C |
| Part 2 | |
| 7 | B |
| 8 | B |
| 9 | A |
| 10 | B |
| 11 | C |
| 12 | A |
| 13 | C |
| 14 | A |
| 15 | B |
| 16 | A |
| 17 | C |
| 18 | A |
| 19 | B |
| 20 | A |
| 21 | B |
| 22 | B |
| 23 | B |
| 24 | C |
| 25 | C |
| 26 | A |
| 27 | B |
| 28 | C |
| 29 | C |
| 30 | C |
| 31 | A |
| Part 3 | |
| 32 | C |
| 33 | D |
| 34 | A |
| 35 | C |
| 36 | D |
| 37 | B |
| 38 | C |
| 39 | B |
| 40 | A |
| 41 | D |
| 42 | B |
| 43 | C |
| 44 | B |
| 45 | B |
| 46 | A |
| 47 | C |
| 48 | D |
| 49 | A |
| 50 | A |
| 51 | D |
| 52 | A |
| 53 | D |
| 54 | C |
| 55 | B |
| 56 | D |
| 57 | C |
| 58 | C |
| 59 | D |
| 60 | A |
| 61 | B |
| 62 | A |
| 63 | C |
| 64 | B |
| 65 | A |
| 66 | D |
| 67 | C |
| 68 | B |
| 69 | D |
| 70 | C |
| Part 4 | |
| 71 | D |
| 72 | B |
| 73 | C |
| 74 | B |
| 75 | A |
| 76 | C |
| 77 | C |
| 78 | D |
| 79 | A |
| 80 | C |
| 81 | A |
| 82 | D |
| 83 | B |
| 84 | B |
| 85 | C |
| 86 | D |
| 87 | C |
| 88 | A |
| 89 | C |
| 90 | B |
| 91 | A |
| 92 | C |
| 93 | A |
| 94 | D |
| 95 | B |
| 96 | D |
| 97 | B |
| 98 | D |
| 99 | C |
| 100 | B |

## Reading

| Part 5 | |
|---|---|
| 101 | A |
| 102 | C |
| 103 | B |
| 104 | B |
| 105 | D |
| 106 | D |
| 107 | C |
| 108 | A |
| 109 | C |
| 110 | A |
| 111 | C |
| 112 | D |
| 113 | B |
| 114 | C |
| 115 | D |
| 116 | A |
| 117 | B |
| 118 | A |
| 119 | B |
| 120 | C |
| 121 | B |
| 122 | D |
| 123 | B |
| 124 | A |
| 125 | D |
| 126 | C |
| 127 | A |
| 128 | B |
| 129 | D |
| 130 | B |
| Part 6 | |
| 131 | C |
| 132 | B |
| 133 | B |
| 134 | A |
| 135 | D |
| 136 | C |
| 137 | A |
| 138 | D |
| 139 | B |
| 140 | C |
| 141 | A |
| 142 | D |
| 143 | C |
| 144 | C |
| 145 | A |
| 146 | B |
| Part 7 | |
| 147 | C |
| 148 | B |
| 149 | D |
| 150 | A |
| 151 | D |
| 152 | B |
| 153 | B |
| 154 | C |
| 155 | B |
| 156 | D |
| 157 | C |
| 158 | C |
| 159 | D |
| 160 | B |
| 161 | A |
| 162 | D |
| 163 | B |
| 164 | A |
| 165 | B |
| 166 | D |
| 167 | C |
| 168 | C |
| 169 | A |
| 170 | C |
| 171 | D |
| 172 | D |
| 173 | C |
| 174 | D |
| 175 | B |
| 176 | A |
| 177 | D |
| 178 | C |
| 179 | C |
| 180 | B |
| 181 | B |
| 182 | B |
| 183 | C |
| 184 | D |
| 185 | A |
| 186 | D |
| 187 | A |
| 188 | D |
| 189 | C |
| 190 | C |
| 191 | C |
| 192 | D |
| 193 | B |
| 194 | A |
| 195 | C |
| 196 | D |
| 197 | B |
| 198 | A |
| 199 | D |
| 200 | B |

**関 正生**
**（せき まさお）**

1975年7月3日東京生まれ。慶應義塾大学文学部（英米文学専攻）卒業。TOEIC® L&Rテスト990点満点取得。2006年以降のTOEIC公開テストをほぼ毎回受験し、990点満点を取り続けている。
リクルート運営のオンライン予備校『スタディサプリ』で、全国の小中高生・大学受験生対象に、毎年140万人以上に授業を、また、『スタディサプリ ENGLISH』でのTOEICテスト対策講座では、約700本のTOEICテスト対策の動画講義を行っている。著書は『TOEIC神速』シリーズ（ジャパンタイムズ出版）、『世界一わかりやすいTOEIC® テストの英単語』（KADOKAWA）、『極めろ！リーディング解答力 TOEIC® L&R TEST PART 7』（スリーエーネットワーク）、『サバイバル英文法』（NHK 新書）など130冊超、累計300万部突破。英語雑誌『CNN ENGLISH EXPRESS』（朝日出版社）でコラムを連載中。

**桑原雅弘**
**（くわはら まさひろ）**

1996年6月14日山口県生まれ。東京外国語大学国際社会学部（英語科）卒業。英検® 1級、TOEIC® L&Rテスト990点満点、TOEIC® S&Wテスト各200点満点、英単語検定1級を取得済み。大学入学時より有限会社ストリームライナー（関正生事務所）に所属し、80冊以上の参考書・語学書の制作に携わる。
著書（共著）に『関正生の TOEIC® L&Rテスト 超速効！神ポイント100』（ジャパンタイムズ出版）、『関正生の The Essentials 英語長文 必修英文100』（旺文社）、『世界一わかりやすい 英検® 準1級に合格する過去問題集』（KADOKAWA）、『大学入試 英作文が1冊でしっかり書ける本［和文英訳編］』（かんき出版）、『完全理系専用 看護医療系のための英語』（技術評論社）などがある。

**問題作成：Daniel Warriner**

# はじめてのTOEIC® L&Rテスト 全パート徹底攻略

2024年4月5日　初版発行

著　者　関 正生、桑原雅弘

発行者　伊藤秀樹
発行所　株式会社ジャパンタイムズ出版
102-0082 東京都千代田区一番町 2-2 一番町第二 TG ビル 2F
ウェブサイト https://jtpublishing.co.jp/
印刷所　日経印刷株式会社

・本書の内容に関するお問い合わせは、上記ウェブサイトまたは郵便でお受けいたします。
・万一、乱丁落丁のある場合は、送料当社負担でお取りかえいたします。
ジャパンタイムズ出版・出版営業部あてにお送りください。

定価はカバーに表示してあります。
Printed in Japan
ISBN978-4-7890-1877-7

本書のご感想をお寄せください。
https://jtpublishing.co.jp/contact/comment/

# はじめての TOEIC® L&R テスト 全パート徹底攻略
## 例題・実戦問題 解答用紙

**LISTENING SECTION**

| Part 1 No. | ANSWER A B C D | No. | ANSWER A B C D | Part 2 No. | ANSWER A B C D | No. | ANSWER A B C D |
|---|---|---|---|---|---|---|---|
| 1 | ⒶⒷⒸⒹ | 7 | ⒶⒷⒸⒹ | 9 | ⒶⒷⒸ | 9 | ⒶⒷⒸ |
| 2 | ⒶⒷⒸⒹ | 8 | ⒶⒷⒸⒹ | 10 | ⒶⒷⒸ | 10 | ⒶⒷⒸ |
| 3 | ⒶⒷⒸⒹ | 1 | ⒶⒷⒸ | 1 | ⒶⒷⒸ | 11 | ⒶⒷⒸ |
| 4 | ⒶⒷⒸⒹ | 2 | ⒶⒷⒸ | 2 | ⒶⒷⒸ | 12 | ⒶⒷⒸ |
| 1 | ⒶⒷⒸⒹ | 3 | ⒶⒷⒸ | 3 | ⒶⒷⒸ | 13 | ⒶⒷⒸ |
| 2 | ⒶⒷⒸⒹ | 4 | ⒶⒷⒸ | 4 | ⒶⒷⒸ | 14 | ⒶⒷⒸ |
| 3 | ⒶⒷⒸⒹ | 5 | ⒶⒷⒸ | 5 | ⒶⒷⒸ | | |
| 4 | ⒶⒷⒸⒹ | 6 | ⒶⒷⒸ | 6 | ⒶⒷⒸ | | |
| 5 | ⒶⒷⒸⒹ | 7 | ⒶⒷⒸ | 7 | ⒶⒷⒸ | | |
| 6 | ⒶⒷⒸⒹ | 8 | ⒶⒷⒸ | 8 | ⒶⒷⒸ | | |

| Part 3 No. | ANSWER A B C D | No. | ANSWER A B C D | No. | ANSWER A B C D | Part 4 No. | ANSWER A B C D | No. | ANSWER A B C D | No. | ANSWER A B C D |
|---|---|---|---|---|---|---|---|---|---|---|---|
| 1 | ⒶⒷⒸⒹ | 11 | ⒶⒷⒸⒹ | 9 | ⒶⒷⒸⒹ | 1 | ⒶⒷⒸⒹ | 11 | ⒶⒷⒸⒹ | 9 | ⒶⒷⒸⒹ |
| 2 | ⒶⒷⒸⒹ | 12 | ⒶⒷⒸⒹ | 10 | ⒶⒷⒸⒹ | 2 | ⒶⒷⒸⒹ | 12 | ⒶⒷⒸⒹ | 10 | ⒶⒷⒸⒹ |
| 3 | ⒶⒷⒸⒹ | 1 | ⒶⒷⒸⒹ | 11 | ⒶⒷⒸⒹ | 3 | ⒶⒷⒸⒹ | 1 | ⒶⒷⒸⒹ | 11 | ⒶⒷⒸⒹ |
| 4 | ⒶⒷⒸⒹ | 2 | ⒶⒷⒸⒹ | 12 | ⒶⒷⒸⒹ | 4 | ⒶⒷⒸⒹ | 2 | ⒶⒷⒸⒹ | 12 | ⒶⒷⒸⒹ |
| 5 | ⒶⒷⒸⒹ | 3 | ⒶⒷⒸⒹ | 13 | ⒶⒷⒸⒹ | 5 | ⒶⒷⒸⒹ | 3 | ⒶⒷⒸⒹ | 13 | ⒶⒷⒸⒹ |
| 6 | ⒶⒷⒸⒹ | 4 | ⒶⒷⒸⒹ | 14 | ⒶⒷⒸⒹ | 6 | ⒶⒷⒸⒹ | 4 | ⒶⒷⒸⒹ | 14 | ⒶⒷⒸⒹ |
| 7 | ⒶⒷⒸⒹ | 5 | ⒶⒷⒸⒹ | 15 | ⒶⒷⒸⒹ | 7 | ⒶⒷⒸⒹ | 5 | ⒶⒷⒸⒹ | 15 | ⒶⒷⒸⒹ |
| 8 | ⒶⒷⒸⒹ | 6 | ⒶⒷⒸⒹ | 16 | ⒶⒷⒸⒹ | 8 | ⒶⒷⒸⒹ | 6 | ⒶⒷⒸⒹ | 16 | ⒶⒷⒸⒹ |
| 9 | ⒶⒷⒸⒹ | 7 | ⒶⒷⒸⒹ | 17 | ⒶⒷⒸⒹ | 9 | ⒶⒷⒸⒹ | 7 | ⒶⒷⒸⒹ | 17 | ⒶⒷⒸⒹ |
| 10 | ⒶⒷⒸⒹ | 8 | ⒶⒷⒸⒹ | 18 | ⒶⒷⒸⒹ | 10 | ⒶⒷⒸⒹ | 8 | ⒶⒷⒸⒹ | 18 | ⒶⒷⒸⒹ |

**READING SECTION**

| Part 5 No. | ANSWER A B C D | No. | ANSWER A B C D | No. | ANSWER A B C D | Part 6 No. | ANSWER A B C D | No. | ANSWER A B C D | No. | ANSWER A B C D |
|---|---|---|---|---|---|---|---|---|---|---|---|
| 1 | ⒶⒷⒸⒹ | 11 | ⒶⒷⒸⒹ | 7 | ⒶⒷⒸⒹ | 1 | ⒶⒷⒸⒹ | 11 | ⒶⒷⒸⒹ | 9 | ⒶⒷⒸⒹ |
| 2 | ⒶⒷⒸⒹ | 12 | ⒶⒷⒸⒹ | 8 | ⒶⒷⒸⒹ | 2 | ⒶⒷⒸⒹ | 12 | ⒶⒷⒸⒹ | 10 | ⒶⒷⒸⒹ |
| 3 | ⒶⒷⒸⒹ | 13 | ⒶⒷⒸⒹ | 9 | ⒶⒷⒸⒹ | 3 | ⒶⒷⒸⒹ | 1 | ⒶⒷⒸⒹ | 11 | ⒶⒷⒸⒹ |
| 4 | ⒶⒷⒸⒹ | 14 | ⒶⒷⒸⒹ | 10 | ⒶⒷⒸⒹ | 4 | ⒶⒷⒸⒹ | 2 | ⒶⒷⒸⒹ | 12 | ⒶⒷⒸⒹ |
| 5 | ⒶⒷⒸⒹ | 1 | ⒶⒷⒸⒹ | 11 | ⒶⒷⒸⒹ | 5 | ⒶⒷⒸⒹ | 3 | ⒶⒷⒸⒹ | | |
| 6 | ⒶⒷⒸⒹ | 2 | ⒶⒷⒸⒹ | 12 | ⒶⒷⒸⒹ | 6 | ⒶⒷⒸⒹ | 4 | ⒶⒷⒸⒹ | | |
| 7 | ⒶⒷⒸⒹ | 3 | ⒶⒷⒸⒹ | 13 | ⒶⒷⒸⒹ | 7 | ⒶⒷⒸⒹ | 5 | ⒶⒷⒸⒹ | | |
| 8 | ⒶⒷⒸⒹ | 4 | ⒶⒷⒸⒹ | 14 | ⒶⒷⒸⒹ | 8 | ⒶⒷⒸⒹ | 6 | ⒶⒷⒸⒹ | | |
| 9 | ⒶⒷⒸⒹ | 5 | ⒶⒷⒸⒹ | 15 | ⒶⒷⒸⒹ | 9 | ⒶⒷⒸⒹ | 7 | ⒶⒷⒸⒹ | | |
| 10 | ⒶⒷⒸⒹ | 6 | ⒶⒷⒸⒹ | 16 | ⒶⒷⒸⒹ | 10 | ⒶⒷⒸⒹ | 8 | ⒶⒷⒸⒹ | | |

| Part 7 No. | ANSWER A B C D | No. | ANSWER A B C D | No. | ANSWER A B C D | No. | ANSWER A B C D |
|---|---|---|---|---|---|---|---|
| 1 | ⒶⒷⒸⒹ | 11 | ⒶⒷⒸⒹ | 7 | ⒶⒷⒸⒹ | 17 | ⒶⒷⒸⒹ |
| 2 | ⒶⒷⒸⒹ | 12 | ⒶⒷⒸⒹ | 8 | ⒶⒷⒸⒹ | 18 | ⒶⒷⒸⒹ |
| 3 | ⒶⒷⒸⒹ | 13 | ⒶⒷⒸⒹ | 9 | ⒶⒷⒸⒹ | 19 | ⒶⒷⒸⒹ |
| 4 | ⒶⒷⒸⒹ | 14 | ⒶⒷⒸⒹ | 10 | ⒶⒷⒸⒹ | 20 | ⒶⒷⒸⒹ |
| 5 | ⒶⒷⒸⒹ | 1 | ⒶⒷⒸⒹ | 11 | ⒶⒷⒸⒹ | 21 | ⒶⒷⒸⒹ |
| 6 | ⒶⒷⒸⒹ | 2 | ⒶⒷⒸⒹ | 12 | ⒶⒷⒸⒹ | 22 | ⒶⒷⒸⒹ |
| 7 | ⒶⒷⒸⒹ | 3 | ⒶⒷⒸⒹ | 13 | ⒶⒷⒸⒹ | | |
| 8 | ⒶⒷⒸⒹ | 4 | ⒶⒷⒸⒹ | 14 | ⒶⒷⒸⒹ | | |
| 9 | ⒶⒷⒸⒹ | 5 | ⒶⒷⒸⒹ | 15 | ⒶⒷⒸⒹ | | |
| 10 | ⒶⒷⒸⒹ | 6 | ⒶⒷⒸⒹ | 16 | ⒶⒷⒸⒹ | | |

＊解答用紙は BOOK CLUB（https://bookclub.japantimes.co.jp/book/b642149.html）からもダウンロードできます。

# はじめての TOEIC® L&R テスト 全パート徹底攻略
# 完全模試 解答用紙

| | Part 1 | | Part 2 | | | | | | Part 3 | | | | | | Part 4 | | | | | |
|---|---|---|---|---|---|---|---|---|---|---|---|---|---|---|---|---|---|---|---|---|
| LISTENING SECTION | No. | ANSWER A B C D | No. | ANSWER A B C D | No. | ANSWER A B C D | No. | ANSWER A B C D | No. | ANSWER A B C D | No. | ANSWER A B C D | No. | ANSWER A B C D | No. | ANSWER A B C D | No. | ANSWER A B C D | No. | ANSWER A B C D |
| | 1 | Ⓐ Ⓑ Ⓒ Ⓓ | 11 | Ⓐ Ⓑ Ⓒ | 21 | Ⓐ Ⓑ Ⓒ | 31 | Ⓐ Ⓑ Ⓒ | 41 | Ⓐ Ⓑ Ⓒ Ⓓ | 51 | Ⓐ Ⓑ Ⓒ Ⓓ | 61 | Ⓐ Ⓑ Ⓒ Ⓓ | 71 | Ⓐ Ⓑ Ⓒ Ⓓ | 81 | Ⓐ Ⓑ Ⓒ Ⓓ | 91 | Ⓐ Ⓑ Ⓒ Ⓓ |
| | 2 | Ⓐ Ⓑ Ⓒ Ⓓ | 12 | Ⓐ Ⓑ Ⓒ | 22 | Ⓐ Ⓑ Ⓒ | 32 | Ⓐ Ⓑ Ⓒ Ⓓ | 42 | Ⓐ Ⓑ Ⓒ Ⓓ | 52 | Ⓐ Ⓑ Ⓒ Ⓓ | 62 | Ⓐ Ⓑ Ⓒ Ⓓ | 72 | Ⓐ Ⓑ Ⓒ Ⓓ | 82 | Ⓐ Ⓑ Ⓒ Ⓓ | 92 | Ⓐ Ⓑ Ⓒ Ⓓ |
| | 3 | Ⓐ Ⓑ Ⓒ Ⓓ | 13 | Ⓐ Ⓑ Ⓒ | 23 | Ⓐ Ⓑ Ⓒ | 33 | Ⓐ Ⓑ Ⓒ Ⓓ | 43 | Ⓐ Ⓑ Ⓒ Ⓓ | 53 | Ⓐ Ⓑ Ⓒ Ⓓ | 63 | Ⓐ Ⓑ Ⓒ Ⓓ | 73 | Ⓐ Ⓑ Ⓒ Ⓓ | 83 | Ⓐ Ⓑ Ⓒ Ⓓ | 93 | Ⓐ Ⓑ Ⓒ Ⓓ |
| | 4 | Ⓐ Ⓑ Ⓒ Ⓓ | 14 | Ⓐ Ⓑ Ⓒ | 24 | Ⓐ Ⓑ Ⓒ | 34 | Ⓐ Ⓑ Ⓒ Ⓓ | 44 | Ⓐ Ⓑ Ⓒ Ⓓ | 54 | Ⓐ Ⓑ Ⓒ Ⓓ | 64 | Ⓐ Ⓑ Ⓒ Ⓓ | 74 | Ⓐ Ⓑ Ⓒ Ⓓ | 84 | Ⓐ Ⓑ Ⓒ Ⓓ | 94 | Ⓐ Ⓑ Ⓒ Ⓓ |
| | 5 | Ⓐ Ⓑ Ⓒ Ⓓ | 15 | Ⓐ Ⓑ Ⓒ | 25 | Ⓐ Ⓑ Ⓒ | 35 | Ⓐ Ⓑ Ⓒ Ⓓ | 45 | Ⓐ Ⓑ Ⓒ Ⓓ | 55 | Ⓐ Ⓑ Ⓒ Ⓓ | 65 | Ⓐ Ⓑ Ⓒ Ⓓ | 75 | Ⓐ Ⓑ Ⓒ Ⓓ | 85 | Ⓐ Ⓑ Ⓒ Ⓓ | 95 | Ⓐ Ⓑ Ⓒ Ⓓ |
| | 6 | Ⓐ Ⓑ Ⓒ Ⓓ | 16 | Ⓐ Ⓑ Ⓒ | 26 | Ⓐ Ⓑ Ⓒ | 36 | Ⓐ Ⓑ Ⓒ Ⓓ | 46 | Ⓐ Ⓑ Ⓒ Ⓓ | 56 | Ⓐ Ⓑ Ⓒ Ⓓ | 66 | Ⓐ Ⓑ Ⓒ Ⓓ | 76 | Ⓐ Ⓑ Ⓒ Ⓓ | 86 | Ⓐ Ⓑ Ⓒ Ⓓ | 96 | Ⓐ Ⓑ Ⓒ Ⓓ |
| | 7 | Ⓐ Ⓑ Ⓒ | 17 | Ⓐ Ⓑ Ⓒ | 27 | Ⓐ Ⓑ Ⓒ | 37 | Ⓐ Ⓑ Ⓒ Ⓓ | 47 | Ⓐ Ⓑ Ⓒ Ⓓ | 57 | Ⓐ Ⓑ Ⓒ Ⓓ | 67 | Ⓐ Ⓑ Ⓒ Ⓓ | 77 | Ⓐ Ⓑ Ⓒ Ⓓ | 87 | Ⓐ Ⓑ Ⓒ Ⓓ | 97 | Ⓐ Ⓑ Ⓒ Ⓓ |
| | 8 | Ⓐ Ⓑ Ⓒ | 18 | Ⓐ Ⓑ Ⓒ | 28 | Ⓐ Ⓑ Ⓒ | 38 | Ⓐ Ⓑ Ⓒ Ⓓ | 48 | Ⓐ Ⓑ Ⓒ Ⓓ | 58 | Ⓐ Ⓑ Ⓒ Ⓓ | 68 | Ⓐ Ⓑ Ⓒ Ⓓ | 78 | Ⓐ Ⓑ Ⓒ Ⓓ | 88 | Ⓐ Ⓑ Ⓒ Ⓓ | 98 | Ⓐ Ⓑ Ⓒ Ⓓ |
| | 9 | Ⓐ Ⓑ Ⓒ | 19 | Ⓐ Ⓑ Ⓒ | 29 | Ⓐ Ⓑ Ⓒ | 39 | Ⓐ Ⓑ Ⓒ Ⓓ | 49 | Ⓐ Ⓑ Ⓒ Ⓓ | 59 | Ⓐ Ⓑ Ⓒ Ⓓ | 69 | Ⓐ Ⓑ Ⓒ Ⓓ | 79 | Ⓐ Ⓑ Ⓒ Ⓓ | 89 | Ⓐ Ⓑ Ⓒ Ⓓ | 99 | Ⓐ Ⓑ Ⓒ Ⓓ |
| | 10 | Ⓐ Ⓑ Ⓒ | 20 | Ⓐ Ⓑ Ⓒ | 30 | Ⓐ Ⓑ Ⓒ | 40 | Ⓐ Ⓑ Ⓒ Ⓓ | 50 | Ⓐ Ⓑ Ⓒ Ⓓ | 60 | Ⓐ Ⓑ Ⓒ Ⓓ | 70 | Ⓐ Ⓑ Ⓒ Ⓓ | 80 | Ⓐ Ⓑ Ⓒ Ⓓ | 90 | Ⓐ Ⓑ Ⓒ Ⓓ | 100 | Ⓐ Ⓑ Ⓒ Ⓓ |

| | Part 5 | | | | | | Part 6 | | | | Part 7 | | | | | | | | | |
|---|---|---|---|---|---|---|---|---|---|---|---|---|---|---|---|---|---|---|---|---|
| READING SECTION | No. | ANSWER A B C D | No. | ANSWER A B C D | No. | ANSWER A B C D | No. | ANSWER A B C D | No. | ANSWER A B C D | No. | ANSWER A B C D | No. | ANSWER A B C D | No. | ANSWER A B C D | No. | ANSWER A B C D | No. | ANSWER A B C D |
| | 101 | Ⓐ Ⓑ Ⓒ Ⓓ | 110 | Ⓐ Ⓑ Ⓒ Ⓓ | 121 | Ⓐ Ⓑ Ⓒ Ⓓ | 131 | Ⓐ Ⓑ Ⓒ Ⓓ | 141 | Ⓐ Ⓑ Ⓒ Ⓓ | 151 | Ⓐ Ⓑ Ⓒ Ⓓ | 161 | Ⓐ Ⓑ Ⓒ Ⓓ | 171 | Ⓐ Ⓑ Ⓒ Ⓓ | 181 | Ⓐ Ⓑ Ⓒ Ⓓ | 191 | Ⓐ Ⓑ Ⓒ Ⓓ |
| | 102 | Ⓐ Ⓑ Ⓒ Ⓓ | 112 | Ⓐ Ⓑ Ⓒ Ⓓ | 122 | Ⓐ Ⓑ Ⓒ Ⓓ | 132 | Ⓐ Ⓑ Ⓒ Ⓓ | 142 | Ⓐ Ⓑ Ⓒ Ⓓ | 152 | Ⓐ Ⓑ Ⓒ Ⓓ | 162 | Ⓐ Ⓑ Ⓒ Ⓓ | 172 | Ⓐ Ⓑ Ⓒ Ⓓ | 182 | Ⓐ Ⓑ Ⓒ Ⓓ | 192 | Ⓐ Ⓑ Ⓒ Ⓓ |
| | 103 | Ⓐ Ⓑ Ⓒ Ⓓ | 113 | Ⓐ Ⓑ Ⓒ Ⓓ | 123 | Ⓐ Ⓑ Ⓒ Ⓓ | 133 | Ⓐ Ⓑ Ⓒ Ⓓ | 143 | Ⓐ Ⓑ Ⓒ Ⓓ | 153 | Ⓐ Ⓑ Ⓒ Ⓓ | 163 | Ⓐ Ⓑ Ⓒ Ⓓ | 173 | Ⓐ Ⓑ Ⓒ Ⓓ | 183 | Ⓐ Ⓑ Ⓒ Ⓓ | 193 | Ⓐ Ⓑ Ⓒ Ⓓ |
| | 104 | Ⓐ Ⓑ Ⓒ Ⓓ | 114 | Ⓐ Ⓑ Ⓒ Ⓓ | 124 | Ⓐ Ⓑ Ⓒ Ⓓ | 134 | Ⓐ Ⓑ Ⓒ Ⓓ | 144 | Ⓐ Ⓑ Ⓒ Ⓓ | 154 | Ⓐ Ⓑ Ⓒ Ⓓ | 164 | Ⓐ Ⓑ Ⓒ Ⓓ | 174 | Ⓐ Ⓑ Ⓒ Ⓓ | 184 | Ⓐ Ⓑ Ⓒ Ⓓ | 194 | Ⓐ Ⓑ Ⓒ Ⓓ |
| | 105 | Ⓐ Ⓑ Ⓒ Ⓓ | 115 | Ⓐ Ⓑ Ⓒ Ⓓ | 125 | Ⓐ Ⓑ Ⓒ Ⓓ | 135 | Ⓐ Ⓑ Ⓒ Ⓓ | 145 | Ⓐ Ⓑ Ⓒ Ⓓ | 155 | Ⓐ Ⓑ Ⓒ Ⓓ | 165 | Ⓐ Ⓑ Ⓒ Ⓓ | 175 | Ⓐ Ⓑ Ⓒ Ⓓ | 185 | Ⓐ Ⓑ Ⓒ Ⓓ | 195 | Ⓐ Ⓑ Ⓒ Ⓓ |
| | 106 | Ⓐ Ⓑ Ⓒ Ⓓ | 116 | Ⓐ Ⓑ Ⓒ Ⓓ | 126 | Ⓐ Ⓑ Ⓒ Ⓓ | 136 | Ⓐ Ⓑ Ⓒ Ⓓ | 146 | Ⓐ Ⓑ Ⓒ Ⓓ | 156 | Ⓐ Ⓑ Ⓒ Ⓓ | 166 | Ⓐ Ⓑ Ⓒ Ⓓ | 176 | Ⓐ Ⓑ Ⓒ Ⓓ | 186 | Ⓐ Ⓑ Ⓒ Ⓓ | 196 | Ⓐ Ⓑ Ⓒ Ⓓ |
| | 107 | Ⓐ Ⓑ Ⓒ Ⓓ | 117 | Ⓐ Ⓑ Ⓒ Ⓓ | 127 | Ⓐ Ⓑ Ⓒ Ⓓ | 137 | Ⓐ Ⓑ Ⓒ Ⓓ | 147 | Ⓐ Ⓑ Ⓒ Ⓓ | 157 | Ⓐ Ⓑ Ⓒ Ⓓ | 167 | Ⓐ Ⓑ Ⓒ Ⓓ | 177 | Ⓐ Ⓑ Ⓒ Ⓓ | 187 | Ⓐ Ⓑ Ⓒ Ⓓ | 197 | Ⓐ Ⓑ Ⓒ Ⓓ |
| | 108 | Ⓐ Ⓑ Ⓒ Ⓓ | 118 | Ⓐ Ⓑ Ⓒ Ⓓ | 128 | Ⓐ Ⓑ Ⓒ Ⓓ | 138 | Ⓐ Ⓑ Ⓒ Ⓓ | 148 | Ⓐ Ⓑ Ⓒ Ⓓ | 158 | Ⓐ Ⓑ Ⓒ Ⓓ | 168 | Ⓐ Ⓑ Ⓒ Ⓓ | 178 | Ⓐ Ⓑ Ⓒ Ⓓ | 188 | Ⓐ Ⓑ Ⓒ Ⓓ | 198 | Ⓐ Ⓑ Ⓒ Ⓓ |
| | 109 | Ⓐ Ⓑ Ⓒ Ⓓ | 119 | Ⓐ Ⓑ Ⓒ Ⓓ | 129 | Ⓐ Ⓑ Ⓒ Ⓓ | 139 | Ⓐ Ⓑ Ⓒ Ⓓ | 149 | Ⓐ Ⓑ Ⓒ Ⓓ | 159 | Ⓐ Ⓑ Ⓒ Ⓓ | 169 | Ⓐ Ⓑ Ⓒ Ⓓ | 179 | Ⓐ Ⓑ Ⓒ Ⓓ | 189 | Ⓐ Ⓑ Ⓒ Ⓓ | 199 | Ⓐ Ⓑ Ⓒ Ⓓ |
| | 110 | Ⓐ Ⓑ Ⓒ Ⓓ | 120 | Ⓐ Ⓑ Ⓒ Ⓓ | 130 | Ⓐ Ⓑ Ⓒ Ⓓ | 140 | Ⓐ Ⓑ Ⓒ Ⓓ | 150 | Ⓐ Ⓑ Ⓒ Ⓓ | 160 | Ⓐ Ⓑ Ⓒ Ⓓ | 170 | Ⓐ Ⓑ Ⓒ Ⓓ | 180 | Ⓐ Ⓑ Ⓒ Ⓓ | 190 | Ⓐ Ⓑ Ⓒ Ⓓ | 200 | Ⓐ Ⓑ Ⓒ Ⓓ |

＊解答用紙は BOOK CLUB（https://bookclub.japantimes.co.jp/book/b642149.html）からもダウンロードできます。

別冊

# 本番への準備&
# 直前攻略ポイント&
# 完全模試



the japan times 出版

# ◎ 目次　Contents

## 本番への準備



## 直前攻略ポイント

# ■本番への準備

## 1. 起床から試験が始まるまで

TOEIC は、もちろん「普段の英語学習×本番でのパフォーマンス」でスコアが決まるわけですが、試験開始までの過ごし方もスコアに大きな影響を与えます。過ごし方は人それぞれなので、かえっていろいろと迷ってしまいます。試験開始までに「自分の過ごし方」を決めておくことがとても大事なのです。

いろいろな人がいろいろなことを言いますし、ここでもいろいろと言いますが、大事なのは「自分に合った方法で OK ／2時間ある試験時間にピークを持ってくる」ことなので、迷ったときはそれを中心に考えてください。

### ●起床から会場までの体調管理

起床時間・食事・移動で使う体力等、試験時間を考えてベストな行動をしてください。「座ったままの試験」とはいえ、慣れない環境で緊張感を強いられる2時間もの長丁場は、一種の「試合」であり、アスリートのような心がまえが求められます。心配な場合は、１週間前の日曜日に同じ時間帯で同じように行動してみてください。たくさんの発見があるはずです。

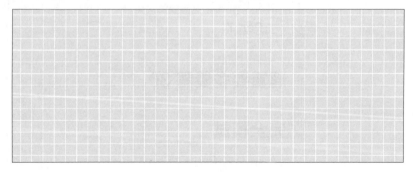

**試験当日の起床時間**　【　　　　　　】

**食べるもの**　【　　　　　　】

**家を出る時間**　【　　　　　　】

**家を出てから**　【カフェに寄る・コンビニに寄る・　　　　　　】

### ●その他のメモ

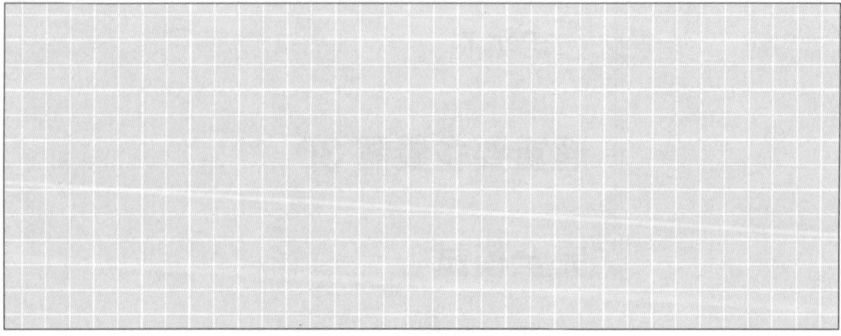

## 2. 当日のウォーミングアップについて

当日、試験前に英語のウォーミングアップをしておく必要があります。「どこで何をするか？」を決めておくと効率良く英語モードになっていくはずです。

### ●「どこで？」「何を？」「英語以外ですること」を決めておく

どこでウォーミングアップをするかを決めておきましょう（常に英語をやる必要はなく、リラックスをすることも大事です）。以下の表にやること、たとえば「Part 1・Part 2 の音声を聞く」「Part 7 の英文を読む」などと書き込んでください（次ページも参考にしてみてください）。

| | 集中できるとき | 気が散るとき | リラックスするとき |
|---|---|---|---|
| 家で | | | |
| 電車・バスで | | | |
| カフェで | | | |
| 試験会場で | | | |
| その他で | | | |

## 【参考】やることの例

### ☑ **集中できるとき**にやることの例

「英語モードになる」ためのリスニング・英文音読／英語のウォーミングアップは絶対に必要なので 15 分～ 30 分はやってください（やりすぎて疲れないように）。

**→「まずは試験の出だしを大切にしたい」→ Part 1 と Part 2 の音声を聞く**

**→「一気に本気モードにしたい」→ Part 3 と Part 4 の音声を聞く**

**→「大量の英文を読む前のウォーミングアップをしたい」→ Part 7 の音読**

※ Part 7では自分が「苦手」な英文よりも「得意」な英文のほうがリズムをつくれます。

### ☑ **気が散るとき**にやることの例

細切れ時間でもできること／これは無理にやる必要はありません。

**→ Part 1 と Part 2 の音声を聞く**

**→ Part 5 の解き直し**

**→本書をパラパラ復習する**

### ☑ **リラックスするとき**にやることの例

「何をするか」を決めておくべきです。試験会場では手持ち無沙汰でなんとなくスマホをいじっている人がたくさんいますので。

**→目を閉じる**

**→ぼーっとする**

**→スマホで好きな動画を見る**

**【注意】午後受験をする場合**
午前と午後では試験問題が違うので、午前の試験の情報を SNS で見てもまったく役には立ちません。
時間の無駄になるので、有益なことに使ってください。

## 3. 試験中の心がまえ

### ●試験中に心が折れそうなときにすることを決めておく

2時間の試験でずっと集中するのは至難の業です。「リスニングの英文がまったく聞き取れない」「リーディングで英文が頭に入ってこない」「隣の人が諦めて寝てしまう」「肩がこる」など、集中力が途切れることは何度かあるのが普通です。そんなとき、「どうやって回復するのか？」を決めておいて、自分を励ましてください。

**私は…【　　　　　　　　　　　　　　　　　　】をする！**

参考：ペンを置いて1分瞑想（めいそう）する／天井を見てから深呼吸する／周りのがんばっている人を見て奮起する／勉強してきた日々を思い出す／試験後のご褒美を考える／ここでスコアを出さないと面倒なことになると妄想して自分に火をつける／自分が奮い立つ言葉を頭の中で言い続ける（言葉も考えておきましょう）

### ●解答に「迷ったとき」にマークするものを決めておく

（リスニングだと0.1秒ですらもったいない）

**私は…【　　　　　　　　　　　　　　　　】をマークする！**

参考：先に出てきたほう or 後のほう／短いほう or 長いほう／簡単そうなほう or 難しそうなほう

### ●解答が「まったくわからない」ときにマークするものを決めておく

**私は…【(A) or (B) or (C) or (D)】をマークする！（Part 2は3択）**

## 4. リーディングを解く順番

850点以上くらいを取る人でない限りは、すべての問題を解き切れません。20問くらい残すのはよくあることなので（もちろん目標スコアによって違いますが）、得意な問題は必ず取り組めるようにしましょう。

解く順番に関しては、英語力・スコアではなく、完全に「好み」なので、自分の好きな順番を決めて、本番では必ずその通りに解きましょう（本番中に変えるとめちゃくちゃになる可能性が高いです）。

### ●リーディングの「解く順番」は？

① 出てくる順番で解く　Part 5→Part 6→Part 7

② 集中力があるうちに長文から解く　Part 7→Part 6→Part 5

③ Part 6は時間がなければ空所を含む文だけ読んで解く

Part 5→Part 7→Part 6

or　Part 7→Part 5→Part 6

④ その他【　　　　　　　　　　　　】

※Part 7をやりながら長文に飽きたらPart 5を少し、など

### ●Part 7内での解く順番は？

① 最初（147番）から順番に解いていく

② マルチプルパッセージ（176～200番）から解く→最初に戻る

③ 最後の問題（196番）から前の英文に戻っていく

④ パッと見で、そのときのノリで決めていく

⑤ その他【　　　　　　　　　　　　】

# ■ 直前攻略ポイント

## Part 1

### 必出の「まとめ単語」に反応できる？ p. 24

→ instrumentなどに反応する！

「総称的にまとめた単語」は必ず出てきます。絶対に反応できるようにしておかないといけません（もちろん「まとめ単語」が不正解の選択肢に使われることもありますが、それも反応できるからこそわかるわけです）。

**【まとめ単語】**

□ **instrument**「楽器・道具」／□ **vehicle**「乗り物」／□ **equipment**「装置・機器」／□ **device**「機器」／□ **machine**「機械」／□ **machinery**「機械類」／□ **tool**「道具・工具」／□ **product・item・goods**「商品」／□ **merchandise**「商品（類）」／□ **produce**「農作物」／□ **appliance**「家電製品」／□ **document**「文書・資料」／□ **furniture**「家具類」／□ **baggage・luggage**「荷物類」

### beingとbeenはどう聞こえる？ p. 25

→ beingは「ビーィン」、beenは「ビン・ベン」と聞こえる！

| | 実際の発音 | よく出る形 | 意味 |
|---|---|---|---|
| being | ビーィン | be being p.p. | ～されている（途中だ） |
| been | ビン・ベン | have been p.p. | ～されてしまった |

## "be putting on" ってどういう意味？

p. 26

→「身につける途中だ」という意味

「着替え中」を表すので、実際にはbe putting onはひっかけで使われることがほとんどです。ちなみにbe wearingは「身につけている」（状態）を表します。

## 「積み重なった」写真を見たら？

p. 27

→ stackやpileを予想！

写真を見たときに事前に予想する必要はありませんが、「何かが積み重なっている」ときだけはpileやstackを予想してください。

受動態be piled (up)・be stacked (up)「積み重ねられている」で頻出です。

## Part 1で出るwaterの意味は？

p. 27

→「水のあるところ（水辺系）」と、動詞「水をやる」が重要

「水辺」系の写真でよく出る重要単語は以下のものでした。

**【「水辺」系での重要単語】**

□ **water**「（川・湖・海などの）水のあるところ・水をやる」／□ **potted plant**「鉢植えの植物」／□ **dock**「埠頭・（船を埠頭などに）つける・（埠頭などに）つく」／□ **pier**「埠頭・桟橋」／□ **fountain**「噴水」／□ **reflect**「反射する・映す」／□ **overlook**「見渡す・見下ろす」

## Part 2

### 「フーズ」と聞こえたら？ p. 54

→ **Who's（Who is[has]の短縮形）かWhoseを判別する！**

「フーズ」の後にin charge of ~ と続いたら、Who's（Who is）だと判断します。Who's in charge of ~?「～を担当しているのは誰？」は超頻出です。

「フーズ」の後ろに「名詞か動詞」がきたらWhose「誰の～」です。

### 「わからない」「何でもいい」系の返答に注目！ p. 55

→ **「決めてない・わからない」「どちらでもいい・何でもいい」は正解の可能性大！**

**【「決めてない・わからない」の返答例】**

□ **I haven't decided (yet).**「まだ決めていないんです」
□ **It hasn't been decided (yet).**「まだ決まっていないんです」
□ **We're still deciding.**「私たちはまだ決めている最中です」
□ **I'm not sure.／I have no idea.／I don't know.**「わかりません」
□ **I hadn't heard about that.**「それについて聞いていませんでした」

**【「どっちでもいい／何でもいい」の返答例】**

□ **Either one is fine.／Either is fine (with me).／I have no preference.／It doesn't matter to me.／Either works for me.／I don't care.**
「どちらでも構いません」
□ **Whichever you like.**「あなたの好きなほうで」
□ **Whatever works for you.**「あなたに合うものなら何でも」

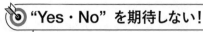

## "Yes・No" を期待しない! p. 56

### → Do ~?に対して、Yes・Noを使わない返答が使われる!

TOEICでは「いちいちYes・Noを使わずにメインの内容を伝える」パターンが頻出です。「仕事は終わった?」に対して、いきなり「ちょうどするところだった」、「参加した?」に対して、いきなり「時間がなかった」、「部長を見た?」に対して、いきなり「デスクにいたよ」といった"ノリ"を今一度思い出してください。

## 否定疑問文が出てきたら? p. 57

### → 「notを無視」して考える!

否定疑問文はすべて「notを無視」すれば解決します。たとえば、Haven't ~?なら、Have ~?と考えればOKです。

| | | |
|---|---|---|
| 実際のリスニング | Haven' t we hired some new engineers? | |
| | ↓ ※notを無視する | |
| 頭の中では… | Have~~n't~~ we hired some new engineers? | |
| 返答 | 採用した場合 | 採用していない場合 |
| | Yes, we have. | No, we haven' t. |

## Do you know where ~と聞こえたら? p. 57

### → 単に「丁寧な疑問文」にすぎない!

Do you know where the closest convenience store?(一番近いコンビニがどこにあるか知っていますか?)は、Where the closest convenience store?を丁寧にしたものです。そのため、Do you ~?には、形式的にはYes・Noで答えますが、実際には「相手が知りたがっていること(場所)だけ答える」ことがあるので、そのつもりでいてください。

## Why don't you ~?はどんな意味? p. 58

→「～したらどう?」という提案表現

「提案・申し出・依頼」表現も頻出です。

**【提案表現】**

□ **Why don't you ~?**「～したらどう?」
□ **Why don't we ~?**「～しようよ」 ※we（自分たち）に対する提案
□ **Why not** 原形 **?**「～したらどう?・～しようよ」

**【申し出の表現】**

□ **Shall I ~?／Can I ~?**「～しましょうか?」
□ **Shall we ~?**「（私たちみんなで）～しましょうか?」= **Let's ~**
□ **Why don't I ~?**「～しましょうか?」
□ **Do you want me to ~?／Would you like me to ~?**「～しましょうか?」

**【依頼表現】**

□ **Can you ~?／Will you ~?**「～してくれる?」
□ **Could you ~?／Would you ~?**「～してくれますか?」
□ **I was wondering if you could[would] ~.**「～してくださいませんか?」
□ **I'd appreciate it if you could[would] ~.／I would be grateful if you could[would] ~**
「～していただけるとありがたいのですが」

# Part 3

## Actuallyが聞こえたら？ p. 85

### → 解答示唆表現なので必ず反応する！

Actuallyは「あなたの予測に反して、実は…」「予定とは違って、実際は…」といった意味で、「何か大事なことを告白する」ことが非常に多いです。仮に話がまったくわからなくても、Actuallyの後を聞けば１問取れる可能性大です。

**【解答示唆表現（1）　重要情報】**

□**Actually**「実は・実際は」　□**As a matter of fact**「実は・実際は」
□**In fact・indeed**「実際には・それどころか実際は」
□命令文（動詞の原形で始まる文／**Please[Just/Simply]**＋原形）

**【解答示唆表現（2）　感情】**

□**Oh**「あっ・おっと」　□**Surprisingly**「驚くべきことに」
□**Unfortunately・I'm afraid ~**「残念ながら・あいにく」

## 動詞bookはどんな意味？ p. 86

### → 「予約する」という意味

TOEICでは予約やスケジュール変更が頻繁に起こり、「変更前or変更後」や「変更理由」がよく問われるので、「予約関係」には必ず反応しましょう。

**【「予約・予定・変更」系の重要語句】**

□**appointment**「予約・（面会の）約束」／□**book・reserve**「予約する」／
□**reschedule (for ~)**「（～に）予定を変更する」／□**scheduling conflict**「予定の重複」／
□**(time) slot**「時間枠・空き」／□**on short notice**「直前に・急な知らせで」／
□**at the last minute**「直前で・ぎりぎりになって」

## 「意図問題」が出たら?

p. 86

### 「設問」を先読み／「だから何?」と考える／後ろにもヒント

意図問題は「先読みをすれば、今から流れる英文のスクリプトの一部を先に知ることができる」というメリットがあるので、英文を３回くらい読んでおきましょう。

## 「図表問題」の先読みは何をする?

p. 87

### 「選択肢の情報以外」が英文で流れると予想!

選択肢の内容にズバリ言及するのではなく、選択肢の内容に対応する情報が流れてくるのが基本です。

たとえば、図表に「商品名」と「売上」の２つの情報があるとします。選択肢には「商品名」が並んでいる場合、選択肢にないほうの情報（売上）がリスニング本文で流れると予想しましょう。

# Part 4

## Please be aware that ~が聞こえたら？ p. 125

→ **注意喚起表現なので必ず反応する！**

「注意して・覚えて」と伝える表現の後ろには大事な情報がきて、設問でよく狙われます。こういった「注意喚起」をする表現は超重要です。

**【「注意喚起」表現（1）「注意して」系】**

□ **Please be aware that ~**「～をご承知おきください・～にご留意ください」
□ **Please be advised that ~**「～をご承知おきください」
□ **Please note that ~／Please take note that ~**「～にご注意ください」
□ **I must[have to] warn you that ~**「～にご注意ください」
□ **You are kindly reminded that ~**「～をどうぞご承知おきください」

**【「注意喚起」表現（2）「覚えて・必ず～して」系】**

□ **Please remember to ~**「～することを覚えておいてください」
□ **Don't forget to ~**「～することを忘れないでください」
□ **Keep in mind that ~**「～することを覚えておいてください・～することにご留意ください」
□ **Make sure that sv**「確実にsvしてください・svを確認してください」
□ **Make[Be] sure to ~**「必ず～してください」

## いきなり疑問文が聞こえたら？ p. 126

→ **「広告」だと予想！**

広告はいきなり疑問文で始まり、「～を探してない？／～に困ってない？」→「だったらウチの商品がオススメ」と進むのが定番です。その文自体をよく理解できなくても大丈夫なので、その後は「自慢」→「特典（割引・おまけ・無料見積もり）」→「問い合わせ」という流れを意識しましょう。

## 「ラジオニュース」が始まったら？ p. 127

### →「悪天候・停電・渋滞」を予想！

特に「天気」と「渋滞」に関連する以下の表現をチェックしておきましょう。

**【重要な「天気」表現】**

- □ **inclement weather**「悪天候」
- □ **weather forecast · weather report**「天気予報」
- □ **chance of rain**「降水確率」
- □ **get caught in a shower**「にわか雨にあう」
- □ **heavy rain**「豪雨」
- □ **power failure · power outage**「停電」
- □ **without power**「停電で」

**【重要な「渋滞」表現】**

- □ **a traffic jam · traffic congestion**「交通渋滞」
- □ **get stuck in a traffic jam**「交通渋滞にはまる」
- □ **The road is congested.**「道路が渋滞している」
- □ **(The) Traffic is heavy[light].**「交通量が多い［少ない］」
- □ **The street is busy.**「通りに人や車が多い」
- □ **at a busy intersection**「交通量の多い交差点で」

## tourの意味と発音は？ p. 128

### →意味は「ツアー・（工場）見学・案内」、発音は「トゥァ」「トー」

ツアーでの「ガイドのセリフ」が頻出なので、「トゥァ」や「トー」と聞こえたときに、tourのことだと認識できるようにしておく必要があります。ちなみに、全体は「挨拶・自己紹介→目的・内容→付加情報・注意情報→ツアー開始」の流れで進むのが定番です。

# Part 5

## 名詞・形容詞・副詞・動詞の「働き」は? p. 166

→ **以下の「働き」を必ずチェック!**

**【「4大品詞(名詞・形容詞・副詞・動詞)」の働き】**

- ☑「名詞」の働き:S・O・Cのどれかになる
- ☑「形容詞」の働き:名詞を修飾/補語になる
- ☑「副詞」の働き:「名詞以外」を修飾
- ☑「動詞」の働き:文の述語になる

## 「前置詞+(　)+a ~」を見たら? p. 166

→ **空所に「動名詞」が入ると考える!**

動名詞は後ろに「目的語をとれる」という性質があり、Part 5で「前置詞+動名詞+名詞」のパターンが頻出です。前置詞の後ろだからといって「名詞」に飛びつくのではなく、後ろに名詞があったらまずは「動名詞」を考えてみましょう。

**例:success in negotiating a new contract**
「新しい契約交渉の成功」
※(×)success in negotiation a new contract

## duringとwhileの品詞は？

p. 167

### → duringは「前置詞」、whileは「接続詞」

duringは前置詞なので後ろには「名詞」、whileは接続詞なので後ろには「文（sv）」がきます。Part 5では常にこういった「形」から考えることを忘れずに。

**【前置詞 vs. 接続詞】**

| 意味＼品詞 | 前置詞 | 接続詞 |
|---|---|---|
| 「～の間」 | during | while |
| 「～までには」 | by | by the time |
| 「～なので」 | because of | because |
| 「～しなければ」 | without | unless |
| 「～だけれども・～にもかかわらず」 | in spite of ／ despite | though ／ although ／ even though |

## 受動態の後ろに名詞はくる？ or こない？

p. 167

### → 受動態は原則「後ろに名詞はこない」

この知識を利用すると、「空所の後ろに名詞がない」→「受動態」（他動詞の能動態は入らない）と予想できます。逆に、------- the bookの形になっていたら、受動態be writtenという選択肢は即アウトと判断してください（writeなどの能動態が入ります）。

## tell型の「基本形3つ」と「tell型の動詞8つ」は? p. 168

→ 以下で「基本形3つ×tell型8つ」を一気にチェック!

**【tell型の動詞　基本形：tell 人 of ~／tell 人 that ~／tell 人 to ~】**

| 動詞＼型 | V 人 of ~ | V 人 that ~ | V 人 to ~ |
|---|---|---|---|
| **tell**「伝える」 | tell 人 of ~ | tell 人 that ~ | tell 人 to ~ |
| **remind**「思い出させる」 | remind 人 of ~ | remind 人 that ~ | remind 人 to ~ |
| **convince**「納得・確信させる」 | convince 人 of ~ | convince 人 that ~ | convince 人 to ~ |
| **persuade**「説得する」 | persuade 人 of ~ | persuade 人 that ~ | persuade 人 to ~ |
| **warn**「警告する」 | warn 人 of ~ | warn 人 that ~ | warn 人 to ~ |
| **notify**「知らせる」 | notify 人 of ~ | notify 人 that ~ | notify 人 to ~ |
| **inform**「知らせる」 | inform 人 of ~ | inform 人 that ~ | ~~inform 人 to ~~~ |
| **assure**「保証する」 | assure 人 of ~ | assure 人 that ~ | ~~assure 人 to ~~~ |

※（×）inform[assure] 人 to ~だけは存在しない

# Part 6

## Part 6に入るときの心がまえはできている？ p. 204

### Part 5型かPart 6特有問題か？

まずは「空所を含む1文だけで解けそうか？」を考えて、解けそうならPart 5型と考え、普通に解きます。その1文だけでは解けなさそうなら、Part 6特有問題と考え、「時制・代名詞・接続副詞」がポイントになる可能性が高いので、少し視野を広げて考えてみましょう。Part 6特有問題はいったんスルーして、前後や全体の内容が把握できてから解くのもアリです。

## “this＋名詞” を見たら？ p. 204

### 直前の内容の「まとめ」と考える！

“this＋名詞” に注目して「これまでの内容をまとめているんだな」と意識することで、情報が整理でき、英文の流れが把握しやすくなります。この発想はPart 6特有の文挿入問題でもとても役立ちます。

## not（否定文）を見たら？ p. 205

### 後ろに「主張」がくるかもと予想！

not（否定文）に反応して、その後に「主張」がくるかもしれないと予想しましょう。

**【not A but Bのバリエーション】**

□**not A. (~~But~~) B.** 「Aではない。Bだ」
□**not A. Instead B** 「Aではない。（Aではない）その代わりにBだ」
□**not A. Indeed B** 「Aではない。（Aではなくて）実際はBだ」
□**not A. In fact B** 「Aではない。（Aではなくて）実際はBだ」
□**not A. Rather B** 「Aではない。（Aではなくて）むしろBだ」

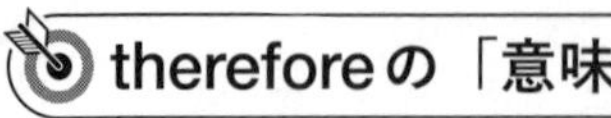

## thereforeの「意味」と「品詞」は？ p. 206

### 意味は「それゆえ・だから」で、品詞は「接続副詞」!

意味は「それゆえ・だから」です。あくまで「副詞」の働きなので、(×) SV, therefore, SV. のように文はつなげず、(○) SV. Therefore sv. と使います。

**【重要な接続副詞】** ※副詞句も含む

**【反論する】**
□ **however**「しかしながら」
□ **still・nevertheless**「それにもかかわらず」
□ **on the other hand・by contrast・in contrast**「一方で・対照的に」
□ **on the contrary**「しかしながら・それどころか」
□ **instead・alternatively**「その代わりに」
□ **indeed・in fact・rather・as a matter of fact**「それどころか実際は」

**【並べる】**
□ **also・besides・moreover・furthermore・what is more・in addition・additionally**「加えて」
□ **similarly**「同様に」
□ **in the meantime**「その間に」
□ **meanwhile**「その間に・一方で」

**【具体例を出す】**
□ **for example・for instance**「たとえば」
□ **specifically**「具体的に言えば」

**【言い換える】**
□ **in other words**「言い換えると・つまり」

**【原因・結果を述べる】**
□ **thus・therefore**「だから」
□ **consequently・in conclusion・as a result**「その結果」
□ **that is why**「そういうわけで」

# Part 7

## annualを見たら？ p. 236

→「去年も今年も来年も行われている」可能性大！

annual「毎年恒例の・年に1度の」という含み表現で、頻繁に狙われます。

### ①「変更」をにおわす含み表現

□ **weather permitting**「天気が良ければ」／□ **usually・normally**「普段は」／
□ **generally**「一般的には」／□ **typically**「典型的には・一般的には」／
□ **temporarily**「一時的に」／□ **tentatively**「仮に」／□ **tentative**「仮の・暫定的な」

### ②「過去・現在・未来の繰り返し」をにおわす含み表現

□ **annual**「毎年恒例の・年に1度の」／□ **annually**「毎年・年に1度」／
□ **yearly**「毎年（の）・年に1度（の）」

### ③ 時の対比：「今は違う」ことをにおわす含み表現

□ **before・previously・formerly**「以前は」／□ **in the past**「昔は」／
□ **traditionally・conventionally**「昔から・従来は」／□ **at first**「初めは」／
□ **initially**「当初は」／□ **originally**「元々は・最初は」

### ④ 時の対比：「過去とは違う・今後は変わるかも」をにおわす含み表現

□ **now**「今は」／□ **today**「今日(こんにち)は」／□ **these days・nowadays**「最近は」／
□ **currently**「現在は」／□ **no longer ~**「もはや～ない」／□ **new**「新しい」

## causeを見たら？ p. 237

→ "原因 cause 結果"という因果関係を把握！

"原因 cause 結果" という因果関係を意識しましょう。

**【原因 V 結果 の形 「原因によって結果になる」(→)】**
原因 cause 結果／原因 bring about 結果／原因 lead (up) to 結果／
原因 contribute to 結果／原因 result in 結果

**【結果 V 原因 の形 「結果は原因によるものだ」(←)】**
結果 result from 原因／結果 come from 原因

**【前置詞で因果を表すもの 「～が原因で」】**
because of 原因／due to 原因／owing to 原因／as a result of 原因

## マルチプルパッセージを読んでいるときに注目すべきは？ p. 237

→ 名前・時間（日付・曜日）・場所・数字！

この4つはクロス問題でよくポイントになります。英文を読んでいるときにしっかり反応して、ペンなどを置いておくといいでしょう（書き込みは禁止）。

## 1つめと2つめ(もしくは3つめ)の文書の関係がつかめないときは？ p. 238

→ 「タイムラグ」があると考える！

「英文1：人材募集」→「英文2：応募のメール」ではなく、TOEICでは「人材募集 →（応募のメールがカット）→ 会社からの内定メール」のように、間のやりとりがカットされることがよくあります。マルチプルパッセージではこういった「タイムラグ」がある可能性を念頭に置いておきましょう。

## NOT問題を見たら？ p. 238

→ 基本は消去法！

「本文の内容と合致する選択肢」を消去していって、残った選択肢を選ぶのが基本です。もし「本文と矛盾する選択肢」があれば、すぐに選んでOKです。

# ■超重要多義語30

まとめて対策する機会がない「多義語」ですが、Part 5やPart 7の語彙問題で多義語がかなりの確率で狙われますし、他のPartでも英文を理解するためには欠かせません。特に重要な30個の多義語を核心となるイメージからチェックしておきましょう。

| 見出し語・例文 | 語義 |
|---|---|
| □ available | 核心：スタンバイOK<br>①利用できる　②手に入る　③都合がつく |
| Are you available this afternoon?「午後は手が空いていますか？」 | |
| □ observe | 核心：じ～っと見守る<br>①守る　②観察する　③気づく　④述べる　⑤祝う |
| observe a rule「規則を守る」 | |
| □ leave | 核心：ほったらかす<br>①残す・置き忘れる　②出発する　③預ける・任せる<br>④休暇　⑤許可 |
| May I leave a message?「伝言をお願いできますか？」 | |
| □ charge | 核心：プレッシャーをかける<br>①請求する／料金　②非難（する）　③委ねる／責任<br>④充電（する） |
| be in charge of ordering office supplies「事務用品の注文担当だ」 | |
| □ raise | 核心：上げる<br>①上げる　②育てる　③(金を)集める　④取り上げる・提起する |
| raise public awareness「広く認識してもらう」　※直訳「世間の認知度を上げる」 | |
| □ arrange | 核心：きちんと並べる<br>①きちんと並べる・整える　②取り決める・手配する |
| arrange a meeting「会議を手配する」 | |
| □ arrangement | 核心：きちんと並べること<br>①配置　②取り決め・手配 |
| make travel arrangements for a business trip「出張の手配をする」 | |
| □ accommodate | 核心：詰め込む<br>①収容できる・宿泊させる　②適応させる<br>③(要求を)受け入れる・対応する |
| This hotel can accommodate 100 guests.「このホテルは100人宿泊できる」 | |

| 見出し語・例文 | 語義 |
|---|---|
| □ work | **核心：がんばる** |
| | ①仕事・勉強／仕事する・取り組む　②作品<br>③機能する・作動する<br>④(計画・方法などが) うまくいく・都合がつく　⑤(薬が) 効く |
| The elevator is not working.「エレベーターは作動していない (故障中だ)」 | |
| □ order | **核心：(きちんとした) 上から下への順番** |
| | ①順序　②秩序　③整頓　④命令　⑤注文 |
| in chronological order「時系列で・年代順に」 ※chronological「年代順の」 | |
| □ service | **核心：形のない商品** |
| | ①乗り物の便　②公共事業　③勤務　④貢献・奉仕<br>⑤点検・整備 (する) |
| retire after 20 years of service with the company<br>「その会社に20年勤務して退職する」 | |
| □ serve | **核心：service (形のない商品) を提供する** |
| | ①(食べ物・飲み物を) 出す　②勤務する・仕える　③役立つ |
| on a first-come, first-served basis「先着順で」 | |
| □ account | **核心：計算して説明する** |
| | ①勘定書・請求書　②口座・アカウント　③説明する／説明・話<br>④占める |
| account for 30% of the company's sales「会社の売上の30%を占める」 | |
| □ address | **核心：ぽ～んと向ける** |
| | ①向ける　②話しかける／演説　③取り組む・対処する<br>④住所／宛先を書く　⑤メールアドレス |
| address the problem of air pollution「大気汚染の問題に取り組む」 | |
| □ refer | **核心：意識がビッと向く** |
| | ①言及する・言う・表す　②参照する・照会する　③差し向ける |
| Customer complaints should be referred to a supervisor.<br>「顧客からの苦情は監督者に委ねられるべきだ」 | |
| □ reference | **核心：意識がビッと向いたもの** |
| | ①言及　②参照・参考資料　③照会先 |
| a letter of reference「紹介状・推薦状」 | |
| □ issue | **核心：ポンッと出てくる** |
| | ①問題　②(雑誌の) ～号　③発行する・出す |
| address an issue「問題に取り組む」 | |

| 見出し語・例文 | 語義 |
|---|---|
| □ due | **核心：あ〜、来ちゃう…** |
| | ①締切が来た　②支払われるべき　③到着予定の<br>④〜することになっている（be due to 原形）<br>⑤〜が原因で・〜のために（due to ~） |
| The sales report is due tomorrow.「売上報告書の提出は明日が締切だ」 | |
| □ run | **核心：流れる／グルグルまわす・まわる** |
| | ①走る　②作動する　③経営する　④出す・掲載する<br>⑤(映画などが) 続演される・続く |
| run a restaurant「レストランを経営する」 | |
| □ term | **核心：限られた一定空間** |
| | ①期間　②用語　③条件（terms）　④間柄（terms） |
| a long-term strategy「長期的な戦略」 | |
| □ present | **核心：目の前にある** |
| | ①プレゼント　②出席している　③現在の　④授与する<br>⑤提示する・提出する・発表する |
| present him with an award「彼に賞を授与する」 | |
| □ board | **核心：板（ボード）** |
| | ①板・黒板　②役員・役員会　③乗る　④舞台・参加 |
| the board of directors「取締役会」 | |
| □ figure | **核心：ハッキリした人影** |
| | ①姿　②人物　③数字　④図　⑤理解する<br>⑥解答する・解決する |
| I can't figure out what she wants.「彼女が欲しいものがわからない」 | |
| □ subject | **核心：対象を下に置く** |
| | ①主題・主語　②科目　③被験者　④〜の影響下にさらされている・〜を受ける・〜の可能性がある |
| be subject to change without notice「予告なしで変更になる可能性がある」 | |
| □ assume | **核心：取り入れる** |
| | ①思う・思い込む　②引き受ける　③(態度・性質を) とる |
| assume the position「その役職を引き受ける」 | |

<table>
<tr><th>見出し語・例文</th><th>語義</th></tr>
<tr><td rowspan="2">□ cover</td><td>核心：カバーする</td></tr>
<tr><td>①覆う　②扱う・取材する　③償う・保険をかける・負担する<br>④進む　⑤(代わりに)引き受ける・担当する</td></tr>
<tr><td colspan="2">The event will be covered by local newspapers.<br>「そのイベントは地元の新聞で取り上げられる予定だ」</td></tr>
<tr><td rowspan="2">□ line</td><td>核心：線</td></tr>
<tr><td>①列／並ぶ・並ばせる　②電話線　③手紙　④職業<br>⑤品揃え・ラインナップ</td></tr>
<tr><td colspan="2">Shoes have been arranged in a line.「靴が1列に並んでいる」</td></tr>
<tr><td rowspan="2">□ sign</td><td>核心：何かの目印・サイン</td></tr>
<tr><td>①目印・合図　②兆候・表れ　③記号　④看板・標識<br>⑤署名する</td></tr>
<tr><td colspan="2">sign up for a workshop「ワークショップに申し込む」</td></tr>
<tr><td rowspan="2">□ post</td><td>核心：柱に貼る</td></tr>
<tr><td>①柱　②掲示する　③投稿(する)　④最新情報を伝える</td></tr>
<tr><td colspan="2">post a product review on social media「SNSに商品レビューを投稿する」</td></tr>
</table>

はじめての TOEIC® L&R テスト
全パート徹底攻略 別冊

# 完全模試

83-163

本番同様に時間を計って解いてみましょう。リスニングセクションは音声を止めずに再生し（約 46 分)、終了したらリーディングセクションに進みます。リーディングは 75 分間です。

**解答解説：本冊 289 ページ**
**正解一覧：本冊 403 ページ**
**解答用紙：本冊 408 ページ**

※解答用紙は、以下のウェブページからもダウンロードできます。
https://bookclub.japantimes.co.jp/book/b642149.html

注：ページの関係で、Part 3・4 の GO ON TO THE NEXT PAGE の回数が本番より増えています。本番では通常、Part 3 で 2 回、Part 4 で 1 回放送されます。

## LISTENING TEST

In the Listening test, you will be asked to demonstrate how well you understand spoken English. The entire Listening test will last approximately 45 minutes. There are four parts, and directions are given for each part. You must mark your answers on the separate answer sheet. Do not write your answers in your test book.

## PART 1

**Directions:** For each question in this part, you will hear four statements about a picture in your test book. When you hear the statements, you must select the one statement that best describes what you see in the picture. Then find the number of the question on your answer sheet and mark your answer. The statements will not be printed in your test book and will be spoken only one time.

Statement (C), "They're sitting at a table," is the best description of the picture, so you should select answer (C) and mark it on your answer sheet.

84-85

1.

2.

GO ON TO THE NEXT PAGE

86-87

3.

4.

5.

6.

GO ON TO THE NEXT PAGE

90-115

## PART 2

**Directions:** You will hear a question or statement and three responses spoken in English. They will not be printed in your test book and will be spoken only one time. Select the best response to the question or statement and mark the letter (A), (B), or (C) on your answer sheet.

7. Mark your answer on your answer sheet.
8. Mark your answer on your answer sheet.
9. Mark your answer on your answer sheet.
10. Mark your answer on your answer sheet.
11. Mark your answer on your answer sheet.
12. Mark your answer on your answer sheet.
13. Mark your answer on your answer sheet.
14. Mark your answer on your answer sheet.
15. Mark your answer on your answer sheet.
16. Mark your answer on your answer sheet.
17. Mark your answer on your answer sheet.
18. Mark your answer on your answer sheet.
19. Mark your answer on your answer sheet.
20. Mark your answer on your answer sheet.
21. Mark your answer on your answer sheet.
22. Mark your answer on your answer sheet.
23. Mark your answer on your answer sheet.
24. Mark your answer on your answer sheet.
25. Mark your answer on your answer sheet.
26. Mark your answer on your answer sheet.
27. Mark your answer on your answer sheet.
28. Mark your answer on your answer sheet.
29. Mark your answer on your answer sheet.
30. Mark your answer on your answer sheet.
31. Mark your answer on your answer sheet

116-120

## PART 3

**Directions:** You will hear some conversations between two or more people. You will be asked to answer three questions about what the speakers say in each conversation. Select the best response to each question and mark the letter (A), (B), (C), or (D) on your answer sheet. The conversations will not be printed in your test book and will be spoken only one time.

**32.** What is the conversation mainly about?
(A) Publishing a news article
(B) Advertising a job opening
(C) Photographing a product
(D) Preparing a press release

**33.** Why does the man suggest Friday?
(A) A department will be less busy.
(B) A business will be open late.
(C) A device will be launched.
(D) A manager will be present.

**34.** What does the woman want the man to do?
(A) Convey a request
(B) Refer to a memo
(C) Offer an opinion
(D) Hand out a form

**35.** What problem is being discussed?
(A) Some books are not in stock.
(B) Some furniture was scratched.
(C) A delivery has not been made.
(D) An order form is incomplete.

**36.** How did the woman obtain some information?
(A) By referring to a manual
(B) By calling an office
(C) By talking to a coworker
(D) By reading a response

**37.** What will the woman probably do next?
(A) Apologize to a customer
(B) Inquire about an order
(C) Request a full refund
(D) Copy a Web site link

***GO ON TO THE NEXT PAGE***

121-124

**38.** Where does the conversation most likely take place?
(A) At a graphic design firm
(B) At a real estate agency
(C) At an architecture firm
(D) At a fitness center

**39.** According to the woman, what will have to be reduced?
(A) The number of projects
(B) The size of a room
(C) The width of a locker
(D) The rent of a space

**40.** What is the woman planning to do?
(A) Check on some progress
(B) Rearrange some printouts
(C) Accept a new assignment
(D) Calculate a distance

**41.** What is the woman preparing for?
(A) A sports match
(B) A fashion show
(C) A charity event
(D) A job interview

**42.** According to the man, what recently happened?
(A) Some new employees were hired.
(B) Some formal clothing was moved.
(C) Some merchandise was put on sale.
(D) Some measurements were taken.

**43.** What does the man say his business can do?
(A) Exchange an item
(B) Refund a payment
(C) Make an alteration
(D) Send an itemized list

125-128

**44.** Why is the man surprised?
(A) A project has been delayed.
(B) A cost is higher than expected.
(C) A contractor made an error.
(D) A job will take several months.

**45.** What problem does the woman describe?
(A) Some contracts had to be reprinted.
(B) Some customers were unable to park.
(C) Some information is no longer current.
(D) Some material has become stuck in a drain.

**46.** What does the man agree to do?
(A) Approve an expense
(B) Make a purchase
(C) Edit a document
(D) Lower a price

**47.** What will the visitors see on the tour?
(A) Where a concert hall will be built
(B) How stage lights are controlled
(C) Where performances are held
(D) What some musicians wear

**48.** According to the woman, what is permitted only in certain areas?
(A) Having a refreshment
(B) Talking on a phone
(C) Holding a rehearsal
(D) Making a video

**49.** Why does the guide warn the visitors to be careful?
(A) A space is dark.
(B) A stairway is steep.
(C) A floor is cluttered.
(D) A room is crowded.

*GO ON TO THE NEXT PAGE*

◀)) 129-132

**50.** Where is the man probably calling from?
(A) A hotel
(B) A store
(C) A bus station
(D) An airport

**51.** What does the woman ask about?
(A) A carry-on bag
(B) A prescription
(C) A bottle weight
(D) A brand preference

**52.** What will the man most likely do next?
(A) Go to a pharmacy
(B) Empty a bottle
(C) Confirm a flight
(D) Check a label

---

**53.** Why does the man say, "you've got it"?
(A) To suggest that the woman has a device
(B) To confirm that the woman understands
(C) To explain that he does not have an item
(D) To indicate that a task was done correctly

**54.** What does the woman propose?
(A) Counting the number of sales
(B) Remodeling an office space
(C) Keeping a direction fixed
(D) Trying different techniques

**55.** What does the man say he will do?
(A) Adjust some settings remotely
(B) Check if a function is possible
(C) Review a list of store inventory
(D) Switch a camera to manual mode

---

133-136

**56.** Why will the man go to Manitoba?
(A) To inspect the parts of some machinery
(B) To determine the cause of an accident
(C) To propose a new location for a plant
(D) To prepare a facility for some changes

**57.** Why does the man apologize?
(A) Because he has lost some paperwork
(B) Because he forgot about a rule
(C) Because he notified the woman late
(D) Because he did not confirm a date

**58.** What does the woman ask for?
(A) The business card of a travel agent
(B) The date of a policy change
(C) The names of some team members
(D) The number of a flight on March 22

**59.** What does the man want?
(A) A reimbursement
(B) A product warranty
(C) A meal voucher
(D) A copy of a contract

**60.** What does the woman offer to do?
(A) Go to a different floor
(B) Sign some new copies
(C) Replace a component
(D) Advertise a property

**61.** What does the man imply when he says, "I'll be on my way by then"?
(A) She should ask someone else for help.
(B) She cannot complete a task in time.
(C) She has to read an e-mail immediately.
(D) She should come by after he returns.

***GO ON TO THE NEXT PAGE***

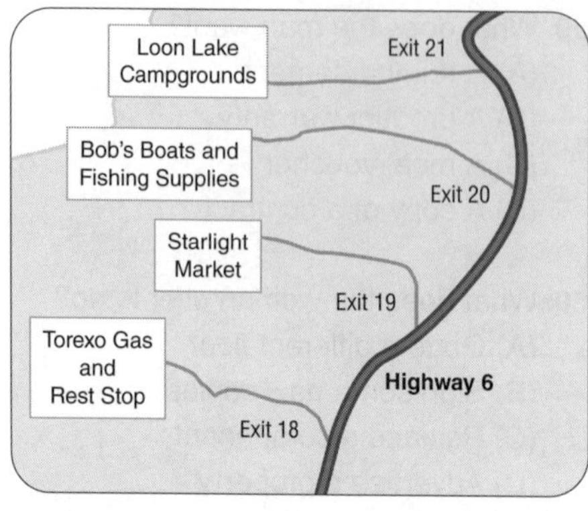


**62.** What does the man point out?
(A) They are near their destination.
(B) They need more ice for a cooler.
(C) The gas tank should be filled.
(D) The traffic is becoming heavy.

**63.** According to the woman, what did Sam and Min-jung intend to do?
(A) Go swimming
(B) Go shopping
(C) Go fishing
(D) Go hiking

**64.** Look at the graphic. Which exit does the woman tell the man to take?
(A) Exit 18
(B) Exit 19
(C) Exit 20
(D) Exit 21

137-140

| Tuesday | Wednesday | Thursday | Friday |
|---|---|---|---|
| Partly cloudy with scattered showers | Mostly sunny with possible showers | Heavy rain with strong winds | Clear sky with a light breeze |
| 14°C | 17°C | 18°C | 14°C |

**65.** What does the man ask the woman?
(A) Who is responsible for an activity
(B) Which salesperson is available
(C) Why some staff will be absent
(D) What day an exposition will end

**66.** Look at the graphic. When will the activity be held?
(A) On Tuesday
(B) On Wednesday
(C) On Thursday
(D) On Friday

**67.** Why does the man say he is pleased?
(A) Safety regulations have been implemented.
(B) An updated sales forecast looks more positive.
(C) Additional employees will be able to participate.
(D) The temperature will be higher on the weekend.

🔊 141-142

| Poster Size | | Price per Copy |
|---|---|---|
| Letter | (215.9 x 279.4 mm) | $0.80 |
| Small | (279.4 x 431.8 mm) | $1.10 |
| Medium | (457.2 x 609.6 mm) | $1.50 |
| Large | (609.6 x 914.4 mm) | $2.00 |

**68.** Who most likely are the speakers?
(A) Travel agents
(B) Event organizers
(C) Postal workers
(D) Graphic designers

**69.** What does the man say he will do?
(A) Review a budget
(B) Contact a musician
(C) Refuse an order
(D) Update a schedule

**70.** Look at the graphic. How much will the speakers pay for each poster?
(A) $0.80
(B) $1.10
(C) $1.50
(D) $2.00

**GO ON TO THE NEXT PAGE** →

143-147

## PART 4

**Directions:** You will hear some talks given by a single speaker. You will be asked to answer three questions about what the speaker says in each talk. Select the best response to each question and mark the letter (A), (B), (C), or (D) on your answer sheet. The talks will not be printed in your test book and will be spoken only one time.

**71.** Who is Richard Meyer?
(A) A musician
(B) A radio host
(C) A film director
(D) A festival founder

**72.** What project is Richard Meyer currently involved in?
(A) Sponsoring local athletes
(B) Promoting filmmakers
(C) Educating public officials
(D) Raising money for charity

**73.** What does the speaker say she will inform listeners about?
(A) Where to buy an event pass
(B) Who a guest speaker will be
(C) When a giveaway will start
(D) How to volunteer for an event

**74.** What business is the speaker calling?
(A) A shipping company
(B) A transportation service
(C) A travel agency
(D) A healthcare facility

**75.** According to the speaker, what was not provided?
(A) An explanation
(B) An apology
(C) Some procedures
(D) Some results

**76.** What would the speaker like to know?
(A) If she has to work tomorrow
(B) If an announcement was correct
(C) If there will be more delays
(D) If taking a certain route is faster

148-151

**77.** What did the speaker and Mr. Merrill decide?
(A) To cancel an annual staff meeting
(B) To appraise a piece of property
(C) To wait to conduct some assessments
(D) To export fewer goods until October

**78.** Why are many of the employees busy?
(A) They are preparing for a performance.
(B) They are constructing a new facility.
(C) They are attending meetings overseas.
(D) They are getting accustomed to new jobs.

**79.** According to the speaker, what will Mr. Merrill ask for?
(A) Some feedback
(B) Some documents
(C) Some references
(D) Some dates

**80.** Who is Derrick Hughes?
(A) A video editor
(B) A flight attendant
(C) A popular actor
(D) An airline manager

**81.** What does the speaker say passengers must be encouraged to do?
(A) Watch a video
(B) Remain seated
(C) Show their tickets
(D) Turn off equipment

**82.** Why does the speaker say, "Make sure not to rush through it"?
(A) To indicate some paperwork must be filled out carefully
(B) To warn the listeners not to bump into passengers
(C) To propose taking a break after a demonstration
(D) To emphasize that a procedure is important

GO ON TO THE NEXT PAGE

152-155

**83.** According to the speaker, what is special about the cave?
(A) It has been equipped with lighting.
(B) It has some very old illustrations.
(C) It has been recently discovered.
(D) It has a narrow freshwater river.

**84.** What does the speaker imply when she says, "But you've all read our brochure"?
(A) She feels that a description should be updated.
(B) She knows the listeners are aware of some risks.
(C) She does not need to specify the various tour rates.
(D) She believes that some instructions are unclear.

**85.** What does the speaker say the listeners will do after the tour?
(A) Place some helmets on hooks
(B) Walk along a scenic trail
(C) Return to an office by vehicle
(D) Visit a local souvenir shop

**86.** According to the speaker, what have some residents been unhappy about?
(A) The dust and dirt around a structure
(B) The noise from a construction site
(C) The obstruction of a roadway
(D) The appearance of an area

**87.** Why did Westown Builders suspend some construction?
(A) It had to obtain a special permit.
(B) It had to hire more skilled workers.
(C) It had to complete other projects.
(D) It had to wait for building materials.

**88.** What does the speaker say will happen on Monday?
(A) Some construction will resume.
(B) Some plans will be reviewed.
(C) A tournament will begin.
(D) A hotel will reopen.

🔊 156-159

**89.** What field does the speaker work in?
(A) Manufacturing
(B) Transportation
(C) Catering
(D) Banking

**90.** Where will the meeting take place?
(A) In an office
(B) In a café
(C) In a factory
(D) In an apartment

**91.** What does the speaker imply when he says, "all I see are apartment complexes"?
(A) A mistake has been made.
(B) A view is blocked by buildings.
(C) An area has become residential.
(D) An appointment must be canceled.

**92.** What does the speaker announce?
(A) A grand opening was exciting.
(B) A product will be launched.
(C) A gift shop will be moving.
(D) A location was expanded.

**93.** According to the speaker, what will last all day?
(A) A sale
(B) A show
(C) A tour
(D) A party

**94.** What does the speaker encourage the listeners to do?
(A) Fill out an online survey
(B) Apply for a sales job
(C) Become a member
(D) Print out a coupon

***GO ON TO THE NEXT PAGE***

160-163

| Height of person seated | Best chair height |
|---|---|
| 150 cm | 40 cm |
| 160 cm | 43 cm |
| 170 cm | 46 cm |
| 180 cm | 49 cm |

**95.** According to the speaker, why should employees adjust their chairs?
(A) To make looking at screens easier
(B) To keep the staff productive
(C) To reduce workplace accidents
(D) To fit them under some desks

**96.** Look at the graphic. What is the approximate height of the speaker?
(A) 150 centimeters
(B) 160 centimeters
(C) 170 centimeters
(D) 180 centimeters

**97.** What will the speaker do after the meeting?
(A) Announce a new chairperson
(B) Post the chart on an appliance
(C) Browse a catalog for office chairs
(D) Review an instruction manual

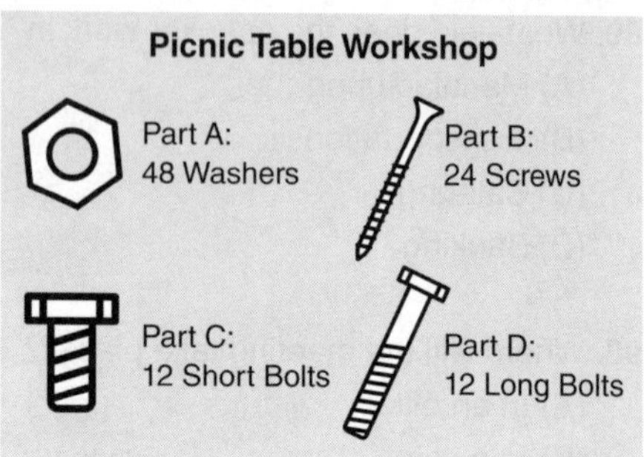

Picnic Table Workshop
Part A:
48 Washers
Part B:
24 Screws
Part C:
12 Short Bolts
Part D:
12 Long Bolts


**98.** According to the speaker, what can the listeners use?
(A) A sink to wash their hands
(B) A detailed list of instructions
(C) Some benches to sit down on
(D) Some different types of wood

**99.** Look at the graphic. What are some of the listeners missing?
(A) Washers
(B) Screws
(C) Short bolts
(D) Long bolts

**100.** What does the speaker ask the listeners to do?
(A) Plug in some electric hand tools
(B) Select some protective eyewear
(C) Place some table parts in a pile
(D) Put on some workshop clothes

**This is the end of the Listening test. Turn to Part 5 in your test book.**

NO TEST MATERIAL ON THIS PAGE

GO ON TO THE NEXT PAGE

**READING TEST**

In the Reading test, you will read a variety of texts and answer several different types of reading comprehension questions. The entire Reading test will last 75 minutes. There are three parts, and directions are given for each part. You are encouraged to answer as many questions as possible within the time allowed.

You must mark your answers on the separate answer sheet. Do not write your answers in your test book.

**PART 5**

**Directions:** A word or phrase is missing in each of the sentences below. Four answer choices are given below each sentence. Select the best answer to complete the sentence. Then mark the letter (A), (B), (C), or (D) on your answer sheet.

**101.** Ms. Pemberley agreed to send ------- an update on her research by August 25.

(A) us
(B) we
(C) our
(D) ourselves

**102.** The customer canceled the catering order ------- the banquet he was planning had been postponed.

(A) therefore
(B) despite
(C) because
(D) already

**103.** The new theme park in Haysberg is expected to attract ------- a million visitors annually.

(A) extremely
(B) roughly
(C) heavily
(D) strictly

**104.** Mr. Alvarez's experience as a software developer ------- him for his new job as a cybersecurity analyst.

(A) preparing
(B) has prepared
(C) to prepare
(D) preparation

**105.** After much -------, it was decided that the organization's headquarters would be established in Luxembourg.
(A) precision
(B) excellence
(C) proficiency
(D) deliberation

**106.** Branbex Clothing makes swimwear that is remarkably ------- compared to other brands.
(A) comfort
(B) comforts
(C) comfortably
(D) comfortable

**107.** Ms. Mullins would like to exchange her sport utility vehicle ------- a smaller, fuel-efficient car.
(A) into
(B) by
(C) for
(D) as

**108.** Only those who register for the convention online are ------- for a reduced registration fee.
(A) eligible
(B) capable
(C) possible
(D) reasonable

**109.** The professor became famous shortly after his online video ------- around the world.
(A) spreads
(B) is being spread
(C) had spread
(D) is spreading

**110.** ------- a safety inspection, all company transport trucks regularly undergo an emissions test.
(A) In addition to
(B) As soon as
(C) So that
(D) While

**111.** Forrax Group executives were ------- willing nor able to reveal the details of the property sale.
(A) both
(B) either
(C) neither
(D) since

**112.** If Ms. Zhang had stayed one day longer in Osaka, she ------- the conference's closing banquet.
(A) attends
(B) will attend
(C) had been attending
(D) could have attended

**113.** To create a successful restaurant, the restaurateur must first ------- a well-thought-out business plan.
(A) notify
(B) devise
(C) erect
(D) unite

***GO ON TO THE NEXT PAGE***

**114.** Training sessions pertaining to the new assembly line process ------- in the coming week.
(A) to schedule
(B) has been scheduled
(C) will be scheduled
(D) will schedule

**115.** Fidello Retail reported strong earnings for the last quarter ------- the slowdown in consumer spending.
(A) although
(B) even though
(C) though
(D) despite

**116.** The market for organic eggs is enjoying steady growth ------- demand for natural, chemical-free food increases globally.
(A) as
(B) on
(C) for
(D) to

**117.** Ms. McKenzie ------- that one of the candle holders she had ordered was chipped when she received it.
(A) disappointed
(B) was disappointed
(C) will be disappointed
(D) was disappointing

**118.** Each vendor at the festival was asked ------- a questionnaire about their experience during the event.
(A) to complete
(B) completing
(C) completion
(D) be completed

**119.** Our accommodation discount offer is valid ------- April 30, so hurry up and book your stay with us soon.
(A) when
(B) until
(C) over
(D) unless

**120.** The property manager issued a ------- informing Mr. Morgan that his rent was overdue.
(A) bill
(B) rule
(C) notice
(D) permit

**121.** ------- planning to take part in our organization's fundraising campaign should attend Saturday's meeting at 6:00 P.M.
(A) Another
(B) Anybody
(C) Whoever
(D) Whose

**122.** Johanna Moss's style of painting involves creating different shapes of hundreds of ------- colors.
(A) vary
(B) varies
(C) variety
(D) varying

**123.** The agenda for the board of directors meeting includes a discussion on policies ------- maternity and paternity leave.
(A) additionally
(B) concerning
(C) regardless
(D) whereas

**124.** The Briardon Literary Society's annual poetry contest limits ------- to three per entrant.
(A) submissions
(B) individuals
(C) exposures
(D) instances

**125.** Yovian Consulting's experienced specialists can help you create and execute an effective marketing strategy that falls ------- your budget.
(A) among
(B) through
(C) across
(D) within

**126.** On account of the inclement weather, Mr. Fergus was ------- to participate in the clean-up at the Westshore Bird Sanctuary.
(A) more reluctantly
(B) reluctantly
(C) reluctant
(D) reluctance

**127.** Although Elisa Barrett only played a minor role in the film, her performance left a lasting ------- on audiences.
(A) impression
(B) impressive
(C) impressed
(D) impresses

**128.** Gene Murphy, ------- of the longest serving employees in the history of BNR Logistics, will retire next month.
(A) still
(B) one
(C) each
(D) instead

**129.** Ms. Mclaughlin ------- as a nurse by the time she starts her job at Shelby County Hospital a week from today.
(A) has certified
(B) has been certified
(C) was to be certified
(D) will have been certified

**130.** The editorial staff at *Financial Affairs* is committed to ------- all the information it publishes is accurate.
(A) retaining
(B) ensuring
(C) founding
(D) focusing

***GO ON TO THE NEXT PAGE***

**PART 6**

**Directions:** Read the texts that follow. A word, phrase, or sentence is missing in parts of each text. Four answer choices for each question are given below the text. Select the best answer to complete the text. Then mark the letter (A), (B), (C), or (D) on your answer sheet.

**Questions 131-134** refer to the following announcement.

Tom Griffin, Manager of Sablerock Plaza, has announced that a new store ------- (131.) much of the 42,000-square-foot space vacated by Copia Foods at the north end of the mall. The name will be Highlands Grocers, and ------- (132.) this will be the store's first location, its owners plan to expand the business to other cities. The new store will take up only 75 percent of the space Copia Foods occupied, which means that the ------- (133.) area will still be available for lease. ------- (134.). Prior to that, a formal announcement of the store's grand opening will be posted on the mall Web site.

**131.** (A) occupying
(B) was occupied
(C) will occupy
(D) will be occupied

**132.** (A) despite
(B) although
(C) so that
(D) except

**133.** (A) total
(B) remaining
(C) covered
(D) surrounding

**134.** (A) The supermarket will be open for business this spring.
(B) Coordinating between departments is now quite easy.
(C) So, we are currently hiring store clerks and cashiers.
(D) It can be difficult setting up a store in a short period.

**Questions 135-138** refer to the following e-mail.

To: Lana Lee <lanalee@flamail.com>
From: Jeff Bobbitt <jbobbitt@laredofair.org>

This e-mail serves as a receipt of your registration in the twelfth annual Laredo County Fair, to be held from July 19 to 25. Thank you for signing up again to participate in our event. As a -------- (135.) vendor, you are surely well aware of the fair rules. -------- (136.), we want to remind everyone that vendor booths must be completely ready by the time the fair opens at 10 o'clock each morning. Additionally, vendors must clean their space at the end of each day in preparation for the next one. -------- (137.). To review these and our other -------- (138.), please visit our Web site.

We look forward to seeing you in July.

Warmest regards,

Jeff Bobbitt,
Event Coordinator
Laredo Fair

**135.** (A) returned
(B) returns
(C) returner
(D) returning

**136.** (A) On the contrary
(B) Therefore
(C) However
(D) For example

**137.** (A) This includes the removal of their own trash from the premises.
(B) Specifically, you will be asked to complete a new questionnaire.
(C) We have consequently nearly doubled the number of employees.
(D) Make sure not to place broken bottles in any of these containers.

**138.** (A) services
(B) incidents
(C) charges
(D) rules

***GO ON TO THE NEXT PAGE***

**Questions 139-142** refer to the following article.

**Gandara Library Receives Collection of Rare Books**

The Gandara Library has taken possession of a large number of books published in the 18th century. Previously owned by Rodrick Hooper, a 1950s Broadway actor who collected antiques, the approximately 600 titles are from renowned authors -------(139.) many lesser-known writers.

"This is a treasure trove of rare books," remarked Gandara Library director John Hersh. "Most have been out of print for over a hundred years, and yet their overall quality is incredible. -------(140.)."

After being granted ownership of the collection earlier this year, the library announced it -------(141.) the books in its vault. Scholars will be permitted to handle them, -------(142.) the general public will be allowed to see them up close only when they are on display.

**139.** (A) also
(B) as well as
(C) additionally
(D) both

**140.** (A) Regrettably, very little merchandise is still in stock.
(B) They even received a commendation for the quality of the work.
(C) I doubt you could find better copies anywhere else.
(D) As a matter of fact, the bookshelves will have to be moved.

**141.** (A) would preserve
(B) would have preserved
(C) preserving
(D) was preserved

**142.** (A) so
(B) or
(C) that
(D) but

**Questions 143-146** refer to the following Web page.

**Attend Our All-Day Marketing Seminar and Discover How Best to Acquire and Retain More Customers**

When you attend our seminar, you will learn not only what works best to attract customers but also how to keep them coming back. You'll also receive expert guidance from some of the nation's leading marketing -------. And because attendance is limited, the learning environment will be highly supportive. -------.
143.
144.

You won't be learning about marketing theory from us. -------, we'll be sharing strategies that are guaranteed to work in the real world. By the end of the seminar, you will be ------- by the large amount of practical information you have acquired. To learn more or sign up, please click here.
145.
146.

**143.** (A) expert
(B) expertly
(C) experts
(D) expertise

**144.** (A) Technical support also maintains our office equipment.
(B) We only ask that you notify us of absences beforehand.
(C) In other words, you'll get lots of individual attention.
(D) Nonetheless, we can make exceptions on such occasions.

**145.** (A) Instead
(B) Similarly
(C) For instance
(D) Previously

**146.** (A) amazing
(B) amazed
(C) amazingly
(D) amazement

***GO ON TO THE NEXT PAGE***

**PART 7**

**Directions:** In this part you will read a selection of texts, such as magazine and newspaper articles, e-mails, and instant messages. Each text or set of texts is followed by several questions. Select the best answer for each question and mark the letter (A), (B), (C), or (D) on your answer sheet.

**Questions 147-148** refer to the following advertisement.

**Professional Receptionist Needed**

A busy health spa on Rogan Street is seeking a full-time receptionist. As the first person our customers see, part of your job will be helping to make people feel comfortable before their spa session. You will also be responsible for scheduling appointments and handling general inquiries by phone and in person. We are therefore looking for someone with excellent interpersonal skills and a friendly manner. All successful candidates will have worked in a similar setting. The hours are 11:00 A.M. to 6:00 P.M. from Tuesday to Saturday. If you think you might be a good fit for our business, please send us your résumé with a cover letter.

**147.** What is suggested about the business?
(A) It offers monthly memberships.
(B) It operates multiple locations.
(C) It takes appointments.
(D) It is hiring therapists.

**148.** What is indicated as a requirement of the job?
(A) A valid license
(B) Prior experience
(C) Accounting skills
(D) A degree in management

**Questions 149-150** refer to the following article.

## Tree Planting Initiative Gets Underway at Mindon Lake

The Forests Conservation Society (FCS) has planted 28,000 trees around Lake Mindon in north-west Nevada. A total of two million trees are to be planted in the area over the next five years by the FCS in order to restore deforested mountain slopes. The trees that are selected for planting are all native to this part of the state.

As part of the initiative, some Mindon residents will receive training on forest maintenance and management. An even larger share of the community is already working hand in hand with the FCS to reach the organization's planting target. By the end of the project, new trees will cover more than 120 hectares of land.

**149.** What is true about the initiative?
(A) It has yet to begin in Nevada.
(B) It is led by many organizations.
(C) It has already achieved its goal.
(D) It will take years to complete.

**150.** What is stated about Mindon residents?
(A) They are involved in planting trees.
(B) They established the FCS in Mindon.
(C) They are purchasing deforested land.
(D) They want to see more foreign trees.

*GO ON TO THE NEXT PAGE*

**Questions 151-152** refer to the following text message chain.

**Harry Kellan [11:10 A.M.]**
Jean, you told me the bus from Newark would arrive at terminal six, right? I'm here to pick you up.

**Jean O'Brian [11:11 A.M.]**
You're in the right place, but the bus is a little behind schedule. Traffic was stopped for at least 20 minutes on the highway.

**Harry Kellan [11:12 A.M.]**
That's too bad. Why don't I go grab a cup of coffee and then come back in half an hour?

**Jean O'Brian [11:13 A.M.]**
That'll work out just fine. Thanks. There's a café right across the street from you.

**Harry Kellan [11:14 A.M.]**
I see it. OK, I'll go wait there. See you soon.

**151.** What does Ms. O'Brian tell Mr. Kellan?
(A) A schedule was incorrect.
(B) A ticket has been found.
(C) A cafeteria is closed.
(D) A bus will be late.

**152.** At 11:13 A.M., what does Ms. O'Brian most likely mean when she writes, "That'll work out just fine"?
(A) She will return home by herself.
(B) She likes Mr. Kellan's suggestion.
(C) She wants Mr. Kellan to go home.
(D) She thinks a problem will be solved.

**Questions 153-154** refer to the following memo.

To: All Staff
Date: August 12

On September 6 and 7, the Mylan Appliance Owls will be participating in an end-of-the-season baseball tournament with teams of other local businesses. To help them create a fun and competitive environment, they hope you come out and show your support.

The event will take place at Centennial Park. To reduce vehicle trips and parking expenses, Mylan will be renting a bus that can hold 56 passengers. We will leave the Mylan parking lot for the park at 7:30 A.M. and return in the evening on both dates.

If you would like to attend, please let Berny Morgan (bmorgan@mylanappliance.com) know by September 1.

Sincerely,

Allan Romero,
President of Mylan Appliance

**153.** What is the main purpose of the memo?
(A) To explain some rules of a game
(B) To invite employees to an event
(C) To share some competition results
(D) To inform employees of a project

**154.** According to the memo, how will employees eliminate some expenses?
(A) By arriving earlier than coworkers
(B) By bringing their own food and drinks
(C) By traveling to a venue together
(D) By presenting a discount coupon

*GO ON TO THE NEXT PAGE*

**Questions 155-157** refer to the following flyer.

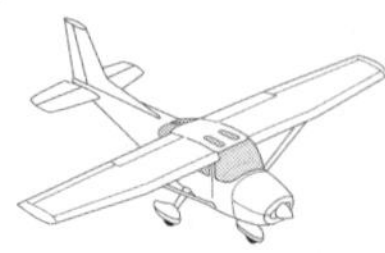

## McGraw's Collectables

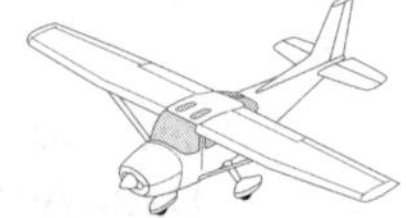

946 Arrowhead Road, Topeka, KS 66604, U.S.A.
mcgrawscollectables.com

McGraw's Collectables has relocated two times since it opened 17 years ago. That's because we needed more space for our always expanding selection of toy collectables. Our specialties are dolls and action figures, but we carry countless other items as well, including robotics kits and model trains. Everything we sell is second-hand, and minor damage from previous use should be expected. Even so, our customers are always amazed at how excellent the condition of most of our inventory actually is. Come by our new shop on Roosevelt Street and have a look for yourself. If you're unable to do that, then visit our Web site, where you can browse our current inventory and check out our special deals.

Lastly, if you're in the market for a specific toy, use the contact form on our Web site to get a hold of us. We can't promise you that we'll have it in stock, but if we don't, we'll be happy to ask our partners across the globe if they carry it.

**155.** Why did the business move twice?
(A) Because rent prices were rising steadily
(B) Because its inventory continued to grow
(C) Because two locations were not central
(D) Because of redevelopment in Topeka

**156.** According to the flyer, what are customers impressed by?
(A) The friendliness of the staff
(B) The precision of a new robot
(C) The appearance of the shopfront
(D) The quality of some products

**157.** What is indicated about the business?
(A) It makes its own products.
(B) It operates two Web sites.
(C) It works with other stores.
(D) It is hiring salespeople.

**Questions 158-160** refer to the following e-mail.

| To: | Erik Rondell <erondell@siliconaind.com> |
|---|---|
| From: | Kiely Rubin <krubin@olsomail.com> |
| Date: | September 1 |

Dear Mr. Rondell,

I am writing to thank you for meeting with me to discuss the position of system administrator at Silicona Industries. I appreciate that you were able to fit me into your demanding schedule yesterday. While it was unfortunate that the fire alarm put a stop to my tour of your head office, I was very impressed with what I saw of your facilities. Your workspaces have clearly been designed to promote teamwork and productivity. In addition, I was glad to hear that it was a false alarm and not an actual fire in any of your labs.

After meeting with you, I am especially enthusiastic about joining your administrative team. I'm confident that I would be able to pick up the job quickly because of my experience keeping the servers and networks running at Spark Fashions before it went out of business. At the same time, I am sure that I would learn a lot from the system administrators with whom I would be working.

Thank you again for meeting with me, and I look forward to hearing from you about your hiring decision.

Sincerely,

Kiely Rubin

**158.** Why was the e-mail written?
(A) To submit a job application
(B) To confirm details of a task
(C) To follow up on an interview
(D) To reschedule an appointment

**159.** What problem does Ms. Rubin mention?
(A) A system has been shut down.
(B) An employee has been absent.
(C) A laboratory was damaged.
(D) A tour was interrupted.

**160.** In paragraph 2, line 3, the word "running" is closest in meaning to
(A) flowing
(B) working
(C) racing
(D) handling

***GO ON TO THE NEXT PAGE***

**Questions 161-163** refer to the following online form.

https://wright.magazine.com/form  

## *Wright Magazine*

**In-depth news and features on the latest in building design, technology, and construction**

Complete this form to contact our subscription department. We will reply to your inquiry within 48 hours.

Name: Thomas Crane

E-mail address: tomcrane@pepmail.com

Subject: Special issue

Message:

As an architect and new subscriber to your magazine, I have enjoyed reading your articles about building and remodeling homes. Another subscriber, who hired me to design a house for her in the spring, told me about a special issue you published six years ago. All the stories were about different cottage styles, and from one she got several ideas for the place I'll be creating for her. Unfortunately, she no longer has that issue. Since I've subscribed not only to your print edition but also to your online edition, I was hoping to find it on your Web site. But the content is not in your archive, as it was published a while ago. If it's possible to order the back issue from you, that's what I'd like to do. Although I don't know the issue number, she recalls having received it in September. Any help with this would be greatly appreciated. Thank you.

**Send**

**161.** Why did Mr. Crane complete the form?

(A) To inquire about ordering a specific issue
(B) To complain about an undelivered magazine
(C) To ask about changes to a delivery policy
(D) To request a list of subscription fees

**162.** What is indicated about the woman Mr. Crane will work for?

(A) She has a copy of every issue of *Wright Magazine*.
(B) She wants to publish an article about her home.
(C) She asked him to construct a building by September.
(D) She wants him to design a cottage-style house.

**163.** What was Mr. Crane unable to do?

(A) Return a book
(B) Find an article online
(C) Attend a design seminar
(D) Reach a department by phone

**GO ON TO THE NEXT PAGE**

**Questions 164-167** refer to the following Web page.

http://www.sssc.org/news/  

# Southstar Social Club

| HOME | ABOUT | MEMBERS | EVENTS | NEWS | CONTACT |
|---|---|---|---|---|---|

## Sun Valley Tour Set for July 6

The Southstar Social Club will hold its annual garden tour on Saturday, July 6 from 10 A.M. to 4 P.M. — [1] —. During this outing, several expert gardeners in Sun Valley will be welcoming us into their yards to see their gardens and ask questions. Since this is a walking tour, participants will be on foot for most of the day. — [2] —. We therefore recommend wearing comfortable footwear such as sneakers. For those of you who wish to join us, we will meet at 10 A.M. just outside Queenstown Park's main entrance, which is at the intersection of Trinity Road and Glenmore Drive. If you plan to get to the area by car, note that all-day parking for $10 is available half a block away from the park entrance. — [3] —.

For the sake of privacy, we will not publicly announce the exact locations of the yards we will be visiting. However, if you wish to join us after ten o'clock, we suggest that you download our map of Sun Valley by clicking here. On the map you will see the basic route we will be taking but not the stops we will be making. — [4] —. So, if you are planning to come later or miss the meeting time, we advise you to call tour leader Heather Leonard at 555-0148 when you get to the area. She will tell you our general whereabouts on the map so you can find us more easily. Additionally, we are asking everyone to bring along their own picnic lunch and plenty of water.

**164.** What information is NOT provided about the tour?

(A) The number of people allowed to participate

(B) The price for parking near Queenstown Park

(C) The type of shoes recommended for the event

(D) The place where participants will be meeting

**165.** Why have some locations been left off the map?

(A) To make room for lines showing the tour route

(B) To protect the privacy of some property owners

(C) To keep the tour a secret from non-members

(D) To avoid confusion because of too many details

**166.** What should participants do if they want to join the group later?

(A) Refer to a downloaded timetable

(B) Wait in a picnic area around lunchtime

(C) Walk a few blocks on Glenmore Drive

(D) Call Ms. Leonard after arriving in Sun Valley

**167.** In which of the positions marked [1], [2], [3], and [4] does the following sentence best belong?

"Alternatively, you can take the subway to Finney Station."

(A) [1]

(B) [2]

(C) [3]

(D) [4]

GO ON TO THE NEXT PAGE

**Questions 168-171** refer to the following online chat discussion.

| | |
|---|---|
| **Bruce Romano [1:02 P.M.]** | I'll start this meeting with a reminder that we'll be accepting used clothing donations at all three of our locations during the period of May 23–30. |
| **Cara Higgins [1:03 P.M.]** | Is there someplace in particular we should collect them? |
| **Soo-jung Lee [1:04 P.M.]** | Last year, we held the initiative only at the store I manage. On the third day, we put the donation box near the checkout counter. |
| **Dean Shulman [1:05 P.M.]** | Was it someplace else before that? And what kind of box did you use? |
| **Bruce Romano [1:06 P.M.]** | OK, one thing at a time. I'll get to the box soon. Soo-jung, please finish explaining where you put yours. |
| **Soo-jung Lee [1:07 P.M.]** | It was beside our front entrance at first. But someone mistook it for a trashcan while entering the store. |
| **Cara Higgins [1:08 P.M.]** | Ah, so, keep it away from the door. I'll put ours next to the counter if it fits there. |
| **Bruce Romano [1:09 P.M.]** | The donation box is no bigger than a mailbox, so it won't take up much space. And we've added our campaign messages to its other three sides this year. So, I doubt anyone will think they can put trash in it. |
| **Dean Shulman [1:10 P.M.]** | Will we receive it all in one piece, or do we have to put it together? |
| **Bruce Romano [1:11 P.M.]** | There are fourteen cardboard pieces. If you follow the instructions carefully, it shouldn't take more than ten minutes to set up. You'll get those in mid-May with the box. |

**168.** Who most likely are the writers?
(A) Interior decorators
(B) Clothing designers
(C) Store managers
(D) Advertising agents

**169.** At 1:06 P.M., what does Mr. Romano imply when he writes, "one thing at a time"?
(A) He wants the meeting to be organized.
(B) He believes the others already know a process.
(C) He thinks some objects are properly arranged.
(D) He will discuss every step in a procedure.

**170.** What does Mr. Romano indicate about last year's donation box?
(A) Some items did not fit inside it.
(B) Someone accidentally knocked it over.
(C) Only one side displayed a message.
(D) Many of its pieces were plastic.

**171.** Who asks about assembling the donation box?
(A) Bruce Romano
(B) Cara Higgins
(C) Soo-jung Lee
(D) Dean Shulman

*GO ON TO THE NEXT PAGE*

**Questions 172-175** refer to the following information.

## WELCOME TO OUR COVELLO PARADISE

contact@paradisefarm.com / 555-0144

We are a small organic farm that grows a diverse variety of produce and herbs year-round. Much of what we produce is harvested for supermarkets and restaurants in nearby Covello City. We have lots more than plants, though. We also have countless pets, including dogs, cats, chickens, and goats! We welcome visitors who want to spend a few hours connecting with nature and enjoying the beautiful view from our mountainside home. We also take in guests who want to spend a longer time at Paradise Farm.

All rooms in our newly renovated guesthouse have a comfortable bed, desk, and mosquito nets. And each has a balcony overlooking the breathtaking Covello Valley. We are committed to making all our guests feel at home. We also regularly hold workshops on the plants we grow and how to cook the food that many of them produce. Common areas for cooking, eating, and socializing are available to all visitors.

If you wish to make a reservation in our guesthouse, you can send us an e-mail (contact@paradisefarm.com), but please make sure to confirm your reservation by phone (555-0144). In addition, the route up to our farm and guesthouse is steep and narrow. Most vehicles are absolutely fine. Larger vehicles such as motorhomes, however, should not be driven up it. If you have such a vehicle, we recommend that you give us a call the day before your visit, and one of our staff will be happy to arrange a time to pick you up and bring you to our paradise.

**172.** For whom is the information most likely intended?
(A) Restaurant managers
(B) Delivery drivers
(C) Farmers
(D) Tourists

**173.** What are readers who send an e-mail instructed to do?
(A) Wait for a response
(B) Provide their number
(C) Make a confirmation
(D) Attach a document

**174.** What is NOT mentioned about Paradise Farm?
(A) It offers opportunities to learn about cooking.
(B) It provides accommodation with a view.
(C) Its products are sold by other businesses.
(D) Its employees usually sleep on the premises.

**175.** Why are some readers encouraged to call the business in advance?
(A) A workshop may have to be canceled.
(B) A road is not suitable for some vehicles.
(C) A restaurant is sometimes fully booked.
(D) A pick-up spot may change due to rain.

***GO ON TO THE NEXT PAGE*** →

**Questions 176-180** refer to the following e-mails.

| To: | Michael Parson |
|---|---|
| From: | Mandy Hawkes |
| Date: | March 7 |
| Subject: | CAG Event |

Dear Mr. Parson,

My name is Mandy Hawkes, and I am a gallerist at the Charleston Art Gallery (CAG). Every year, we welcome poets who reside in and around Charleston to read their work at the gallery for our members. Since you recently published your collection of poems, *Internal Sunset*, we were wondering if you might like to read from your book at this year's event on April 12. We have invited Paula Callie, Keone Young, and Cynthia McRae, all of whom you may know, to take part as well.

The poetry readings will coincide with an exhibition by painter Meghan Glennon, who is known for capturing the qualities of light at dawn and dusk on canvas. We feel that your poems and those by the other writers will complement Ms. Glennon's artwork and help to create a pleasant atmosphere. Her twenty-five landscapes will be shown to the public for all of April in our Azalea Exhibit Hall. The readings will take place there as well.

The event will start at 6:00 P.M. and last for about three hours. The tentative schedule is as follows.

6:00 P.M. — Mandy Hawkes will give a speech introducing the Meghan Glennon exhibit and poets
6:30 P.M. — Pending
7:00 P.M. — Paula Callie
7:30 P.M. — Pending
8:00 P.M. — Cynthia McRae

We have yet to schedule one other invitee, so you have the choice of either of the blank time slots above. If you would like to participate, please let us know at your earliest convenience.

Yours sincerely,

Mandy Hawkes
Charleston Art Gallery

| To: | Mandy Hawkes |
|---|---|
| From: | Michael Parson |
| Date: | March 8 |
| Subject: | CAG Event |

Dear Ms. Hawkes,

I am honored to receive an invitation to participate on April 12, and I humbly thank you for including me on the list of invitees. As a matter of fact, I am a former member of your gallery and have attended readings there in the past. The only reason I am not currently a member is that I have been living in France for the past two years and would not have had an opportunity to enjoy the membership benefits. Nevertheless, having moved back to Charleston, I plan to renew my membership the first chance I get.

I would be happy to read for your members. However, I have agreed to partake in a book signing in the afternoon at a library in Maryville. This engagement will end at around five o'clock, and the hour's drive back to Charleston will make it impossible for me to be at the CAG in time for your speech. To be on the safe side, I had better take the latter open slot in your schedule.

In addition, although I do not personally know the two authors you have already scheduled, I am a close friend of the other. Since he is on a two-month trip to Eritrea to conduct research for his next novel, he will likely be unable to respond to your e-mail straightway. Also, the last time we spoke, he mentioned that he will not be flying back to Charleston until May 4.

Thank you again for asking me to be a part of your event, and I look forward to reading to your members.

Warmest regards,

Michael Parson

**176.** Why did Ms. Hawkes send the e-mail?
(A) To invite a poet to read at a gallery
(B) To ask for a membership renewal fee
(C) To attract members to an exhibition
(D) To promote a new collection of poetry

**177.** What is NOT indicated about the event at the Charleston Art Gallery?
(A) It will be held in the gallery's Azalea Exhibit Hall.
(B) It will feature a showing of twenty-five paintings.
(C) It will take place over a period of about three hours.
(D) It will include various complimentary refreshments.

**178.** According to Mr. Parson, what will he be unable to do?
(A) Use a membership card for the gallery
(B) Attend an annual gallery event
(C) Arrive at the gallery by six o'clock
(D) Sign copies of his recent publication

**179.** What time will Mr. Parson most likely speak to gallery members?
(A) At 6:30 P.M.
(B) At 7:00 P.M.
(C) At 7:30 P.M.
(D) At 8:00 P.M.

**180.** Who does Mr. Parson indicate is conducting research in Eritrea?
(A) Paula Callie
(B) Keone Young
(C) Cynthia McRae
(D) Meghan Glennon

**GO ON TO THE NEXT PAGE**

**Questions 181-185** refer to the following press release and form.

## Whirlstyle Electric Press Office

**For Immediate Release**
**June 19**

Whirlstyle Electric has issued a product recall after its quality control team identified a problem with the Breeze-Zone 5S wall mount fan. The brackets connecting the blades to the motor can crack, which can lead to the blades falling into the fan's front guard. Although no customers have reported any cracked blades to date, the fan may pose a risk of damage to the device. Therefore, customers are advised to stop using it immediately.

The company estimates that the recall will affect up to 22,000 units manufactured between March and May of last year. Whirlstyle Vice President Ethan Branson in a statement said: "We identified the potential risk of the five-speed Breeze-Zone model this week. It was designed by Hydratone, and the manufacturing commenced prior to our acquiring that company. However, as the new owner, it's our responsibility to remedy the situation for our customers."

Whirlstyle will pay for the replacement parts and service costs. To confirm whether a fan model is affected by the recall, customers should contact Whirlstyle at 555-0183 (seven days a week). In order to have the repair done, customers with a Breeze-Zone 5S are required to complete the recall response form on Whirlstyle Electric's corporate Web site (www.whirlstyleelectric.com/rrf). Upon receipt and review of the form, the fan will be removed, the brackets replaced, and the fan reinstalled at no extra cost to the customer.

## Recall Response Form

Please fill out this form to the best of your knowledge. By doing so, we will be able to take the most appropriate action in a prompt manner.

| Product Name | Model Number | Date of Purchase |
|---|---|---|
| Breeze-Zone 5S | HT-90374574 | June 24 |

**Customer name:** Tara Donnelly **Customer phone number:** 555-0182

**Customer address:** 5834 Woodstock Road, Fredericton, NB E3B 2H8, Canada

**Number of units:** 2 **Color:** Green

**Store name:** Macros Center **Store location:** Cyrus Street

If you would like to add information to this form, please use the box below.

I notified the Macros Center that a blade had cracked on my fan. Although it didn't fall off, it twisted and warped the plastic part around the motor, so that part will also have to be replaced. When I told the store about the problem last year, they informed me that it could not replace the fan because the manufacturer no longer existed. I had owned the product for only two months! Nonetheless, I was glad to read that you will repair the model. Mine are already off the walls and ready to be picked up. I hope to hear from you soon.

**181.** What is the main purpose of the press release?
(A) To compare the features of different product models
(B) To provide information about a defective product
(C) To give instructions about returning a device
(D) To explain the best way for retailers to return inventory

**182.** In the press release, the phrase "lead to" in paragraph 1, line 3, is closest in meaning to
(A) extend
(B) result in
(C) direct
(D) move on

**183.** According to the press release, when can the company fix a product?
(A) After removing a motor
(B) After ordering some parts
(C) After reviewing a document
(D) After determining a problem

**184.** What is indicated about the Macros Center?
(A) It merged last year with another retail company.
(B) It took apart a device Ms. Donnelly purchased.
(C) It charges customers a fixed fee for deliveries.
(D) It did not report a problem to Whirlstyle Electric.

**185.** What can be inferred about Ms. Donnelly's fans?
(A) They were made by Hydratone.
(B) They have both been damaged.
(C) They are from different stores.
(D) They have fallen off two walls.

***GO ON TO THE NEXT PAGE***

**Questions 186-190** refer to the following advertisement, information, and e-mail.

***Low Prices, Wide Selection, and Premium Repairs . . .***

## *Top Tires Plus*

Need help choosing the right tires for your vehicle? Our team of automotive experts will determine the make, model, and size you need for the conditions in which you drive. Plus, from October 10 to November 10, we will install a set of four Treadtrack winter tires for free if you purchase them from the Plainfield location of Top Tires Plus during the promotional period.

At Top Tires Plus, you will also find the best mechanics to perform all of your auto repairs. Our warranty periods are longer than those of any other repair shop around, showing we are highly confident in the quality of our work. Have a question or want a quote? Just pick up the phone and give us a ring.

**2690 Davidson Ave, Plainfield, New Jersey**
**555-0135 www.toptiresplus.com**

## Top Tires Plus
**REPAIR SERVICE WARRANTIES**

Our goal has always been customer satisfaction. That's why our warranties are the best in the industry. Warranties apply to parts installed and service performed by Top Tires Plus on any vehicle. No matter which of our shops you visit, we will honor your warranty coverage wherever we do business. For warranties on our main services, please see the chart below.

| Service | Parts | Labor |
|---|---|---|
| Oil change and new oil filter | 6 months | 3 months |
| New alternator and installation | 9 months | 4 months |
| New transmission filter and installation | 1 year | 6 months |
| Replacement of brake pads and rotors | 1.5 years | 8 months |

| | |
|---|---|
| From: | info@toptiresplus.com |
| To: | Miranda Shaffer |
| Date: | November 3 |
| Subject: | Response to your inquiry |

Dear Ms. Shaffer:

We appreciate you bringing to our attention the problem you are having with your car, and thank you for making an appointment with us in Plainfield. From your description of the vehicle leaking transmission fluid, we are sure you need a new filter. Since you had it replaced only ten months ago, the part may be defective, as they usually last at least two years.

Although you had the filter replaced at our Jacksonville location, our Plainfield shop in New Jersey will honor any valid warranty you have received from us. In response to your other question, we will replace the filter at the same time we install the new Treadtrack winter tires you are planning to purchase at our shop this week.

Should you have any other questions or concerns, please feel free to contact us again.

Sincerely,

Alden Cantrell
Customer Service Department
Top Tires Plus

**186.** How does Top Tires Plus show its confidence?
(A) It will give refunds to unsatisfied customers.
(B) It displays its employees' qualifications.
(C) Its staff allows people to watch them work.
(D) Its warranties are longer than others.

**187.** What is emphasized in the information?
(A) Guarantees are valid at multiple shops.
(B) Safety inspections are performed quickly.
(C) Parts and labor are more affordable.
(D) Oil changes take only a few minutes.

**188.** How long is the warranty coverage for the work involved in replacing brake pads?
(A) 3 months
(B) 4 months
(C) 6 months
(D) 8 months

**189.** What will be covered by the warranty Ms. Shaffer received?
(A) A new alternator
(B) Installation of an alternator
(C) A new transmission filter
(D) Installation of a transmission filter

**190.** What is indicated about Ms. Shaffer?
(A) She will visit the Jacksonville shop this week.
(B) She is planning to buy a larger vehicle.
(C) She will have tires installed for free.
(D) She has not driven for several months.

***GO ON TO THE NEXT PAGE***

**Questions 191-195** refer to the following letter, article, and memo.

Dualsol Tech
2831 Taylor Road
Roseville, CA 95661
United States

January 18

Grant Administrator
Orozco Innovation Center
1230 Gentry Street
Sacramento, CA 95814
United States

Dear Grant Administrator:

This letter has been sent along with our application for an Orozco grant. Dualsol Tech's mission is to contribute to the creation of a sustainable society. We are therefore focused on providing technologies that have less impact on the environment compared to conventional products. While the reasons we are applying are outlined in our application, we want to add here that any funds granted to us would be used with the utmost responsibility and care.

Also included with this letter is our proposal for how we would specifically use the funds. Thank you for taking the time to consider our request, and we are more than happy to respond to questions you may have at any time during the grant decision process.

Sincerely,

*Nicki Creighton*
Nicki Creighton
President & CEO
Dualsol Tech

## Orozco Innovation Center Announces this Year's Grant Recipients

Of the 57 organizations that applied for grants from the Orozco Innovation Center this year, four have been awarded $600,000 each. The grants total $2.4 million in funds and will support the recipients in their research and development programs. On June 6, the presidents of these companies accepted the grants and gave a speech at a small ceremony held at the center.

**Augustus Life Sciences**
Founded in Oakland, this medical device company is dedicated to improving mobility in healthcare. It plans to spend its grant money on expenditures related to its development of a durable handheld ultrasound device.

**Intesec Solutions**
At its headquarters in Anaheim, Intesec Solutions is working on a global platform for sharing information about cybersecurity threats. Testing the platform requires a lot of time and resources, so the company plans to use its grant money specifically for this stage of development.

**Dualsol Tech**
A solar-powered refrigerator used to be unimaginable, but this small company in Roseville is making one that will run entirely on energy provided by the sun. Its grant money will go toward development of a technology inside the fridge, which the company hopes to sell on the market within two years.

**Custode Robotics**
This San Francisco-based company is working on its drone that will be capable of carrying up to 350 pounds of emergency medical supplies and medicine to remote locations. It intends to use its grant money to enhance the flight capabilities of the device.

---

To: All Staff
Date: June 8

I am thrilled to let all of you know that we have been awarded not just one sizeable grant this month but two. One is from the Agency for Scientific Research, and the other is from the Orozco Innovation Center. Together they total $1.6 million and will help us advance our product development efforts.

Because the funds from the Agency for Scientific Research are to be used exclusively for creating new environmentally friendly materials, they will be put toward the development of our rainwater collection system. Rebecca Spence, the team leader for this project, will be responsible for allocating the funds. Ian Tracey, who leads our team working on our solar-powered refrigerator, will oversee the use of funds from the other grant, which we proposed would be spent solely on improving its battery for storing energy.

If you have any questions about the grants or would like to share your ideas on how they can be most effectively used, I encourage you to speak to one of the team leaders.

Nicki Creighton
President & CEO

**191.** What did Ms. Creighton most likely include with her letter?

(A) Specifications for a small ultrasound device
(B) Details about a possible cybersecurity threat
(C) Information about a battery for storing energy
(D) Separate requests for two different types of grant

**192.** Which company is working on a device that will deliver medicine?

(A) Augustus Life Sciences
(B) Intesec Solutions
(C) Dualsol Tech
(D) Custode Robotics

**193.** What is indicated about Ms. Creighton?

(A) She used to work at the Agency for Scientific Research.
(B) She gave a speech at the Orozco Innovation Center.
(C) She requested more time to submit an application.
(D) She helped select a number of grant recipients.

**194.** In the memo, what is Ms. Creighton excited to announce?

(A) That Dualsol Tech has received more than one grant
(B) That an appliance is ready to be sold on the market
(C) That her company will collaborate with Intesec Solutions
(D) That Ian Tracey was promoted to a management position

**195.** Where is Rebecca Spence's company located?

(A) In Oakland
(B) In Anaheim
(C) In Roseville
(D) In San Francisco

NO TEST MATERIAL ON THIS PAGE

GO ON TO THE NEXT PAGE

**Questions 196-200** refer to the following brochure, notice, and online review.

## Chumani Park Visitors Centre

**Nature and Wildlife Adventures**

The Chumani Trail is a 260-kilometre road that begins on the northern shore of Hanwi Lake and ends at the eastern foot of Freckle Mountain. Travelling the trail is a wonderful way to experience Chumani Park's natural beauty, wildlife, and clean air. Visitors have a choice of four ways to complete the route:

**Option A** (one or two days)
For visitors with only a couple of days to spend at the park, driving is your best option. Keep in mind that the trail is rough in places, and we have seen rental cars leave the park with new scrapes and dents. If you are not bringing your own car or truck, we suggest renting an off-road vehicle that can handle the road.

**Option B** (two or three days)
While motorcycles may scare away some wildlife, they are certainly a fun way to cross the park. Please remember that since parts of the trail can become muddy, and there are lots of potholes and other hazards, we recommend that motorcyclists take the route very slowly.

**Option C** (two to four days)
The most popular way to see Chumani Park is by bicycle. You don't have to be an expert cyclist, but you do have to be in pretty good shape. There are several steep hills, and most of the trail consists of packed dirt with loose stones. Bicycles must be equipped with a front white light and rear red light.

**Option D** (six to eight days)
For the bravest of adventurers, hiking the Chumani Trail is the way to go. Unless you plan to complete the journey with a well-trained guide, we advise you to stay on the trail at all times, as getting lost in the rainforest is easier to do than most people think.

**Note:** Motorcycles and bicycles are available for rent at the centre. There are many visitors to the park in autumn, the only season when we occasionally run out of rentals. So, if you plan to visit at that time, make sure to call us well in advance to reserve your preferred mode of transport. Additionally, we can arrange a guide and porters for visitors who plan to cross the park on foot.

## Adventure Club Online Forum—Announcements

Subject: Trip to Chumani
Message from: Anne Esposito (organizer)

Hello,

This message is for all Adventure Club members going to Chumani Park next week. The good news is that I was able to book two additional seats on our flight for the couple who made a last-minute decision to join us. There will now be 17 of us instead of the 15 who initially signed up for the trip. The bad news, however, is that the visitors centre at Chumani Park will be unable to provide us with more than 15 motorcycles during our stay. I called around to some other local businesses, but none of them can loan us two more motorcycles on the dates we're there either.

The easiest solution would be if members completed parts of the trail by bicycle. Since we'll be in the park for four days and nights, ideally four pairs would take turns cycling for one day each. Would anyone like to volunteer for one of the days? If you are keen to do this, please let everyone know during our pre-departure orientation next Wednesday.

I look forward to seeing you next week!

Anne

## Chumani Park Travel Reviews

Chumani Park is beautiful. I was there less than a month ago with sixteen other Adventure Club members. For the most part, we went through the park on motorcycles, which was hard because it rained after we arrived and so the trail was muddy. The views, though, were amazing, especially of the incredibly deep valley we saw on the third day. Not only does the trail pass through stunning scenery, but near the beginning it takes you across the Kivallo River via the oldest wooden bridge in the country. My friend and I were late in signing up for the trip, and because there weren't enough motorcycles to go around, we used bicycles on the final day of our journey. But that was just as much fun as riding motorcycles, and I'd recommend it to anyone planning to see Chumani. As for driving a car or truck through the park, I really don't think it's a good idea. Our group saw half a dozen or so vehicles stuck in the mud.

—Raymond Harris

**196.** What is NOT a recommendation made in the brochure?
(A) Driving a particular type of vehicle
(B) Riding very slowly on the road
(C) Remaining on the Chumani Trail
(D) Bringing a map of Chumani Park

**197.** Which option did the Adventure Club initially choose?
(A) Option A
(B) Option B
(C) Option C
(D) Option D

**198.** What does Ms. Esposito request in the notice?
(A) Volunteers
(B) Signatures
(C) Permission
(D) Solutions

**199.** What can be inferred about the Adventure Club members?
(A) They had pleasant weather throughout their trip.
(B) They were assigned a guide at the visitors center.
(C) They had to spend an extra night in the forest.
(D) They crossed Chumani Park in the autumn.

**200.** Where did Mr. Harris's bicycle ride most likely end?
(A) On the shore of a lake
(B) At the foot of a mountain
(C) On an old wooden bridge
(D) At the bottom of a valley

**Stop! This is the end of the test. If you finish before time is called, you may go back to Parts 5, 6, and 7 and check your work.**